21 世纪教师教育系列教材·物理教育系列

中学物理微格教学教程

（第三版）

张军朋　许桂清　詹伟琴　王　恬　编　著

北京大学出版社
PEKING UNIVERSITY PRESS

图书在版编目(CIP)数据

中学物理微格教学教程/张军朋等编著. —3 版. —北京:北京大学出版社,2021.10
21 世纪教师教育系列教材. 物理教育系列
ISBN 978-7-301-32515-5

Ⅰ. ①中… Ⅱ. ①张… Ⅲ. ①中学物理课－微格教学－教学研究－师范大学－教材
Ⅳ. ①G633.72

中国版本图书馆 CIP 数据核字(2021)第 186972 号

书　　　　名	中学物理微格教学教程(第三版)	
	ZHONGXUE WULI WEIGE JIAOXUE JIAOCHENG (DI-SAN BAN)	
著作责任者	张军朋　等编著	
丛书主持	李淑方	
责任编辑	李淑方	
标准书号	ISBN 978-7-301-32515-5	
出版发行	北京大学出版社	
地　　　　址	北京市海淀区成府路 205 号　100871	
网　　　　址	http://www.pup.cn　新浪微博:@北京大学出版社	
微信公众号	通识书苑(微信号:sartspku)　科学元典(微信号:kexueyuandian)	
电子邮箱	编辑部 jyzx@pup.cn　总编室 zpup@pup.cn	
电　　　　话	邮购部 010-62752015　发行部 010-62750672　编辑部 010-62767857	
印　刷　者	河北滦县鑫华书刊印刷厂	
经　销　者	新华书店	
	787 毫米×1092 毫米　16 开本　18.5 印张　426 千字	
	2009 年 11 月第 1 版　2013 年 8 月第 2 版	
	2021 年 10 月第 3 版　2024 年 5 月第 3 次印刷	
定　　　　价	69.00 元	

未经许可,不得以任何方式复制或抄袭本书之部分或全部内容。
版权所有,侵权必究
举报电话:010-62752024　电子邮箱:fd@pup.cn
图书如有印装质量问题,请与出版部联系,电话:010-62756370

内 容 提 要

　　本书从我国中学物理课程和教学改革对教师的要求出发,以中学物理课程改革的理念为指导,以数字化微格教学实验室为训练平台,以来自教学第一线的大量教学案例为素材,系统地阐述了中学物理课堂教学的基本技能和训练方法。内容主要包括物理课程改革与物理教师的专业发展、物理课堂教学技能与微格教学、物理课堂教学语言技能、物理课堂导入技能、物理课堂提问技能、物理课堂讲授技能、物理课堂演示实验技能、物理课堂多媒体应用技能、物理课堂探究教学技能、物理课堂板书技能与板画技能、物理课堂结束技能。本书作为新形态教材的初步尝试,为每一项课堂教学技能提供了系列基元教学视频案例。对于在线课程,读者可以扫描正文中对应的二维码自主观看学习,也可以扫描本页二维码在线观看。

　　本书内容简明、扼要,既可以作为高等师范院校物理学专业本科生、教育硕士(学科教学·物理)研究生教学技能训练的教材,也可作为在职教师物理课堂教学技能培训的继续教育教材,还可以作为物理教育研究工作者研究物理课堂教学的参考书。

本 书 资 源

　　扫描右侧二维码标签,关注"博雅学与练"微信公众号,获得本书专属的在线学习资源。

　　一书一码,相关资源仅供一人使用。

　　读者在使用过程中如遇到技术问题,可发邮件至 shfli2004@126.com。

　　任课教师可根据书后的"教辅申请说明"反馈信息,获取教辅资源。

中学物理微格教学教程
(第三版)
请刮开后扫码获取数字资源

本码2029年12月31日前有效

本码 2025 年 12 月 31 日前有效

第三版前言

新形态教材是"互联网＋"背景下传统纸质教材与数字教学资源相结合形成的一类教材。为了适应教材建设的这一新趋势,根据我们近年来承担的省级教改项目"物理课堂基元教学视频资源的开发和应用"取得的成果和教师教育课程"微格教学"的探索与实践,以及新形态教材的建设要求,本书在第二版的基础上,将教材的纸质文本与相关数字资源(本书主要是基元教学视频案例)通过二维码技术有机关联起来,以支持学习者通过移动终端进行学习。为了使读者对本教材有更深入的理解和认识,特作说明如下:

1.新形态教材设计以"一体化"为基本理念。在每一章的章首增加了本章的思维导图。思维导图作为"先行组织者"呈现了本章教材文本的框架结构,给学习者指引了本章的学习线索,从第 3 章开始,思维导图将各章教材纸质文本与"在线课程资源"连接起来。在内容上,"在线课程资源"与纸质的文本教材互补不重复;在呈现方式上,"在线课程资源"以基元教学视频案例为主,文字简评为辅。这样的设计实现了"纸质教材"与"在线课程资源"的一体化,有利于落实"线上"与"线下"混合式学习的一体化和"教"与"学"的一体化。

2.新形态教材的设计以"基元教学视频"为核心。"基元教学视频"是近年来我们开展教改项目提出的一个新概念。基元教学视频是具有一定独立教学功能和教学示范功能的课堂教学视频片段。由于微格教学课程具有实践性、应用性和示范性的特点,其新形态教材数字资源的重点不再是以"微课"形式的知识讲解,而是以实践应用为重心的"观摩"式案例教学,其案例以教学技能的基本知识和方法为基点,以具有真实性、操作性、示范性、时代性、研究性的基元教学视频为载体,形成了与纸质教材相对应的基元教学视频资源库。这一资源库和纸质教材相结合可以为职前和职后教师提供教学示范和有效的教学指引。

3.优质的"基元教学视频"是新形态教材质量的重要基础。基元教学视频的原始视频素材均源于在职物理教师的名师赛或公开课,以及各类物理师范生教学技能大赛(如历届东芝杯、华夏杯、广东省物理学科师范生教学技能大赛等)的获奖视频。这些视频都是历经多次打磨后的优质教学范例,保证了基元教学视频案例的真实性、示范性和价值导向,可以作为职前和职后教师技能观摩和训练的标杆式的材料。

4.基元教学视频的清晰明确的分类编码,为在线课程资源的快捷查寻和利用提供了条件。我们做了两方面的工作:一是统一基元教学视频格式,本教材的视频均为 MP4 格式;二是统一基元教学视频的编码,以基元教学视频和教材内容的相关程度为基础确定每一个基元视频案例在思维导图和教材中的位置,用有意义的数字序号作为基元教学视频案例的编码。如"3214(1)"中,"3"表示该基元视频案例属于第 3 章"物理课堂教学语言技能";"2"表示视频归属于第 2 节"物理课堂教学语言的类型、应用原则和要点","1"

表示"物理课堂教学语言的类型"，"4"表示第 4 种教学语言类型"论证性语言"，"(1)"表示"论证性语言"的第一个基元视频。每一个基元视频案例编码的数字序号位数从 3 位到 6 位不等,各章的基元教学视频资源的编码均循此规律。清晰明确的编码保证了数字资源呈现的序列化。离散的数字资源经序列化整合,实现与纸质教材的双向关联,即形成系统化的在线课程。

5.以清晰的线索呈现教材的数字资源。这部新形态教材以思维导图为桥梁建立纸质文本与在线课程资源的对接,有效地实现了资源的精准快捷查找,确保数字资源呈现的序列性与逻辑性,提高了学习者的自主选择性与使用的简便性,顺应"扫码时代"的潮流。设置在思维导图旁边的在线课程资源编码,指示了在线基元视频案例在教材中的位置,为学习者提示了在线学习的线索。以"思维导图＋二维码"的形式将每章每节拓展延伸的数字化课程资源清晰地呈现给学习者,以供学习者选择性学习。下面以第 3 章物理课堂教学语言技能的部分内容为例,说明某一个在线课程视频案例在教材中的呈现方式,如图(1)所示。

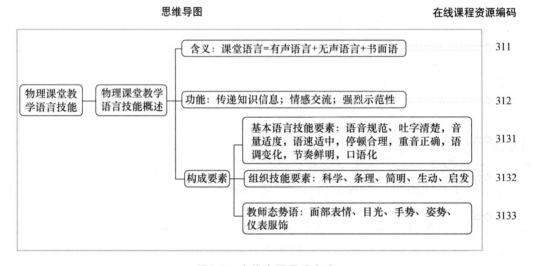

图(1) 在线资源呈现方式

视频案例　　案例简评

图(2)　基元视频二维码

由图(1)可以看出,思维导图中出现的编码提示此处有一组以此编码为起始序号编码的视频案例,例如,编码 3131 提示此处有视频案例,并且编码序号以 3131 为起始序号。根据前面的视频资源编码原则,在线课程资源编码以 3131 起始的序号属于教学语言技能构成要素中的"基本语言技能要素",这样在教材"教学语言技能的构成要素"中的"基本语言技能的要素"标题之下"(1)语音规范,吐字清楚"标题文本的位置处有编码为 31311 视频案例对应两个二维码,其中一个二维码是视频案例,另一个二维码是案例简评,如图(2)所示。

扫描视频案例二维码后如图(3)所示,可以直接播放视频;扫描案例简评二维码后如图(4)所示,包含视频的来源、主讲教师的姓名、单位和视频简评等信息。

31311 光的偏振

图（3） 基元视频案例的界面

31311 光的偏振 视频简评

（第九届东芝杯 中国师范大学 理科师范生教学技能创新大赛 河南师范大学 张玉莹）

视频中，导入以"魔术"的形式设置悬念，教师的教学语言为教学增色不少，例如"这是两张神奇的塑料片"，教师将"神奇"二字重音，营造神秘的氛围。"我请一位小助手"，"下面就是见证奇迹的时刻，变！"口语化的语言拉近教师与学生的距离。教师语音标准，吐字规范清晰，音量和语速适度，语调抑扬顿挫、张弛有度，节奏鲜明，语调变化高低起伏，给学生以魔术的神秘感。

图（4） 基元视频案例简评的界面

6.用好本教材的基元教学视频案例,在教、学、评方面要发生一些变化。在教与评方面,要突出学生的主体作用,发挥教师的主导作用,体现以学生为中心的理念。本书第1章、第2章的内容主要涉及基础教育物理课程改革、教师素养、教师专业成长以及物理教学技能训练的理论、方法和模式,建议第1章、第2章的教学以教师的讲授为主,学生的讨论交流为辅。本书第3章至第11章主要涉及物理课堂教学9个基本技能,建议教学以任务驱动,学生的小组合作学习为主,教师的辅导答疑评价为辅,将课外学习与课内的分享交流相结合,课堂上案例观摩研讨与课外的实训相结合,自我训练与小组训练相结合,个体评价、小组互评与教师的评价相结合。在具体操作上,事先以自愿组合的方式,将全班学生分成9个小组,每一个小组承担1个基本技能的授课任务。课前在教师指导下,完成小组教学任务的分工、研讨、备课、演练和修改。课堂上在教师主持下采用以下步骤进行:小组汇报—其他小组质疑—小组反馈与回答—教师点评—其他小组互评。在学的方面,要加强教材的阅读,建议学习者在阅读教材时将通读与精读相结合,将文本阅读与视频观摩相结合,将思、评、议结合起来。要先读后观,不要先观后读,也不要只观不读。

本次修订,除了在新形态教材方面做了尝试之外,为了适应基于核心素养的基础教育物理课程改革的要求,针对第二版中的突出问题,还在以下几个方面进行了修订:

（1）为了适应基于核心素养的基础教育物理课程改革的要求,对第1章进行了文字上的修改和补充。

（2）替换了一些过时的章末阅读材料。

（3）校对和订正了一些错漏。

（4）更新了一些参考文献。

本书此次修订由张军朋教授主持。参加本次修订的有张军朋（前言、第1章、第2章）、许桂清（阅读材料）、王丽（第3章）、陈锦芸（第4章）、梁利雄（第5章）、陈璐畅（第6章）、方颖（第7章）、陈颖怡（第8章）、赵志维、余嘉懿（第9章）、李振芳（第10章）、陈敬业（第11章）。参加本书书稿核对和校对的有张军朋、许桂清、詹伟琴、王恬。最后,由张军朋教授统稿定稿。

本书是华南师范大学创建国家教师教育创新实验区首批教师教育专家工作室主持人张军朋教授工作室的研究成果。

本次修订过程中得到北京大学出版社李淑方副编审的关心、支持和帮助，得到国内同行专家的鼓励，以及华南师范大学教师教育学部和华南师范大学物理与电信工程学院领导的大力支持，在此一并表示衷心感谢！

新形态教材的建设正在实践过程之中，本书增加在线资源是一次新的尝试，一定有许多不足和不妥之处，恳请读者批评指正。

张军朋

2021 年 7 月

第二版前言

本书第一版是 21 世纪教师教育系列教材·物理教育系列中的旨在指导和训练职前物理教师课堂教学技能的教材。自 2009 年 11 月出版以来,经过许多高等师范院校试用,被肯定为是一本与本科物理教师教育课程"中学物理课程与教学论"相衔接,切合当前职前物理教师课堂教学技能训练要求,结构简明、内容新,具有改单创新性质的好教材。

为了进一步提高教材的质量,根据本教材在使用过程中同行专家提出的建议,本次修订在保持第一版特色和教材结构体系不变的基础上,主要集中在以下 4 方面:

(1) 校对和订正了一些错漏。如错别字、标点符号和个别不恰当的表述。

(2) 删去和精简了一些表述累赘、不简明、多余的内容。

(3) 替换了一些不恰当、不适当或过时的案例。

(4) 增加了一些最新研究和实践的新成果、新案例。

本书此次修订由张军朋主持。张军朋、詹伟琴、王恬分别提供了第一版承担章节的修订稿。参加本次修订的还有许桂清、许湘苗、欧颖贤、李小铿、陆泽嫦、郭小玲、郑曼瑶、钟慧芳、石峰。

本书修订过程中得到北京大学出版社李淑方副编审的关心和帮助,得到国内同行专家的鼓励,特别是作者所在单位华南师范大学物理与电信工程学院领导的大力支持,在此一并表示衷心感谢!

本书的作者衷心期望继续得到广大读者、同行专家的批评指正。

张军朋

2013 年 7 月 20 日

第一版前言

"中学物理微格教学"是为高等师范院校物理学专业学生开设的一门专业必修实践性课程。通过本课程的学习和实践训练,师范生可掌握中学物理课堂教学技能的基本知识;通过强化中学物理课堂教学基本功训练,增强师范生对中学物理教育的感性认知能力,为进一步学习"中学物理课程与教学论"课程和参加教育实习积累实践经验;培养师范生从事中学物理课堂教学所必备的一些专业技能和持续发展自身专业素养的基本能力,以缩短师范生到中学任教的适应期。

"中学物理微格教学"是由物理学、教育学、心理学和教育技术学等诸多学科相互交叉、渗透形成的兼有文、理学科特点的实践技能课程,课程内容主要涉及中学物理课堂教学技能的基本知识和训练方法。这门课程可以帮助师范生克服初为人师的困难,尽快胜任物理教师的课堂教学工作,同时也有助于在职的物理教师进一步提高专业教学技能,取得更好的课堂教学效果。因此,本门课程是实践性很强的职业指导入门课程。

一些人(包括师范生)常常认为,物理教师的任务就是传授给学生一些物理知识,只要具有物理专业知识的人就能胜任这一工作。这种认识与当今学校物理教师的实际任务和对教师的要求有很大的差别。中学物理教师的任务是发展学生的科学素养,从而使每个学生在科学技术迅猛发展并得到广泛应用的时代更加理智地、富有成果地、有效地生活。因此,对于一个未来的物理教师来说,物理专业知识无疑是从事物理教学工作的基本条件。但"仅通晓一门学科并非必然地成为该学科的好教师","学者未必是良师"。就目前现状而言,与物理专业知识相比,物理教师应具备的物理教学理论素养和教学技能远不能适应物理课程改革对教师的要求。在教学实践中,缺乏课程意识,只知道按课本教,而不知道怎么教和为什么这样教的教师大有人在。

通过本课程的学习和训练,每个师范生的课堂教学基本功都会有明显提升,再经过后续课程"中学物理课程与教学论"的理论学习、综合教学技能训练和教育见习以及教育实习等环节,每个师范生的物理教学专业素养也会得到明显提高,大多数师范生在毕业时能够达到中学物理教师上岗的基本要求。但要达到优秀物理教师的标准,则须在理论和实践两方面进行长期的努力和钻研。

我们应该清醒地认识到,做一个物理教师不容易,当好一个物理教师更不容易。特别是新一轮的物理课程改革对物理教师提出了新的要求。面对课程改革提出的要求和挑战,物理教师不仅要理解新的课程理念,还要具有与新的课程理念相适应的多种教学技能,才能使物理课程改革的要求转化为教师的课堂教学行为。本课程就是物理课程改革的理念与教学技能训练紧密结合的一门技能性课程。建议在学习中注意以下几点:

(1)角色的转变。每个师范生都要以教师的身份参与本课程的学习和训练。学习中应多想一想：物理课程改革对教师提出了哪些要求？我如何去做才能达到这些要求？一个教师要胜任物理教学需要哪些教学基本功？在这些基本功中，哪些是我比较薄弱的？哪些是我需要进一步提高的？在进行技能训练之前，我应该做哪些准备？在训练中，要不断地提问自己：这一技能的功能和要求是什么？我在讲台上应该怎样做？我这样做能否实现这一技能的功能？达到这一技能的要求是什么？等等，这样就会发现许多值得去学习、去思考、去提高的东西，增强学习的主动性。

（2）在"做""练""思"的过程中学习。案例分析、课堂观摩、教学设计、课件制作、课堂模拟、微格试讲、自我反思、评议、讨论应该是本课程的主要学习活动。单靠教师讲、学生记笔记的学习方式在这一课程中的作用十分有限。

（3）充分利用学习资源。除了教科书和教师的讲授外，学生还要充分利用其他课程资源，如课程标准、中学物理新教科书、教学见习、中外专业期刊、互联网、图书馆、科技馆等的相关资源。

学习本门课程单靠上课和教师安排的时间是远远不够的，需要在下课后投入更多的时间和很大的精力，才能顺利走上讲台。

在这门课结束的时候，你可以问自己三个问题：

我心目中的物理教师形象是什么？

我喜欢不喜欢物理教师这个职业？

为了胜任这个职业，我还需要什么？

目　　录

第1章 物理课程改革与物理教师的专业发展

学习目标

1. 了解我国中学物理课程改革的背景、理念和要求。
2. 知道物理教师专业素养的内涵和结构，认识当前教师专业素养存在的问题。
3. 知道物理教师专业成长的阶段和途径。

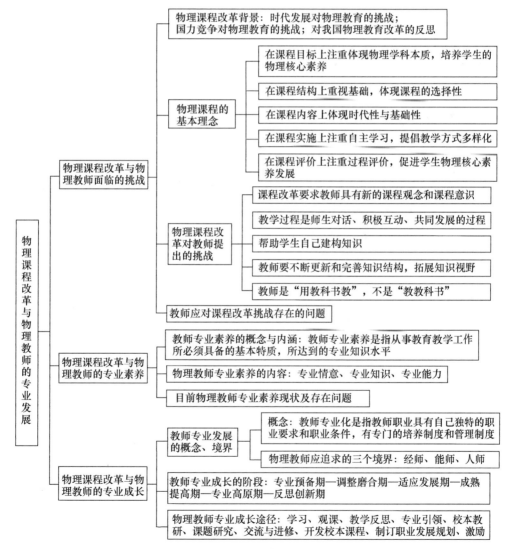

物理课程改革与物理教师的专业发展
- 物理课程改革与物理教师面临的挑战
  - 物理课程改革背景：时代发展对物理教育的挑战；国力竞争对物理教育的挑战；对我国物理教育改革的反思
  - 物理课程的基本理念
    - 在课程目标上注重体现物理学科本质，培养学生的物理核心素养
    - 在课程结构上重视基础，体现课程的选择性
    - 在课程内容上体现时代性与基础性
    - 在课程实施上注重自主学习，提倡教学方式多样化
    - 在课程评价上注重过程评价，促进学生物理核心素养发展
  - 物理课程改革对教师提出的挑战
    - 课程改革要求教师具有新的课程观念和课程意识
    - 教学过程是师生对话、积极互动、共同发展的过程
    - 帮助学生自己建构知识
    - 教师要不断更新和完善知识结构，拓展知识视野
    - 教师是"用教科书教"，不是"教教科书"
  - 教师应对课程改革挑战存在的问题
- 物理课程改革与物理教师的专业素养
  - 教师专业素养的概念与内涵：教师专业素养是指从事教育教学工作所必须具备的基本特质，所达到的专业知识水平
  - 物理教师专业素养的内容：专业情意、专业知识、专业能力
  - 目前物理教师专业素养现状及存在问题
- 物理课程改革与物理教师的专业成长
  - 教师专业发展的概念、境界
    - 概念：教师专业化是指教师职业具有自己独特的职业要求和职业条件，有专门的培养制度和管理制度
    - 物理教师应追求的三个境界：经师、能师、人师
  - 教师专业成长的阶段：专业预备期—调整磨合期—适应发展期—成熟提高期—专业高原期—反思创新期
  - 物理教师专业成长途径：学习、观课、教学反思、专业引领、校本教研、课题研究、交流与进修、开发校本课程、制订职业发展规划、激励

第1章思维导图

　　基础教育改革为物理课程和教学改革提出了新课题,中学物理教育要为青少年在科学素养上的提高和未来的发展提供必要的、与时代进步相适应的物理学基本知识、基本能力和基本方法。无论是从教育的观念上,还是从教育的内容与具体的方法、途径等实践上来说,教育改革都必须以教师的专业素养的提高为起点,并通过每一位教师的实践来完成。物理课程改革的实施对中学物理教师自身的专业素养提出了许多新的挑战和新的要求。作为未来的中学物理教师,应为应对物理课程改革带来的挑战做好准备,不断提高自己的专业素养。本章将基于我国新时代中学物理课程改革的背景、理念,就中学物理教师面临的挑战、教师的专业素养和教师的专业成长等问题展开讨论和介绍。

1.1　物理课程改革与物理教师面临的挑战

　　基于核心素养的基础教育物理课程改革,在课程目标、性质、结构、内容、实施、评价等方面较以往课程有了较大变化,这些变化既对教师的教学提出了新要求,也对教师的专业发展提出了新挑战。物理课程为什么要改革? 物理课程改革的理念是什么? 物理课程改革对教师提出了哪些挑战? 如何应对这些挑战? 对这些问题的思考有助于师范生做好专业知识和技能的准备,尽快适应和胜任物理教师的工作。

1.1.1　物理课程改革背景

1. 时代发展对物理教育的挑战

　　(1) 知识信息量的迅速增加。我们生活在信息时代,科技发展日新月异,知识信息量也随之迅猛增加。学生在有限的学校学习期间,不可能学到终身受用的知识,学生离开学校必然会碰到许多不熟悉的新知识、新技术、新问题。这为物理教育提出一个尖锐的问题:是让学生掌握更多的物理知识,还是让学生具有独立学习与研究的能力? 显然学校教育的目的,不仅仅是让学生学多少知识,更为重要的是让学生在最有效地掌握物理学基础知识的同时,学会学习,学会思维,学会搜集并加工各种信息,并形成积极主动的求知的态度。就物理教育而言,让学生理解探究,具有科学探究的能力,保持对自然界的好奇心和求知欲才是最为重要的,而这些又是传统物理教育所忽略的。

　　(2) 学科发展呈现综合化。在知识经济时代,一方面科学高度分化并深入发展,另一方面相关学科不断相互渗透,形成了许多交叉学科和新技术领域。物理学的发展一方面在微观、宏观和宇观三个层次上把人类对自然界的认识推进到前所未有的深度和广度,另一方面更加注重与相关学科的联系,呈现综合化趋势,同时物理学的发展所带动的科学技术的发展对社会产生了深刻的影响。

　　物理学的发展对中学物理教育产生的影响:一方面要求改革中学物理课程内容,使之内容现代化;另一方面要求物理教育应该加强与现代技术、人文、社会经济的联系,关注科技发展对社会产生的效应,重视物理学的人文价值;同时也对物理教师提出了更新知识结构,改善教学方法,提高自身专业素养的要求。

　　(3) 计算机信息技术的冲击和现代信息技术的应用。以计算机为标志的信息技术的广泛应用,正在改变人们的学习方式、生活方式、工作方式、思维方式和经济方式,极大地影响了人们的物质生活和精神生活,同时也给变革教育手段提供了强有力的技术支撑。为适应信息化社会,在学校教育中如何培养学生的信息素养,如何利用现代信息技术,使教学手段现代化,提高物理教育的效率,是摆在我们面前的重大课题。

2. 国力竞争对物理教育的挑战

随着时代的发展,国力竞争日趋激烈。为此,各国皆将注意力放在提高国民素质,尤其是科学素养上。如1985年,美国科学促进会等机构提出了影响巨大的"2061计划";1996年,美国国家科学院等机构推出《国家科学教育标准》;1989年,英国政府提出《国家科学教育课程标准》,对科学教育中的人文因素予以空前的关注,以增强国民整体素质。

这里所说的科学素养概念的内涵远比科学知识、科学方法丰富。根据克劳普法的解释,科学素养是指"每个人所应具备的对科学的基本理解","它包括五方面:① 了解重要的科学事实、概念、原理和理论;② 把有关科学知识应用于日常生活情境中的能力;③ 具有科学探究过程所需的能力;④ 理解科学的本质和关于科学、技术与社会的相互作用;⑤ 具有明智地对待科学的态度以及具有对科学有关的事物的兴趣。"此外,还包括一些典型的"科学性格",如追根究底的好奇心、乐于接受新思想和新信息以及对新事物的怀疑态度等。

进入21世纪,各国科学教育改革与实践的共同特征是培育和发展学生的核心素养。什么是核心素养?世界各国的用词虽然不一样,如经济合作与发展组织用胜任力,美国用21世纪技能,日本用能力等,但回答的问题是一样的,都是在回答"培养什么样的人才,能让他顺利地在21世纪生存、生活与发展"的问题。综合各国及相关国际组织关于核心素养的定义,我们把核心素养界定为,个体在知识经济、信息化时代面对复杂的、具有不确定性的现实生活情境时,运用所学的知识、观念、思想、方法,解决真实的问题所表现出来的关键能力与必备品格。这里的关键能力与必备品格不是我们通常所说的解题能力,也不是指能做某一件生活小事,而是个体在未来面对不确定的情境时所表现出来的真实问题解决能力与必备品格,它是通过系统的学习而习得的,是关键的、共同的素养,具有连续性与阶段性。

3. 对我国物理教育改革的反思

我国和世界各国一样倍感基础教育对于人才竞争、国力竞争的重要性。为了培养有科学素养、有竞争意识以及有创新精神的新一代,我国已进行了多次基础教育课程改革,如1983年,高中物理课程分基本要求和较高要求,编写了高中物理教材甲种本、乙种本,改变了"一刀切"的状况;1990年,高中物理课程分必修和选修,是教材统一性与多样性的首次结合;1992年,强调培养公民的科学素质;1995年,强调教材的弹性,给物理教学以相对大的自由度;1997年,高中物理课程设置了两类物理课,首次增加了课题研究,首次强调物理课程对情感态度的教育功能;2000年,北京和上海等地编制了物理课程标准,强调了知识、技能和情感的课程目标。

由于受高考指挥棒的影响,这些改革更多注意的仍是本学科的逻辑和知识体系。事实上,课程改革的成功与否取决于改革是否全方位进行。因此,我国需要一个基于基础研究、课程标准、教材教法以及教师培训、评价体系的一体化的全方位的基础教育课程改革。

正是在这样的背景下,世纪之交,我国启动了新一轮的基础教育课程改革工程:1999

年中共中央、国务院颁布了《关于深化教育改革，全面推进素质教育的决定》，2001 年 6 月教育部颁布了《基础教育课程改革纲要（试行）》，2001 年 5 月国务院颁布《关于基础教育改革与发展的决定》，2001 年教育部颁布了《全日制义务教育物理课程标准（实验稿）》，2003 年教育部颁布了《普通高中物理课程标准（实验）》，从此拉开了新世纪我国物理课程改革的序幕，使我国的物理教育进入与世界各国科学教育改革同步发展的轨道。

实践和调查表明，世纪之交的基础教育物理课程改革，有效促进了中学物理课程与教学的变革，对教师专业发展也产生了积极影响。但也面临如下的问题：学生负担过重、应试教育愈演愈烈、高中生的物理知识结构残缺不全、学生的共同提高与个性发展不能很好落实、教材内容陈旧、教师素质有待提升等。2018 年 1 月教育部颁布了新修订的《普通高中物理课程标准（2017 年版）》。本次修订旨在贯彻落实立德树人根本任务，通过物理核心素养，将基于核心素养的学业质量标准融入课程标准，引导和促进学习方式和育人模式的根本转型，从而实质性推动和深化我国基础教育物理课程改革。

1.1.2 物理课程的基本理念

义务教育物理课程标准和普通高中物理课程标准提出了物理课程的基本理念，这些理念是指导物理教育改革和实践的核心思想。概括起来，这些理念包括以下五方面。

（1）在课程目标上注重体现物理学科本质，培养学生的物理核心素养。物理核心素养是指学生在接受物理教育过程中逐步形成的适应个人终身发展和社会发展需要的必备品格、价值观念和关键能力，是学生通过物理学习内化的带有物理学科特性的品质，是学生科学素养的重要构成。物理核心素养主要由"物理观念""科学思维""科学探究""科学态度与责任"四个方面的要素构成，集中体现了物理学科的育人价值，是物理课程三维目标的提炼与升华。

（2）在课程结构上重视基础，体现课程的选择性。初中物理课程强调基础性、共同性和启蒙性；高中物理课程注重为全体学生打好共同基础的同时，强调针对学生的兴趣与能力倾向，设计供学生选择的物理课程模块，以满足学生的不同学习需求，促进学生自主地、富有个性地学习。对于这些选择性的学习内容，教师要允许学生决定学或不学，并给予必要的指导，但不可以强求每一个学生都学习所有的选学内容。

（3）在课程内容上体现时代性与基础性。物理课程应加强与学生生活、现代社会及科技发展的联系，反映当代科学技术发展的重要成果和新的科学思想，关注物理学的技术应用所带来的社会热点问题，培养学生的社会参与意识和对社会负责任的态度。同时，物理课程还应精选终身学习必备的基础知识与技能，关注物理学与其他学科的联系，培养学生的基本能力。

（4）在课程实施上注重自主学习，提倡教学方式多样化。物理课程应促进学生自主学习，让学生积极参与，乐于探究，勇于实验，勤于思考。通过多样化的教学方式，帮助学生学习物理知识与技能，培养其科学探究能力，使其逐步形成科学态度与科学精神。

（5）在课程评价上注重过程评价，促进学生物理核心素养发展。物理课程应体现评价的内在激励功能和诊断功能，关注过程性评价，注意学生的个体差异，帮助学生认识自我、建立自信，促进学生在已有水平上发展。通过评价还应促进教师水平的提高以及教学实践的改进等。

1.1.3　物理课程改革对教师提出的挑战

从"双基"到"三维目标"再到"核心素养",我国基础教育课程改革不断更新课程目标。《普通高中物理课程标准(2017 年版)》以物理核心素养为指引,统筹规划了物理课程的内容、课程结构、实施建议、学业水平评价等。这些都为基础教育物理课堂教学改革提出了新的挑战,同时也为教师教育提出了新的命题。

(1)挑战之一:课程改革要求教师具有新的课程观念和课程意识。课程改革要求教师具有新的课程观念和课程意识,即课程目标意识、课程设计意识、课程开发和创新意识、课程评价意识。面对这些要求,教师只有认真领会了课程的理念,认识了课程的性质,才能对我们为什么需要物理教育,为什么要开设物理课程,我们应该为学生提供什么样的物理课程,在物理课程中学生应该学什么的问题有明晰的认识。物理课程改革也就由外部的推动转化为自觉的行动,教学工作才有明确的方向,教学方法的改革才会有新思路、新视角。课程意识只是实施中学物理课程的首要条件,仅仅有了课程意识还是不够的,作为一名物理教师,还应当努力将自己的课程意识转化为课程行为,只有这样,课程改革的实施才能顺利进行。

(2)挑战之二:教学过程是师生对话、积极互动、共同发展的过程。教与学的关系问题是教学过程的本质问题。现代教学论认为,教学是教师的教与学生的学的统一,这种统一的实质是对话、互动。教学过程是师生对话、积极互动、共同发展的过程。没有对话、没有互动,就不存在或未发生真正意义上的教学。这就意味着教师必须由知识的传授者转变为学生学习的促进者和引导者。教师作为学生学习的促进者、引导者,是教师最明显、最直接、最富有时代性的角色特征。

(3)挑战之三:帮助学生自己建构知识。传统课程只重视教师怎么教,而忽视了对学生学习方式的研究,只满足于学生获得比较高的分数,而忽视了学生是通过什么样的方法和过程获取知识的,这是一个极为重要的问题。多少年来,在片面追求升学率的影响下,这个问题被严重地忽视了,这个过程被大量的习题训练取代了,被教师的讲授剥夺了。课程改革强调,要关注学生的学习过程,关注学生的学习方法,看他们在学习过程中,是否学会与同伴交往、合作探究问题,形成科学的态度和价值观,促进人格的健康发展,培养创新精神和实践能力。

我们知道,在学习过程中,学生是以自己原有的经验为基础对新的信息进行编码,建构自己的理解,原有知识又因为新经验的加入而发生调整和改变。所以,学习并非简单的信息量的积累,它还包含由于新旧经验的冲突而引发的观念转变和结构重组。因此,学习过程是新旧知识之间的相互作用过程,这个过程是别人无法替代的。很显然,这种观念是对传统学习方法的一种挑战。教育心理学家布鲁纳认为:"认知是一个过程,而不是一个结果。"他强调,教一个人学习某门学科,不是要使他把一些结果记录下来,而是要使他参与知识建构的过程。这种教学的主要特征是教师"讲"得少,学生"想"得多,从追求教科书的结论转变到注重学生知识的建构。教师要尊重学生富有个性的情感体验和思维方式,不能一讲到底,一灌到底,以成人的理解代替学生的感受。

课程改革的核心环节是课程实施,而课程实施的基本途径是课堂教学。只有真正改变教师多年来习以为常的课堂教学方式，才能稳健地推进课程改革。

（4）挑战之四：教师要不断更新和完善知识结构，扩展知识视野。新教材的一个显著变化是，克服学科本位观，加强了科技、社会和生活的联系，加宽了知识面，这对教师提出了很高的要求。自身知识储备能否适应这一变化，能否满足学生的需求，是课程改革对教师提出的一道难题。

一些教师反映，对新教材的把握有困难。显然，教师的知识结构是制约教师驾驭课程改革的瓶颈。因此，实施课程改革，教师不仅要"洗脑"，还要"充电"。

过去，教师书架上的书大多是"考王、考霸、考典"等习题集，而现在，教师的书桌摆上了相关学科的书籍。教师要上好课程改革的课，除了要拓展自己的知识领域和专业技能外，必须有大量配套的教具、学具和音像资料等。教师要寻找、开发、制作教学资源和资料，没有广泛的阅读根本无从谈起。

过去，物理课上完后，教师给学生留下的几乎全是习题。而如今，一位物理教师讲完"密度与浮力"一课，给学生留的作业是探究性思考题如"死海不死""曹冲称象""孔明灯""探测气球升空""热水选种""驶进大海的轮船""饺子熟了会上浮"等，让学生通过探究，发表意见。这些作业会引起学生极大的兴趣，而教师如果没有大量的课外知识储备，是无法指导学生探究的。

物理课程改革加强了知识在生活中的应用。如何在教学中体现知识在生活中的应用？说起来很容易，要讲出具体例子却很难，教师如果知识面比较窄，就学科谈学科得心应手，就生活谈学科就有困难。讲一个具体的知识点很准确，但一个具体知识在物理学科中的意义、在学科发展中的意义是什么，在科学发展和人类生活中的应用价值是什么，教师并不一定理解得很深。要解决这些问题，教师一方面要阅读更多的资料，另一方面在阅读中应当能够联系学科特点，不能就事论事，要能够紧密联系现代生活中的例子，学会搜集、整理、利用相关的资料，说明现实生活中的问题，解释身边的现象。

一位教育专家的分析十分透彻，他认为，过去，一个好的教师与知识面没有太大的关系，只要敬业、爱学生、备课认真、表达有条理、解题能力强、指导考试有办法，就是不错的教师，许多地方对教师的考核和录用标准就是这些。在这个背景下，对教师不需要有阅读的要求，教师不需要拓展知识，不看书也不影响他教书。

课程改革，对于昨天的教师、今天的教师、明天的教师都不失为一种挑战。阅读，将使教师走进一片新的天地，将使教师在这场变革中实现历史性的跨越。

（5）挑战之五：教师是"用教科书教"，而不是"教教科书"。课程资源开发能力是课程改革对教师提出的要求。学校和教师是课程资源开发的重要力量，教科书已不再是唯一的课程资源，教师要有对各种资源的开发和整合的能力，这就要求教师的教学不仅限于书本，还应该不断地利用多种途径搜集各种信息，分析、处理信息。

教师在教学中应该创造性地使用教材，因为，教材无论如何更新，总是跟不上时代的发展，而教师教育智慧的发挥，知识的不断更新，对教材的不断拓展与补充、创新，能使教材显示出它的生机与活力。教师不是课程的被动执行者，而是课程的积极开发者，鼓励教师凭自己的学识、经验和个性来分析处理教材，应是课程改革一个新的突破口。

教师在教学中应当联系学生的实际，根据其特点增删教材内容，调整教法。学生的社会生活环境不同,他们所接触到的事物就有所不同,这就使得生活在不同环境里的学生具有各自的特点。城市学生与农村学生、山区学生与平原地区学生、内陆地区学生与沿海地区学生、贫困地区学生与发达地区学生、少数民族学生与汉族学生,各有各的特点,有些内容对某些学生来说是熟知的,容易理解的,而对另一些学生来说则是陌生的、难以理解的。教师在教学实践中应当根据学生的实际情况,对教材进行适当的增删,替换例子等。还要考虑怎样进行教学设计,才能更加符合学生的认知水平和习惯;同时要考虑怎样处理教材,才能使学生的物理核心素养得到更好的发展。

1.1.4　教师应对课程改革挑战存在的问题

基础教育课程改革给课堂带来新的变化,教师成为实施课程改革的主力军,成为推进课程改革的关键。但改革实践和研究表明,教师在应对课程改革的挑战中,出现一些新情况、新问题:

（1）教师的知识储备不足,对现代科学中的重要概念、重要思想方法的理解和驾驭困难重重。

（2）长期以来,教师在教学中处于高高在上的"传道、授业、解惑"的地位,对学生的学习具有绝对权威和垄断,没有形成与课程改革要求相适应的观念角色。

（3）应试教育体制下,一方面,教师把学生当作知识的容器,学生的学习方式是单纯接受式的、填鸭式的,他们普遍缺乏创新精神和实践能力,另一方面,学科界线明显,缺少整合,教师之间鲜有沟通、对话与分享,没有形成研、学合力,教师这种单一的知识结构与单兵作战式的教育科研实际,远远不能适应课程改革的需要。

（4）课程改革使教学过程中教师可支配的因素增多了,而许多教师缺乏相应的课程开发、整合能力,缺乏把信息技术与学科教学有机结合起来的能力,这已成为课程改革顺利实施的一大"瓶颈"。

（5）在传统课堂上,许多教师注意的是如何把知识结论准确地给学生讲清楚,学生只要全神贯注地听,把教师讲的记下来,考试时准确无误地答在卷子上,就算完成了学习任务。这种教学模式使学生的学习方式机械、呆板、被动,难以适应未来的学习。

1.2　物理课程改革与物理教师的专业素养

曾有人说,教育是科学,其价值在于求真;教育是艺术,其生命在于创新;教育是事业,其意义在于奉献。其实,教师不仅是一项工作,也是一个职业,它更是教师专业成长和实现个人理想的舞台。物理教师不仅要精通本学科的知识,还必须明确物理教师应具备的学科修养和自身的能力结构。一个好的物理教师除了具有真善美的心灵,具有坚持公正和热爱教育的责任感,还应注意自身的知识结构、专业素养的完善。物理教师的专业素养的内容通常包括专业情意、专业知识和专业能力等方面。

1.2.1　教师专业素养的概念与内涵

专业素养是专门职业对从业人员的整体要求。纵观有关教师素质的研究,可以看出各种研究所使用的概念、采用的方法、关注的焦点各不相同。如有人把教师素质称为专业素养，或教师品质，或教师特性，等等。

自 20 世纪 90 年代实施素质教育以来，关于教师素质的研究在我国受到普遍关注。但不同学者研究的视角不同，对于教师素质或素养的表述也不尽一致。林崇德教授以心理学理论作为主要基础，将教学活动看作是教师工作的中心任务，着眼于教学活动本身，提出教师素质为"教师在教育教学活动中表现出来的，决定其教育教学效果，对学生身心发展有直接而显著影响的思想和心理品质的总和"。他指出，教师素质是一个系统的结构，其内部包含着复杂的成分，教师素质在结构上，至少应包括以下成分：教师的职业理想、教师的知识水平、教师的教育观念、教师的教学监控能力以及教师的教学行为与策略。在林崇德教授看来，教师的职业理想是教师献身于教育工作的根本动力；教师的知识水平是教师从事教育工作的前提条件，包括教师的本体性知识（教师所具有的特定的学科知识）、实践性知识（教师在实践中积累的课堂情景知识以及与之相关的知识）和条件性知识（教师所具有的教育学、心理学知识）；教师的教学监控能力是其从事教育教学活动的核心要素，它包括如下几个方面：计划与准备、课堂的组织与管理、教材的呈现、言语与非言语的沟通、评估学生的进步、反省与评价；教学行为与策略是教师素质的外在形式，可以从教学行为的明确性、多样性、任务取向、参与性、效果评估等方面来衡量。

叶澜教授从教师的专业化出发，认为"教师的专业素养是当代教师质量的集中表现，它应以承认教师职业是一种专业性的职业为前提"。作为当代中国基础教育事业的实践者和创造者，作为一名专业工作人员的教师，其专业素养的组成是多方面和多层面的，主要包括"教师的教育理念、教师的知识结构、教师的能力结构"三个方面。即教师首先应该具有与时代精神相通的教育理念，并以此作为自己专业行为的基本理性支点。其次，教师的专业素养在知识结构上也不同于今日教师。它不再局限于"学科知识＋教育学知识"的传统模式，而是具有多层复合的结构特征。再次，教师专业素养中的能力要求。社会赋予教师更多的责任和权利，提出更高的要求和期望，教师要胜任就需要新的能力。最后，叶澜教授把"教师的教育理念、教师的知识结构、教师的能力结构"三个方面综合的结果称之为"教育智能"。具有教育智能，是教师专业素养达到成熟水平的标志，是上述诸方面专业要求在教师身上实现综合的结果。

可见，教师素养（或素质）的内涵十分丰富。我们这里所指教师专业素养是指从事教育教学工作所必须具备的基本特质，以及所达到的专业知识水平。一般而言，教师专业素养主要由三个要素构成：专业情意、专业知识、专业能力。在这三个构成要素中，专业情意是体现教师专业特征的重要保证，专业知识是教师专业素养的基础，专业能力是专业素养的外在表现形式。

1.2.2 物理教师专业素养的内容

1. 专业情意

教师的专业情意是教师应具有的理想追求、道德规范和伦理要求等基本理性价值取向，是指导教师献身于教育工作的精神动力。教师的专业情意具体包括职业道德、教育理念、专业态度和个性心理品质。

（1）职业道德。作为一名物理教师，其职业道德具体表现为三个方面，即敬业、爱生、为人师表。任何职业都是把敬业乐业、忠于职守作为基本的职业道德要求。物理教师就是要忠于教育事业，热爱物理教育，以喜爱专业、忠于职守的高尚情感感染学生，为物理教育做出奉献。爱生是教师职业道德的核心，也是教师忠于人民教育事业的具体表现。充分地尊重学生，由衷地热爱学生，迫切希望他们能够成才，以尊重、热爱、期望学生为基础，形成对学生的严格要求和管理。为人师表是我国教师的一种美德，教师以身作则、为人师表才能培养学生高尚的思想品德和良好的行为习惯，才能树立教育威信，有利于教育活动的开展。

（2）教育理念。教育理念是指教师在对教育工作理解和体验的基础上，形成的个人的教育观念和理性信念。一个教师的教育理念显现出个人的教育理想，奠定了教师基本的教育判断能力。一个教师是否具有对自己所从事教育职业的理念，往往是判断专业与非专业人员的一个重要依据。面对基础教育物理课程的改革，中学物理教师应该具有与学生发展和时代要求相适应的全新的教育理念，并以此作为自己教育教学行为的基本理性支点。中学物理教师必须转变教育只为分数服务的目标观，树立教育为提高人的素质、为社会主义现代化服务的目标观。同时，中学教育是基础教育，不是为了满足眼前的需要，而主要是为未来的社会和人的发展奠定基础，培养学生的情感，促使其全面发展。因此，中学物理教师还应具备正确的学生观和科学的育人观，关注学生学习的主动性、潜在性和差异性。教师要克服物理教学中追求完全趋同、整齐划一的弊病，使教学体现学生的个体差异性，让每一个学生都能得到良好的发展。

（3）专业态度。专业态度是在一定专业意识支配下形成的对专业活动的特定对象的认识、评价与行为倾向，它对教师的行为起到重要的指导与调节作用，对学生态度的形成与转化也产生着潜移默化的影响。

具体而言，教师应树立敬业精神和责任感，并将这种专业精神转化为个体生命的组成部分，体现出强烈的生命力；树立服务意识，明确教师不是公共权力的贯彻者，不是道德裁判，也不是真理的代言人，教师应为社会和个人发展提供精神和知识服务；教师还应不断改善和提高工作质量，提高自身的业务能力和专业素质，追求教师价值的最高实现，形成专业与生活相统一的发展取向，促进教师自身个性品质的和谐发展。

（4）个性心理品质。爱因斯坦指出："学校的目标始终应该是：青年人在离开学校时，是作为一个和谐的人，而不是一个专家。"物理课程改革的目标包括谋求人对自然的伦理精神、审美体验和求真意志的统一，让学生通过感官体验自然内部的秩序性和神秘性，通过实验和观察触及自然的奥秘性和开放性，通过理性思维认识到自然存在的客观性和规律性，从而产生对自然界内部的和谐、统一、庄严、崇高的美的感受，提升人的品格，完善人的素质。因此，具备良好的心理素质，是由中学物理教师的工作特点和他们所承担的职责所决定的。物理教师在教育教学过程中应当主动地向学生施加积极影响，具备良好的心理素质对于提高教育教学效果，促进学生的个性发展，实现教师自身事业的成功都具有重要的作用。

例 1-1

"教师人格魅力"的塑造

1. 威而不令。教师树立自己威信时，不能简单粗暴，一味命令，更不能借外界的权力来压制学生。比如拿家长、领导来压制学生，或以分数、评优等来要挟学生。

2. 严而不死。对待认知与做人，来不得半点马虎。教师应该严格要求学生，增强学生的自律意识与责任感，但要严而有度，讲原则也要有方法。

3. 亲而不猥。教师之爱如父母不能太宠，似朋友不能太亲，要给学生心理造成一种距离感。教师不要随意踏入学生安全区，多留给学生一份安全感与温馨感。

4. 活而不散。教师应尊重学生好奇、爱动、多变的个性特点，为学生创造一个自由活动的环境，给学生更多的生活空间。但这并不意味着放任自流，纵容学生处于游离状态；要活而有序，培养学生的纪律观、法制观，以及道德等公共准则至上的观念。

5. 宽而不乱。学生在成长、发展过程中，难免会出现各种各样的失误和错误。教师应予以宽容，并积极鼓励、正确诱导，给学生一个改正的机会，提供改正的途径。但教师不可容忍错误、包庇缺点、掩饰失误、美化弱点。

6. 博而不骄。教师不宜居高临下，自称专家，而漠视学生的新观点、新创造。教师需要存有谦虚、严谨的作风。

7. 新而不怪。教师在知识创新与教学创新时不能图新鲜走形式、玩花架子、屡出怪招来糊弄学生。创新教育要有新意，但还应注意基本功训练，尊重教育规律。

8. 雅而不俗。教师生活在当今社会中，也有七情六欲，也怀有自己的追求和希望。但教师又不能太俗气，鸡肠小肚，随波逐流，人云亦云，势利虚伪，阿谀奉承，行为粗俗或跟着感觉走，赶时髦，追风头，一派"闪亮登场式"的明星作风。

9. 刚而不愎。教师发表自己的看法时要观点鲜明，分析深刻，要有针对性和实效性。但同时不要过多地渗入个人感情色彩，滔滔不绝，一味坚持自己的观点；要给学生留有思考的时间和判定的机会，允许并鼓励学生不同于自己甚至超越自己。

10. 愤而无私。教师要让学生明辨是非、美丑、善恶，就少不了针砭时弊，揭露丑恶，鞭笞虚伪。教师应坚持正面教育，不可把阴暗面夸大，过分渲染；或把个人生活的挫折、人生的苦恼、工作的困惑等传染给学生。

教师人格魅力价值意义重大。对于中小学学生而言，教师的人格魅力是其他任何魅力都不能替代的最灿烂的阳光。教师高尚的人格对学生不是一种暂时性的教育因素，它像种子一样撒播在学生心田，迟早会在学生的精神世界里绽放出灿烂和美好。许多教师在艰苦的条件下，不计个人得失，在一方讲台上送走了自己宝贵的青春岁月。"捧着一颗心来，不带半根草去"，这一切都通过学生的眼睛在其心灵的底片上留下印象，这种耳濡目染、潜移默化的影响逐渐会成为学生人格品质的基因，真可谓"此时无声胜有声"。传授知识是最基本的教育技能，而以自己的人格魅力去影响学生才是高超的教育艺术。孔子、苏格拉底、苏霍姆林斯基、陶行知等，莫不如此。回忆我们每个人的教师，给我们带来深远影响、留下深刻印象的，不正是那些富有人格魅力的教师吗？

教育实践证明,教师不仅用自己的学识教人,还用自己的品格教人;不仅通过语言去传授知识,还用自己的心灵去引领学生的品格塑造。只有人格高尚的教师才能培养出具有高尚人格的学生。教师的思想观点、治学精神、品德修养、仪表风度等,都影响着学生,也都受着最严格的监督。可以说,在德育工作中,教师自身的人格处在整个德育过程的最前沿,教师人格风范的辐射驱动着学生塑造完美的人格。

2. 专业知识

"教师知识"是教师专业素养的重要组成部分。教师知识必须能体现教学作为一种专门职业的独特性,即能够说明教师知识在教师专业素养构成中的独特规定性与不可替代性。教师知识不但是教师从事教学活动所必须具备的智力资源,而且,其丰富程度和运作情况也直接决定着教师专业水准的高低。

教师的知识包括哪些内容,经历了一个历史的发展过程。18 世纪以前,人们在传统上认为,教师所需要知道的就是他们所要传授的,也就是教师所教"学科(内容)"方面的知识。从 19 世纪早期,人们认识到,教师不仅应当知道他们所要教授学科的知识,还应当懂得如何进行教学的"如何教"方面的知识。也就是说,除了学科(内容)知识外,教师还需要学习关于教学的知识。从 20 世纪 80 年代初起,教师知识的内涵不断拓展。一般认为,教师知识除了学科知识和教学知识以外,还包括课程知识、学习者知识、教学环境知识、自身知识和有关当代科学与人文方面的基本知识等,人们开始不断探索较为完整的教师知识结构。

物理课程改革对教师专业知识结构提出了更高的要求,不再局限于物理学科知识与教育学知识的简单组合,而应强调多层复合的结构特征。物理教师专业知识主要包括方法论知识、科学文化知识、物理学科知识、教育学科知识和实践知识。

(1) 方法论知识。教师知识结构的最上位层面是方法论知识。它包括科学哲学、科学方法论、系统科学、逻辑学知识等。教师必须理解和掌握科学的本质、科学的认识方法、科学的分析方法以及科学的表达方法,才能在正确的方法论指导下从事高质量的物理教育教学活动。

(2) 科学文化知识。教师知识结构的中间层面是科学文化知识。教师传道、授业、解惑,就像蜜蜂采蜜一样,需要博采众长,不仅要有渊博的普通文化知识,还要博学有识,将其内化为个人的文化素养。只有具有广博的普通文化知识,才能做到厚积薄发、旁征博引,才有利于教师在学科对比中互为基础、相互渗透,促进学生的整体素质的提高。具体说来,包括中学物理的基础知识,较为广博的科学文化知识和良好的文化素养,科学文化发展史知识和对科学文化的新发展、新成果有所了解三个方面。

首先,要扎实地掌握系统的中学物理的基础知识。任何学科教给学生的知识首先都是基础知识,它是教材的主体内容。对于这些知识,教师不仅自己要懂得,还必须能够给学生讲授清楚,能够引导学生认识、理解、运用。这就要求教师不仅要知其然,更要知其所以然,对基础知识掌握得更扎实,理解得更深刻,以便做到从学生认知水平出发,进行深入浅出的讲授,对学生的观察与思维做出恰当的指点,以有效促进学生的智力发展。同时,教学活动有即时反馈的要求,教师对基础知识的掌握不仅要准确、深刻,还要熟练,能够敏捷而灵活地应用,以保证教学流畅地进行。

其次,要有较为广博的科学文化知识和良好的文化素养。掌握广博的知识,首先是教好功课的需要。按课程标准的要求直接教给学生的知识是有限的,但教师要把握好所教知识在知识体系中的地位,正确理解与其相关知识的关系,则必须具有更为广博的知识。同时,在现代教育条件下,学生吸收知识的信息源是多方面的,每天学生都通过网络、电视、广播、报纸、书刊等扩展其知识视野,随时都可能向教师提出这样、那样的问题,虽然教师不可能完满回答学生提出的所有问题,却应该在回答中给学生以有益的启发,用广博的知识引导学生学会思考,培养他们对未知世界的兴趣。另外,与掌握广博科学文化知识相联系的是教师要有良好的文化素养,包括尊重科学文化的态度,读书与探索的兴趣和习惯,参加文化活动的主动精神,以及艺术修养等。

最后,教师要有科学文化发展史知识,并对科学文化的新发展、新成果有所了解。科学文化发展史,如科技发展史等,告诉我们科学知识的积累过程、劳动人民的智慧、科学家的伟大创造。它会帮助教师更深刻地理解教材,也为对学生进行热爱祖国、热爱科学的教育,培养科学探索的精神,提供生动的实际材料。所以说,科学文化发展史蕴藏着十分丰富的教育资源,它是教师文化素养的重要内容。教师要了解科学文化领域的新发展,知道出现了哪些重大的新成果。尽管新的研究成果,新的科学知识,并不要求立即教给学生,教师却是应该了解的。因为教材在不断改革与更新,不断吸收新思想、新观点、新方法,教师要理解教材中的新内容,就必须了解科学文化的新发展。在现代教育活动中,特别重视培养学生的科学兴趣与创新精神,而当代科学研究的新进展、新成果最能激发学生的兴趣与创新精神。教师要承担起新时代的教育任务,要具备符合时代发展要求的科学文化素养,就必须了解科学文化领域的新发展,学习新知识,不断充实与更新自身的知识结构。

（3）物理学科知识。教师所从事的是具有特定专业的实践工作,只有具备一定学科专业知识水准,教师才有可能进行有效教学。而且,教师的学科专业知识应具备一定的广度和深度,必须理解学科知识是如何创立、构建并与其他学科相联系的。随着科学的发展和知识的更新,教师就更有必要了解自己专业的最新成就和发展趋势,并且涉猎一些相邻学科的知识,优化知识结构,满足学生广泛的求知欲。因此,具备丰富的学科知识,是成为一个好教师的必要条件。

面对课程改革,中学物理教师对物理学知识的掌握应达到以下四个不同层面:第一要对物理学科知识的完整体系有一个比较清楚的理解,能够正确熟练地掌握物理学中的基本概念和原理;第二要了解和掌握与物理学科内容有关的背景知识和材料,以加深对本学科教育教学的理解;第三要了解物理学科产生和发展的背景及其学科发展的趋势;第四还应具有"整合知识",即除了系统的物理学科知识之外,还要注意与其他学科的交叉渗透,具备跨学科知识,并能够以问题解决为中心整合相关的知识。

（4）教育学科知识。要成为一位好教师,不仅要有扎实的专业知识,还要了解和遵循教育工作的规律,掌握教育学、心理学、生理学等基本教育理论。教育学科知识是关于教师"如何教"的知识。教师实施教学的过程,是教师运用教育学和心理学规律来思考学科知识、对具体的学科知识做出符合教育学和心理学的理解、将自己具有的学科知识转化为学生可以理解的知识的过程。因此,教师必须具备比较系统的教育学科知识。这些教育学科知识,从具体内容上看,既要包括普通教育学、心理学、教育心理学知识,又应包括学科教育学和教材教法知识。所以,如果说,普通文化知识使教师具有一定的人文素养,能够在教学活动中具有应对复杂教学情景并能够有"远见卓识",那么,教师的教育学科知识对学科知识的传授起到理论性支撑作用。

(5)实践知识。对教师知识的研究,在20世纪90年代之后,出现了新的转向,开始关注"教师经验"问题,并提出了教师的"实践知识"这一概念。新教师与有经验的教师之间的对比研究发现,影响教师教学成效的因素不仅是关于"教什么"的知识和"如何教"的知识,教师的经验作为实践性知识在很大程度上影响着教师的教学行为和教学效果。教师知识结构中包含着实践知识的因素,教师的实践知识是与一般大众知识或"理论性知识"相区别的概念。同"理论性知识"相比,它缺乏严密性和普适性,是一种多义的、活生生的、充满柔性的知识;是凭经验主动地解释、矫正、深化现成的知识而形成的综合性知识。加拿大学者康奈利等人提出了著名的"教师个人实践知识"的概念,指出教师的个人实践知识是出自个人的经验,就是说,那种知识不是某种客观的和独立于教师之外而被习得或传递的东西,而是教师经验的全部。日本学者佐藤学认为,教师的知识是一种实践性知识,是一种经验性的知识。

教师实践知识来自教学实践的智慧,对它的研究不能脱离具体的实践情境和经验背景,这在很大程度上决定了教师的实践知识不能以语言的方式加以传递和陈述,是一种"缄默知识"。

教师的实践知识作为一种缄默知识是一种个人化的知识,"教师的个人实践知识主要关涉教师在教学情境中如何处理所遇到的困境的知识,是一种体现教师个人特征和教学智慧的知识。个人实践知识越丰富,标志着教师在专业方面越成熟,越意味着教师开始建构具有个人特点的专业知识结构。这说明,教师的实践知识很大程度上是个人化的,因为它出自教师个人的经验,是教师自己的体验与体悟,它服务于教师个人化的教学实践行为"。

在实际教学中,许多优秀教师都拥有丰富的实践性知识,他们对教学过程的把握充分,对学生需求的把握到位,课堂教学的氛围和谐,这种令人羡慕的教学风格就是教师个人实践知识的表现。因此,为了能够让学生全身心地沉浸于具有魅力的课堂,感受其高超的教学艺术,教师就需要深刻地去思考,怎样完善自我的个人实践知识,让教学实践更具魅力,从而提高教育教学效果。

3. 专业能力

教师的专业能力是教师组织教育活动,对学生施加有目的的影响的主体"行动"能力。这些能力通过教育活动来体现并保证教育活动的有效进行。能力是教师专业素养的重要组成部分。作为一名教师,拥有较多的知识积累,并不意味着他就具有较高的执教能力。面对课程改革,中学物理教师应具有以下几种能力。

(1)教育教学基本能力。具备较强的教育教学基本能力,是教师顺利完成教育教学的根本保证。教育教学基本能力是指运用教育学、心理学、学科教学论等的基本理论,指导并创造性地从事教育与物理教学的基本能力,包括教育教学过程的设计与操作能力、组织管理能力、课堂讲授能力、语言表达能力、板书板画能力、运用现代教育技术手段的能力、教学设计与创新的能力及对学生进行评价的能力。教育教学能力的强弱将直接影响教育教学过程能否高效、顺利地实施,直接影响教育质量。

(2)交往与合作能力。随着改革的不断深入和社会的不断进步,合作的意识与能力是现代人所应具备的基本素质,课程改革强调教师间的经验交流和总结,正确处理合作与竞争的关系。教师的交往与合作能力是顺利实施课程改革必不可少的条件,只有教师具备了一定交往与合作能力,才可能有效地指导学生之间的合作,否则,对学生的指导便是一句空话。

（3）物理观察与实验能力。观察与实验是物理教育不可缺少的环节,物理学是一门以实验为基础的科学,没有观察与实验就没有物理学可言。为了全面推进物理课程改革的实施,特别是为了能开展正常的实验教学,中学物理教师除了应掌握必要的物理实验技能外,还应该对实验在物理教学中的意义和作用有正确的理解,应该对物理实验教学设计的基本原理和组织学生实验的方法与技巧有基本的了解。

（4）运用物理思想方法解决问题的能力。观察实验、抽象思维与数学方法结合,是物理科学探究的基本方法。物理学的思想和方法是其他学科所不具备的,如物理学时空观、物理学物质观、物理学方法论等。运用物理学思想方法分析解决问题的能力是物理教师与其他学科教师区别的标志之一。物理教学本身的改革,要求教师在教学中渗透和融入物理学的思想和方法。因此,中学物理教师应具有较强的运用物理学思想和方法解决问题的能力。

（5）教育科研能力。目前,培养学生的创新精神和实践能力已经成为物理课程改革的重点。然而,物理课程改革的实施,面临着许多亟待研究和解决的问题。从教学内容、课程结构到教学方法、教学模式乃至教学评价等方面的改革,都有赖于广大教育工作者,特别是中学物理教师坚持不懈地探索和研究。同时,通过物理教育教学研究,物理教师将会在新的广度和深度上,从新的视角重新审视自己的教育教学工作,以新的动力激发起重新学习教育教学理论的需求,以先进的教育理念组织自己的各项教学活动。

（6）获取和处理信息的能力。在课程改革中,教师应当学会筛选、吸收、利用各种信息的方法,了解国内外教育发展的最新动态,了解本学科发展的最新进展,从而把握学科发展、教育发展乃至社会发展的脉搏。在这个过程中,教师应不断更新、重组自己的知识结构,提高自己的信息素养,以便有能力对学生进行指导,发展学生多方面获取信息的能力,适应可持续发展的社会对人的要求。

（7）较强的学习能力。当前的课程改革把学习放在了一个新的高度,课堂教学目标已由过去的"学会"转变为"会学",而学生的学习能力直接来自于教师的合理指导,这首先对教师自身的学习能力提出了相应的要求,因此,较强的学习能力是现代教师必备的一项重要素质,它能使教师从容面对飞速变化的世界提出的各种挑战,也能帮助教师解决工作和生活中遇到的各种问题。人的一生都应该坚持学习,而每一类知识都能影响和丰富其他知识。因此,中学物理教师应具备较强的学习能力,以便从终身教育提供的种种机会中受益。

（8）教学评价能力。评价要以促进学生的发展为本,实现评价的多元化。教学评价的内容包括对学生课前预习、课堂学习的情况,日常学习过程中遇到问题的自我检查与监控的评价,也包括日常对学生学习行为的评价。在教学过程中,教师要善于应用评价"杠杆",不失时机地对学生的进步和成长给予肯定。

1.2.3 目前物理教师专业素养现状及存在问题

（1）科学观和课程观认识上的偏颇。受中国传统文化的影响，我国在物理课程与教学中很少讨论科学的局限性、科学的本质和精神，以及科学技术与社会的互动等重大问题，在一定程度上存在着科学"神圣"的心理，致使在科学教育中也不注重培养学生的怀疑精神、批判精神和创新精神。同时，对物理课程的理解也存在一定的局限性，教学目标主要侧重在科学基本事实和基础知识，虽然也强调培养学生的基本能力，但实际上许多教师着重于让学生掌握科学基本知识和基本技能，缺乏对科学研究过程与方法的重视。

（2）知识面狭窄、缺乏整合的科学专业知识。物理课程的综合性和开放性要求教师能用跨学科的、统一的科学概念去联系或融合物理、化学、生命科学、地球、宇宙与空间科学等多门学科的基本概念、原理和方法，淡化不同学科之间的人为界限，引导学生从综合的角度去认识自然现象，提高他们综合解决问题的能力。但目前多数物理教师知识面狭窄，无法超越分科课程的局限去思考和行动，不注重不同科学学科之间的融通和有机联系，没有建立起正确的、比较完整的科学知识体系。

（3）缺乏物理课程论知识。由于过去我国师范院校一般不开设专门的课程论或学科课程论，大部分教师缺乏课程论基础知识和系统的理论，对于物理课程的内涵、性质和价值、发展史以及与物理学的关系等缺少必要的了解，无法形成物理课程的整体思维，甚至认为物理课程就是物理教科书，教物理课程就是教物理教科书，这已成为影响当前物理课程改革进程的一个重要因素。

（4）教学技能和能力不足。在传统的物理教学中，教师的教学设计普遍采用的是有利于发挥教师主导作用的行为主义教学策略，即通过一系列的设计，刺激和强化学生做出适当的反应。与以往的课程相比，物理课程改革的教学活动更注重探究性、创造性和开放性，物理课程的一个重要目标是培养学生理解、综合、应用和使用信息的能力，而传统的行为主义的物理教学方式使学生的主动性、积极性受到一定的限制，难以充分体现学生的认知主体作用。

（5）教育研究意识和能力有待提高。从目前中学教师为数不多的有关研究成果来看，普遍存在着以下局限性：研究成果大多停留在教学经验总结层面，缺少更深入的考察和论证，无法上升到理论层面；未把某个具体问题置于教育理论的大背景中予以考虑，研究视野狭窄；对理论的专业术语不甚熟悉，很难把问题或成果概念化，致使不能准确表达自己的观点和结论。之所以出现这种情况：一是因为传统师资职前培养只重视学科知识的学习和教学技能的掌握，大部分中学教师没有系统地学习和研究过教育科研理论；二是因为在职教师教学任务繁重，加上多数教师研究意识淡薄，不能自觉地进行教学研究，对教育理论的发展和现状缺乏深入了解。

教师专业素养的提高是一项复杂、长期、艰巨的系统工程，涉及课程、教师、学校、社会等各个方面。从教师自身方面来说，既要有观念上的更新，更要有实际的行动；从外部环境来看，国家有关部门要在认真总结课改的经验和教训的基础上，进一步完善课程标准和教材的修改，增强课程的适切性；高等师范院校要改革传统教师教育的培养机制，培养具有现代教育理念和教学专业素养的新型物理教师；教研机构要对教师加强在职培训，实施短期培训、继续教育的有机结合,有条件的地方应当尽快开通有关课程远程教育网。

1.3　物理课程改革与物理教师的专业成长

教师职业是一门专业,教师的专业水平是影响教育教学水平的重要因素,因此促进教师的专业发展,提升教师的专业水平,是现代教育发展的必然要求,是世界各国教育改革的共同目标。目前,我国正经历一场如火如荼的基础教育课程改革,素质教育、主体教育、创新教育的意蕴是这次改革的根本目的。面对学生独立个性的张扬,全面素质的提升,主体能力的增强,创新潜能的开发,广大中小学教师仅满足于"教书匠"的角色已远远不能适应时代发展的迫切要求。与课程改革同步,教师专业必须得到发展。

1.3.1　教师专业发展的概念、境界

1. 什么是教师专业发展

"专业"或称"专门职业",系指"通过特殊的教育或训练掌握了已经证实的认识(科学或高深的知识),具有一定的基础理论的特殊技能,从而按照来自非特定的大多数公民自发表达出来的每个委托者的具体要求,从事具体的服务工作,借以为全社会利益效力的职业"。

社会学家利伯曼提出专业工作具有以下特征:范围明确,垄断地从事于社会不可缺少的工作;运用高度的理智性技术;需要长期的专业教育;从事者无论个人、集体,均具有广泛的自律性;在专业的自律性范围内,直接负有作出判断、采取行为的责任;非营利,以服务为动机;形成了综合性的自治组织;拥有应用方式具体化了的伦理纲领。

教育学家、美国卡内基教学促进会前主席舒尔曼认为,当代专业原则上至少有六个特点并对专业教育加以限定,这就是:服务的理念和职业道德;对学术与理论知识有充分的掌握;能在一定的专业范围内进行熟练操作和实践;运用理论对实际情况作出判断;从经验中学习;形成一个专业学习与人员管理的专业团体。

综上所述,专业工作应该具备下述特征:① 运用专门的知识与技能;② 经过长期的培养与训练;③ 强调服务的理念和职业道德;④ 享有有效的专业自治;⑤ 形成坚强的专业团体组织;⑥ 需要不断地学习进修。

教师专业化是指教师职业具有自己独特的职业要求和职业条件,有专门的培养制度和管理制度。教师专业化的基本含义是:① 教师专业既包括学科专业性,也包括教育专业性,国家对教师任职既有规定的学历标准,也有必要的教育知识、教育能力和职业道德的要求;② 国家有教师教育的专门机构、专门教育内容和措施;③ 国家有对教师资格和教师教育机构的认定制度和管理制度;④ 教师专业发展是一个持续不断的过程,教师专业化也是一个发展的概念,既是一种状态,又是一个不断深化的过程。

教师职业有自己的理想追求,有自身的理论武装,有自觉的职业规范和高度成熟的技能技巧,具有不可替代的独立特征。教师不仅是知识的传递者,还是道德的引导者,思想的启迪者,心灵世界的开拓者,情感、意志、信念的塑造者;教师不仅需要知道传授什么知识,还需要知道怎样传授知识,知道针对不同的学生采取不同的教学策略。

教师职业的专门化既是一种认识,更是一个奋斗过程,既是一种职业资格的认定,更是

一个终身学习、不断更新的自觉追求。

2. 物理教师应追求的三个境界

物理教师应该追求以下三个境界。

（1）教师的职业境界——经师。师者,传道、授业、解惑者也。所谓经师,指教师要像传教士布道一样,严肃、严谨、严格地对待教育教学工作,做一个不"误人子弟"的合格教师。

（2）教师的专业境界——能师。所谓能师,就是具有教育智慧的专家型、研究型的教师。能师要有深厚的专业功底,有独特的教学艺术和风格,有出色的教学效果,有对教育教学的研究和探索,直至著书立说。

（3）教师的事业境界——人师。这是教师人格修养的最高境界。古人云:"经师易得,人师难求。"人师以自身人格的魅力塑造学生的人格,以自己的德、学、才、识、情给学生以潜移默化的、终生受益的影响和感化。这种境界也是教师完善自我、实现自我、超越自我的享受境界。

1.3.2 教师专业成长的阶段

教师专业发展阶段的划分需要一种透视教师全部职业生涯的整体视野。教师专业发展不是一个简单的、线性的递进过程,而是一个螺旋上升、反复的前进过程。教师专业发展首先强调教师作为一个教育教学的专业对口人员,要经历一个由不成熟到相对成熟的专业对口人员的发展历程,教师的发展空间是无限的,成熟只是相对而言的,而发展则是绝对的。从物理教师成长的过程看,我们可以粗略地把教师专业成长分为以下几个阶段。

（1）专业预备期（职前阶段）:主要指教师职前教育阶段,"教师"接受师范学院、师范大学或综合性大学教育学院等机构的培养。

（2）调整磨合期（新手阶段）——前3年:新教师刚迈上工作岗位,有很多的理想和冲动,有让人羡慕的激情。但是,他们从学校到学校的过程中,缺乏对教师岗位和职业的更深层次的了解和认同。因此,在工作中会常因为缺乏经验,或不善于与人交流沟通而产生一些困难,更为主要的是对教育对象和教学过程缺乏完整的了解,因此可能出现暂时的困难。这是一个正常的阶段,这需要其他教师的扶持和善意的指导。

爱因斯坦说过:"如果一个人掌握了他的学科的基本原理,并学会了如何独立地思考和工作,他将肯定会找到属于他的道路。除此之外,与那些接受训练主要只包括获取详细知识的人相比,他更加能够使自己适应进步和变化。"所以,应该在他人的帮助下,反思自己的问题所在,尽快地找到解决问题的方法。

（3）适应发展期（进步的新手阶段）——4～6年:通过一到两个循环的教学磨炼,教师对教材的整个知识的体系有了比较全面的了解,同时对教学的全过程有了一个清晰的认识,教师比较适应教学岗位的要求,由此进入一个顺利的发展时期。

（4）成熟提高期（熟练胜任阶段）——7～10年:在适应期的基础上,教师会因为个人职业的理想和发展需求,产生进一步提高和发展的欲望,这个阶段教师可能开始进行更高层次的职业的培训和进修,进一步提高自己的专业技能。

（5）专业高原期（停滞不前阶段）——10年左右:由于长年累月固定的教学程式或一成不变的教育教学情境,及年龄增长、性格变化、掌握了工作相关的所有技能和信息及家庭生活稳定等个人因素,使得一些教师可能觉得自己的技能和绩效都停滞不前了,从而丧失了晋升的能力和动机,并对工作逐渐丧失了激情,整个工作陷入一种僵持状态;在这个时期,甚至一些教师产生职业倦怠感、挫折感甚至无力感,处于消极状态中。

(6)反思创新期(专家阶段)——10年以后:在近10年的教学生涯中,教师的职业经验和能力得到充分的发展,从现实中,教师也属于学校的骨干教师,甚至是把关教师,教师也从此走入了自我反思阶段,反思自己10年的教学历程,同时,积极尝试教学创新,不断追寻符合自身特色的教学风格,实现经验型向学者型教师的转变。

1.3.3 物理教师专业成长的途径

1. 学习

(1)学习是教师成长的基本途径。学习,学习,再学习,这是教师成长的基本途径。当前,教师最大的问题是缺乏学习,甚至是不学习。相当大比例的教师不读书、不看报、不看电视;不了解新世纪国际科学教育发展的新理念、新动向,不了解教育政策、教育形势和教育改革的趋势。从客观上讲,教师的教学工作和非教学活动负担沉重,特别是在"中考、高考两根指挥棒"的禁锢下,教师提心吊胆地守着自己的学科教学,生怕把不好关,考不出好成绩。从幼儿园大班开始,小学、初中直到高中(特别是毕业班),教师辛苦,学生受苦。于是,"没有时间"成了不学习的"堂而皇之"的理由,这种恶性循环导致教师本来就不丰厚的底蕴更加薄弱。我们发现,事实上教师不重视学习的原因不是"没时间",而是没有欲求、没有渴望、没有习惯。因此,要在教师中兴学习之风,要千方百计地把教师从非教学活动中解放出来,促其通过学习,把精力用在潜心钻研教学上。要使教师懂得,学习是自身修养和自我完善的一把金钥匙,是教师走上终身学习之路、走进学习型社会的唯一途径。

(2)教师应该学些什么?应该怎样学?首先,学习现代科学教育理念和科学教育改革与发展的形势、政策;其次,要扫"科盲",加强专业素养,要使教师具有最起码的信息技术素养,即学会并掌握基本的信息技术(特别是计算机)使用方法的知识(图片处理、图片浏览、PPT、Word、网络基本技术、数码相机的使用、音视频编辑、QQ交流、电子邮件、建立学科素材库等),了解科学技术发展简史(近代物理学史),了解当代科学技术的前沿领域(科学技术的最新成就,如我国火星探测的"天问一号""祝融号""神舟飞船"等);再次,涉猎有关人文科学的广泛领域,如政治、历史、传统文化、文学、艺术等,以扩大中小学教师的知识面;最后,要倡导教师学一点哲学,提高分析问题、解决问题的能力。

至于怎样学,教师的在职学习,既不要求脱产,也不提倡读大厚本原著,而是提倡日积月累。学校要为教师营造学习的氛围和条件,提供各种各样的工具书和网络资源。教师更应当按照各自的需求和兴趣,逐步养成日积月累的习惯。提倡积累读书卡片或用电脑汇集资料,从构建自己的教学资源库的角度去促进个人专业成长。同时,要积极参与和自发地组织专题沙龙,交流学习收获,研讨共同感兴趣的问题。要引导教师勤于思考,善于思考,长于记忆。

(3)多订阅和浏览一些物理杂志、教学期刊和理论书籍。经常阅读报刊、阅读网络相关内容,能够使教师对世界保持一种新鲜感。经常阅读经典,能促使教师不停地思考。对世界保持新鲜感,能够使教师的观点不落后于学生。同时,教师会从世界的时事、体育、娱乐新闻中找到与学生交流的话题,从而增加彼此的交融性。阅读经典,会在无形中提升教师的品位,强化人格魄力,从而影响学生。

（4）同行之间的切磋、交流。教师之间的交流有很多益处：既可以获得心理支持,共同分享成功、分担问题,也可以获得新想法。同事是教学信息和教学灵感的巨大源泉之一,同行之间的及时交流,不仅可以通过分享材料和课程资源,减轻个人工作负担,同时通过一个集体,教师可以获得比个人努力更多的教学业绩。同时,与同事合作可以鼓励我们试验多种方式来促进学生的学习。

2. 观课

在我国传统教研活动中,比较盛行教师听课,学校基本上每学期都要安排一些听课活动。其实这是一种非常好的促进教师专业成长的一种途径。

观课按目的可分为两类：一类是以专业发展为目的,另一类是以考核为目的。以专业发展为目的的观课,是一种横向的同事互助指导,重点是帮助教师提高教学水平,改进教学行为,这是促进教师专业发展的一种行之有效的方法。

（1）观课能培养教师解决实际课堂教学问题的能力。观课活动中,授课教师与观课教师在课堂教学中都身临其境,观察、反思、体验教学中的各种问题,能看到平时看不到的问题,能想出更好的解决办法。授课教师课后自省,与观课教师讨论,寻求问题答案,并继续实验,不断改良。在观课活动中,参与者获得的是内化的知识和元认知的经验,伴随着积极的情感体验,提高了解决实际问题的能力。

（2）观课活动鼓励教师审视提升自己的经验。教师的经验是建构新能力的固着点。教师总是用已有的经验来同化或顺应新的理论。如果不对自己原有的经验进行分析和反省,新的理论和方法就不会被内化和应用到课堂教学中。观课提供了一个使教师反省自己经验的情境和条件,教师在问题情境下审视和反省已有的经验,用行动来整合教育教学中那些不确定性的知识,获得一种贯通感。实证研究表明,学校内教师之间的相互听课和指导,能使教师将在职培训中所学到的知识和技能运用到日常课堂上,有效解决从理论到实践的转移问题。

3. 教学反思

教学反思是促进教师专业发展的重要环节。通过反思探索解决教学中的问题,提高教学的主动性、目的性和创造性,帮助教师获得理性的升华。没有反思的教学行动是机械的行动,也不会改善教师的教学行为。按教学进程教学反思可分为以下三种：教学前进行前瞻性反思,教师根据课程标准,认真分析教材、研究学生,通过教学前深思后准备出符合班情、生情的个性化教案；教学中及时进行调整性反思,教师要根据课堂上随时出现的问题即时反思,抓住契机,调整自己的教学策略；教学后进行批判性反思,反思自己在教学中的得与失,不断改进自己、完善自己,促进教师课堂教学水平的提高。

在实际的教学中,我们可以在自己的专业能力训练中对教学实践进行及时的反思。比如,在一天的教学（或训练实践）工作结束以后,要求任课教师写下自己的教学休会,并与有关指导教师共同分析,这就是反思日记的方式；通过同事之间的相互观摩教学,详细描述我们所看到的情景（也可以叫作讲述自己的教学故事）,进而对此进行深入的讨论和分析,这就是详细描述的反思方式；来自不同学校、年级组的同行聚集在一起,有针对性地提出课堂上发生的问题,然后共同讨论解决的办法,进而得到所有教师及学校所共享的教学案例,这就是同行之间切磋交流的案例反思方式。

4. 专业引领

教师的专业成长需要有一个专业人士进行恰当的引领。对处于不同发展期的教师而言,专业引领的作用有所不同,对于新手走向称职型的教师,专业引领的重点在于激发新手的主动性和自觉性,将新的教育教学理论物化为实际的教学行为,对教学实践进行及时的回味和总结,以便更好地把握教学规律;对于教学风格磨炼期的教师来说,专业引领的重点在于引导教师及时总结、提炼自己的教学体会,进而升华为教学理念,奔向教学独具魅力的研究型教师;对于教学风格升华期的教师来说,专业引领的重点在于激发教师的自我意识,进一步细化专家型教师的努力目标,及时进行必要的知识更新和观念转变。

5. 校本教研

"校本教研"的出发点在于满足学校和教师的实际需要,在于解决学校和教师在实际工作中遇到的问题。"校本教研"的落脚点是为了改进学校的工作,提升学校教育教学的水平。当然,在"以校为本"的教学和研究中,对教师自身来说,其重要工作就是,创造机会主动反思,主动发展自己的专业技能,磨炼自己的教学艺术,进而不断提升自己的专业能力。也就是说物理教师专业能力的培养和提高必须融入校本教研的过程之中和学校物理教学研究的实际过程之中,而不能游离于校本教研活动之外。

6. 课题研究

提高教师的教学科研能力是引导教师由经验型向专家型转变的关键。而教学科研能力的提高的策略之一,就是课题研究。教师结合自己在教学中遇到的实际问题,以课题的形式进行研究。其中教师是研究者,这也是课程改革对教师提出的要求。我们要敢于打破研究高不可攀的神话,在教学过程中要勇于反思、探询、研究,以自己亲身感受去验证、理解、关注,进而发现、提出、解决所面临的各种实际问题。这样我们就能把工作融于课题研究中去。在这一过程中教师学会了反思,学会了合作,学会了交流,使教师从不成熟到成熟,从新手到专家,有效地促进了教师的专业发展。

积极开展课题研究,促进教师在研究中成长,要重视信息搜集与整理,努力把教学中存在的问题转化为研究课题。而物理教学课题研究同其他科学研究一样,也要按照一定的程序进行。大致可归纳为六个步骤:① 发现教育问题,选定研究课题;② 查阅文献资料,明确研究方向;③ 设计研究方案,选定方法样本;④ 实施课题研究,广泛搜集资料;⑤ 分析处理信息,得出研究结果;⑥ 撰写研究论文,及时交流推广。其中,前两步构成选题的过程,中间两步构成实际研究的过程,后两步则是形成研究成果的过程,即结题过程。

20 世纪 70 年代,英国学者斯滕豪斯(L. Stenhouse)提出"教师即研究者"的观点,促进了行动研究的兴起。行动研究就是指在实际社会情境中基于解决实际问题的需要,与专家合作,将问题发展成研究主题进行系统的研究,它是以解决实际问题为目的的研究。其特点是在自然条件下进行实践,并对实践进行不断的反思,通过计划、实践、观察、反思四个步骤进行。行动研究是系统的反思性探究活动;它由教师直接针对自己教学中的问题开展调查与研究;行动研究的目的是不断改进自己的教学,使之达到最佳效果,同时提高教师对教学过程的理解和认识。

例 1-2

行 动 研 究

1. 行动研究的过程

我发现自己教学中的一个问题；

我设想一个解决的办法；

我在教学中实施这个办法；

我调查并搜集数据对实际效果进行评估；

在评估的基础上我发现新的问题,准备下一个问题的研究。

2. 行动研究的特点

(1) 行动研究以改进实际工作为首要目标；

(2) 行动研究强调研究过程与行动过程的结合,注重研究者与行动者的合作；

(3) 行动研究,研以致用,是一种应用性研究,面向实际,服务实际,发现问题,解决问题；

(4) 行动研究属于准实验研究,兼容性强,是一种综合性研究方法；

(5) 行动研究结构为多重反馈的螺旋形结构。

3. 行动研究的选题

(1) 教学中感兴趣的问题；

(2) 教学中遇到的难题；

(3) 教学中说不清楚的问题。

4. 选题应遵循的原则

选题应遵循应用性、创造性、科学性、可行性等原则。

5. 撰写研究报告

(1) 确定问题；

(2) 提出假设；

(3) 实施方案和研究过程；

(4) 研究效果和数据分析；

(5) 结论与反思。

　　课程改革给教育教学实践带来了一系列问题,这些问题只有在教师的参与下,通过研究的方式,理论与实践相结合,有计划、系统地研究,才有可能在学校及教师层面上寻求到解决问题的有效策略。为此,教师可从两个层面开展校本研究。

　　一是学校层面的团队性的课题研究。学校及教师根据自身实际与研究力量,集中力量,自主选择本校迫切需要解决的难点、热点问题进行研究,教学中的诸多具体问题被统整到课题研究中,这种共同的需求使大家团结在一起,有助于学校成为一个学习型、研究型组织。教师在课题方案的拟订到实施的过程中,既是一位学习者,又是一位研究者。他们要分析、审视个人的教学观念和技巧知识、教学方式的运用情况,这对教师是一个重新学习和自我发展的过程。同时,教师之间就最为关注的教学问题进行研讨,可以不断地发展个人的教学思想和反思教学的能力,促进教师在实验过程中,实现理论与实践的对接,理性地回答教学中的“是什么、为什么、怎样办”,从而将实践经验提升为有价值的理论认识。

二是教师个体层面的自主研究。教师的专业发展带有明显的个人特征,它不是一个把现成的某种教育知识或教育理论学会之后应用于教育实践的简单过程,而是蕴含了教师将一般理论个性化并与个人的情感、知识、观念、价值、应用场景相融合的过程。如何融合?这就要靠教师自主地研究,选择那些对课堂专业生活有影响的"关键事件"进行研究和反思。教学中的关键事件是指教师个人在教学活动中所面临的重要事件,教师要围绕该事件,对可能导致自己特定发展方向的某种特定行为做出关键性决策。教师在反思关键事件的过程中可以实现自我超越。而个人的自我超越则是整个学习型组织的基础。

7. 交流与进修

参加教研活动和学术交流也是教师专业发展的途径。比如,鼓励教师参加市区教研活动,参加学术会议、高一级学历进修,外出交流等。

教师业务进修和专业提高,首先要立足一个"新",因为教师是一个面向未来的职业;其次要着眼一个"宽",教师要注意不断拓宽知识面,满足教学的需要;再次适当注意一个"专",应适当加强专业的深度,做到居高临下;最后,落实一个"用",即加强理论与知识的应用,增强所学知识的实用性。同时,教师提高专业化水平时,需要处理好以下关系:即面授与自学的结合,理论与实践的结合,教学与动手实验的结合,校内学习与校外研修、参观访问的结合。

8. 开发校本课程

校本课程开发就是在学校现场发生并展开,以国家及地方制定的课程纲要的基本精神为指导,依据学校自身的性质、特点、条件及可利用和开发的资源,由学校成员志愿、自主、独立或与校外团体或个人合作开展的旨在满足本校所有学生学习需求的一切形式的课程开发活动,是一个持续和动态的课程改进的过程。

通过校本课程开发,教师可以亲自参与课程编制的整个过程。国家提供的课程标准成为他们主动学习研究的指导性纲要,国家提供的配套教材成了他们自主选择的对象,这样教师就能在学校这块基石上,鸟瞰国家的课程或其他学校的课程。

校本课程开发给教师松绑,让教师自主决策,这无疑为教师的专业发展提供了广阔的空间。

另外,校本课程开发是一个复杂的过程,需要多位教师的共同参与、探究和合作,在此过程中,教师可以在相关人员的指导和帮助下,反思他们自己在教学中所遇到的问题,并找到问题的答案。这样的探究和合作十分有利于培养教师的专业精神,提升教师的专业技能,从而促进教师专业的发展。

9. 制订教师的职业生涯与个人发展的规划

教师职业发展是一个终生、整体、全面、个别而持续的过程。它涉及个人的、组织的、外在环境等诸多因素。有效整合各种因素,教师职业生涯的发展道路将更为顺畅,成长的机会将更大。教师制订个人发展规划应注意以下几点:① 充分认识自我并评估时间与空间环境;② 分析相关资料,审视发展机会;③ 确立发展目标与行动策略;④ 按目标逐步执行;⑤ 评价发展计划。

10. 激励

物理教学的发展和进一步的改革亟须一支爱岗敬业的事业型、研究型的物理教师队伍,教师队伍的素质高低,不仅决定着物理课程改革能否成功,还影响着学生未来的发展和命运。学校不仅是学生发展的场所,也是教师发展的场所,没有教师的发展,学生的发展就无法落实。因此,学校为教师的专业发展提供平台,并建立科学有效的教师成长的激励机制是促进教师专业发展的重要措施。

本章小结

物理课程改革的核心理念是面向全体学生,提高每个学生的物理核心素养。这一核心理念的确立,预示着物理教育价值观的转型,也对教师的专业素养提出了较高的要求。物理教师的专业素养的内容包括专业情意、专业知识和专业能力等方面,目前物理教师专业素养现状不能满足课程改革的要求,教师只有走持续的专业发展的道路,才能承担起不断变革的时代赋予教师的历史责任和时代使命。

技能训练任务和评价

1. 到图书馆查阅与物理教育有关的期刊。
2. 通过互联网访问至少一个与物理教育相关的网站。
3. 借读《义务教育物理课程标准(2011 年版)》和《普通高中物理课程标准(2017 年版)》及中学物理新教科书。

 阅读资料

立德树人关键在教师

《中共中央 国务院关于全面深化新时代教师队伍建设改革的意见》(2018 年)指出,"兴国必先强师",教师是"教育发展的第一资源"。可见,国家从战略层面赋予了教师塑造灵魂、塑造生命和塑造新人的伟大使命。立德树人的关键在教师。

首先,坚定信念植入心脑。培养具有中国精神与情怀的社会主义建设者和接班人,对教师来说是一个重要的任务。因此,教师必须紧跟时代重塑自我,坚定政治方向,不断提升家国情怀,牢记党和国家赋予的伟大使命;树立新的教育观,心脑植入鲜明的理想信念,深化对教师身份的认同,努力为新时代中国特色社会主义和中国教育事业奋斗终生;既要解决烦琐的、具体的教育教学问题,更要自觉用生命影响生命,用心灵滋润心灵,在精神上感召、道德上引领、人生上指路,德润学生,塑造"三观"。

其次,德才兼备淬炼自身。车尔尼雪夫斯基说:"要把学生造就成一种什么人,自己就应当是什么人。"试想,教师无德何以立德,教师无才何以育才? 因此,教师必须练就新型"四有"教师的过硬功夫,不断学习新知识,掌握新技能,做到知识结构完整、学科德育内行,德才兼修才能娴熟处理知识与道德、教书与育人的关系,内生学科育人的德育功能,突出学科思想的启迪和人文素养的培育,滋润学生自信、健康成长。

最后,高尚人格以身示范。教育教学过程中,教师人格只有与教学行为融合在一起,教学态度和关爱行为才能充满张力,迸发出惊人的教育效果,思维方式、学科精神和家国情怀往往也伴随着教师人格魅力产生表率作用。教师渊博的知识与能力、积极向上的人生态度,以学生为本、对学生稚嫩心灵自觉保护的事业态度，不计得失、勇于开拓创新的敬业精神，都可能产生深刻的、持久的影响，学习、生活和社会实践中的价值引领，更能促进学生的内心生发，成为学生精神发展的积极力量。

［摘自：赵霞. 立德树人关键在教师［J］. 中国教育学刊. 2019（6）.］

什么是物理核心素养

物理学科核心素养是物理学科育人价值的集中体现，是学生在接受物理教育过程中逐步形成的适应个人终身发展和社会发展需要的关键能力和必备品格，是学生科学素养的重要组成部分。物理核心素养主要由"物理观念""科学思维""科学探究""科学态度与责任"四个方面的要素构成。在理解物理核心素养的内涵时，要结合学生发展核心素养的内涵，注意素养的整体性。在四个要素中，物理观念代表知识的内化，是其他核心素养的基础，科学思维和科学探究是关键能力，科学态度和责任是必备品格。四个方面相互依赖、共同发展。在知识的教学、学生的探究和知识的应用过程中，让学生掌握物理思维和方法，发展学生的思维能力和探究能力，培养学生的科学态度和社会责任。

物理学科核心素养有不同的水平，我们基于问题解决的视角，从问题情境的复杂程度（从简单到复杂）、知识背景的抽象水平（如机械运动、电磁运动、热运动、微观粒子的运动等从宏观到微观，从具体到抽象）、素养应用的品质高低（包括深刻性、灵活性、批判性、敏捷性和独创性等方面考虑，从意识到能力、从低到高、他人指导和自主完成，水平——基本是意识、知道、他人指导等水平）等三个维度划分水平。教师在教学中，要基于学生实际，循序渐进地培养学生的核心素养。

［摘自：胡卫平. 物理学科核心素养的内涵与表现［J］. 中学物理教学参考. 2017（15）.］

第 2 章　物理课堂教学技能与微格教学

1. 知道什么是技能，什么是教学技能；知道物理教师的专业技能的构成。

2. 知道什么是微格教学以及微格教学的起源及发展；知道物理课堂教学技能训练的模式和方法。

3. 知道微格教学设计的特点和要求；会设计物理课堂微格教学的教案。

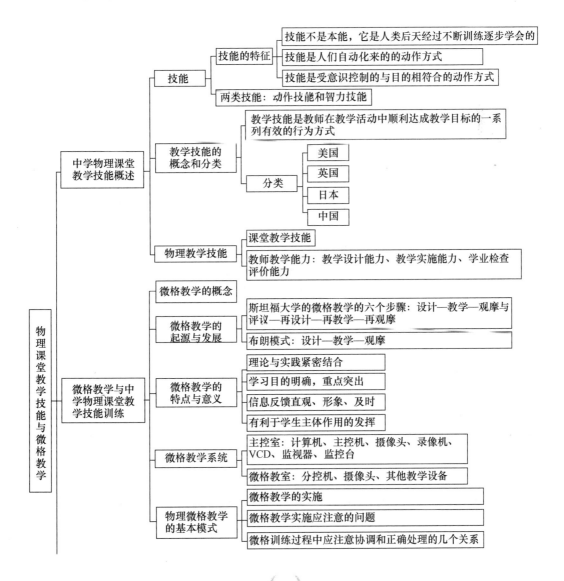

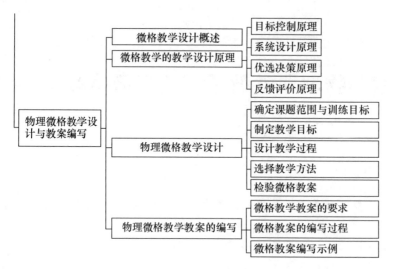

第 2 章思维导图

　　传统的教育观认为，教学是一门艺术，而艺术是不可授受的，这使教学蒙上了一层"只可意会，难以言传"的神秘色彩。现代教学论认为，教学是科学、是技术又是艺术。教学作为科学是有规可循的，作为技术是能够通过职业培训掌握的，并把教学的科学性、技术性看作是教学艺术的基础。而教学艺术则是教学达到的"神乎其技"的理想境界。在师范生及在职教师的培养实践中，重学科知识的传授、轻技能培训，重学术性、轻师范性的现象普遍存在，同时体现师范性的学科教学论的学习由于结合实际不够常常流于形式，不能起到应有的作用。没有经过科学、系统的教学技能训练的教师常表现为教师心理成熟慢、教学适应期长。有的人才高八斗、学富五车，却成不了好教师。随着科学技术的发展，视听设备、信息技术广泛应用于教育，为教师教学技能培训创造了新的有利条件，并逐渐形成了一种新的训练模式——微格教学。教师作为一种专门的职业，除了需要掌握必备的专业知识和教育理论知识之外，还必须经过科学、严格的专门技术训练，方能成为一名合格的教师。微格教学为培养和提高教学能力提供了一种行之有效的方法，使师范生进入教学"自由王国"的梦想变成了现实。

2.1　中学物理课堂教学技能概述

　　教学是实现教育目标的基本途径，课堂教学是学校教学的主要形式。教师不仅要掌握有关的专业知识，还必须具备一定的课堂教学技能，才能进行有效的课堂教学，保证教育教学目标的顺利实现。本节在对技能及教学技能分类的基础上，结合物理学科的特点，对物理教学技能进行更具体的分类，并提出中学物理课堂教学技能训练的范畴。

2.1.1　技能

　　技能是指人们在活动过程中，通过练习而形成的顺利完成某种活动任务的一种自动化了的动作方式或心智活动方式。

　　技能是在掌握一定知识的基础上，经过多次练习逐渐形成和发展起来的，所以技能的形成有不同的阶段和相应的发展水平。通常讲的技能是狭义的技能,指技能的初级阶段或初级水平,即在一定的知识基础上按照一定的方式通过反复练习或模仿而达到"会做"某事或能够完成某种工作的水平;广义的技能则是指技能的高级阶段或高级水平,即在掌握初级技能的基础上经过反复练习,使活动方式的基本成分达到自动化的程度。

1. 技能的特征

技能的特征主要有以下三点。

(1) 技能不是本能,它是人类后天经过不断训练逐步学会的。例如,物理实验仪表的操作和读数,最初接触时不会,学生在教师的指导下,通过一系列的实践活动,按照一定的规则不断训练,逐步学会,并达到熟练水平。

(2) 技能是人们自动化了的动作方式。人们的一切实践活动是有目的和有意识的,但在人的活动中有一部分动作或智力活动必须通过练习才能达到熟练程度,这种达到熟练程度的动作或智力活动基本不需要由意识控制而成为"自动化"的动作。这种自动化了的活动方式就是技能或技巧。人一旦形成了某种活动技能,在进行这种技能活动的过程中,就可以不必过多地集中注意于动作过程本身,而有可能把注意力集中在其他问题上,使整体活动具有协调性。

例 2-1

　　会骑自行车的人,不会把注意力花在怎样骑车上,而是密切注意周围的行人、车辆、红绿灯等,如有情况发生可随时调整骑车的方向和速度。物理教师在看到两个互成 120°夹角大小相等的力的合成时,不必列出算式或在草稿纸上演算就能立即说出合力的大小。

(3) 技能是受意识控制的与目的相符合的动作方式。技能动作虽是实践活动中自动化了的部分,但并不是完全不受意识支配。例如,教师在边讲边板书时,当某一个字写错时,立即会意识到有错并进行改正。

2. 两类技能:动作技能和智力技能

人类的活动大体上可分为两类,即外部活动和内部活动。

外部活动是由外显的肌体运动来实现的,其动作对象为物资性客体。在物理教学中使用教具、仪器时,教师的动作对象就是教具、仪器。

内部活动通常是借助大脑通过语言来实现的,其动作对象是概念和词,是事物的信息。

例如,教师在"牛顿运动定律的运用"教学中,应用动力学解题的步骤,即选择研究对象、进行受力分析、建立方程、演算、验算和进行必要的讨论,考虑一题多解等活动就包含大量的内部活动。

由于活动有上述两类,相应地执行这两类活动的动作方式就分为两类,也就是说技能可分为两类:动作技能和智力技能。

动作技能是指通过一系列实际动作完成操作的活动方式。

智力技能或称为认知技能,是通过练习而形成的在"大脑中进行"的一种认知活动方式。这种技能是借助语言来实现的。

动作技能和智力技能两者既有区别，又相互联系，它们统一在活动之中。教学工作的顺利完成，既要外部运动器官的协调活动，也需要人脑的内部活动，只有两种技能协同作用才能得到满意的结果。

2.1.2 教学技能的概念和分类

1. 教学技能的概念

社会上任何一种职业都需要相应的知识和技能。教师的教学作为一种职业活动也需要相应的知识和技能。

目前关于教学技能的概念并没有达成一致的意见。如澳大利亚克力夫认为："基本教学技能是在课堂教学中教师的一系列教学行为。"莫里逊和马肯它尼亚则认为："教学技能是为了达到教学上规定的某些目标所采取的一种极为常用的、一般认为是有效果的教学活动方式。"R. F. 斯诺提出："教学技能是由与行为及认知有关的事项的结构系列组成。"由国家教委师范司组织编写、李克东主编的《教师职业技能训练教程》一书则认为："教学技能是在课堂教学中教师运用专业知识及教学理论促进学生学习的一系列教学行为方式。"

虽然对于教学技能的界定，至今还没有得到统一。但是，上述种种界定，都将教学技能视为教师的教学行为或活动方式。因此，教学技能是教师在教学活动中顺利达成教学目标的一系列有效的行为方式。

2. 教学技能的分类

目前对教学技能的分类有很多，值得重视的有以下几种分类。

美国斯坦福大学的艾伦和瑞安从构成教学技能的多要素中抽出十四种要素设定为普通教学技能：① 刺激多样化；② 导入；③ 总结；④ 非语言启发；⑤ 强调学生参与；⑥ 流畅提问；⑦ 探索性提问；⑧ 高水平问题；⑨ 分散性问题；⑩ 确认（辨析专注行为）；⑪ 图解的范例应用；⑫ 运用材料；⑬ 有计划地重复；⑭ 交流的完整性。

英国的微格教学工作者特罗特把在教学中能够观察、表现、实行量化分析并为教师所熟悉的教学行为，设定为六种教学技能：① 变化的技能；② 导入的技能；③ 强化的技能；④ 提问的技能；⑤ 例证的技能；⑥ 说明的技能。

日本东京学艺大学的井上光洋提出五大类教学技能：① 教学设计技能；② 课堂教学技能（实质的技能；评价的技能；管理技能；决策技能；其他技能）；③ 学校管理技能；④ 普通教学技能；⑤ 明确课题实质的教学技能。

此外，国家教委在 1994 年下发的《高等师范学校学生的教师职业技能训练大纲》中，把教学工作技能划分为五大类：① 教学设计技能；② 使用教学媒体技能；③ 课堂教学技能；④ 组织和指导课外活动技能；⑤ 教学研究技能。其中每大类又细分为若干项技能。

上述各种分类都有其合理的因素，对于研究物理教学技能及其分类有重要的启示意义。

2.1.3 物理教学技能

物理教学技能是指物理教师在教学过程中运用一定的专业知识和经验顺利完成某种教学任务的活动方式。

教学技能有狭义和广义之分。狭义的教学技能是指教师胜任课堂教学所需要的教学基本功。广义的教学技能即教学技巧,是教学技能的高级阶段,反映了教师运用已有知识或经验完成教学任务的熟练程度和水平。这样我们就可以把物理教学技能理解为课堂教学技能和教师教学能力两个方面。

1. 课堂教学技能

课堂教学技能的功能在于引导学生的学习活动,并控制课堂气氛与学生的注意力,使教学活动顺利进行。从宏观的角度,就物理课堂教学的全过程而言,可将课堂教学技能分为教学前的技能、课堂教学中的技能、教学后的技能。就课堂教学中的技能而言,若按教学程序来分,有导入技能、展开技能、巩固和结束技能;若按技能的功能来分,有讲授技能、提问技能、讨论技能、强化技能、探究技能、演示技能等;若按教学手段在课堂中的应用来分,有语言技能、板书板画技能、多媒体应用技能等。

2. 教师教学能力

教师教学能力历来受到人们的广泛关注,优秀教师必须具备良好的教学能力。有关的研究认为,良好的教学能力包括以下几个方面。

(1) 教学设计能力。教学设计能力是教师在具备基本的专业知识和教学技能的基础上,能够综合运用这些知识和技能,根据课程标准的要求设计出适当的年度、单元和课时教学计划的能力。具体来说,这方面的能力有:掌握和运用课程标准的能力,掌握和运用教材的能力,制订教学计划的能力,编写教案的能力。

(2) 教学实施能力。教学实施能力是教师在一般教学情况下有效地实施所设计的教学计划,并能根据实际情况控制教学情境的能力。教学实施能力也是多种具体能力的综合,如选择和运用教学方法的能力,因材施教的能力,课堂教学组织的能力,运用各种教学技能的能力和教学的机智等。

(3) 学业检查评价能力。学业检查评价能力是教师在教学过程中搜集资料,运用各种评价方法了解学生的学习状况以判定教师是否完成了预定的教学目标,学生是否达到了预定的学习目标,从而根据反馈信息来补救或改进教学工作的能力。如设定评价目标和评价标准的能力,搜集评价资料的能力,选择和运用评价方法及评价工具的能力,分析和解释评价资料与结果的能力以及反馈矫正的能力等。

本课程结合物理教学的特点、新一轮物理课程改革的理念和教师专业发展的需要,根据本科师范生的实际状况,并考虑与后续相关课程的衔接以及微格教学的特点,拟就教学语言技能、新课导入技能、提问技能、讲授技能、演示实验教学技能、板书板画技能、探究教学技能、多媒体应用技能、课堂结束技能作为训练单元。

2.2　微格教学与中学物理课堂教学技能训练

"中学物理课堂教学技能训练"课程是传统的"中学物理教学论"课程的一个新的分支。这种技能训练是通过"微格教学"的方法进行的。

当前欧美各国在教师培训领域流行着一种专门培训新教师的基本教学技能的课程,叫作微格教学(Microteaching)。师范生或在职新教师在导师的指导下对一小组学生进行

10～15分钟的微格教学，并当场将教学的实况摄制成录像片；然后由导师和受训师范生共同反复观看录像，同时进行讨论和评议；最后由导师对微格教学情况进行小结。这样依次使所有的受训师范生轮流进行多次微格教学，从而使他们的基本教学技能有所提高。很明显，这是一种利用现代化教学手段来培训新教师的方法。物理微格教学是在吸取了国外微格教学的基本方法的基础上，结合物理教学的特点，进行的一种专门培训物理新教师的基本教学技能的训练方法。

2.2.1　微格教学的概念

微格教学，曾被译为"微型教学""微观教学""小型教学"等，对其表述也有多种。微格教学的创始人之一阿伦说它是"一个有控制的实习系统，它使师范生有可能集中解决某一特定的教学行为问题，或在有控制的条件下进行学习"。麦克里斯和恩文说它是"一个缩减的教学实践，它在班级大小、课程长度和教学复杂程度上都被缩减了"。它是建立在教育教学理论、视听理论和技术基础上，系统训练教师教学技能的一种方法。就微格教学的实质而言，它是利用现代视听技术，通过对教师（或师范生）进行单项教学技能的训练，使其综合教学技能提高的一种教学方法。

微格教学是培训师范生和在职教师的一种方式，它不同于真实的一节课的试讲训练，而是将教学过程中的综合教学技能分解为各种单一的技能，每次训练只要求学员掌握其中的一两种技能。训练在"微格教学实验室"中进行，由一名学员主讲，同组的其他学员扮演学生的角色，训练过程中运用现代教育技术的摄录放像系统记录主讲人和学生的行为，为研究教学行为提供反馈信息。微格教学为新教师提供了一种缩小了的可控制的教学环境，从而有效地提高教师的教学技能。

2.2.2　微格教学的起源与发展

微格教学起源于1963年的美国加利福尼亚州斯坦福大学，当时是在斯坦福大学培训中学师资的课程中，作为训练基本教学技能的方法而推出的。斯坦福大学的研究人员在对"角色扮演"（相当于我国师范生教育实习前的试讲）进行改造和研究中，认识到在教学中教师对学生的影响与教师的素质是密切相关的，即与教师的教学技能有十分重要的关系。因此，他们认为师范教育的重点应放在如何使教师（或师范生）掌握教学技能上，并明确提出了对教学行为要有分析和反馈，以便增强培训效果；对教学技能要有系统和科学的分类，以便明确培训目的和进行评价；对每一种技能都要进行严格训练，以便熟练掌握各种教学技能。只有这样才能使受培训者掌握综合教学技能，并形成各种风格的生动教学。这样，微格教学便产生了。

斯坦福大学的微格教学共分六个步骤：设计（Plan）—教学（Teach）—观摩与评议（Observe and Critique）—再设计（Replan）—再教学（Reteach）—再观摩（Reobserve）。这样就构成了微格教学的一个完整过程。每个过程都是针对教学实践中的某一项教学技能进行的。例如，如何引进一个概念、如何提问、如何引导学生讨论、如何留意学生的发言以及启发学生回答问题等。

20世纪70年代以来，英国新犹斯脱大学的布朗（G. Brown）对微格教学的斯坦福模式做了不少改进。他以三四名学员和一位导师组成的小组作为进行微格教学的单位,这就比斯坦福模式的工作效率高得多。小组学员们可以一起设计教案,如果愿意,他们可以选择相关的甚至相同的课题。当一名学员进行微格教学时,其余的学员就成了他临时的"学生"。然后他们与导师一起观摩彼此的实况录像,一起讨论和评议。导师最后小结。

这个布朗模式只有三个步骤:设计—教学—观摩(评议),省略了随后的再设计、再教学、再观摩。布朗认为,深入细致地讨论和评议可以弥补不进行后面三个步骤的损失。况且实践表明:学员立即再教学所得的成绩几乎总没有第一次教学的好。

布朗提出了微格教学的三个要素是:设计(Planning)、感知(Perception)、实施(Performance)。这实际上也是课堂教学的三要素。

设计是进行微格教学的主要环节。对于刚参加教学工作的新教师说来,尤其重要的是:要专心注意学习各项基本教学技能,要有计划地去实践各种技能。这就是设计的真正目的。然而不能认为各项基本教学技能是孤立的,教学是一种艺术,其中各种技能往往是混在一起的。因此从一开始就应该使用各种技能。在设计时应把重点放在某一种技能上,以便集中探索它在教学中的作用。

感知是指在实践中对师生相互作用的反馈信息的感知。它是提高教学技能的重要手段。只有感知灵敏的教师才能使他的教学更加切合学生的实际。

不能把实施看作是教师对事先设计好的"剧本"的演出过程。课前确定的备课计划不应该是一成不变的。一个以学生为中心的教师,在实践过程中应通过对师生相互作用的感知,不断修正原来的备课计划来切合学生的实际。

布朗还设计了一系列成绩分等表(Rating Schedules)和师生相互作用分析法(Brown's Interaction Analysis System),使微格教学体系进一步得到完善。

目前微格教学作为教学法课程的实习作业已经遍及各国。例如,日本已有多所大学采用各种方式的微格教学,几乎都将其作为教育实习之前进行的一种教育训练方式。日本京都教育大学还把微格教学作为对在职教师的训练之用。

2.2.3　微格教学的特点与意义

微格教学的实施过程是以现代学习理论、教学理论、现代教育技术理论以及系统科学理论为指导的教学技能训练过程。

(1)理论与实践紧密结合。微格教学中的一系列实践活动可以使相关的教育教学理论、心理学理论得到具体的贯彻和应用。但它并不是仅仅停留在理论学习和研究上,而是偏重于实践、偏重于训练,这种理论与实践紧密结合的教学方法可以有效地调动师范生对教学技能的学习兴趣。

(2)学习目的明确,重点突出。由于采用微型课堂的形式进行实践教学,所用时间短,学生人数少,只集中训练一两个教学技能,有利于使受训者明确学习目的,便于把精力集中放在重点上。

(3)信息反馈直观、形象、及时。采用现代信息技术对学生的行为进行记录,能及时准确地获取反馈信息,可大大提高训练的效率。

(4)有利于学生主体作用的发挥。微格教学坚持以学生为主体,以指导教师为主导,以训练为主线的原则,这有利于学生创造性思维的培养。

2.2.4 微格教学系统

微格教学系统包括主控室和微格教室两部分。

主控室可以控制任一微格教室中的摄像云台和镜头,可以监视和监听任一微格教室的图像和声音。并可随时使受控暂停在某一个微格教室与之进行电视讲话,也可以对微格教室播放教学录像与电视节目。可以把某个微格教室的情况转播给其他的微格教室,进行示范。可以录制某个微格教室的教学实况供课后讲评。主控室的主要设备包括计算机、主控机、摄像头、录像机、VCD、监视器、监控台等。

微格教室中的设备主要包括分控机、摄像头及其他教学设备。在微格教室中可以呼叫主控室,并与主控室对讲。微格教室中可以控制本室的摄像系统,录制本室的声音和图像,以便对讲课情况进行分析和评估。分控机可以遥控选择主控室内的任何一台录像机、VCD机等其他影像输出设备,并能遥控自己选择的设备的播放、停止、暂停、快进、快退。

随着信息技术的发展,数字化的微格教学系统应运而生,它是一个集微格教学、多媒体编辑、影视音像制作、多媒体存储、视频点播、数字化现场直播为一体的数字化网络系统。在这里,观摩和评价系统均采用计算机设备,并通过交换机连接校园网或因特网。信息记录方式采用硬盘存储或刻录成光盘,人们可以随时、随地通过网络或光盘进行点播、测评与观摩。

2.2.5 物理微格教学的基本模式

1. 微格教学的实施

物理微格教学课程的教学过程基本上采用微格教学的布朗模式:设计—教学—观摩(评议),但在具体实施过程中,我们遵循以下几个步骤。

(1)理论学习。微格教学是在现代教育理论指导下对教师教学技能进行模拟训练的实践活动。在实施模拟教学之前应学习微格教学、教学目标、教学技能、教学设计等相关的内容。同时在每一次微格教学之前,指导教师首先向受训者讲清楚本次教学技能训练的具体目标、要求,以及该教学技能的类型、作用、功能、及典型事例运用的一般原则、使用方法及注意事项。理论学习,一方面可提高训练的自觉性和规范性,另一方面可提高每次训练的目的性、针对性和实效性。

(2)提供示范。为了增强受训者对所培训的技能的形象感知,需提供生动、形象和规范的微格教学示范片或教师现场示范。在观摩微格教学片的过程中,指导教师应根据实际情况给予必要的提示与指导。示范可以是优秀的典型,也可是反面教材,但应以正面示范为主。如若可能,应配合声像资料提供相应的文字资料,以利于对教学技能有一个理性的把握。要注意培养受训者勤于观察、善于观察的能力,吸收、消化他人的教学经验的能力。

为了便于学生对某一教学技能进行感知、理解和分析,在观摩示范片或教师的现场示范后,组织受训者进行课堂讨论,分析示范教学的成功之处及存在的问题,并就"假使我来教,该如何应用此教学技能"展开讨论。大家相互交流、沟通、集思广益,酝酿在这一课题教学中应用该教学技能的最佳方案,为下一步编写教案做准备。

(3)编制微格教案。当被训练的教学技能和教学目标确定之后,受训者就要根据教学目标、教学内容、教学对象、教学条件进行教学设计,选择合适的教学媒体,编写详细的教案。教案中首先说明该教学技能应用的构想,还要注明教师的教学行为、时间分配及可能出现的学生学习行为及对策。在动手写教案之前,首先应明确以下几个问题:

① 学生学什么? 即你想让你的学生在本课中学到什么知识,是事实、概念、技能、道德、观念,还是兼而有之,这些是通过对教学内容和学习任务的分析而得到明确的。

② 目标是什么? 即通过教学后,学生能做什么。所确定的目标要明确、具体,是学生确实能做到的,并且是可观察和可测量的。同时,还要区分教育目标和教学目标,内隐目标和外显目标。

③ 教学程序是什么? 即根据对教学任务和课题的分析及所教班级学生的特点,明确教学的步骤和顺序。

④ 为了达到教学目标和更好地向学生传递教学信息,选择什么样的教学方法和教学手段,以及使用哪些教学技能。

⑤ 如何评价? 即对教师的教学效果和对学生的学习结果评价的方法。

微格教案的具体编制方法请参阅本章第三节的内容。

(4) 微格教学实践。微格教学实践是微格教学中的重要环节,是受训者训练教学技能的具体教学实践过程。

① 组成微型课堂。微型课堂一般由扮演的教师角色(师范生)、学生角色(被训练者的同学或真实学生)、教学评价人员(被训练者的同学或指导教师)和摄录设备操作人员组成。

② 角色扮演。在微型课堂上被培训者上某一节课中的一部分内容,练习一两种技能,所用的时间一般为 10～15 分钟。在正式上课之前,被培训者要做一简短的说明,以便明确训练的技能、教学内容和教学设计的意图。

③ 准确记录。在进行角色扮演时,一般用录像的方法对教师的行为和学生的行为进行记录,以便能及时准确地进行反馈。记录的方法是否必须用录像,要看具备的条件而定,也可以用录音或文字记录的方式。

同一小组成员在微格课堂上要轮流扮演教师角色、学生角色、评价人员角色。

(5) 反馈评估。评价反馈是微格教学中最重要的一步。在教学结束后,必须及时组织受训人员重放教学实况录像或进行视频点播,由指导教师和受训者共同观看。先由试讲人进行自我分析,检查实践过程是否达到了自己所设定的目标,是否掌握了所培训的教学技能,指出有待改进的地方,也就是“自我反馈”。然后指导教师和小组成员对其教学过程进行集体评议,找出不足之处,教师还可以对其需改进的问题进行示范,或再次观摩示范录像带(片),以利于受训者进一步改进、提高。

微格教学的评价方法主要有两种:一是根据培训目标和各种教学技能的具体要求制作评价单,明确评价内容和标准,对教师的教学行为进行评价;二是把教师的教学行为范畴化,在角色扮演时把他们的行为按范畴输入计算机,进行课堂教学的师生相互作用分析。

(6) 修改教案,重新进行角色扮演。针对反馈意见,修改教案,重复第 4 步,若角色扮演较为成功,可免此步骤。

上述 6 个步骤,一般可分为 3 个阶段:设计准备阶段(1,2,3)、微格训练阶段(4)、反馈评估阶段(5,6)。

2. 微格教学实施应注意的问题

为了保证微格教学训练的实效性，我们强调以下几点。

（1）物理微格教学强调课堂情境的真实感。缺乏课堂教学的真实情境是指微格教学实践缺乏师生间的对话、讨论。如果删去师生共同活动的环节，必然导致"满堂灌"，或者把微格教学局限为微格试讲，从而影响对其教学感知技能的培养。物理微格教学既然强调课堂情境的真实感，就要求在进行微格教学实践时要面对真实的课堂教学情境，而不是模拟的课堂教学情境。

（2）物理微格教学的组织形式以班、组相结合。在组织形式上，"中学物理课堂教学技能训练"以 5～7 名学生和一位导师构成一个小组，作为进行微格教学的单位。在学习教学理论时，导师以班的形式进行启发讲授，然后进行小组讨论；在进行课堂教学技能训练、讨论和评议时，则以小组为单位。在分组时要考虑到学生的各种特点，可以采用自愿结合的原则。在进行课堂教学技能训练时，要求同一小组选择同一课题或相近的课题，这样可以保证在讨论和评议时具有"共同的语言"，同时也便于同一小组不同学生之间的比较和相互学习。

（3）物理微格教学的时间控制。在进行物理微格教学时，为了针对某一项基本教学技能来研究探讨，可以选择一个比较完整的教学片段作为研究单位。然而所选择的教学片段不宜过长，一般控制在 10～15 min，这样探讨起来可以深入些、针对性强些。每一名学生应在进行物理微格教学前，对这一教学片段所需的时间做出确切的估计，以便养成控制教学时间的习惯。当进行到最后 2 min 时，由控制时间的同伴发出信号，以便及时考虑结束。

（4）要重视物理微格教学讨论和评议环节。在试教学生分享了他的教学意图和教学实践的感想以后，小组成员可以根据观摩实况录像的结果帮助他分析：哪些意图实现了，是怎样实现的；哪些意图没有实现，为什么没能实现；哪些地方有待改进，如何改进，等等。小组成员的发言，既要有观点，又要有材料，这就比较有说服力，对他本人的帮助也较大。一般说来，容易发现别人的缺点，但也要善于去挖掘别人的优点。有的师范生比较关心别人对自己教学的评议，却不太关心对别人教学的评议。应该强调，深入细致的讨论和评议不仅对被评议者，就是对评议者也是十分有帮助的。总之，彼此的评议愈是坦率，其价值也愈高。

3. 微格训练过程中应注意协调和正确处理的几个关系

（1）主导作用与主体的关系。微格教学活动中，受训的学生是微格教学的主体，是希望通过微格教学的训练，获得走上讲台当教师的真实感受，并检验自己准备的教案是否合适或存在的优缺点，也检验其语言表达能力、实验技能、多媒体运用技能，因而受训学生是微格教学活动的主体。另一方面，由于学生未上过讲台，缺少教学经验，不懂教学技巧的运用，所以学生必须在教师的指导下完成微格教学的各个环节，才能较全面地了解教学过程，这就强调了在微格教学活动中指导教师的主导作用。这两者是主体与主导的关系。对教师来说，教师必须从学情出发，遵循学生的学习规律，指导学生进行教学设计和解决课堂教学中出现的各种问题。但教师又不能代替学生，相反，要尊重学生、相信学生，让学生自己去准备和完成自己的实践活动。特别是教案的编写，学生只能在教师的启发指导下独立完成，才能有比较深刻的感受和体会。教师的指导是为了学生将来离开教师后能更好地独立完成教学设计和更好地进行课堂教学。

（2）微格教学技能与教学方法之间的关系。教学技能是教师在教学过程中，运用与教学有关的知识和经验，促进学生学习的教学行为方式。教学技能可通过学习来掌握，在练习实践中得到巩固和发展。教学方法是指在教学过程中完成教学任务所使用的工作方法。教学方法的采用，取决于课程性质和目的，取决于教学内容的性质，取决于教学手段，是由教师和学生共同实现的。教学技能是通过多种教学方法综合表现的行为。

（3）学生宽松气氛与教师严格管理之间的关系。微格教学中扮演学生的对象尽可能是扮演教师的知己，使受训学生能够在一种宽松气氛中进行，以减少受训学生的心理压力。这种宽松气氛对微格教学的效果是十分重要的，但是这种宽松气氛并不是让学生脱离严格的管理而随心所欲。用微格教学方法训练师范生的教学技能，严格的组织管理是关键。在组织学生进行微格教学训练时，组织机构要落实，训练计划要明确，各种记录要具体、详细。实施训练计划时，要严格做到每个环节按预定目标进行，才能保证整个系统的正常运行，才能达到预期的目标。

（4）固定时间训练与学生自由训练之间的关系。用微格教学方法训练师范生的教学技能，时间安排必须科学、合理。在训练过程中，一般采取固定时间与学生自由训练相结合的方式。固定时间训练是学生在教师指导下，在规定时间和地点进行训练。一般来说，大部分学生在规定时间内训练能达到训练目标，但是仍有部分学生距训练目标还存在一定的差距。对于这部分学生指导教师要耐心地进行个别辅导，充分给予他们发挥能力的机会，让这些学生根据自身情况组成小组，利用课余时间进行训练，直至达到基本要求。

（5）教师点评与学生间自评的关系。教师的点评很重要。教师的点评能够突出重点，找准要害和问题点。同时，教师对学生在微格教学训练中的成绩也要给予肯定，对于缺点，提出改进措施，增强学生的训练信心。

教师的点评决不能代替学生间的自评。学生间的自评是学生在亲身体验的基础上做出的。它们可能是正确的，也可能是幼稚的或片面的，对前一种评价要肯定，对后一种评价要耐心说服，讲清道理，使学生口服心服。并由此提高学生的评价意识和对教学效果的观察鉴别能力，也使受训学生充分了解自己、认识自己，从而进一步提高自己的教学水平和能力。

（6）示范课的作用与独自的特点的关系。示范，可以是优秀教师对全体学生的一堂示范课，也可以是上届学生微格教学训练之后选择保留的有代表性的微格教学实况录像。

示范或观摩样板（有成功的样板，也有典型毛病的样板），可以使参加微格教学训练的学生受到启发，使受训学生知道一节什么样的课才算是好课，哪些典型的毛病应避免。但是不应忽视的是，每一个受训学生有自身的特点，有自身的长处，在未来的教学活动中，每一个学生完全有理由发挥自己的特点和长处。既要充分发挥样板的示范作用，又要避免各学生间不同授课内容、自身特长，追求一律、一个格式授课，也要避免用一个模式或一个标准评价教学效果和讨论成败得失。

2.3 物理微格教学设计和教案编写

为了顺利完成物理教学任务，教师必须在课前做好一切准备工作，其中最主要的就是设计教案，即认真做好备课工作。微格教学训练的主要内容是教学技能，掌握了教学技能，就为今后完成教学任务打下了基础。但是，教学是复杂的、多方面的活动，即使在教学技能这一活动层次，由于具体教学条件的不同，也不可能有一套对具体行为描述的操作模式。所以，在进行教学技能训练时，还必须运用教学理论，结合具体的学科知识和教学对象的情况，进行具体的微型课教学过程的设计。

2.3.1 微格教学设计概述

微格教学设计是根据课堂教学目标和教学技能训练目标，运用系统方法分析教学问题和需要，建立解决教学问题的教学策略微观方案、试行解决方案、评价试行结果和对方案进行修改的过程。它以优化教学效果和培训教学技能为目的，以学习理论、教学理论和传播理论为依据。

微格教学设计与一般的课堂教学设计既有联系，又有区别。一般的课堂教学设计对象是一个完整的单元课，教学过程完整地包括导入、讲授、练习、总结、评价等教学各个阶段。而微格教学设计通常都是比较简短的，教学内容只是一节课的一个教学片段，以便于对某种教学技能进行训练。因此，就不能像课堂教学设计那样主要从宏观的结构要素来分析，而是要把一个事实、概念、原理或方法等当作一套过程来具体设计。从表面来看，微格教学的教学目的是让被培训者实践所学的教学技能，逐渐熟练地掌握各种教学技能。但实际上，无论是哪一项教学技能的训练，都是运用这些技能和方法激发学生学习的内驱力，促进思维，从而实现教学目标，其过程是一个微观的课堂教学设计。因此，在教学技能训练的过程中就存在着两个教学目标：一是使被培训者掌握教学技能的目标，二是通过技能的运用，实现课堂教学目标。教学技能是实现教学目标的方法和措施，而课堂教学目标所达到的程度是对教学技能的检验和体现，二者紧密联系、互相依存。由此微格教学设计既要遵循课堂教学设计的原理和方法，又要体现微格教学的教学技能训练特点。

2.3.2 微格教学的教学设计原理

微格教学将日常复杂的课堂教学进行分解和简化，并为培训教学技能而建构了科学的训练环境和方法，使受训者获得大量和及时的反馈信息。因此，微格教学的教学设计原理和方法具有下列明显特征。

（1）目标控制原理。教学目标制约着教学设计的方向，对教学活动的设计起着指导作用，是教学评价的主要依据。在进行微格教学训练时，训练任何一项教学技能，任何一项简短的教学内容都必须受到教学目标的控制。微格教学的目标具有课堂教学和技能训练的双重目标。微格教学作为课堂教学的一部分，其目的是在实现课堂教学目标的前提下灵活运用教学技能并掌握教学技能。微格教学的教学设计，必须以实现课堂教学目标为先导，以教学技能训练目标为手段，进行教学策略的微观方案设计。若偏离了课堂教学目标，不管运用了什么样的教学技能都是无意义的。同时，为达到预定的教学目标，受训者又必须熟练掌握和灵活运用教学技能，明确教学技能的训练目标，才能更好地实现课堂教学目标。

（2）系统设计原理。微格教学包括了教师、学生、课程（教学信息要素）和教学条件（物质要素）四个最基本的教学系统构成性要素，涉及教学目标、教学内容、教学方法、教学媒体、教学组织形式、学习结果和评价等过程性要素及其相互关系,是包含各种教学要素的、复杂的、微观的课堂教学子系统。也就是说,微格教学是微观层次的教学系统,其教学设计的研究对象是微观的教学过程。因此,微格教学的教学设计的过程应体现教学系统设计的思想和方法,具体来说,就是在微格教学的系统设计过程中,通过系统分析技术(学习需要分析、学习内容分析、学习者分析)形成制定、选择教学策略的基础,通过解决问题的策略优化技术(教学策略的制定、教学媒体的选择)以及评价调控技术(试验、形成性评价、修改和总结性评价)使得解决复杂教学问题的最优微观教学方案逐步形成,取得最佳的学习效果。

(3) 优选决策原理。教学策略是对完成特定的教学目标而采用的教学活动的程序、方法、形式和媒体等因素的总体考虑。它具有指示性和灵活性,而不具有规定性和刻板性,可以较好地发挥教学理论具体化和教学活动方式概括化的作用。对于教学来说,没有任何单一的策略能够适用于所有的情况。最好的教学策略是在一定的情况下达到特定教学目标的最有效的方法论体系。为了达到特定教学目标,必须充分考虑多种不同的教学策略,包括选择教学媒体和设计课堂教学过程等,优选出具有实际可操作性的教学方案,力争使用最佳的教学策略于特定的教学情境。

(4) 反馈评价原理。教育传播理论认为,反馈是教育传播过程中的重要因素,它可以使教育传播过程成为双向交流系统,使教育者了解到信息的传递效果,并对学生的学习状况做出及时、准确的评价,改进自身的传播行为。微格教学运用现代科技手段进行信息反馈。当微型课结束后,受培训者可及时观看自己的授课记录,并与指导教师和同学进行讨论、评价,从而获得广泛而深入的评价反馈信息,找出改进教学效果的方法和提高教学技能的对策。因此,进行微格教学的教学设计时,应充分利用教学设计的评价原理和方法,提高微格教学训练的教学效果和培训效果。

2.3.3　物理微格教学设计

认真钻研、分析课程标准和教材,了解学生学习的基本情况是教师能设计出一份较好的教案的先决条件,也是新教师进行物理微格教学设计的先决条件。

具体地说,物理微格教学设计的全过程至少应该包括以下几个步骤。

(1) 确定课题范围与训练目标。微格教学设计是进行微格教学的准备,而在每次进行微格教学前都必须有明确的训练目标,同时确定课题范围。例如,明确训练目标是"怎样引入课题",确定课题的范围是"力学中的运动学部分"。受训的学生就可以在这样的课题范围内选择自己感兴趣的课题作为微格教学的内容,并尽力去完成训练目标。

(2) 制定教学目标。制定教学目标必须切合学生的实际,同时还必须符合课程标准的要求。教学目标要定得十分具体,以便随时检查这些教学目标是否已经完成。教学目标一般从物理观念、科学思维、科学探究、科学态度与责任四个方面去考虑。

(3) 设计教学过程。设计教学过程是微格教学设计的重要环节。首先要将课题所包含的教学内容分解成若干组成部分,并明确各组成部分的意义与作用。即使是十几分钟的教学片段,也要考虑把它分解成几个小部分,还要明确各个小部分的作用。然后安排恰当的顺序进行组织。对于较长的教学片段还要考虑安排引言和小结。

（4）选择教学方法。教学方法是指完成教学过程的方法。教学方法是多种多样的，但归纳起来一般包括讲授法、讨论法、谈话法、实验法、情境探究法五种。必须指出：教学方法的选择与教学过程的设计往往是同时进行的。但是在设计过程中不仅要考虑"教"，还要考虑"学"，即要同时考虑安排学生活动的内容，以调动学生学习的积极性。

（5）检验微格教案。在初步确定物理微格教案以后，还需要有个检验过程，即再反复检查一下选定的课题、教学过程与教学方法是否与教学目标相匹配。也就是设想一下经过这样的教学过程，采用这样的教学方法是否能达到所制定的教学目标。如果不能匹配，就应该进一步修正微格计划，使它们相互匹配起来。

2.3.4 物理微格教学教案的编写

1. 微格教学教案的要求

（1）教学目标与技能训练并重。虽然微格教学的中心任务是训练教学技能，但是教学技能训练的目的是以适宜的教学内容为依托，更好地实现教学目标。因此，微格教学教案中必须兼顾技能训练目标和教学目标，在两者相互联系和相互制约中突出技能训练目标。

（2）重视教师教学行为和学生学习行为的描述。因为教师的教学行为反映了运用教学技能的情况，同时也反映了教学分析中对知识、能力、学生情感发展的考虑，所以，教学技能的发挥情况首先取决于微格教学教案中对教师教学行为准确、客观的描述。与此同时，微格教案中也要重视学生学习行为的描述，并由此可以反映出教案设计者对师生相互作用方式和结果的设计，也能反映出对教学目标达成状态的预测，从而将技能训练目标与教学目标具体落实到教学活动之中。

（3）教案形式有利于教师角色扮演者实施。微格教案的形式要求是对教学行为的直接描述，同时要求关注应用的技能要素、学生学习行为的描述、时间的分配和媒体使用等。这样微格教学教案首先是有利于角色扮演者进入角色，明确做什么和怎么做；其次有利于指导教师掌握角色扮演者的准备情况，如训练的内容、训练的方式，应用了哪些教学技能、估计技能训练目标和教学目标可能的达成情况，以便给予针对性的指导；再次有利于摄像操作的准确实施，如操作者可从教案中了解到角色扮演者活动的场景、内容、目的等方面，使拍摄到的内容更有利于反馈与矫正。

2. 微格教案的编写过程

（1）确定教学技能训练目标和教学内容的教学目标。依据教学技能的分类要求，确定所要训练的教学技能，研究该教学技能的功能，根据技能示范，熟悉该技能的使用模式，选择相适宜的教学内容，从而确定教学技能训练目标，同时要以教师所应用的教学技能行为来描述，并说明希望达到的程度。依据教学内容，在教学分析的基础上，确定教学内容的教学目标，可以用学生的达成行为来描述，且注意与技能训练目标相对应。

（2）阐述教师的教学行为和学生的学习行为。在相关的教育教学理论指导下，将教学技能训练目标和所采用的教学策略具体化，以教学过程的发展顺序为依据，阐述教师的教学行为。在这里，所有的教学行为不可能都是训练目标的教学技能行为，但要突出所训练的技能行为。将教学目标和教学策略具体化，描述各子目标所要实现的教学状态和过程、所期望的学生学习行为，集中反映教学中学生可能做出的反应，体现师生之间的相互作用。

（3）注示教学技能要素。教师的教学行为中，包含着许多应用的技能要素，对典型的教学技能要素进行准确的注示，将有利于某些技能的形成和巩固。一般情况下，仅对当前训练的技能要素做出注示。

（4）教案中需要呈现的其他内容。选择合适的教学媒体，并标注在教学过程中相应的媒体使用的位置。预计角色扮演中各阶段的时间间隔，标示出预计使用的时间。给课后指导教师分析、自评和互评留下空间，以便修改、完善教案和教学行为。

3．微格教案编写示例

具体而言，微格教案的内容应包括以下几点。

（1）技能训练目标和教学目标：表述要具体、确切，不贪大求全，便于评价。

（2）教师的教学行为：按教学进程，写出讲授、提问、实验、举例等教师的活动。

（3）应用的教学技能要素：在教学过程中教师的某些行为可以归入该项教学技能的某一技能行为要素，在其对应处注明。这样便于检查教师教学技能的训练成果，是训练师范生对教学技能的识别理解和应用能力的一项内容。

（4）学生行为：教师能估计到的学生在回忆、观察、回答问题时的行为。对学生行为的预先估计，是教师在教学中能及时采取应变措施的基础。

（5）教学媒体：将需要用的教学媒体按顺序注明，以便准备和使用。

（6）时间分配：教学中预计教师行为、学生行为持续的时间。

（7）板书设计：规范、逻辑性强、突出重点。

（8）自评、互评、指导教师评价记录。

 例 2-2

微格教学教案与普通教案有许多不同，格式也不一样。这里以初中物理"功"的导入为例，给出微格教案的一个示例，以供参考。

技能类型：导入技能　　日期：＿＿＿＿　　主讲人：＿＿＿＿　　小组：＿＿＿＿

课题：初中物理"功"

表 2-1　微格教学教案示例

技能训练目标	新课题与学生生活经验联系，引起学生注意；学生实验，引起兴趣；提出问题与学生原有经验产生冲突，引起学生求知欲；学习方向指引，引起学习期待			
教学目标	关注有关机械功的一类现象，产生研究"做功与哪些因素有关"的学习兴趣和愿望			
时间分配	教师的教学行为	应用的技能要素	学生的学习行为	媒体的使用
0：00	在日常生活中，我们经常需要用力去移动一个物体，例如，人推车前进，起重机提升重物等。在这类现象中，不同情况会有不同的特性，下面我们做两个小实验，研究一下"力移动物体的特征用什么来描述"	将新课题与学生的生活经验进行联系，引起学生对"力移动物体的一类现象的关注"。"引起注意"的技能要素		

续表

时间分配	教师的教学行为	应用的技能要素	学生的学习行为	媒体的使用
0：02	实验1：请你用手指分别将放在桌面上的一个火柴盒和一个1 kg的砝码推动同样的距离,看看你的感觉有什么不同	"引起操作兴趣","促进参与"	动手实验,期望回答"所用的力不同,第二次费劲些"	每组一个火柴盒和一个1 kg的砝码
0：05	实验2：将1 kg的砝码分别推动1 cm和1 m的距离,看看你的感觉有什么不同。 提问：这两次移动用的力的大小是否相同? 提问：两次移动用的力的大小相同,那么你们在移动中的感觉是否相同? 现在用的力大小相同,但感觉到所费的劲还是不同	与学生原有经验产生不协调,"引起学习欲望"	动手实验,期望回答"两次用的力大小相同" 期望回答"感觉不同,第二次费劲些"	
0：09	看来力移动物体时,不同情况所费的劲不同,或者说消耗的体力不同。这种不同不能仅仅由用力的大小来描述,所以我们有必要引入一个新的物理量"功"来描述这类现象的特征	使潜在的主客观矛盾表面化,"引起学习的欲望"		板书：第一节功
0：10 0：12	通过刚才的实验,我们知道仅用力的大小来描述力移动物体这类现象是不充分的,那么"做功要由哪些因素来决定呢?"各因素间又有什么关系呢?我们重新分析上面的两个实验,就可以找到答案	学习方向的指引,提出主问题,"引起学习期待"		板书：做功与哪些因素有关?
板书设计				
课后自我分析				
小组评价意见				
指导教师意见				

本章小结

　　微格教学是缩小了的细分的教学,它是一种把复杂的教学过程按逻辑分解为若干容易掌握的单项技能并对每项技能提出训练目标,通过视听技术和多向反馈,对师范生或在职教师进行教学技能强化训练的方法。

　　微格教学的实施包括学习相关知识、确定训练目标、观摩示范、分析与讨论、编写教案、角色扮演与微格实践、评价反馈、修改教案等步骤。

技能训练任务和评价

1. 以大气压强的导入为例,编写微格教学教案一份。要求:格式规范,设计合理,时间适当,便于施教。

2. 物理微格教学作业。

为了对每一名学生在参加物理微格教学课程前后在物理教学技能上的进步做出比较客观的鉴定,在课程一开始,先要完成一次物理微格教学作业:

(1) 设计一个你认为比较有趣的物理教学片段,并估计一下教学时间。在你的小组成员面前实施,并将实况摄制成录像片。

(2) 在与教师和小组成员一起观摩你的实况录像片前,先向大家介绍你的教学意图和教学重点。

(3) 仔细观摩你自己的教学实况录像片,然后向小组汇报你自己的看法,包括评价你的教态以及在这一物理教学片段中,有哪些优点,有哪些缺点和错误,哪些地方需要改进,如何改进。

(4) 请小组成员根据你的发言和实况观摩进行讨论和评议。对于别人的评议内容,你必须做好详细记录。

(5) 在全部讨论和评议工作结束后,你要再一次仔细观摩自己的教学实况录像片,同时忠实地回答如下的问题:

① 你是否考虑过要学生通过这一教学片段达到哪些教学目标?

② 你是否考虑过在这些教学目标中,哪些是重点、关键?

③ 你是否考虑过这一教学片段应按怎样的教学顺序进行?

④ 你是否考虑过在这一教学片段中应采用哪些教学方法?

⑤ 通过这一教学片段,你认为哪些教学目标已经实现? 哪些教学目标尚未实现?

⑥ 你是怎样知道学生已经学到这些内容和尚未学到那些内容的?(注意保存这些原始记录,便于以后进行对比)

在微格教学课程结束后,再按上述步骤进行一次微格教学实践,比较一下你在物理教学技能上的进步情况,并以"物理微格教学技能训练课程学习的回顾与反思"为题写一篇课程学习报告。

 阅读资料

高中物理课程的基本理念

1. 注重体现物理学科本质,培养学生物理学科核心素养

高中物理课程注重体现物理学科的本质,从物理观念、科学思维、科学探究、科学态度与责任等方面提炼学科育人价值,充分体现物理学科对提高学生物理学科核心素养的独特作用,为学生终身发展、应对现代和未来社会发展的挑战打下基础。

2. 注重课程的基础性和选择性,满足学生终身发展的需求

高中物理课程在结构上注重为全体学生打好共同基础,精选学生终身发展必备的核心概念和科学实践作为必修模块内容,同时针对学生的兴趣、发展潜能和今后的升学或就业需求,

设计多样化的选修课程模块,促进学生自主地、富有个性地学习。

3. 注重课程的时代性,关注科技进步和社会发展需求

高中物理课程在内容上注重与生产生活、现代社会及科技发展的联系,反映当代科学技术发展的重要成果和科学思想,同时关注物理学的技术应用带来的社会问题,培养学生的社会参与意识和社会责任感。

4. 引导学生自主学习,提倡教学方式多样化

高中物理课程通过创设学生积极参与、乐于探究、关注实验、勤于思考的学习情境,培养和发展学生自主学习能力。通过多样化的教学方式,利用现代信息技术,引导学生理解物理学的本质,整体认识自然界,形成科学思维习惯,增强科学探究能力和解决实际问题的能力。

5. 注重过程评价,促进学生核心素养的发展

高中物理课程重视以评价促进学生的学习与发展,重视评价的诊断功能和激励功能,致力于创建一个目标明确、主体多元、方法多样、既重视结果亦重视过程的物理课程评价体系。提倡评价应关注学生的个体差异,帮助学生认识自我、建立自信,改进学习方式,发展核心素养。

[摘自:中华人民共和国教育部.普通高中物理课程标准(2017年版)[S].
北京:人民教育出版社,2018.]

素养与知识、技能、能力的区别

学科核心素养是学科教育在全面贯彻党的教育方针、落实立德树人根本任务、发展素质教育中的独特贡献,是学科育人价值的集中体现,是学生经过学科学习之后逐步形成的关键能力、必备品格与价值观念。它是知识与技能、过程与方法、情感态度与价值观"三维目标"的整合与提升。

怎样理解知识、技能、能力与素养的关系?下面用开车来举个例子。交通规则是知识,移库是技能。知识、技能要变成能力需要有真实的情境,所以需要路考,路考检验的是知识技能在真实情境中的应用水平,这就是能力。

有了能力不一定有素养。什么是驾驶素养?仍以开车做比喻,安全驾驶就是关键能力,礼貌行车就是必备品格,尊重生命就是价值观念。从能力到素养,一定需要学习者主体的反思,是主体发挥主观能动性的结果。因此,素养是靠学生自己悟出来的,不是靠教师教的。教师教的知识、技能或能力是学习的阶段性目标,是通向素养的手段,其本身不是目的。

现在国内考驾照越来越严格,我们的知识技能和能力越来越强。但驾驶素养依旧不是人人都具有。比如,遇到黄灯怎么办?如果是具有尊重生命价值观的人,他就知道,到了黄灯必须停下来或做好启动的准备。再如,交通规则没有告诉你在没有红绿灯的十字路口如何开车,这是非常考验一个人的驾驶素养的。有驾驶素养的人,会主动刹停,先观察,再做决定;没有驾驶素养的人,没有尊重生命的价值观的人,就会快速行驶(交通规则不涉及此知识)。所以,素养不是不要知识,也不是不要技能或能力,但是知识多不一定有素养,能力强也不一定有素养。这就是价值观跟知识与技能的关系。我们提倡课程育人,就是说,教师不只是教学生学会读书(知识与技能),还要教学生学会做事(能力),更要教学生学会做人(素养)。这就是我对核心素养与知识技能的关系的理解。

[摘自:崔允漷.素养与知识技能、能力的区别[J].基础教育课程,2018(2)(上).]

第3章 物理课堂教学语言技能

学习目标

1. 知道什么是课堂教学语言技能，了解物理课堂教学语言的功能及要素。
2. 掌握物理课堂教学语言应用的基本要求。
3. 了解物理课堂教学体态语各要素的特点，掌握体态语的应用要求。

在线课程资源编码

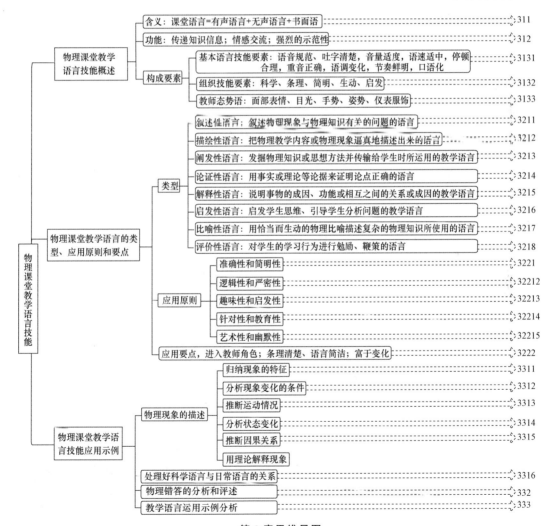

第3章思维导图

语言是人与人之间进行交际的工具,同时语言也是人类思维的工具。课堂教学是以语言为主进行的教学活动,课堂教学中的语言,是教师和学生之间知识、思想、情感交流的载体,是教师的学识、人格、威信最直接的体现。教学语言技能是教师传递信息、提供指导的语言行为方式,它不独立存在于教学之中,却是一切教学活动的最基本的教学行为。

一节课中,组织教学,导入新课,启发提问,分析讲授,推理论证,演示说明,过渡衔接,总结归纳,机智应变等各项教学活动都需要运用相应的教学语言来完成,教学语言技能是教师完成教学任务的最主要的保证。

3.1　物理课堂教学语言技能概述

对物理教师而言,其教学语言既要有一般教学语言和生活语言的共性,同时又要有物理教学的特点,我们将其概括为"既要有哲学语言的深刻、逻辑语言的严谨、文学语言的生动,还要有数学语言的精确、相声语言的幽默、大众语言的通俗"。

3.1.1　课堂教学语言技能的含义

教学语言是教师课堂教学的基本工作用语。教师在课堂上要阐明教材、传授知识、组织练习,不断激发学生积极的学习情感。在这一过程中所运用的语言,就是教学语言。在整个课堂教学中,语言的方法和技巧最多、最复杂,作用也最大。

严格地说,课堂语言由有声语言(通过声带发声)、无声语言(态势语)、书面语(板书或板画语)三部分组成。优秀的课堂教学就是通过上述这些手段,组成了一个综合的、统一而完整的传递系统。在这个综合的传递系统中,缺少任何一个因素都构不成有效的课堂教学活动。这种既有听觉又有视觉,兼有时间性和空间性艺术活动特点的综合活动,是教学语言区别于其他口语表达形式的关键所在。

视频案例　　案例简评

综上所述,教师在课堂这一特定的环境中,借助有声语言(为主)和无声语言、书面语(为辅)的艺术手段,准确、清晰地传递给学生知识和信息,从而达到教育教学目的并促进学生智力、能力提高的一种语言行为方式就是课堂教学语言,它是教师完成教学任务的最主要的保证。

3.1.2　课堂教学语言的功能

教学语言主要在声、情、义三方面实现其教学功能。"声"是语言的发音准确、标准、清晰、和谐、具有美感;"情"是通过语言的声调、强弱、节奏等表达各种情感;"义"是教学语言表达的思想意义,既准确又丰富。

(1) 准确、清晰地传递知识信息。教师的职责应该是用标准规范的发音和语义,准确的词语选择和搭配,向学生准确地传递教材中的科学知识和所包含的思想蕴义。曾有学者研究表明:"学生的知识学习同教师表达的清晰度存在着显著的相关,教师讲授的含糊

视频案例　　案例简评

不清则与学生学习成绩有负相关"。由此可见,教学语言水平与教学效果是直接相关的。

(2) 实现师生间的情感交流。课堂教学中,在传递知识信息的同时,必然伴随着师生间的情感交流。在讲授中,教师富有感染的表达,一方面建立一种情境,以情育情,即以自身的情绪影响学生的心理情感;另一方面,以情感人,使学生产生共鸣,活跃课堂的学习气氛。尤其是在表达抽象物理现象时,教师的恰当语言能唤起学生的想象,让其产生具体的表象,更好地理解物理意义。

(3) 教学语言具有强烈的示范性。教育是培养人的活动,教育活动的这一本质特点,决定了教师的劳动必然带有强烈的示范性。这是教师与其他职业的一个最大不同点,特别是在课堂教学中,教师在课堂上的一言一行、思想境界、品德修养、教学的水平、对教学工作的责任感和态度等,构成了一位教师教学语言的总体形象。这些都将在教学中对学生产生潜移默化的影响,使学生从自觉或不自觉地模仿到灵活地表达。

3.1.3　教学语言技能的构成要素

教学语言技能的构成要素是教学语言技能的基本教学行为,熟练地掌握这些基本的教学行为是实现该项教学技能功能的保证。教学语言主要包括有声语言和无声语言,教学语言功能的实现是有声语言和无声语言共同作用的结果。物理教师的有声语言技能要求可分为两个方面,即基本语言技能和教学语言组织技能。无声语言技能主要是对态势语提出的要求。

1. 基本语言技能的要素

基本语言技能是指在社会交际中公众都必须具备的语言技能,对教师来说就意味着运用声音把大量组织好的语言有效地在课堂上传输出去,它由发声系统的发音器官(唇、齿、舌)来完成,属于操作技能,是可以通过大量有效的技巧训练得以提高的。它包括以下要素。

(1) 语音规范,吐字清楚。所谓语音,就是以普通话为标准的声母和韵母的结合。语音是语言的物质材料。有了语音这一载体,才使得表达信息的符号——语言能以声的形式发出、传递和被感知。在教学中,对语音的最基本要求是规范,即要养成用普通话语音来教学的习惯。

语音中出现的方言、乡音是进行交流的极大障碍,一旦涉及物理教学上的专业术语,比如"电磁场""静止"这些词语时,发音不标准,不规范,有时会让人费解。因为口语表达的特点是词句连续吐

视频案例　　案例简评

发,如果有一个音节讲不清楚,就会影响学生对一个词、一个句子甚至整个内容的理解。在无法正确表达语意的情况下,其他的语言艺术讲授技巧就无从谈起。

与语音相关的还有吐字问题,教学上的基本要求是吐字清楚。有人形容吐字不清是"嘴里像含个热饺子",黏黏糊糊、含糊不清,容易使人着急。造成吐字不清的主要原因是发音器官(唇、齿、舌)在发相应的字音时不到位,缺乏正规的基本发音训练。这个问题,只要有意识地矫正,并且经常练习,不断纠正自己的"误读",养成习惯,是完全可以解决的。

(2) 音量适度。音量是指声音的大小程度,它由发声时的能量大

视频案例　　案例简评

小来决定。教学语言必须有一个合理的音量,才能让学生听真切、听清楚。总体上的要求是高低适中、强弱相间。

音量大小适度的标准是:前排学生不认为是一种噪音,最后一排又能听清楚。音量过小,学生需要长时间依靠有意注意来维持最低的听觉域限,容易造成听力疲劳和精神涣散。音量过大,教师本人吃力,如果使用不得法,甚至可能损坏声带。而对于学生,刺激太强,声嘶力竭,如雷贯耳,容易造成心理紧张,使人烦躁和反感。同时在物理教学中,有悖于以理服人的教学气氛(俗话说有理不在声高)。从声音环境角度来看,一般上课的音量,应在45 dB 到 65 dB 之间。高于 65 dB,讲话本身就可能成为噪音,干扰学生的思维。音量也不宜过小,低于 45 dB 就成了微语。在师范生平时的微格教学训练中,因受条件限制(课室小、学生少)体现不出多数师范生音量小的缺点。新教师由于紧张等主观原因,往往习惯于小声说话,初上讲台,应经过一定训练,掌握好音量。

(3)语速适中。语速是讲话的平均速度。讲课应该讲究速度的快慢适中。教师讲授与演讲、朗诵不同,其教学任务不是把讲稿在一定的时间内念完,讲完了事,而是要让学生听进去,听懂,学到知识,所以应有灵活的节奏变化,做到轻重缓急、断连起伏、张弛有度。心理学研究表明,听课的能力有一定的承受量,长时间的快则会"供过于求",使人感到急促、紧张、烦躁,学生不易全面了解内容,体验不到教师的情感,达不到教学目标。太慢则"供不应求",注意力无法集中,情绪提不起来。这就对讲话的速度提出了要求,一定要适中,让他们听清楚,而且有思考的时间,切忌像连珠炮似的向学生发射。

讲话的速度以每分钟多少字为适中呢? 一般播音员的速度为每分钟 350 字左右,课堂口语的速度还要慢一些,以每分钟 200~250 字为宜。低年级学生的课的语速还应更慢一些。

语速快慢的标准是:与学生的思维合拍,但也并非要求恒定不变。由于不同的教学内容对学生而言难易不同,应根据教学过程中学生的思维速度来决定。一般地说,在学生注意力集中、精神饱满时,讲话速度可以快一些,声调可以低一些;学生思维疲劳、注意力分散时,讲话速度可以慢一些,语调可以高一些。

(4)停顿合理。字与字、词与词以及句子之间、层次或段落之间稍微休息一下,称之为停顿。适当的停顿不仅是教师在生理上调节气息的需要,也是更好地表达教学内容,正常表情达意的一种重要技巧。它有助于学生更清楚地理解语义,在停顿间隙进行及时的思考、消化、回味,以及必要的议论。恰当运用停顿可以提高语言的精确性和表现力,但停顿绝不是简单的声音上的间歇,停顿太少、太短会讲得上气不接下气,或者停顿过多、过长会把语句弄得支离破碎,使人莫名其妙。这样不仅自己讲起来感到紧张吃力,别人听起来也费解难受,教学中教师要根据所要表达的不同意思,而采取不同的停顿。

一般来说,停顿可分为语法停顿、逻辑停顿、心理停顿(又称感情停顿)三种,语法停顿主要从句子的语法结构(主、谓、宾、状等)上稍停。物理课堂教学中则侧重于逻辑停顿,往往根据物理知识之间的内在逻辑关系而停,以突出语意部分。例"帕斯卡定律"的语句很长,层次又较复杂,表述时可以多次使用停顿(以"ˆ"表示停顿)——加在ˆ密闭液体上的ˆ压强ˆ能大小不变地ˆ被液体向各个方向ˆ传递。为了突出"密闭液体""压强""大小不变""各个方向",表述这些关键词语时前后都运用了逻辑停顿。心理停顿则根据学生听课情绪进行,如个别学生有分散注意力现象,教师可稍停下讲授以提醒学生。

（5）重音正确。曾有艺术家说过：重音就好像人的食指，指示着节奏中或句子中最重要的词。一句话包括许多词语，它们在句子中的表意作用不可能完全相同，总有一些词语比较重要，是一句话的中心和主体，讲授时如能找到表意重点加以适当重读，便能起到对整句画龙点睛的作用。如同魔术师的魔棒，指向哪里，哪里就有惊人的变化。在讲"像这样的问题""是这么回事"这类的话，如果把重音落在"像""是"字上面，和落在"这样""这么"上面，教师的用意就有很大的区别。

重音同样可分为语法、逻辑、感情重音等。语法重音是在一种平稳的情况下述说事情，重音由语句自身决定，表示一般的语句、语法结构，有一定规律，位置也比较固定。一般说来，谓语往往比主语说得重一些，宾语、定语或补语也要说得重一些。这种重音只要熟悉并尊重汉语口语表达的习惯，就可以自然掌握。逻辑重音和感情重音没有一定规律，都是为了突出语意重点和强调某种特殊感情的重读。其中逻辑重音在句子中比较活跃，经常随着教师的意图、环境和思想感情的变化而变化，也就是从意义出发必须顺从句子的逻辑意义。例如，"力的作用是相互的"，为了突出"相互"，就必须重读"相互"两字。

重音的主要成分是强调，但不一定要读得很重。有时用低或轻的声音仍然可以表现出重音的特点。运用重音必须注意使整个句子语气协调、音调和谐，轻重恰当。

（6）语调变化。任何语言的表达都需要抑扬顿挫，也可以叫作高低起伏，轻重缓急的统一。语调升降变化贯穿于整个语句，但表现在句末较为明显，如果掌握运用得当，可以表达极为丰富复杂的感情和语气。语调的抑扬主要有四种表现形式："平""抑""扬""曲折调"。"文似看山不喜平"，教学亦如此。心理学家认为：人听讲话时的有意注意力每隔 $5\sim7$ min 就会有所松弛。因此，教师要适度地注意讲授的起伏张弛、变化有度，适时地消除学生可能产生的兴奋抑制，即根据学生的心理特征，使讲课有张有弛才能始终维持学生的有意注意力。

选择和运用语调，必须从教学内容出发，并要注意考虑语言环境和现场效果。物理教师只有对所讲的内容有深刻的理解，有鲜明的态度，有真实的感情，语调的运用才有可能准确、自然、恰到好处。教学中，有的教师善于运用语调抑扬顿挫的变化，即使是一般内容也能讲得津津有味，很吸引人。有的教师由于不善于运用语调变化，即使是生动有趣的内容，也讲得平平淡淡，引不起学生的兴趣。这说明，一个人口语表达能力的强弱，与能否正确选择和运用语调有直接关系。

（7）节奏鲜明。教学语言的节奏，指的是在一个相对完整的表达中，其语调高低、重音强弱、语速快慢等多种因素的起伏变化而形成的整体语流态势，它综合了停顿、重音、升降、快慢等几种要素，是前面所讲的语言技能的一种综合体现。如果我们把教学进行的轨迹用一根线来描述的话，这根线不应是直线，而应是曲线，并是具有运动变化感的曲线。这主要是从语言、内容、情感几方面去体现，语调要高低升降，速度要急促徐缓，声音要宏大精细，音色要刚柔多变，情感要跌宕起伏。这些由音的长短和停顿的长短所构成的快慢变化，伴随相应的声调高低的变化，感情的起伏，就是节奏。

节奏与语速有一定联系，但不是一回事，语速是讲话的平均速度，并不意味着讲话中的每个字所占的时间一样长。有的字音长一些，有的字音短一些，句中、句间还有长短不一的停顿。这些由音的长短和停顿的长短所构成的快慢变化，伴随相应的语音强弱、力度的大小和句子长短的有规律变化，才是教师口语的节奏变化。实际上，讲课速度的快慢只是节奏这一方法和技巧的一部分。节奏所包含的内容要丰富得多，各种不同的要素，有秩序有节拍地变化，就形成了教学的节奏。

综上所述，节奏主要通过教师的语气、速度和声调三个方面来表现，三个方面又集中在讲述的"轻重、缓急、抑扬、顿挫"八字上，这些要素总是密切联系、交替出现、互相渗透。

（8）口语化。讲课的语言要通俗易懂，这是由教育教学的特殊情景所决定的。教师如果不改造专业术语，就很难让人听懂，尤其在物理教学中表现得更为明显。

怎样才能做到说起来"上口"，听起来"入耳"呢？口语并不是要对日常口头用语进行修复，而是把它们进一步加工提炼，做到逻辑严密、语句通顺。首先，要解决思想认识问题。初上台的教师或实习生因上台经验少，往往把教案写得很详细，甚至每一句话都事先拟好。那么在微格练习中就应该要求不要一动笔就往书面语言上靠，写完后自己照稿念一念，看看是否上口，然后把那些不适合讲课的书面语句改为口语化的语言，用浅显的语句来解释难理解的术语。其次，要注意选择那些有利于口语表达的词语和句式。最后，尽量不用倒装句或浓缩的省略句，改换或删去不易明白的文言词和生僻成语。这些都有助于实现讲授语言的口语化。

至于句子的长短问题，要多用短句，每句话最多不超过15个字就要停顿一下，这样易于表达，清楚明了。当然也还要注意整句和散句，两者各有优点，结合使用最好。

口语化时，可以在教学中适当运用拖腔，如"力越大，加速度就越大"拖在"越"字上，这包含留有余地的意思，强调后面语义。拖腔也可以有意引起学生思考，激发学生的思维，这样的课堂语言，本身就具有启发性。但运用时注意，只有当学生与教师思维同步时，拖腔才有意义，课堂气氛才会活跃。

最后，要区别口语化与口头语的不同。如讲课时不断地夹杂着"这个""那个""是吧""对吧"之类的多余话，还有"嗯""唉""啊"之类的字——这属于语言表达中的良性肿瘤，不是我们要提倡的口语化，有刬除的必要。

2. 教学语言的组织技能要素

在课堂上，教师要从一定的教学目的、教学内容、教学对象出发来组织自己的语言，这就形成了课堂教学语言的组织技能。通俗地讲，也就是如何选择合适的词语构成恰当的句子来准确地表达教学内容。语言的组织技能是由教师的思维器官来完成的，属于智力技能，不是可以在短时间内训练能达到一定效果的，需要教师长期不懈地努力。以下五个要素体现了物理教学语言组织技能的要求。

（1）科学。物理教师语言的科学性表现在多方面。首先，表现在语言所表述内容的科学性，即教学内容应准确无误。例如，举例要科学，不可道听途说、胡编乱造；有争议的观点和问题应该说明各个争议方面的意见；习题、例题中的数据必须符合科学事实，切不可图解题方便而乱编数据。比如，牛顿是否因苹果落地而发现万有引力定律，伽利略是否真的在比萨斜塔上做过落体实验，本来这些问题目前尚有争论，教学举例中就不应做肯定的回答。讲比热容时，应当说"物质的比热容"，不能说"物体的比热容"；讲电场概念时，应当说"带电体周围空间存在电场"，不能说"带电体周围空间叫电场"；讲"光的反射定律"时，不

视频案例　　案例简评

能说"入射角等于反射角",而应当说"反射角等于入射角",因为反射角的大小是由入射角的大小决定的,两个角之间具有因果关系。不能将日常生活俗语、方言当作物理语言搬到课堂,如将物理语言"熔化""沸腾"说成"化了""开了"等。

其次,表现在语言要符合物理学科的规范性。因为物理学有一套符合本学科特点的特殊语言。如物理符号、概念、公式、图表、物理模型等都是物理学常用的语言。

最后,表现在语言的准确性方面,对概念的内涵与外延的把握要准确、到位,对某些特殊的字、词要表述严谨。例如,"缩小"与"变小"的区别,"浸入、浸没、浸在"的使用场合,"物理量的大小、物理量变化的大小、物理量大小的变化、物理量变化的快慢"的含义差异,物理量单位的准确读法等。教师不能信口开河地下定义,不能想当然地解释一个术语,不能含含糊糊地阐释一个定律,等等。

我们这里强调教学语言的科学性,并不是不顾学生年龄的特点、掌握知识的阶段性,而一味地追求严谨、严密,如初中和高中对功的定义就不同。

(2)条理。即逻辑性。物理教师语言的逻辑性中最重要的是因果关系的表述。如牛顿运动定律、光的折射定律、光的反射定律、电磁感应定律等物理规律中均包含着因果关系。

视频案例　　案例简评

推理的科学性、严密性也是物理教师语言逻辑性的重要体现。如阐述光具有波动性时,应从"因为波具有干涉、衍射的特性,实验证明光能发生干涉、衍射现象,所以从光也是一种波"的角度进行分析,则显得有理有据,条理清晰。

逻辑性还体现如何在整堂课的讲授中层次分明地体现各知识点间的联系。

语言的条理逻辑性训练在本书的讲授技能中有更详细的说明及应用要求。

(3)简明。简单明了,干净利落,无废话、套话,能一句说清的不说两句,能一个字说清的不说两个字。因为讲课是有时限的,它要求在规定的时间内讲清、讲足,而这两方面又都掌握在教师手里,弄不好就会把简明变成繁杂,把按时变成拖堂,这就要求讲课人切忌重复啰唆。多而繁、杂而乱,最易产生不准确的现象。物理教师的许多教学语言属于理科的理性语言,更应当注意简明扼要地使用各种用语。

(4)生动。生动指的是词语外在表达上的生动,注意用词的形象性、可感性,注意词的感情色彩,能启发想象、联想,配合外在表达上的生动,把抽象的道理具体化,把抽象的概念形象化。如在讲力的三要素时,"门轴""门把手"这些书面用语完全可以把它变成生活中的语言来表达。在讲"右手定则"时,采用割韭菜的例子进行类比:将刀尖指向、刀刃切割方向、韭菜直立方向分别比喻作感应电流方向、导体运动方向、磁感线方向,不但讲明了电磁感应中三方向之间的两两垂直关系,而且增强了学生对物理知识的形象理解。

(5)启发。"启"到关键之处,"发"得生动活泼。这种语言要具有扇子的作用(把学生主动思维的热情扇得旺旺的)、向导的作用(给学生指出学习的思维方法)、桥梁的作用(使学生新旧知识联系,由此及彼,触类旁通)、锄头的作用(刨出重点、难点和疑点,开掘学生的思维)。教学语言启发性还在于教师要善于设疑,引导学生合乎逻辑地思考问题。例如"功是能的转化的量度",在讲授时,可以从句式结构来进行启发。用主语是"功",谓语是"是",宾语是"量度"的简单句式,可使学生避免"功就是能"或"功转化为能"的错误认识。那种简单的发问:"是什么""为什么"或"因为……所以……"之类的问答,常常缺乏启发的艺术魅力。

启发性的语言练习还将在后面技能训练中的如何提问专题中来加强。

3. 教师态势语

态势语，也称身体语，又称为无声语言，也可以叫哑语，是利用面部表情、肢体动作姿势等的不同变化来传意的无声语言。1968年，美国心理学家阿尔伯特·梅拉比安（Albert Mehrabian）通过实验测定得出：信息资料总效果＝7％的文字＋38％的声音＋55％的面部表情。他解释，这里的"信息总效果"，是指口语和态势语综合运用所获得的社会交际效果，"面部表情"应是"眼神、手势"等态势语诸要素的代称。这个公式充分说明了态势语在口语交际中具有重要的地位和作用。

教学作为一门艺术，其最大的因素取决于有声语言与无声语言（即态势语）的交融体现，即除了吐字清楚、声情并茂外，还要举止大方、态势潇洒。非言语技巧的表达是指用来配合有声语言以表达思想、丰富感情的眼神、表情、姿态和动作，它可以弥补有声语言的不足，把教学表达得更加生动。

关于态势语的分类，各家说法不尽一致，从教学的角度出发，我们不系统从理论上论证分析各种分类，只从面部表情、目光、手势、姿势、仪表服饰五个方面谈一下对教师的要求。

（1）面部表情。教师的面部表情，是指教师通过自己的口、鼻、眼等器官和脸部肌肉运动来表达或辅助有关课堂教学内容的信息活动。课堂上，教师处在全班学生"众目睽睽"的境地，面部是感情的晴雨表，学生可以从上面读懂教师的情感世界，教师也可以通过面部表情给学生施加心理影响，引起其思想的共鸣。

我们可以用六个字来概括面部表情的总体要求：庄重、亲切、幽默。

视频案例　　　　案例简评

（2）目光。眼睛是心灵的"窗口"，这是著名画家达·芬奇的至理名言，也是一般人都知道的常识。教师一站上讲台，在他的整个教学中，他的眼睛几乎把他的一切——思想情感、心理变化、学识品德、情操、性格、趣味、审美观、知识深度等，毫不掩饰地展现给学生。

首先，教师要知己知彼，学会看懂学生千姿百态的表情，即从学生的面部表情和眼神变化中看出自己教学的效果，辨析学生听课的状况，然后对症下药，或调节教学进度，或改进教法，或放慢速度，或增删内容。

其次，"看眼色行事"，运用好自己的眼神，换句话说，根据学生的眼神反馈出的信息，报之以相应的眼神，配以言简意赅的教学语言，把教学做到有的放矢，对症下药。

（3）手势。对于教师来说，手不仅能够表情，还会说话。准确适度的手势不仅具有形象、指示、情意、象意等多种功能，还可以增加教师有声语言的说服力和感染力。因此，我们把手势语称为讲课的"第二语言"。

物理教学中手势语使用频率最高。教师综合运用手指、手掌、拳头、臂膊来传递教学信息，不仅使物理学上抽象的内容形象化，还能节省教学时间。

从功能上看，教学中常用的手势类别大致有以下几种。

① 情意手势：即表情达意的手语。它的主要作用是表达教师说话时的感情，表达教学内容的情意，使其形象化、具体化，加深学生对有声语言思想感情的理解。如挥动拳头表示愤怒，摊开双手表

视频案例　　　　案例简评

示无可奈何,手掌前伸、手心向上表示赞许和尊重,食指斜向下指点表示斥责。讲到教学内容的关键之处,教师可用简明有力的手势突出教学内容的重点,强化学生对重点内容的识记。

在物理教学课堂上,也不要过多过滥地使用情意手势,否则就会显得不稳重,使人感到滑稽可笑。

② 指示性手语:这种手势是用来指示具体真实对象的,相当于一个信息符号,分为实指和虚指。实指是指教师的手势所指的人或事或方向均是在场的人视线所及的。虚指是指教师和学生不能看到的,比如讲到火车从甲地到乙地运动时可用左手或右手虚拟地指一下左边是甲地,右边是乙地,给学生以不同两地之感。课堂教学中,最常用的是提问学生时,可以用手向上一抬,示意学生起立;回答完毕后,可以用手掌往下一压,示意学生坐下,或用手指着黑板上某概念要学生重点理解。指示性手语简单明了,不带感情色彩,比较容易做到。

③ 描述性手势:又称形象手势,是最能体现和展示一个教师的教学风格特点的一种手势。它在教学中主要用于模拟、比喻、比划一些抽象事物的大小、形状和结构等,给学生一种形象的感觉。如果用得恰当、准确,不仅能引起学生心理上的联想,启发学生的思维,还能化抽象为具体,克服教学的难点。这种手势在物理教学中可运用的场合比较多,如可以用来表示物体的上升、下降、左移、右动、前进、后退、翻倒、转动、合拢、分开;可以表示物体间推、拉、提、压、吸引、排斥等作用;可以表示力、机械运动、电流的方向等;还可以模拟一些物理现象及其变化,如讲惯性现象时,用一只手表示锄头柄,另一只手表示锄头,两手形象地表现了锄头与柄之间的套牢。这种手势需要教师有意识地在教学前加以设计,然后不断练习,以便更形象、更准确地表达物理含义。

描述性手势的基本要求是形象有力,准确得当,切忌死板、生硬。过多而毫无意义的手势,不仅模糊了讲授的内容,而且使学生难以琢磨,越比划越糊涂,并容易使学生和教师同时产生疲劳之感。

以上对手势的三种划分,只是大致划分,不可拘泥。在手势的运用中,要具体分析具体选择,不能一概而论哪一种手势好。只有做到简练(简单、精练、清楚、明了,忌泛滥)、适当(内容与形式适当,手势量的适当)、自然(具有自然美、舒展大方,忌矫揉造作)、协调(与声音、姿态、表情等密切配合,切忌脱节)、变化(切忌死板),才谈得上是潇洒自如地运用教学手势。

(4) 姿势——"站有站像"。中学课堂教学一般采用站姿,它是态势语中的重要部分,也能够反映一个人的素养和风度。教师站姿规范如下:挺胸,收腹,精神饱满,气下沉,双目平视;两肩放松,双手下垂,重心主要支撑于脚掌上,神态自然;脊椎、后背挺直,胸略向前上方挺起;腿应绷直,稳定重心位置。

此外还应强调注意的是,身体指向。研究表明,人体的正面具有最大的信息传播量。这种指向通常表示一种不愿让正在进行的交流被打断的愿望,这是教师在课堂教学活动中采用最多的身体指向,教师不宜使用背对学生这一身体指向与学生进行交流,一般来说,它所表示的都是否定性含义。但在进行板书或布置黑板上的挂图等工作时,背对学生不会产生消极影响。需要注意的是,背对时间不能过长,因为背对学生无法控制课堂秩序,学生会出现分心走神的现象。教师站姿的另一基本要求是身体不能阻挡学生观看板书及物理实验现象的视线。

走动和移步,也是姿势的重要组成要素。正确动势,不仅可以显示教师优美的风度与气势,还有助于内容的表达,能传递教学信息的意义,并促进师生双边的教学活动,引起注意。教师在讲台上不可能也不应该在一个地方一直站着,必须根据教学情境的需要适时变换自己的位置。

教师在教室内的走动时应注意不能速度过快或过于频繁。走动急促、动作猛烈会给学生不安定和紧张的感觉;频率太高,像走灯一样会令学生应接不暇,分散学生的注意力,使其感到厌烦。因此应动静结合,快慢相间,自然随意。过分的动或不动这两个极端都会给课堂教学带来消极效应。

(5) 仪表服饰。教学是一门综合艺术,既要求教师有美的声音、美的激情、美的结构,也要求有美的仪表。仪表服饰,是指教师在教学情景中的衣着、装饰以及打扮的特点,它可以反映一个人的精神气质,还可以反映一个人的文化素养、审美观念和知识水平。从一定意义上看,外表修饰虽然不直接传达与教学内容相关的信息,但它却是影响教学活动和教学效果的一个潜在的、不可忽视的因素。

仪表首先体现在身材和容貌上,这是人的自然美。它是先天决定的,是固有的生理条件,一般难以改变。一般说来,身材伟岸、容貌潇洒是教学的最佳仪表,但它并不是教学的充分必要条件。

教师在课堂上全方位地展示自己,打扮不在于华贵,不在于时髦,而在于大方得体、协调。具体要求有四点:① 整洁:是指整齐、干净、美观。② 庄重:是指风格高雅、大方、稳健。③ 舒适:是指线条简洁流畅,穿起来感觉良好,行动方便。④ 得体:是指符合自己的教师身份、年龄特点,适合讲课时的环境气氛。

3.2　物理课堂教学语言的类型、应用原则和要点

教师除了应当明确教学语言的结构要素,在应用教学语言上,还应明确教学语言的类型、应用原则和应用要点。

3.2.1　物理课堂教学语言的类型

教师的教学语言从不同的角度可以划分出许多不同的类型。根据物理课堂教学中教学语言的功能、性质、特点,我们选择了以下几种类型介绍。

(1) 叙述性语言。它是叙述物理现象或与物理知识有关问题的语言。教学中不论如何引进概念、定理、法则,教师最后总要用科学的物理语言给予阐述,经常还要把这种阐述写在黑板上,要学生在理解的基础上记住。教师写在黑板上的已知、求证、计算过程等,所使用的语言,都是这类物理语言。

视频案例　　　案例简评

(2) 描绘性语言。描绘性语言是指教师在教学中把物理教学内容或物理现象逼真地描述出来的语言。其特点是形象、具体,使学

视频案例　　案例简评　　视频案例　　案例简评

生处于物理情境中,唤起学生的想象和情感。描绘性语言的语调、语速应随着内容的变化,高低适度,舒缓得当,能扣住学生的心弦,引起学习物理的兴趣。

（3）阐发性语言。教材中不可能把概念的形成过程、证明的思路以及一段教学内容在物理中所处的地位和在实际中的具体应用全部写进去。而这些知识或思想方法又必须

视频案例　　案例简评　　视频案例　　案例简评

教给学生。因而,教师必须从教材的整体、布局、证明过程上发掘这些内容,并传输给学生。

（4）论证性语言。论证性语言是指教师在教学中用事实或理论等论据来证明论点正确的语言。其基本要求是语言富于逻辑性,论证合乎推理规则,充分说明现象、事物和结论之间的因果关系。

视频案例　　案例简评

（5）解释性语言。解释性语言是指物理教师在教学中对事物的成因、功能或相互之间的关系、演变等做清晰准确的解说、剖析,帮助学生加深理解,形成概念。解释性语言要求语言简练,有较强的针对性,能一针见血地讲出问题的实质。这

视频案例　　案例简评　　视频案例　　案例简评

种语言是教材中物理语言的改造或"翻译",经过这种改造、"翻译",语义变得通俗,长语句分成几个短句,与生活语言接近,使信息传输的速度减慢,因而容易被学生接受。

（6）启发性语言。启发性语言是教师在课堂上启发学生思维、诱导学生"跳起来摘桃子"所使用的语言。它常用于启发式讲授,启发式提问中。启发性语言的音量不宜很高,应吐词清晰,语速缓慢,语调沉稳平静。启发性语言虽是娓娓道来,却有潜在的吸引力和导

视频案例　　案例简评

向作用,把学生带入"困而学之"的境地,让学生在思考中获得新知。它的特点在于提出问题后,不是单刀直入地揭示解决的办法,而是分析条件,分析结论,联系有关知识,寻找条件和结论的联系,探索性地提出解决方案,并用一系列小问题做导引,逐步接近结论。

（7）比喻性语言。一个难以理解的概念或一种不好描述的思想方法,有时却可以通过一个浅显的比喻道出其中的真谛。物理学科由于它本身的特点,即它所具有的严密的

视频案例　　案例简评　　视频案例　　案例简评

逻辑推理性、高度的抽象性、复杂的计算以及语言的简练性,对于从形象思维逐步向抽象思维过渡的中学生,往往教师认为很简单的问题,他们认识起来却感到十分抽象。如果教师在课堂教学中恰当而生动地引用巧妙的物理比喻,就不仅使学生从中体会所比喻的物理问题,还会使教学更加生动、气氛活跃,也能诱发学生张开想象的翅膀,进行积极的思维活动。

（8）评价性语言。评价性语言是在课堂上对学生的学习行为进行勉励、鞭策的语言。评价性语言以鼓励为主,对指误性的评价也尽量做到从正面入手给予鞭策性指导。评价

视频案例　　案例简评　　视频案例　　案例简评

内容要中肯,用词造句要恰如其分,有很强的分寸感。表扬性评价要热情真诚,充满希望;

指误性评价要诚恳耐心,语重心长,充分体现教师对学生真心爱护的谆谆教导之情。

3.2.2 物理课堂教学语言的应用原则和要点

1. 应用原则

从物理教师工作的职责和学科特点出发,运用教学语言应当遵循下列一些基本原则。

(1) 准确性和简明性。物理概念、法则和规律都需要用准确简练的教学语言表达,使其符合本学科的科学性。这就要求物理教师的教学语言必须具有科学性,用语规范,语义确切,能准确无误地表达概念,推导公式,总结规律,不能含混不清,模棱两可。初中物理

视频案例　　案例简评

中有些内容,由于受到学生所学知识的局限,不能按科学定义表述,教师在说明这些内容时,也必须注意不能违背科学性。例如,初中关于速度的概念就不必去强调它的矢量性、瞬时性和相对性,只需把它的数量关系搞明确就可以了。就是到了高中,瞬时速度的概念也没有必要非用极限去定义,而用"某个时刻(或某个位置)的速度"来表述就很好。

(2) 逻辑性和严密性。物理学是一门严谨的科学,物理教材中用来表示概念、定理、定律的语句都十分精练、十分确切,往往是多一个字少一个字都不行,前后颠倒也不行。

视频案例　　案例简评　　视频案例　　案例简评

例如在光的反射定律中,"反射光线在入射光线和法线所决定的平面内"就不能将"所"字漏掉,也无须在"平面"之前进行修饰,更不能把"反射光线"与"入射光线"位置交换,这是物理语言的严谨性和逻辑性的要求。概念、规律等的叙述要精确、严密,结论要经过严格的论证。教学中可能会受到学生知识水平和接受能力的限制,不能像物理科学那样严格,但也必须在一定程度上反映物理学这一特点,从已知到未知,前后紧密联系,形成一定的逻辑系统。有"因为"就应有"所以";有"假如"就应有"那么就";"非要"之后应接"不可"。部分与部分之间起衔接作用的关联词语、过渡语句及段落的使用,都有讲究的必要。那种脱口而出的语病应当避免。例如,"1 J的物理意义是表示1 N作用力使物体在力的方向上发生1 m的位移而做的功",不能说成"1 N力与1 m位移的乘积",也不能说成"1 N力发生1 m位移而做的功"。又如,电流表的正、负接线柱不能说成是电流表的正、负极。

(3) 趣味性和启发性。物理教学的目的不仅仅是传授知识,还肩负着培养思维方法,发展情感态度与价值观的重任。语言的启发性是指教师根据教学的规律和学生思维的发

视频案例　　案例简评　　视频案例　　案例简评

展特点和需要,运用适时而巧妙的话语,给学生以启迪、开导和点拨,使学生通过自己的思维,主动地获取知识。这样就要求教师重视知识形成的思维过程,努力使自己的教学语言具有启发性,而不是简单地将知识的结论直接告诉学生。例如,用诗词中的名句"坐地日行八万里"来验证学生计算地球自转的速度就很有意义。又如,在理想的条件下,可把电压表连接的那部分电路看作断路,电流表连接的那部分电路看作短路。因而在讲有电流表、电压表连接的电路的等效变换时,可以这样运用语言:先让电流表"委屈"一下,用导线把

它连通,暂叫电压表"靠边站",让它走开,把电阻的座位确定后,再把它们请回来,最后"各就各位"。

（4）针对性和教育性。物理教师的语言主要是在课堂教学中使用的,因而必须针对具体教学过程中的各个因素。针对性的语言,从教育学的角度讲,就是因材施教,如讲到瞬时速度,对于高一学生大量引用"极限"的术语,学生只会茫然而不知所措;若在高三总复习课中,再用"极限"术语来巩固,学生就会兴趣倍增。

视频案例　案例简评

物理教学语言的针对性,首先,应受教材内容的制约,不同的内容要用不同的语言去表达。如对物理现象的叙述采用描述性语言,对物理规律的揭示采用逻辑严谨的论证性语言,对导入性、应用性的实际生活实例采用通俗性、趣味性语言。其次,还受学生年龄的

视频案例　案例简评

制约,对于不同年级的学生,教师必须运用不同的语言形式,否则,就会失去对学生的吸引力。例如,初中学生具有好奇、好问、好动、好胜的特点,因而初中物理的教学中常采用设问性的、鼓励性的、暗示性的、激发性的语言。又如,对知识基础差异较大的班级和学生个体,要采用不同的语言交流方式,对优秀学生赞许,对基础较差的学生鼓励,对一般的学生关注和尊重。最后,受课堂上学生接受知识的情绪的制约,要针对课堂教学过程中的不同环节,采用不同特点的语言。例如,导入阶段,可以声情并茂地讲述导入语,引起学生的兴趣;归纳、抽象、推理得到物理知识时,要用严密、准确、带有探究性的语言,以培养学生的思维能力;课堂结束时,要用设疑性的语言,以引发学生课后做深层次的思考。这就要求教师的语言要有灵活性、应变性,不能我行我素,自我欣赏。

（5）艺术性和幽默性。物理教学不仅是一门科学,也是一门艺术。物理教师的语言艺术是物理教学艺术性的重要方面。物理教师语言艺术主要表现在以下几个方面:第一,体现在不同语言类型的恰当运用上。第二,要掌握恰当的语言节奏。第三,话语要有情感、声容并茂。第四,灵活应用无声语言(态势语言)。

视频案例　案例简评

幽默作为一种教学艺术,不是想幽默就幽默得起来的。一个富有幽默感的教师必须具备以下素质:要有敏锐的观察力,使学生的欢乐、惊奇、疑惑、受窘的内心活动逃不过自己的眼睛;要有敏捷的思维能力,通过观察获得信息之后,能够迅速分析和决策,寻找最佳

视频案例　案例简评

方案;要有良好的情绪自控力,遇事能镇静处置,运筹帷幄,游刃有余;要有幽默的心态,要保持愉快、清新、豁达的心境,从而活跃教学思维;要掌握一定的幽默技巧,掌握丰富的知识,以使临场即兴发挥。此外,教师还需要有过硬的教学本领,如果连课堂都驾驭不了,那么想幽默也幽默不起来了。

2. 应用要点

（1）进入教师角色。对于师范生和新教师,首先要解决的问题是克服各种心理障碍而真正进入教师角色。从学生到教师,身份、工作对象都发生了变化,在考虑问题的角度、语言表达方式上,也应有较大的改变。新教师应克服胆怯、腼腆、缺乏自信等心理障碍,尽快进入教师角色。这样才能在语言表达上,克服语气游移、对明确的知识结论语气不肯定,或

经常使用"似乎""可能"等模棱两可的词句等缺点。通过学习,明确了教学语言各项技能要素之后,应对照录音或音像示范,对自己的教学语言进行诊断,找到差距,并在平时注意有针对性地练习。教学语言技能的形成需要一个过程,不是一两次角色扮演的训练就能解决的。所以,平时进行有针对性的训练有助于提高微格训练的效果,尽快地掌握各项技能。

（2）条理清楚、语言简洁。在微格训练中要做到条理清楚、语言简洁。这是对一段讲话从整体结构上的把握。整体结构不清楚、不合理,则各项技能要素的功能也将大受限制。对整体结构的把握,就是要明确一段讲话的中心意思或目的,在此前提下设计表述的手法。做了这些准备,角色扮演时,讲授的条理也就清楚了,因为目的明确,讲授的语言也就容易做到简洁了。

视频案例　　　案例简评

（3）富于变化。教学语言技能的各项要素都离不开变化,富于变化的语言才有生气。这种变化是表情达意的自然流露。在教学中要做到富于变化,就要明确讲说内容的情境需要,把外在的讲话材料变为自己要表达的意义和思想情感,并在讲说时注意与学生进行交流,就容易使自己的教学语言富于变化了。

3.3　物理课堂教学语言技能应用示例

本节主要从物理教学语言的特殊性,结合一些实例,对物理教学语言运用和训练中可能遇到的一些问题进行分析。

3.3.1　物理现象的描述

物理现象千姿百态、千变万化,它们都是运动着的物质的不同表现形态,因而,物理现象都有自己的特征。物理教学中,教师对物理现象的描述包括归纳现象的特征、分析现象变化的条件、推断运动情况、分析状态变化、推断因果关系、用理论解释现象等方面。

（1）归纳现象的特征。

［要求］客观——实实在在看到、听到、感觉到的,不可主观臆造。

准确——描述的特征要准确,恰如其分。

完整——在仔细观察的基础上对现象进行完整描述。

视频案例　　　案例简评

 例 3-1

白光源通过圆孔投射到屏上,当圆孔由大到小直至闭合时,屏会出现哪些现象?

当圆孔直径较大时(几厘米),屏上有圆形光斑。

当圆孔直径较小时,屏上出现倒立的光源的实像(小孔成像)。

当圆孔直径更小时,屏上出现中心光点,周围有许多彩色相间的圆形条纹(光的衍射)。

（2）分析现象变化的条件。

［要求］分析一类现象的共性条件和某一现象的特殊条件；挖掘问题中较为隐蔽的条件；完整地阐述必要条件；把握条件的变化。

视频案例　　案例简评

 例 3-2

　　为什么玻璃杯落于石板上易碎，而落于毛毯上不易碎？

　　杯子落于石板上和毛毯上，动量的变化是相同的，相互作用的时间却不同，落于石板上的作用时间比落于毛毯上的短，依据动量定理，杯子落在石板上的作用力比落于毛毯上大，因此易碎。

（3）推断运动情况。

［要求］依据物理概念和物理规律进行推断。

从分析初始条件或某一瞬间、某一阶段的条件开始，加以综合。注重分析研究对象的状态。

视频案例　　案例简评

 例 3-3

　　做匀速圆周运动的物体在失去维持它做圆周运动的力的作用时，物体将怎样运动？为什么？

　　物体将沿圆周的这一点的切线方向飞出。因为物体在该点的速度方向沿切线方向，维持圆周运动的作用力消失时，物体因惯性而做匀速直线运动，所以保持原来的速度方向，沿切线飞出。

（4）分析状态变化。

［要求］理解物体系统的状态是由一系列物理量来描述的，状态的变化往往引起一系列物理量的变化。能把握某一过程中的变量与不变量；要说明哪些是自变量，哪些是因变量，并抓住关键因素，舍去无关因素；说明各组物理量的对应关系。

视频案例　　案例简评

 例 3-4

　　内阻为 r，电动势为 E 的电源与可变电阻 R 串联后，对一组并联的相同灯泡供电，当并联灯泡数增加时，灯的电压和亮度如何变化？为什么？若要恢复到原来亮度，如何调节变阻器 R，为什么？

　　并联电灯数增加，灯的总电阻减小，干路电流增加，电源内阻及变阻器上的分压增加，灯的两端的电压减小，引起灯的功率变小，因而灯变暗。要是灯变亮，必须减少变阻器电阻 R，从而减少 R 上的分压，使灯上的电压增加，功率增大，灯变亮。

（5）推断因果关系。

[要求]准确确定研究对象；找出现象、结论或结论之间的因果关系；弄清物理现象的图景和物理过程；从因果关系中，按"果"追"因"层层深化。

视频案例　　案例简评

 例 3-5

为什么从正在行驶的车上跳下，跌伤的危险性很大？

这里要求分析结果是"跌伤"，原因是惯性现象，而两者的联系点是人的跌倒过程：脚和上身的速度大小不同的矛盾使人跌倒。

（6）用理论解释现象。

[要求]正确阐述物理理论要点。针对物理现象，应用某一理论的一部分或全部对现象的本质加以阐述，进行完整解说。

视频案例　　案例简评

 例 3-6

为什么蒸发会使液体的温度降低？

因为蒸发时，动能较大的分子离开液体的可能性大，剩余分子的平均动能减少，而温度是分子平均动能的量度，因为液体蒸发时液体内分子平均动能减少，则液体温度降低。

3.3.2　处理好科学语言与日常语言的关系

物理教学中的用语主要是物理语言，属于科学语言的范畴，它与日常语言有很多不同的特点：日常语言是人们在日常交流中使用的语言，所用概念往往没有严格的定义和清晰的内涵；科学语言是建立科学知识体系和科学交流使用的语言，所用概念有严格的定义和清晰的内涵，具有简洁、精确、客观和抽象的特点，不易为学生所理解。在学习物理知识之前，学生已经形成了对物理现象的一些理解，这些理解是使用日常语言表达的，这种理解和表达既可成为学生学习的基础，也可能形成对学生学习的干扰。因此，在学生的学习和交流过程中，要解决好日常语言与科学语言的关系。

视频案例　　案例简评

（1）注意从日常语言向科学语言的转变。教师应从学生熟悉的生活经验出发，允许学生用日常语言表达自己对经验的理解，教师不要因为日常语言与科学语言的不同就轻易否定学生的观点，要注意发现日常语言中与科学语言相同的成分，引导学生逐步认识日常语言与科学语言的联系，在对物理知识的理解过程中，逐步学会使用科学语言。

 **例 3-7**

力的概念在日常语言中对应着推力、拉力、举力、压力、重力等概念,教师先引导学生从这些概念中找出它们所具有的共同特点是一个物体受到另一个物体的作用,然后讨论怎样给力下定义才能反映这些共同特点,最终形成力的概念。这个过程就是学生的日常概念向科学概念、原有认知向科学认知转变的过程,也是日常语言向科学语言的转变过程。通过在日常概念和科学概念间建立联系,便于学生理解科学知识,也便于学生将科学知识应用于生活。相反,如果教师一开始就给出科学概念的定义,采用死记硬背的方式考查学生对某些重要的概念、规律的掌握程度,而不与学生的生活经验相联系,忽视学生对科学概念形成过程的了解,学生就会对这些概念感到生疏,难以深入理解科学概念。

(2) 注意同一名词在科学语言和日常语言中的不同含义。有些名词在日常语言中和科学语言中都会用到,教师需要帮助学生了解这些名词在不同情况下其意义的差别。

 **例 3-8**

力、速度、功、能量等,这些词语在科学语言中已经被赋予了相当精确的科学含义,虽然与日常语言有部分相同的含义,但也有所不同,如力和速度在物理学中都是矢量,有大小和方向,在日常语言中却不考虑方向;功在物理学中专指力对物体做的功,与日常使用的"功劳""用功"等中的"功"却有不同的含义;在日常语言中物重就是指物体的质量,其单位是 kg,而在物理学中物重是指物体所受的重力,其单位是 N。因此,要注意日常语言对科学语言的干扰,以免形成对科学概念的误解。如惯性概念,在日常使用时常与速度相联系,如"疾驶的列车以巨大的惯性冲向……"这种描述使人们形成了惯性与速度有关的理解,而很少看到这样的描述"列车由于具有巨大的惯性而缓慢启动"。日常语言中的惯性与物理学中的动量意义更接近,如果问没有学过物理的人惯性是否与速度有关,几乎都会回答"是",这里必须区分日常使用的惯性概念与物理学中的惯性概念的区别。

(3) 要把握好科学语言严谨性的"度",注意在不同情况下的灵活性。在有些场合的科学交流中,可以不用严格的科学语言,如科普宣传中,经常使用比喻、类比等方式。对不同知识基础的人科学语言的严谨程度要求也不同,不能片面追求严谨性,对一些科学概念可采用学生易懂的文字或图形表示。

 **例 3-9**

对电压这一概念,过去的初中物理教学大纲要求学生知道电压的概念,这对初中学生来说较难理解,而现在的课程标准降低了要求,没有要求学生知道电压的概念,像人教版教材就

是从学生的经验入手，通过具体电源电压值的实例，让学生感知电压，这样处理充分考虑了学生的认知特点，加强了知识与生活实际的联系，有助于学生对电压的形象认识。

3.3.3 物理错答的分析和评述

学生在回答物理说理问题时，总会出现这样或那样的错误，及时分析和评述学生的错答是物理教师的教学基本功之一，恰当的分析与评述会帮助学生加深对物理知识的理解，提高物理知识的应用能力和说理论证的能力。这里仅举几个方面的错误供分析与练习。

视频案例　　　案例简评

（1）未抓住本质的错误。

 例 3-10

晴天中午，在枝叶茂密的树林下，可以看到地面上出现许多圆形的光斑，为什么？

[错答] 由于太阳光沿直线传播，其中一部分光被树叶遮挡，一部分通过孔隙照在地面上，形成光斑。

[分析与评述] 答案未抓住小孔成像的本质，虽然也提到了光在同一媒质中沿直线传播，而未能说明光斑为何呈圆形，因而，解答时应首先明确是小孔成像，最后要说明圆形光斑是太阳的像，中间指出直线传播的原理。

 例 3-11

惯性的实质是物体保持其原有运动状态不变的性质，是物体的一种基本属性，它的大小只与物体本身的质量有关，并且物体的质量越大，惯性越大。学习了惯性的概念以后，学生在回答和解释有关惯性现象的问题时，经常会说成"……物体由于受到惯性的作用……""……物体在惯性的作用下……"或"……在惯性力的作用下……"造成这些错误的原因就是因为学生对惯性的实质模糊不清，把惯性看作一种力。实际上惯性和力是两个完全不同的物理概念。力是物体对物体的作用，发生力的作用时必须有两个物体，单独一个物体是不会发生力的作用的，力有大小、方向、作用点三个要素。而惯性是物体本身的一种属性，每个物体无论在何时、何地都具有惯性，不需要两个物体的相互作用，与别的物体是否存在无关。惯性只有大小而没有方向，因此，把惯性说成"惯性力""受到惯性的作用"或"在惯性的作用下"都是错误的，而应说成"物体具有惯性"。

（2）因果关系的错误。

视频案例　　案例简评

例 3-12

用分子运动论解释一定质量的理想气体体积不变时,压强随温度的升高而增加。

[错答] 一定质量、体积不变的理想气体,如果压强变大,气体内部分子势能也增大,内能增加,温度升高,所以压强随温度升高而增加。

[分析与评述] 错答中逻辑混乱,解答的是温度随压强而变化。因为理想气体不先升高温度,压强是不可能增大的,温度决定压强。正确的思路应从温度升高引起分子平均速率加大入手,单位时间、单位器壁上碰撞的分子增加,且每次碰撞的冲量也增大,故压强也增大。

例 3-13

小辉同学在做"探究电流跟电压、电阻之间的关系"实验中,通过改变电路中的电压和电阻,分别测得了如下两组数据:

表 3-1

实验次序	$R=10\ \Omega$	
	U/V	I/A
①	2	0.2
②	3	0.3
③	6	0.6

表 3-2

实验次序	$U=3\ \mathrm{V}$	
	R/Ω	I/A
①	5	0.6
②	10	0.3
③	15	0.2

分析表 3-1 数据,可得到的结论是_____。

分析表 3-2 数据,可得到的结论是_____。

[错答] 分析表 3-1 可得到的结论:当导体的电阻一定时,导体两端的电压与通过导体的电流成正比。分析表 3-2 可得到的结论:当导体的电压一定时,导体的电阻与通过导体的电流成反比。

[分析与评述] 采用控制变量探究问题,分析实验数据时,要分清哪个因素是自变量(引起实验结果变化的原因),哪个因素是因变量(实验结果,其变化是由其他因素的变化引起的),要注意两个物理量之间的因果关系,不能前后颠倒。分析表 3-1 中的实验数据,电压是形成电流的原因,当导体的电阻不变时,改变导体两端的电压,通过导体的电流将发生变化,因此,电压变化是原因,电流变化是结果,应该说电流随电压如何变化。分析表 3-2 中的实验数据,电阻是导体本身的性质,当电路中电阻发生改变时,电流将随着改变,电阻变化是原因,电流变化是结果,应该说电流随电阻如何变化。

正确结论应该是:分析表 3-1 数据可得结论为:当导体的电阻一定时,通过导体的电流与导体两端的电压成正比。分析表 3-2 数据可得结论为:当导体两端电压一定时,通过导体中的电流与导体的电阻成反比。

（3）定量描述与定性分析混淆。

视频案例　案例简评

 **例3-14**

一种半导体材料，其电阻随温度的升高而减小。为了研究其电学特性，小强和小明同学通过实验，将其中一个元件的电阻 R 进行测试，测得其电流与加在它两端的电压值，测试数据如表3-3所示。

表3-3

U/V	0.40	0.60	0.80	1.00	1.20	1.50	1.60
I/A	0.20	0.45	0.80	1.25	1.80	2.81	3.20

分析表中数据，元件 R 的 I 和 U 之间的关系是 ＿＿＿＿＿＿＿＿＿＿＿＿。

[错答] 元件 R 的电流随电压的增大而增大。

[分析与评述] 元件 R 的电阻随温度在变化，通过一组电流跟电压的数据而得出电流随电压的增大而增大的定性结论，显然不符合控制变量法。该题是要求分析得出元件 R 的 I 和 U 之间的定量关系式，从数据表中可以看出：U 增大，I 也增大，但 I 的增加值大于 U 的增加值，直接观察表格中的数据，很难得出正确结论，须对数据进行数学方法的处理才可以。进一步分析表格中数据，将电流值分别乘以 0.8 后可得到：0.16，0.36，0.64，1.00，1.44，2.248，2.56，它们分别是或接近电压值 0.40，0.60，0.80，1.00，1.20，1.50，1.60 的平方。

正确结论应该是：元件 R 的 I 和 U 之间的关系是，通过电阻元件的电流跟加在它两端的电压的平方成正比；或元件 R 的 I 和 U 之间的关系式为：$I＝1.25U^2$。

 例3-15

[练习] 试指出下列表述中的不当之处。

1. 力的作用是相互的，例如，当你用手提水桶时，由于手的肌肉发生紧张，也就产生了形变，手对水桶就施加了向上的拉力，同时，水桶对手也有向下的重力。

2. 当我们使用各种机械做功时，不但要做有用功，而且要克服摩擦力做额外功。

题1分析：在这一段表述中，要说明手提水桶时手与水桶之间的作用是相互的，而这一对作用力与反作用力的性质是相同的。显然，"水桶对手有向下的重力"是错误的。其错误不仅混淆了力的性质，而且混淆了施力的主体。另外这段话在说明拉力产生的原因时的一段附加语中，隐含着逻辑上的混乱。A 物体的弹力是由于 A 物体的本身的形变产生的，那么，A 物体和 B 物体是怎样发生作用的呢？

题2分析：实际上不仅应包括克服摩擦阻力所做的额外功，还应包括提升机械本身（如滑轮）所做的功。因此，"克服摩擦力"之后应加一个"等"字。

3.3.4 教学语言运用示例分析

（1）牛顿第一定律课堂语言择录及其分析。

教师：讲台静静地躺在教室的前面,我不去推它,它会动吗？┃推动以后,我不再推它,它就停下来（教师以姿态示意）。

……（略）

分析：正常的语速,平静的语气,陈述一个事实。

教师：从上面的这些例子,┃我们是否可以得到如下结论：‖力是维持物体运动的原因？

（学生议论,两种意见都有。）

分析：在"是否"两个字上运用变调,并减慢语速,提出一个问题,引起学生注意。

教师：看来,┃有不少同学认为上面的结论是正确的。它似乎能够解释许多常见的现象。‖且慢！请看完下面的实验再做评论。

分析：不紧不慢,似肯定又非肯定。"看来"与"似乎"对应。"且慢"看完实验后还有文章可做。

（手推小车,停止推车后。小车继续前进）

教师：我已经不再推小车了,为什么小车还在运动呢？┃事实说明,上面的结论值得怀疑。正如某某同学所回答的,运动的物体停止下来是因为受到阻力的作用。那么——如果物体不受阻力的作用,它又将怎样运动呢？……

分析：激起思维冲突,重音放在"不再""为什么"和"还"上,问后停顿稍长,让学生思考和讨论。

"那么"拖音,转折引入。

教师：可以想象,如果台面越来越光滑,阻力越来越小,小车就会运动得越来越远。┃如果阻力消失,台面足够长,前方又没有墙壁,小车就会永远、永远地运动下去。

分析：语速稍快,并以三个"越来越"促进学生的想象。

教师：由此可以得到下面的结论：

如果┃物体在运动中不受任何┃力的作用,‖物体将保持速度不变,永远运动下去。

分析：语速放慢,重音放在关键词上,斩钉截铁地宣布结论。

（2）初中物理序言课的开场白。

教学过程：

同学们好！从今天开始,我们将共同学习一门新课程——物理

（用亲切的目光将所有的学生扫描一遍）

你们听说过这门课吗？学过这门课的同学留给你们关于物理课的印象是什么？你们所希望的是什么样的课程？

（让学生说心里话,消除由于生疏带来的隔阂,营造和谐的气氛）

一些同学听说物理非常抽象,一些同学听说物理很难学,其实物理是非常有趣和非常有用的课程。我们生活在自然界中,也生活在物理科学和技术为人类创造的环境之中,自然界和生活中有着许多奇妙的物理现象：晴朗的天空为什么是蔚蓝色的？从树上掉下来的

苹果为什么总是落向地面？

（演示一些奇妙的物理现象，引起学生的好奇心）

面对奇妙的物理世界，你还想到过什么问题？

学习物理能使我们了解一些奇妙现象的奥秘，并为我们今后的学习和生活奠定基础。

物理实验是我们探究物理奥秘的重要途径，在实验中，我们会发现许多有趣和意想不到的现象。

（分别从力、电、光、热、原子五个方向选择有趣、新奇的精彩实验，用其生动形象的特点，激发学生的认知冲突，制造悬念，激发他们的求知欲望，同时让学生开始就产生一种实验的意识和对实验的兴趣）

本章小结

课堂教学中的语言，是教师和学生之间知识、思想、情感交流的载体，是教师的学识、人格、威信最直接的体现。教学语言技能是教师传递信息，提供指导的语言行为方式，它不独立存在于教学之中，却是一切教学活动的最基本的教学行为。教师的教学语言水平是影响学生的学习水平和学习能力的重要因素，是教师完成教学任务的最主要的保证。

教学语言包括有声语言和无声语言，教学语言功能的实现是有声语言和无声语言共同作用的结果。对物理教师的有声语言技能要求可分为两个方面，即基本语言技能和教学语言组织技能。无声语言技能主要是对态势语提出的要求。

如何使自己的教学语言具有深刻的思想性和强烈的感染力，给予学生以积极的影响，是每位教师要掌握的一门科学。"博学之，审问之，慎思之，明辨之，笃行之"，就一定能把握较高的驾驭语言的能力和技巧。

技能训练任务和评价

1. 选一节完整的物理课堂教学的录像，反复观看，仔细分析其示范要领，反复体会评议，说出在这段教学过程中，教师是如何运用教学语言技能的，并对教师的吐字、发音、音量、语速、语调、节奏和态势等几方面做出评价。

2. 以小组为单位，做一段自己的教学语言的录音（10 min），组员之间交换听、析、评，并提出矫正意见，训练要求语言表达要清晰、正确、得体；力求做到科学、简明、生动。（在练习语速时应以字数计算，主要控制好讲话的音节，如果速度太快了，就把音节压缩；如果速度太慢了，就把音节拉长。这方面，应反复实践，反复训练。练习前可先检测一下自己的习惯语速是否合适，可请别人来听一段你的讲话来检测，也可以通过自己讲一段话，计算一下时间和字数，算出平均速度来检测。）

3. 自我介绍。

假如你是一个实习教师，实习某一班的班主任工作，第一次和学生见面，或是第一次接受一个新班的授课任务的第一次课，你将以什么样的形象出现在学生面前，又将如何向学生介绍你自己，以使学生对你获得较好的第一印象。

请按下列要求做一简短的自我介绍。以严肃、庄重、自然的姿态走向讲台，用专注的目光（态势语）环视全体学生，然后，师生相互问好。先平静、沉默片刻（停顿），然后做简短的自我介绍。在介绍时,要尽量含蓄风趣。

4. 讲授初中物理(人教版)"序"中的两段内容(第一课)。

(1) 开场白。

(2) 物理学是一门有趣有用的科学→结束语。

5. 表 3-4 为教学语言技能的训练评价表,表 3-5 为态势语技能的训练评价表。

表 3-4　教学语言技能的训练评价表

评价指标	权　重	评价等级			
		优	良	中	差
思维清晰,逻辑性、条理性强	20				
语句通顺、简练,无口头语	20				
语义准确,无科学性错误	15				
吐字清楚,语音清晰	10				
语速适中,节奏恰当	10				
语汇丰富,语调有变化	10				
态势语运用恰当	15				
学生自评					
教师点评					

表 3-5　态势语技能的训练评价表

评价指标	权　重	评价等级			
		优	良	中	差
表情亲切,情绪饱满	10				
面向学生	20				
视线移动恰当,与学生有目光交流	20				
运用手势,含义准确	25				
适时走动	5				
衣着打扮整洁得体	10				
无不良姿势和动作	10				
学生自评					
教师点评					

阅读资料

高中物理课程结构

图 3-1 展示了高中物理课程结构。必修课程是全体学生必须学习的课程,是普通高中学生物理学科核心素养发展的共同基础,由必修 1、必修 2 和必修 3 三个模块构成。选择性必修课程是学生根据个人需求与升学要求选择学习的课程,由选择性必修 1、选择性必修 2 和选择性必修 3 三个模块构成。选修课程是学生自主选择学习的课程,选修 1、选修 2 和选修 3 三个模块构成。无论是必修课程还是选修课程都应贯彻落实立德树人根本任务,注重发展学生的物理学科核心素养。

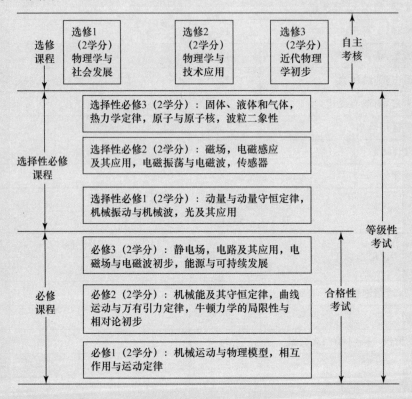

图 3-1　高中物理课程结构

[摘自:中华人民共和国教育部.普通高中物理课程标准(2017 年版)[S].北京:人民教育出版社,2018.]

高中物理课程学业质量水平

(一)学业质量的内涵

学业质量是学生在完成本学科课程学习后的学业成就表现。学业质量水平是以本学科核心素养及其表现水平为主要维度,结合课程内容,对学生学业成就表现的总体刻画。依据不同水平学业成就表现的关键特征,学业质量水平明确将学业质量划分为不同水平,并描述了不同水平学习结果的具体表现。高中物理学业质量是依据物理学科核心素养中的"物理观念""科学思维""科学探究""科学态度与责任"四个方面及其水平,结合课程内容的要求而制定的。

高中物理学业质量根据问题情境的复杂程度、知识和技能的结构化程度、思维方式或价值观念的综合程度等划分为不同水平。每一级水平皆包含物理学科核心素养的四个方面,主要表现为学生在不同复杂程度情境中运用重要概念、思维、方法和观念等解决问题的关键特征。不同水平之间具有由低到高逐渐递进的关系。

(二)学业质量水平

表 3-6　学业质量水平标准描述

水平	质量描述
1	(1) 初步了解所学的物理概念和规律,能将其与相关的自然现象和问题解决联系起来。 (2) 能说出一些所学的简单的物理模型;知道得出结论需要科学推理;能区别观点和证据;知道质疑和创新的积极性。 (3) 具有问题意识;能在他人指导下使用简单的器材收集数据;能对数据进行初步整理;具有与他人交流成果、讨论问题的意识。 (4) 认识到物理是对自然现象的描述与解释;对自然界有好奇心,知道学习物理需要实事求是,有与他人合作的意愿;知道科学、技术、社会、环境存在相互联系。
2	(1) 了解所学的物理概念和规律,能解释简单的自然现象,解决简单的实际问题。 (2) 能在熟悉的问题情境中应用所学的常见的物理模型;能对比较简单的物理问题进行分析和推理,获得结论;能使用简单和直接的证据表达自己的观点;具有质疑和创新的意识。 (3) 能分析观察物理现象,提出物理问题;能根据已有的科学探究方案,使用所学的基本的器材获得数据;能对数据进行整理,得出初步的结论;能撰写简单的报告,陈述科学探究过程和结果。 (4) 认识到物理学是基于人类有意识的探究而形成的对自然现象的描述与解释,并需要接受实践的检验;有学习和研究物理的动机,能与他人合作,具有实事求是的态度;认识到物理研究与应用会涉及伦理道德问题,理解科学、技术、社会、环境的关系。
3	(1) 了解所学的物理概念和规律及其相互关系,能解释自然现象,解决实际问题。 (2) 能在熟悉的问题情境中根据需要选用所学的恰当的物理模型解决简单的物理问题;能对常见的物理问题进行分析,通过推理,获得结论并作出解释;能恰当使用证据表达自己的观点;能对已有观点提出质疑,从不同角度思考物理问题。 (3) 能分析物理现象,提出可探究的物理问题,作出初步的猜想;能在他人帮助下制订科学探究方案,使用基本的器材获得数据;能分析数据,发现特点,形成结论,尝试用已有的物理知识进行解释;能撰写实验报告,用学过的物理术语、图表等交流科学探究过程和结果。 (4) 认识到物理研究是建立在观察和实验基础上的一项创造性工作;有较强的学习和研究物理的兴趣,能做到坚持实事求是,在合作中能尊重他人;认识到物理研究与应用应考虑道德与规范的要求,认识到人类在保护环境和促进可持续发展方面的责任。
4	(1) 理解所学的物理概念和规律及其相互关系,能正确解释自然现象,综合应用所学的物质知识解决实际问题。 (2) 能将实际问题中的对象与过程转换成所学的物理模型;能对综合性物理问题进行分析和推理,获得结论并作出解释;能恰当使用证据证明物理结论;能对已有结论提出有依据的质疑,采用不同方式分析解决物理问题。 (3) 能分析相关事实或结论,提出并准确表述可探究的物理问题,作出有依据的假设;能制订科学探究方案,选用合适的器材获得数据;能分析数据,发现其中规律,形成合理的结论,用已有的物理知识进行解释;能撰写完整的实验报告,对科学探究过程与结果进行交流和反思。 (4) 认识到物理研究是一种对自然现象进行抽象的创造性工作;有学习和研究物理的内在动机,坚持实事求是,在合作中既能坚持观点又能修正错误;能依据普遍接受的道德与规范认识和评价物理研究与应用,具有保护环境、节约资源、促进可持续发展的责任感。

续表

水平	质量描述
5	(1) 能清晰、系统的理解物理概念和规律，能正确解释自然现象，能综合应用所学的物理知识灵活解决实际问题。 (2) 能将较复杂的实际问题中的对象和过程转换成物理模型；能在新的情境中对综合性物理问题进行分析和推理，获得正确结论并作出解释；能考虑证据的可靠性，合理使用证据；能从多个视角审视检验结论；解决物理问题具有一定的新颖性。 (3) 能面对真实情境，从不同角度提出并准确表述可探究的物理问题，作出科学假设；能制订有一定新意的科学探究方案，灵活选用合适的器材获得数据；能用多种方法分析数据，发现规律，形成合理的结论，用已有物理知识作出科学解释；能撰写完整规范的科学探究报告，交流、反思科学探究过程与结果。 (4) 认识到物理学是人类认识自然的方式之一，是不断发展的，具有相对持久性及普适性，但同时也存在局限性；有较强的学习和研究物理的内在动机，能自觉抵制违反实事求是的行为；在交流中既能主动参与又能发挥团队作用；在进行物理研究和应用物理成果时，能自觉遵守普遍接受的道德与规范，养成保护环境、节约资源、促进可持续发展的良好习惯。

（三）学业质量水平与考试评价的关系

高中物理学业质量分五级水平，既是指导学生自主学习和评价、教师开展日常教学设计、命题和评价的重要依据，也是高中学业水平考试命题的重要依据。其中，学业质量水平 2 是高中毕业生应达到的合格要求，是学业水平合格考试的命题依据，学业质量水平 4 是用于高等院校招生录取的学业水平等级性考试的命题依据。

教师应把握学业质量要求，结合教学内容，合理设计教学目标，并通过实施教学，促进学生物理学科核心素养的提升及相关水平的达成。在教学评价中，要关注学生对具体内容的掌握情况以及学生物理学科核心素养的不同表现，要关注物理学科核心素养各要素的不同特征及要求，同时还要关注物理学科核心素养的整体性与综合性。

[摘自：中华人民共和国教育部.普通高中物理课程标准（2017 年版）[S].北京：人民教育出版社,2018.]

第4章 物理课堂导入技能

学习目标

1. 认识物理课堂导入技能的重要性,知道物理课堂导入的含义、功能和构成要素。
2. 掌握物理课堂导入的各种类型、方法、应用原则和要点。
3. 会编写物理课堂导入技能教案,并进行导入技能训练。

在线课程资源编码

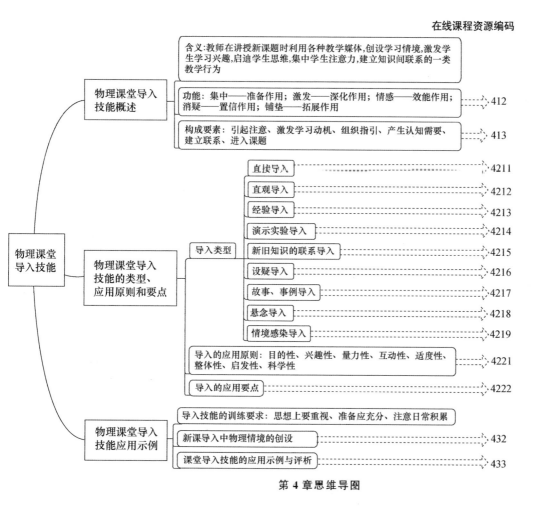

第4章思维导图

俗话云:良好的开端是成功的一半。心理学研究表明,人对事物感知的印象是先入为主的,强化首次认识对后继学习至关重要。新课导入作为课堂教学的起始环节,是影响课堂教学效果的重要因素,因此,有效的新课导入,是课堂教学中的一个重要环节,导入技能是课堂教学的基本技能。好的物理课堂导入如同桥梁，连接着旧课与新课；如同序幕，揭开了后面优美的乐章；如同路标，引导着学生思维方向。巧妙地导入是一种教学艺术的创造，是教师智慧的结晶，是一堂好课成功的基础。

4.1 物理课堂导入技能概述

何谓物理课堂导入技能？物理课堂导入的功能是什么？物理课堂导入技能包括哪些关键要素？明确这些问题有助于增强导入技能训练的方向性。

4.1.1 物理课堂导入技能的含义

所谓导入技能就是教师在讲授新课题时利用各种教学媒体，创设学习情境，激发学生学习兴趣，启迪学生思维，集中学生注意力，建立知识间联系的一类教学行为，是在上课开始或进入学习新单元、新段落时教师所采取的一种教学技能，它的目的是将学生的注意力吸引到特定的教学任务和程序之中。

物理课堂导入技能是物理课堂教学艺术的重要组成部分，是教师物理课堂教学必备的一项基本技能。

4.1.2 物理课堂导入的功能

（1）集中——准备作用。课的起始之时，提供必要的信息，给予适当的刺激，引起和集中学生的注意，使学生的注意力集中指向教师，指向学习的目标和任务，指向即将要学习的内容，使之很快进入学习的准备状态，为学习新课题做好心理准备。

（2）激发——深化作用。引人入胜的开头，能强烈地激发学生的学习热情，其主要原因是使学生对教学内容产生了特殊的认识倾向，即发生了兴趣。兴趣是人们从事各项活动的内驱力之一，它会明显地提高人的活动效能。由于学生饱尝欢乐，心情舒畅，当然就会使他们的学习兴趣不断发展，使认识逐渐深化。

视频案例　　　案例简评

（3）情感——效能作用。用符合和满足学生的需求的"刺激"作为课的起始，能引起学生的认知需要，增加学生欢乐之感的情绪体验。这种情感体验是一种强大的认知内驱力，能激励学生深化学习，推动学生积极主动参与教学活动。这是激励学生采取实际行动的情感，是有效能的情感。

（4）消疑——置信作用。有趣的开头能使学生积极联想、丰富想象、训练思维、热烈讨论等，不仅使教学民主化，还使学生感到教师亲切、和蔼。学生的心境处于愉快喜悦状态，会缓解师生间传统的紧张关系，消除一些学生对教师产生的"疑团"（如恐惧、畏惧、不敢接近、不敢质疑等），使学生对教师产生了信任感、尊重感、敬佩感。

（5）铺垫——拓展作用。如果课的起始就使学生注意力高度集中，那么就为全节课的顺利进行打下良好的基础，并能在此基础上，使教学内容进一步展开，把课的进程不断向高潮推进，产生良好、积极的"连锁反应"。

总之，运用正确的方法导入新课，能集中学生的注意力，明确思维方向，激发学习兴趣，引起内在的求知欲望,使学生在学习新课的一开始就有一个良好的学习境界,为整个教学过程创造良好的开端。

4.1.3　物理课堂导入技能的构成要素

 例 4-1

"楞次定律"一节的导入

师:我们今天先做一个有趣的实验。这是一个有机玻璃管,这是什么?(拿出一块磁铁靠近小磁针,小磁针偏转)

生:磁铁。

师:我把磁铁放进有机玻璃管——落下来了。(拿出一截铜管)这是一截铜管,铜管跟磁铁相吸吗?(让磁铁和铜管接触)

生:不吸。

师:我把铜管套在有机玻璃管上面,下面拿一橡皮筋挡一下。(使铜管置于玻璃管中部)再次把磁铁放入,注意观察。

生:(好奇、兴奋的表情)

师:再来一次。(演示)看到什么了?

生:磁铁速度变慢了。

师:嗯!磁铁进入铜管速度变慢了,是吧?出来速度又快了。为什么会这样呢?为什么会变慢了呢?

生:(思考)

师:它跟铜管不吸哦,有同学说到力是吧?阻力,谁给它的力?

生:磁场。

师:(拿一根粉笔放入玻璃管)粉笔头,不受力。那,磁场力是吧?磁铁受磁场力。哪有磁场啊?

生:铜管……

师:铜管周围是不是?铜管怎么样了?

生:产生感应电流了。

师:嗯!把它看成闭合回路是吧?铜管中产生感应电流了,是不是?那把刚才同学们的意思整理一下应该是这个意思:(这部分边分析边板书记录)由于磁铁的下落,在铜管中,穿过铜管的磁通量是不是就发生了变化呀?

生:是。

师:于是在铜管中磁通量变了。上一节课我们刚学完,磁通量变了会怎么样?

生:产生感应电流。

师:好!产生了感应电流,是感应电流给磁铁的力吗?

生:不是。是产生的磁场。

师:在它周围激发一个磁场,对吧?

生：嗯。

师：感应电流激发的磁场。是这个磁场给磁铁力的作用吧？

生：对。

师：好，那说明它们之间发生了相互作用。同学们的分析非常好！（停顿）铜管中真的产生感应电流了吗？电流周围磁场怎么样的呢？磁铁受到的力又是怎么样的呢？我们今天就用实验的办法来检验一下。

上述"楞次定律"一节的导入教学，首先，教师用一句"我们先来做个'有趣'的实验"，其目的是引起学生的好奇心，把学生的注意力迅速集中到教学中。其次，教师通过演示实验，让学生观察对比"磁铁在有机玻璃管中和在铜管中下落的情况"，当学生观察到"磁铁在铜管中下落速度变慢"这一现象时，表现出强烈的好奇心，产生了想要一探究竟的兴趣，学生的学习动机由此被激发。然后，教师通过层层递进的设问，引导学生联系旧知识："感应电流的产生条件"和"感应电流周围能激发磁场"，分析实验现象背后的原因。在分析过程中，教师进行了板书记录，记录如图 4-1 所示，帮助学生整理整个实验现象过程，使学生的思路更加清晰。

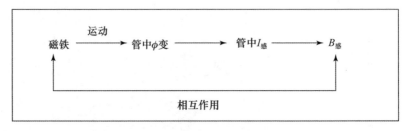

图 4-1

分析完整个实验现象的过程，教师紧接着用一连串问题追问："铜管中真的产生感应电流了吗？电流周围磁场怎么样的呢？磁铁受到的力又是怎么样的呢？"引导学生对新知识进行思考，产生认知的需要，从而进入课题的学习。

整个导入过程，教师都运用了指引性的语言把学生引导到目标明确的学习任务之中。整个导入的设计也较为巧妙，不仅观察实验现象，还对实验现象进行了分析，通过板书的形式直观地使学生明确：是感应电流激发的磁场对磁铁有力的作用，这有利于学生在新课探究"感应电流的方向"的过程中，顺利地找出感应电流的磁场这个中介，对楞次定律的建立做了铺垫的作用。

课堂导入技能的构成要素是导入中最重要、应用最普遍、可分解出来和可操作的那些教学行为。包括引起注意、激发学习动机、组织指引、产生认知需要、建立联系、进入课题。掌握这些要素，对于灵活有效地应用导入技能是很重要的。

（1）引起注意。在新课开始，教师的首要任务是把学生的学习注意力集中到教学中来，即通过有效的导入把学生引向对本课有意义的刺激和信息上，避开或抑制那些与本课无关的干扰和刺激。如

视频案例　　案例简评

漂亮的板书,精心制作的教学卡片,丰富多彩的图片、幻灯片,生动形象的语言以及优美的语音语调都会深深吸引着学生,引起他们强烈的好奇心和注意力,使学生较为迅速地进入学习准备状态,为下一步教学做成功的铺垫。

（2）激发学习动机。学习动机是直接推动学生学习的内在动力。激发对新知识学习的动机,是导入技能最重要的功能之一,也是导入技能的基本要素之一。兴趣是学习动机中最现实、最活跃的成分。兴趣是人认识需要的表现,激发学习兴趣容易引发学习动机。兴趣的形成富有情感特点,尤其是新颖的刺激和愉快的体验更能激发兴趣。

视频案例　　　案例简评

（3）组织指引。在集中注意和激发动机的基础上,学生将面临学习什么和怎样去学习的问题。为此,在导入过程中,教师通常还要帮助学生认识新课题的教学目标,即预期通过教学,学生的知识、技能、能力和情感等将产生哪些变化,并明确按怎样的程序和运用什么方法去学习。这就是导入过程的组织指引。显然有效地实施这些教学行为,能够把学生引导到目标明确、控制有序的学习任务和学习程序之中,对理解和优化新课题的教学过程发挥定向和指导作用。

（4）产生认知需要。教师将所设置的学习情境作用于学生,使他们感到新知识与原有的知识经验有冲突,从而产生认知的需要。教师应在引起学生兴趣之后,及时地引导学生对新知识进行理性思考。认知需要是产生学习动机的内部动力,是由心理状况的不平衡引发的。当学生意识到知识和经验的矛盾而产生心理不平衡时,会产生渴望获得认知平衡的学习需要。无论采用什么类型的新课导入,教师都需要掌握清楚学生原来的认知结构和新内容之间的联系（包括不协调、不一致和矛盾）都需要掌握清楚,然后依据新旧知识的不同联系方式,选择恰当的导入设计。

（5）建立联系。建立联系是指在导入过程中帮助学生建立新知识与旧知识间联系的教学行为,能否有效地建立联系,往往是学生能否真正进入新课题学习情境的关键。

（6）进入课题。在一个完整的导入过程的结尾阶段,教师应该通过语言或者其他行为方式,使学生明确导入的结束和新课学习的开始。

4.2　物理课堂导入的类型、应用原则和要点

在物理课堂教学中,教师根据学生的学习基础、自身的特长和学校的教学条件,可以采用不同教学手段、媒体和信息资源,引出需要学习的新课题,于是形成了不同类型的物理课堂导入方法。新教师除了要熟练掌握各种导入方法外,还要明确物理课堂导入的应用原则与应用要点,才能在训练中逐步提高导入技能。

4.2.1　物理课堂导入的类型

（1）直接导入。这是直接阐明学习的内容,明确学习的目的和学习程序与要求的导入方法。直接导入往往在一个相对独立的教学内容的起始课中使用,或在使用其他导入方法有困难时才采用。直接导入开门见山,简洁明快,但新知识与学生的认知结构的矛盾

视频案例　　　案例简评

不易充分展示。所以，在直接导入的过程中，教师要有意识地加强这种联系，突出矛盾，突出不协调，引起学生的认知需要。例 4-2 中"一些实验说明光是波，一些实验说明光是粒子"，就是为了加强这种行为，突出"不和谐"的教学行为。

 **例 4-2**

高中物理"光的本性"一章的直接导入

光的本性是什么？这是人类认识光现象以来，物理学家们一直关注的问题。通过学习这一章，我们将看到科学家如何探究认识光的本质的。在这一章里我们将看到一些实验说明光是波，由此建立的光的波动说解释了许多光的现象；而一些实验又说明光是粒子，我们将如何统一认识光的本质呢？同时通过这一章的学习，我们还将领会科学家对光的本质的探究过程和方法，以及科学家对科学孜孜追求的科学精神。

（2）直观导入。这是以引导学生观察实物、模型、图表、幻灯片，或听一段录音、看一段录像等活动，设置学习情境的导入方法，以此激发学生兴趣，将学生注意力吸引到物理问题上来。通常在新知识所要求的感性经验是具体生动的现象，而用实验再现这些现象有困难时采用。物理学科中有些知识是非常抽象的，我们是看不见、摸不着或很难去感觉得

视频案例　　案例简评

到的，如分子、电子、电流和磁场等。这些知识仅靠口头的描述是很难勾起学生的想象、激发学生思维的。这时让多媒体教学进入课堂，可以创设更加直观便捷的课堂教学效果。可以利用图片，把所要教学的知识点虚拟成漫画形式，制作成幻灯片进行放大投影，配上恰当的、诙谐的旁白或者是教师在一旁适时地加以口头描述，就能化抽象为形象，化枯燥为生动，让学生由苦学变乐学，培养学生自主学习的热情。这种方法操作相对来说比较简单，但要运用得恰到好处。

视频案例　　案例简评

 **例 4-3**

"电流计的改装"一节的导入

教师在讲"电流计改装成伏特表"时，首先拿出一台大型示教用电流计，介绍刻度盘 G 表示灵敏电流计，然后换一块标牌 A·V，变成直流电流和电压两用表，就能测量电流和电压了；若再换一块标牌为 Ω，就表示能测量电阻了。接着教师说："这不是在变魔术，而是说明一表多用，从而可看出这些表的基本结构是一样的，但工作原理是不同的，我们只需稍加改装即可，那么如何进行改装呢？这就是我们这一单元要研究和解决的问题。"

（3）经验导入。这是从学生已有的生活经验和熟悉的信息资源出发，通过描述式的讲

授、提问等方式引起学生回忆,或者通过演示再现生活经验,从而引导学生动脑思考发现问题的导入方法。通常在教学内容与学生的有关经验既有联系又有区别时采用。生活中的经验有正确的和错误的两种,有时利用学生生活中的错误经验来导入新课,会产生好的教学效果。例如,讲惯性定律时,可先提问学生:"维持物体的运动是否一定要有力的作用?""速度大的物体是不是一定受一个大的力的作用?"对这些问题的肯定的答案是错误的,但学生常常认为是正确的。产生这种错误的根源在于学生的生活经验被假象所迷惑。例如,静止的车,人推它才动;静止的树枝,风吹它才动;静止的球,脚踢它才滚,如此等等。如果不推、不吹、不踢,这些物体是不会动的。当教师把学生认为是"千真万确"的生活经验,给予否定时,学生的思维一下子被激活了,注意力顿时集中到教师所提出的问题上来,这样就巧妙地导入了新课。这种导入方法不仅可集中学生的注意力,更重要的是能使

视频案例　案例简评

视频案例　案例简评

视频案例　案例简评

学生明白生活中的经验在没有经过严谨的科学分析之前还是粗浅的、片面的,甚至是错误的。

 例 4-4

"力矩"概念的导入

讲"力矩"概念时,教师先提出问题:"要使静止的教室门发生转动,必须有力的作用,但有作用力是否一定能使门发生转动?"然后通过演示观察:分别用垂直于门的力,作用于门的边缘、门的中部和门轴上,观察转动效果。通过分析讨论得出:"显然,物体的转动效果不仅与力有关,而且与力到转动轴的距离有关。"

接着教师又让学生观察:在门的边缘上某点,分别用垂直于门、与门成一定角度和平行于门(即力的作用线通过轴)的力作用,看转动效果。经分析讨论得出:使物体产生转动效果,除作用力以外,还应将前面所提及的距离精确地表示为转动轴到力的作用线的垂直距离。

板书引入力臂概念:转动轴到力的作用线的垂直距离。

引入力矩概念:力和力臂的乘积,即 $M=FL$。

教师在这里用了学生最熟悉的门的转动这一素材引入了物理上的一个重要概念——力矩。

 例 4-5

"流体压强与流速的关系"一节的导入

师:今天这节课我们来学习流体压强与流速的关系。现在天气越来越热了,同学们在教室里的时候经常会把窗户打开,门敞着,让空气进行对流。我们来看,这是一幅我们上课时的教室的照片(用多媒体课件展示),窗与门是相对的,如果此时一阵风"呼"地从窗户刮进来,

下面将会发生什么？

生：门关上。

师：哦，看来同学们对这个现象很熟悉。那么下面老师就用实验来模拟一下这个现象。我用吹风机来制造风，当风从窗户方向吹进来，也就是向着关门的方向吹时，我们来看。（自制的门模型和吹风机进行演示实验）门"砰"地关上了。

师：那如果我让风从楼道的方向吹进来，也就是说向着开门的方向吹，门还会关上吗？

生：不会。

师：我们做个实验试试。现在我让风从楼道的方向吹来，冲着门开的方向吹。我们来看看。（进行演示实验）同学们看到什么现象？

生：门关上了。

师：门关上了，这与之前同学们的回答是截然相反的。是什么力量让门关上的呢？（让一名同学起来回答）

生1：我感觉挺奇怪的，吹风机明明是冲着开门的方向吹，但怎么好像有一种"吸力"把门给吸引过去了？

师：把门给吸引过去了。好，请坐。这位同学感觉很疑惑，那谁能来解决她的疑惑呢？我们可以一起来分析一下。

在这个案例中，教师通过经验导入的方式，用演示实验再现生活经验，利用学生生活中错误的经验引导学生思考。

（4）演示实验导入。教师在进行物理概念或规律教学前，先通过演示实验来揭示矛盾，引起学生积极思考的导入方式，这在中学物理教学中是一种常用的方法。学生在观察演示实验时，获得了大量的感性信息，同时也会通过思考，提出一系列的问题，在以后的课堂教学中学生能带着问题积极地去探索、接受新的物理知识。

视频案例　　　案例简评

视频案例　　　案例简评

例 4-6

"变压器"一节的导入

在高中物理"变压器"的教学中，教师先出示一只标有"6 V 3 W"字样的小灯泡，问："要使小灯泡正常发光须满足什么条件？"

学生答："必须满足提供灯泡的 $U_实 = U_额$，才能使灯的 $P_实 = P_额$ 而正常发光。"

教师说："若把灯泡接在 220 V 的交流电源上，肯定是要烧坏的，用什么装置既利用了 220 V 电源，又能使小灯泡正常发光呢？"

教师演示：取两只互相独立的线圈插入铁芯，两线圈分别接上电源和灯泡线路，合上电键，发现小灯泡正常发光。

教师说："由这一实验可知电能由线圈1传送给线圈2，电压由 $U_1 = 220$ V 降为 $U_2 = 6$ V，我们将起这种作用的装置称为变压器，下面来看变压器的构造和原理。"

视频案例　　案例简评

 例 4-7

"压力和压强"一节的导入

　　找两块和物理课本一样大的木板,一块钉上一颗钉子,另一块钉上 8 排 6 列同样的钉子,准备两个气球、一块砖,把这两个气球分别放在钉子上,用砖分别压在两个气球上。让学生观察实验结果。学生说:"一个被钉子刺破了,一个没破。"教师进一步发问:"为什么会这样呢?"这时全班学生眼睛发亮,被这个实验深深吸引,他们积极思考导致实验结果不同的原因在哪里呢? 是不是教师在表演魔术呢?同学们议论纷纷。在学生欲知不能、欲罢不休的时候,教师顺其自然地引入压力和压强的知识。这种以小实验导入课题的方法要求教师在教学和生活中注意收集素材,并且对实验操作要非常熟练。

视频案例　　案例简评

视频案例　　案例简评

　　(5) 新旧知识的联系导入。也称以旧带新法,又叫温故知新法。通过复习旧知识,引导学生去发现新问题,从而巧妙地引入新课。这种导入,既复习巩固有关的旧知识,又为新知识的学习奠基铺路,起到承上启下的作用,便于学生了解新旧知识的联系。

视频案例　　案例简评

 例 4-8

"远距离输电"新课导入

　　前面我们学习了交流发电机。发电机发出的电能要向远处输送,在输送导线上,由于电流的热效应,有一部分电能将转化成热能损失掉,我们先用已学过的知识分析、计算一下这种损失。例如,我们以一台中型发电机为例,若它的发电功率为 5000 kW,用发电机提供的 10000 V 电压直接向外输电,那么电功率除以电压,得电流为 500 A。假设输电线路上的电阻为 2 Ω,大家注意,这个电阻值并不太大,在输电线路上损失的功率为 500 kW。通过计算可以看出,在输电线路上损失的功率是输出功率的 10%。如果全国的发电量有 10% 损失在输电线路上,这个数字是相当惊人的! 如何减少输电线路上的电能损失呢? 这就是我们今天要讲的内容——远距离输电。

　　(6) 设疑导入。在学习过程中,设置一定难度的障碍,提出一些问题,常常能促进学生的积极思维。教师可以在课的开始通过问题和设置悬念,在学生面前展示一个新的良好的求知情境,引导学生思考、研究这一新的领域。

视频案例　　案例简评

"密度"概念的导入

讲"密度"时，我们可以设计如下一系列问题引入新课。"同学们，根据你们的生活经验请回答，是木头重还是铁重？"学生很容易随口答道："铁重"。再问："讲桌是木头的，圆规是铁的，哪个重？"学生认为这样的比较不合理，在纷纷议论后会得出：应该用体积同样大小的木头和铁比轻重才能反映出材料的某种属性，也才符合人们脑子里对物体"轻重"固有的认识。接着教师再问："用多大的体积比较好呢？都用圆规那么大的体积比较好不好？"他们会说不好，最好要用单位体积来比，从而顺畅地引出密度这一概念。

视频案例　　案例简评

视频案例　　案例简评

（7）故事、事例导入。这是以生活中所熟悉的实例或报纸上的新闻、历史故事、科学史上的示例设置学习情境的一种导入方法。引人入胜的故事、典型的生活实例，能引起学生的学习兴趣，进而产生解决问题的愿望。

视频案例　　案例简评

视频案例　　案例简评

"电磁感应"新课导入

同学们，在学习磁场时，我们曾做过一个实验。一个静止的小磁针，放在与它平行放置的一根直导线的上部或下部，当导线中有电流通过时，会发生什么样的现象？这个实验说明什么问题？这叫什么实验？（同学回答略）。同学们回答很对！这个实验说明了电流能够产生磁场。奥斯特的这个著名实验使人们认识到了电与磁的内在联系。早在1820年，这一实验结果就引起了不少科学家的思考。当时，英国科学家沃拉斯顿和皇家学会会长戴维就从作用与反作用的原理出发，试图找到磁对电流的影响，进而得出电能产生磁，磁也能产生电的结论，可惜他们没有获得成功。但当时年仅30岁，才是戴维的实验室助手的法拉第几经挫折和磨难后，到1831年终于实现了他的既然电流能够产生磁场，那么利用磁场一定可以产生电流的猜想，法拉第是如何利用磁场产生电流的呢？这正是我们今天所要学习的内容"电磁感应"。

这节课的导入虽然很简单，但是包含的导入方法却很丰富。首先它利用了已学过的旧知识，其次还引用了物理学史的知识，尤其是运用了物理学家的思维方法——类比方法和求异思维来提出问题，引导学生学习新课。

例 4-11

"热辐射"新课导入

同学们,在讲新课之前,我给大家讲一个"煤灰救命"的真实故事。1903 年,在南极探险的"高斯"号轮船,被茫茫的冰原封住了归路,船员们想了很多的办法,挖、炸、锯、砍,冰层岿然不动,一切"武力"解决办法都无济于事。最后,有个学者提议,把船上的煤渣、黑灰都铺在冰原上,奇迹出现了,冰开始溶化,航线得以开通。为什么煤渣、黑灰能使轮船摆脱困境,挽救船员的生命呢?大家学了这一节课后,就一切都明白了。

例 4-12

"安全用电"一节的导入

在讲"安全用电"的课题时,可以先讲一则实际的故事:时间是 2001 年 8 月的一天下午,地点是 XX 镇 XX 村里,天空乌云密布,电闪雷鸣,狂风大作,突然有一根电线杆被风吹倒,架在电线杆上的电线也随着掉在地面上,村里有个 7 岁的小男孩可能是由于好奇而捡起电线,结果站完在地面上,小孩的祖母看见了,立即跑去,想把孙子拉回屋里,没想到,反而被小孙子拉在一起了。小孩的父亲为了避雨而从田里跑回家,看到母亲和儿子都被电线拉住,想上去帮他们摆脱电线,结果也被拉在一起了。三代人就这样惨死在一根电线之下。这是一个多么惨痛的教训啊!但是这样的悲剧只要懂得安全用电的常识是不会发生的。本节课我们就专门探讨"安全用电"常识。

（8）悬念导入。这是以创设使学生产生认知冲突情境导入新课的一种方法。产生认知冲突的方式有:① 惊奇——展示违背学生已有观念的现象;② 疑惑——使学生产生相信与怀疑的矛盾;③ 迷惑——提供一些似是而非的选择,在学生已有的经验中缺乏可以辨别的手段;④ 矛盾——在推理性的导入中,教师故意引述两个或多个相反推理,使学生产生认知冲突。

视频案例　　案例简评

视频案例　　案例简评

例 4-13

"毛细现象"一节的导入

在学习"毛细现象"一节时,教师出示连通器并问:"这是什么?"(答:"连通器。")又问:"若在连通器中注入一定量的水且使水不流动后,有何现象?"(同学说:"液面相平。")再问:"若将两端开口的玻璃管插入盛水容器中,管内水面比容器中水面是高还是低?"(又回答:"当然一样高。")这时,教师将不同内径的管子插入水中让学生观察,学生在事实面前大吃一惊,根据他们迫切要求得到正确答案的心理,教师自然地引入新课题——"毛细现象"。

例 4-14

高中物理"光电效应"现象解释的导入

在进行了光电效应实验(或者引述了实验事实后)，教师讲道：光电效应实验表明每种金属发生光电效应的照射光的频率有一个最低值。高于这个频率的光照射金属，不管光多么微弱都能发生光电效应，产生光电子；而低于这个频率的光照射金属，不管入射光多么强，也不能发生光电效应。按光的波动理论，光的强度(即光的能量)只与光的振幅有关而与光的频率无关。由此可以推论，不管什么频率的光，只要足够强，其能量足以使电子从金属中逸出，就能发生光电效应。但是，事实却不是这样，光的波动说与实验事实发生尖锐的矛盾。本来很成功的光的波动说发生危机，这使得物理学家们大为不安，这个矛盾是怎样解决的呢？

(9) 情境感染导入。这种导入运用语言、电化教具等手段创设一种生动感人的教学情境，使学生为之所动，为之所感，产生共鸣，激励他们进入新的教学情境。中学生活泼好动，如果一开始就枯燥无味地传授知识，学生新奇的激情受到压抑，积极性调动不起来，教师通过栩栩如生的叙述，可以一下子就把学生带进活生生的场景中，使大家如见其人、如闻其声。

视频案例　　　案例简评

视频案例　　　案例简评

例 4-15

"速度"概念的导入

"速度"的引导语可以这样进行："校运会在紧张进行，所有观众的视线都不由自主地转向百米赛场，只听枪声一响，所有的运动员像脱缰的野马冲出起跑线，观众席中的呐喊声一浪高过一浪，谁是第一，甲? 不对，乙? 不一会儿裁判高声叫道：'丙，第一。'"

教师：观众怎样判断谁跑得快?

学生：看相同时间谁通过的路程多，跑在前面的，则跑得快。

教师：裁判又怎样判断谁跑得快?

学生：看通过相同的路程谁用的时间少，时间短的，则跑得快。

教师：如何比较物体运动的快慢，有几种方法?

学生：有两种方法。

教师：这节课我们就跟大家一起来讨论"速度"。

通过这样新课导入，迅速把学生的注意力集中起来，这节课就会收到好效果。

其实，新课导入的方法多种多样，以上仅仅是几种常用的方法，究竟选择何种新课导入法，要根据实际情况，因人制宜，因课制宜。

4.2.2　物理课堂导入的应用原则和要点

1. 应用原则

以上关于导入的分类,只是为了便于理解和认识每一种导入类型而总结出来的,还可以有其他的分类方法,在实践中往往是几种导入法的综合运用。导入有法,但无定法,但无论选用何种导入法,都要注意以下几个原则。

(1)目的性原则。运用导语的目的是为了导入新课,增强教学效果,其设计与运用要紧扣教学目标,不能为导入而导入,不能单纯追求形象性和故事性,热衷于猎奇而喧宾夺主,从而违背了既定的教学目标。

视频案例　　案例简评

(2)兴趣性原则。导语要遵循和运用注意规律,力求新颖、别致、生动感人,富有趣味性,避免平铺直叙;要以兴趣为前提,有意创设情境,迅速抓住学生注意力,引发学生积极思维。

视频案例　　案例简评

(3)量力性原则。导入的设计必须符合中学生年龄、知识水平和接受能力,即导入要结合学生实际,切忌过深、过难,以免影响学生对新知识的接受。

(4)互动性原则。课堂教学是师生的双向活动,教师在导入中要考虑如何调动学生积极参与,如果教师只管自己在讲台上唱独角戏而不顾学生的听讲情绪,导入就失去意义。

(5)适度性原则。导入仅是一个"引子",而不是内容铺开的讲授,故导入时间不宜过长,一般以 3～4 min 为宜。所以导语要力求简短明了,切忌冗长拖沓,要掌握好时间。

(6)整体性原则。导入的设计要注意物理知识的系统性(旧知识是新知识的前提与基础,新知识是旧知识的扩展与深化)。因此,在联系旧知识内容时应该充分体现与新的教学内容的连贯性。如果忽略了这点,使导入与本节的内容脱节,尽管导入非常别致、精彩、吸引人,都不可能产生好的教学效果。所以导入设计时,要考虑一堂课的整体,使导入服从整体。导入只是一节课的开头,从课堂结构的角度来看,它的作用是为教学打开思路。如果使导入与课堂教学整体分开,即使是再好的导入也失去它应起的作用,这是不可取的。要达到导入承上启下的作用,教师必须熟悉教材,从整体上把握教材知识之间的各种联系,提高驾驭教材的能力。

(7)启发性原则。导入必须对学生接受新内容具有启发性,能引导学生发现问题,激发学生解决问题的强烈愿望,调动学生学习的积极性,促进他们更好地理解新内容。启发性关键在于启发学生思维活动。而思维往往是从问题开始,又深入问题之中,它始终与问题紧密相连,学生有了问题就要去思考去解决,这就为学生顺利地理解新的学习内容创造了前提条件。因此,导入能否引导学生积极思维,能否给学生创造出思维上的矛盾冲突,能否使他们产生"新奇"感,就是这节课成败的关键所在。

(8)科学性原则。导入科学与否,要看它是否能引起学生对新教学内容的注意,是否激发了学生对新教学内容的探求欲,是否有助于学生对新的教学内容的理解。这就要求教师在导入语言的设计上讲究科学性、生动性和艺术性,使新课一开始就能够扣紧学生的心弦。违背科学性的导入,即使非常生动、非常精彩,也不足以取。

2. 应用要点

(1)导入设计不要把与教学目标无关的内容硬加上去,不要使导入游离于教学内容之外。

视频案例　　案例简评

（2）导入的内容，有的是教学内容的重要组成部分，有的是教学内容的必要补充，还有的虽然从内容上看关系不大，但它能激发学生的兴趣，吸引学生的注意力，对于教学内容的讲授和学习也是一个有机组成部分。

（3）导入的设计还要注意不同的课型的需要，课型不同，导入的设计也不同。例如，新授课要注意温故知新，架桥铺路；讲授课要注意前后照应，承上启下；复习课要注意分析比较，归纳总结。不能用新授课的导语去讲复习课，也不能用复习课的导语去应付新授课，否则就起不到导语应起的作用。

（4）导语要短小精悍。导入的设计要短小精悍，一般 3～5 min 就要转入正题，时间过长就会喧宾夺主。

（5）导入形式要多种多样。导入的方式很多，设计导语时要注意配合，交叉运用。不能每一堂课都用一种模式的导语，否则就起不到激发学生兴趣、引人入胜的作用。

（6）注意知识段落间"衔接语"的设计。导入不仅仅是每节课开始的导言，还是每一章、每一节和每一段知识的引言。因此，导言应该贯彻到教学过程的许多环节之中，那就是每章、每节、每段的开始都应该有导言。所以还应注意知识段落间"衔接语"的设计。"衔接语"的设计也就是如何处理好知识的衔接与转折，实际上就是做好每段知识的导言。每段知识的导言或引言与章节导言的作用是相同的，这就要求教师在一堂课中随时注意组织教学工作，以便集中学生的注意力。但是每段的导言（引言）和章节的导言又有所不同，其不同点表现在段的导言要求更短小、精悍、具体、扣题准确、转折自然等。

4.3 物理课堂导入技能应用示例

无论选用何种导入方式和方法，都必须有利于实现导入的功能，符合导入目的。在本节中，首先提出导入技能训练的要求，然后给出导入技能应用的示例。

4.3.1 导入技能训练的要求

（1）思想上重视。要搞好新课导入，首先要在思想上重视。如果思想上没有足够重视，认为新课导入可有可无，不如把时间放到正课上去好，当然对新课导入缺乏兴趣，也就不可能千方百计地去想办法、找资料设计新课导入；如果在思想上认识到新课导入的重要作用，把它看作提高课堂教学质量和效果的必要手段，那么就一定会在如何搞好导入新课的资料、技术、经验等问题上下功夫。

（2）准备充分。要想搞好新课导入，必须做好充分准备。即在备课时一定要深入挖掘教材，掌握本节课的重点、难点，然后根据本节课的知识内容确定相应的导入材料，并根据学生的心理特点，确定导入的形式。比如对初中生，他们以形象思维为主，好奇心强，好动性强，所以在导入的形式上应多用实验、游戏、故事等形式；而对高中生，他们的抽象思维能力较强，要求教师讲授的知识性、逻辑性强，所以应多用资料、习题、典故等形式导入。同时在备课时还应注意所用资料的可靠性、科学性。

（3）注意日常积累。要想得心应手地进行每节课的导入，必须靠丰富的资料和生动形象的讲解才能实现。丰富的素材，要靠平时的积累，要多看些科普杂志、书籍，广泛涉猎知识，并做好记录及摘抄。到时就可信手拈来，组织成多种导入材料。成功的新课导入，是和教师的表达能力分不开的,所以教师要不断提高自己的表达能力,包括讲解、板书、板画以及实验技能。只有这样,才能把导入材料表现得更充分、更形象,使课堂教学生动活泼、引人入胜。

4.3.2 新课导入中物理情境的创设

问题与疑问是思维的起点,在新课导入中创设物理问题情境,是学生学习的起点,也是良好物理课堂教学的开端。

(1)运用多媒体导入展示物理情境。

例4-16

"物态变化"一章的导入

在学习"物态变化"开始时,教师用多媒体向学生展示冬天原野里的大雾,房屋上的白霜,西藏的雪山,树枝上的冰凌;展示春天到来时,冰雪融化成水;展示火炉烧水时水壶上冒出白气,茶杯上的白气遇冷变成小水滴等现象,进而提出"雾、霜、雪、冰是怎样形成的""水为何会变成白气""白气又为何会变成水滴"等一系列问题,让学生在问题情境中产生疑问,发现问题,提出问题,进入物态变化的学习。

(2)运用实验导入创设物理情境。

例4-17

"力的分解"一节的导入

在讲授"力的分解"时,教师先做一个小实验。如图4-2,用一根细线穿过重锤的钩子,可以把重锤悬挂起来,先将细线的两端点合拢,然后慢慢分开,当两线分开到某一夹角时,只听"轰"的一声,重锤落到桌面上。此时教师向学生提问:在两细线的夹角逐渐增大的过程中,为什么细线会断裂呢?为了解决这个问题,本节课我们来学习新的知识——力的分解,从而引出新课。这样学生将带着疑问来学习探究新课。

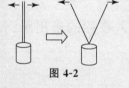

图4-2

例4-18

"物体的浮沉条件"一节的导入

"浮力"的教学是初中教学的一个重难点。基于初中生的心理特征,我们可以用演示实验创设如下的问题情境:在盛有一定浓度盐水的烧杯中,放进一个木块,木块便浮于水面;放进

视频案例　案例简评

视频案例　案例简评

视频案例　案例简评

视频案例　案例简评

视频案例　案例简评

视频案例　案例简评

视频案例　案例简评

一块石子,石子便沉入水里;放进一个鸡蛋,鸡蛋则悬浮在盐水中。再将此蛋放进清水里,则见蛋下沉;放进浓度更大的盐水里,则见蛋浮在水面上。看到这么奇怪的现象,学生一定会被吸引住,激发起学生的学习兴趣和求知欲,他们心里就会产生疑问:为什么在同一种液体里放进不同的物体,木块会漂浮,石子会下沉,而鸡蛋却会悬浮?又为什么同一个物体放进不同的液体里,浮沉的情况也会不一样呢?这时教师因势利导引出"物体的浮沉条件"这一新课。

（3）以生动的诗词导入创设物理情境。

视频案例　　案例简评

例4-19

"参考系"概念的导入

在"运动的描述"中有几个基本的概念——运动、静止、位置、参考系,对于枯燥的概念,我们可以创设如下问题情境:教师引入宋词《摊破浣溪沙》"五里滩头风欲平,张帆举棹觉船轻。柔橹不施停却棹——是船行。满眼风波多闪灼,看山恰似走来迎。仔细看山山不动——是船行。"首先营造诗情画意的氛围,同时用多媒体来展示诗中的情境,基于高中生的认知水平,教师可以与学生共同探讨宋词的大意,从而提出:"是山动还是船行?"诗人为什么会产生如此矛盾的感觉?如果诗人置身于"满眼风波多闪灼"的意境中时,他忘记了自己是在随水流而前进的船上,仿佛看到了对面的山朝他走来;当诗人又感到"山不动,是船行"时,又是什么样的状况呢?由此引起学生的积极思考,同时可以利用多媒体的优势,即时展现学生的猜想。讨论完后教师顺利引出上述概念,并可以返回诗中向学生提问各种情形的参考系,以此培养学生认识事物的相对性,树立辩证唯物主义的世界观。

此例子体现了课程标准下科学态度与责任的目标,以自然界的奇妙引入,激发学生对科学的好奇心与求知欲,引导学生去探究科学,探索科学。

4.3.3　物理课堂导入技能的应用示例与评析

视频案例　　案例简评

例4-20

"大气压强"的导入

类型一:演示导入

教师拿着一只空玻璃杯,再往杯口盖上一张卡片,让玻璃杯转到杯底朝上。

教师:当我把托住卡片的手移开后,会发生什么现象?

学生:卡片会下落。

教师(演示:卡片果然下落)如果往玻璃杯里注满水后,盖上卡片,再使其同样倒置,然后把托住卡片的手移开,卡片会下落吗?

学生:应该下落。

视频案例　　案例简评

教师：为什么呢？

学生：因为卡片受重力，卡片上方还有水压它，因此它要下落。

教师：似乎有道理，究竟会不会下落？让我们看一看。（演示：放手后，卡片没有下落。学生惊奇。）

教师：卡片没有下落，处于静止状态，势必有向上的力把它托住了，而我又没有用手去托它，这种力来自哪里呢？这就是我们今天要讨论的课题"大气压强"。

视频案例　　　案例简评

类型二：情境感染导入

教师：首先我请两位同学上台来展开一场竞赛，谁愿意参加？

（请甲、乙两位同学上台）

教师：台上有两瓶汽水，每瓶中都插有一根饮料吸管，看哪位同学先把瓶中的饮料吸完。

（比赛开始，甲同学很快就把瓶中的饮料吸完了，而乙同学却没能把饮料吸到嘴里。）

教师：请两位同学介绍一下，你们的饮料瓶有什么不同。

学生乙：他的瓶塞是打开的，饮料吸管直接插在饮料中，而我的饮料吸管是紧插在瓶塞中，瓶塞又紧盖在装满饮料的瓶口上。

教师：他们的区别就在饮料上方是否与大气接触，为什么不与大气接触的饮料，我们就吸不到嘴里？学了今天的课题"大气压强"，我们就明白了。

视频案例　　　案例简评

类型三：故事引入

1654 年，德国马德堡市市长格里克组织了一场别开生面的"拔河"比赛。他让人把两个直径为 30 cm 的空心铜半球严密地对接在一起，再用抽气机抽出球内的空气，然后让两队马向相反的方向拉两个半球，当增加到 16 匹马对拉时都没能把两个半球拉开。在马拼命挣扎用尽全力后，两半球终于拉开了。拉开的时候发出了巨大的响声，像放炮一样。在场的市民沸腾起来，他们惊奇地问："是什么力量使球合得这样紧？""没有什么，是空气。"市长这样回答。如果把铜半球上的阀门拧开，空气经阀门流进球里，用手一拉，球就开了。这就是著名的马德堡半球实验。空气怎么有这么大的力呢？学习了大气压强，我们就会明白了。

评析：我们生活在大气中，处处受到大气压强的作用，但中学生常常体验不到大气压强的存在，也很难理解大气压强。

该案例介绍了三种导入大气压强的方法，创设的情境各不相同，各有不同的特点。第一种类型采用演示实验导入，形象生动，容易吸引学生的注意力以及引起学生观察与思考。第二种类型采用学生活动导入，学生参与的积极性非常高，也很兴奋，兴奋之余产生了求知的欲望。第三种方法运用物理学史的著名故事导入，可以用教师语言描绘的方式，也可以用学生阅读介绍的方式，此过程中渗透了人文精神的教育。

作为课题导入，这三种方法有着共同的特点：一是趣味性强，能集中学生的注意力，调动学生对课题学习的兴趣；二是学生的认知冲突，使学生感到意外与惊奇，从而唤起学生的求知欲；三是与所学课题密切联系，使学生明确活动所要解决的主要问题，起到了目标定向的作用。

例4-21

"闭合电路欧姆定律"的导入

导入时，教师请两名学生上讲台按如图4-3连接电路，并简单介绍实验装置。

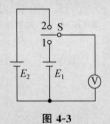

图4-3

教师接着问道："从电压表上读出的是什么？"学生答道："电源电动势。"两个学生分别将开关打向1和2，让在座的学生通过电压表的实物投影读电源的电动势 E_1 和 E_2："E_1 是 3 V，E_2 是 9 V。"

接着将电压表换接成小灯泡，开关接 1 时，小灯泡很亮，几乎发白光。教师立刻问道："开关接 2 时，会发生什么情况？"学生很自信地争先恐后地说道："更亮！""要烧坏！""对不对呢？实践是检验真理的标准！"教师接着演示。

当开关接通 2，小灯泡还不如接 1 时亮，前后形成强烈反差。学生哗然："为什么？"老师笑着说："学习了闭合电路欧姆定律后，我们就能解释这一现象了。"

评析：教师开课就设置了强烈的认知矛盾冲突。在没有学习"闭合电路欧姆定律"前，学生都认为同一灯泡接在电源电动势大小不同的电路中，明暗程度是不相同的，在电源电动势大的电路中的灯泡更亮。但是实验的结果却与经验判断的结论相反，这时，他们感到已有的知识不够用了，产生了重度的知识饥饿感。学生明显有了强烈的追求知识、揭开奥秘的欲望，出现了引入新课的最佳时机。教师的高明之处就是将物理知识建构在现实情境营造的心理氛围的基础上，使认知冲突带动情感参与，变"要我学"真正成为"我要学"。

例4-22

"摩擦生电"的导入

摩擦生电是我们最早接触的物理现象。经典实验是用毛皮摩擦过的橡胶棒或者丝绸摩擦过的玻璃棒吸引小纸屑。麻省理工学院沃尔特·H. G. 莱温（Walter. H. G. Lewin）教授则设计了一个别开生面的实验来展示这个现象：他让一个小男孩坐到讲台上，手持一根玻璃灯管。然后71岁的莱温自己也身手敏捷地爬上讲台，用猫的毛皮上上下下卖力地拍打这个小男孩。莱温一声令下"关灯"，在一片黑暗中，小男孩手中的灯赫然亮了，台下发出一片惊叹声。

评析：沃尔特·H. G. 莱温是世界上最知名的高等学府麻省理工学院的物理教授，当他的物理课录像最初在麻省理工学院的网站上免费发布时，受到了大家的热情追捧。一个网友说："通过你的那些课程录像，我发现原来物理如此美妙，既令人吃惊又简单易学。"他让物理学像游戏一样有趣。70 多岁的教授对摩擦生电实验如此投入,来自于他对经典的摩擦生电实验的挑战。这里闪现出他的创造才能和无穷魅力,他说:"我要为每节课准备 25 h,反复推敲每个细节,精简掉那些不需要的废话。"这几句话道出他对物理教学极度的敬业精神。

他经常在自己的课堂上做些"出格"的事情,他特立独行的教学风格使他在麻省理工学院拥有了大量的拥趸。莱温教授的教学才能已升华为教育艺术,他带给学生美的享受不只是视觉的或听觉的,更多的是一种震撼人心的智慧力量所产生的愉悦。

 **例4-23**

"声音的传播"的导入

探究声音的传播时,有位教师先让学生赏析一首经典小诗:

傍晚农村小河旁,姑娘独自洗衣裳,

湿衣暂放石板面,棒打衣裳响四方,

小弟沿河踏歌来,见景一事费思量,

棒打衣物悄无声,棒举空中何其响?

师:最后两句描述的是什么物理现象?

生:远在船上的小弟看见姑娘棒打衣物,却没有听见声音,而棒举起来才听到声音。

师:(全班大笑后)为什么会笑呢?学习了这节课就能解决这个问题。

评析:诗歌、谚语和歌词精美、易记,是教学导入的宝贵资源。本课教师利用诗歌简洁优美,朗朗上口的特性,创设了一幅寓物理知识于溪水潺潺之中,歌声和棒打衣服声交织在一起的山村风景画。这不仅增加了导入新课的趣味性,更是对学生进行美的熏陶。这首诗歌,既有物理现象,又有物理问题;既能启发思维,又能开阔视野,陶冶情操。

从这些生动的课例中我们看到,教学导入的价值主要是激起学生学习兴趣和求知欲望,为后继教学营造最佳的学习氛围。教师备课时,一定要努力挖掘教学导入的资源,创设合理、新奇的教学情境,使学生有常听常新、常见常异的趣味感,激发学生的学习兴趣,使其产生跃跃欲试的冲动。在巧妙运用教学导入的同时,还要注意配合课堂教学的过程和结尾,如果整个教学过程都能紧紧地吸引住学生并引起求知欲望,而课堂结束之后,又能使学生余味无穷,展开丰富的联想,不断地探索新的知识,那么,教学导入也就达到了目的。

4.3.4　新课导入应避免的问题

(1) 方法单调,枯燥无味。有的教师在导入新课时,不能灵活多变地运用各种导入方法,总是用固定的、单一的方法行事,使学生感到枯燥、呆板,不能激发学习的兴趣。出现这个问题的主要原因是:有的对导入新课的重要性重视不够,因此在备课时没有下工夫准备;有的是手头资料缺乏,苦于找不到方法和材料。

(2) 洋洋万言,喧宾夺主。新课导入时不能信口开河,夸夸其谈,占用大量的时间,以致冲击了正课的讲述。新课导入只能起到"引子"的作用,起到激发兴趣、提出问题、导入正课的作用，如果新课的导入，占用时间过长，就会喧宾夺主，影响正课的讲授。所以在导入时一定要合理取材，控制时间，恰到好处，适可而止。

（3）离题万里，弄巧成拙。导入新课时所选用的材料必须紧密配合所要讲述的课题，不能脱离正课主题，更不能与正课有矛盾或冲突。如有个教师在讲"波的传播"时讲到有一次发大水，水势如何凶猛，冲垮了房屋、桥梁，淹死了多少人等，这样的水流根本不是"波"，而且给学生造成了"波的传播就是媒质中质点在向前运动"的错误认识，所以这样的导入不但没有起到帮助学生理解新知识的作用，反而干扰了学生对新授课的理解，给学生的学习造成了障碍。

（4）缺乏准备，演示失误。各种导入新课的方法都应在课前做好充分的准备，特别是实验或游戏的方法导入新课就更是如此。若准备不充分，导致在课堂上造成演示失败，或出现相反的效果，都是对正课的教学有弊无利的。例如，有的教师在做电学实验时，由于搞错低压电源调压旋钮转向，导致电压升高烧毁了电表；有的教师在做摩擦起电实验时，由于室内及仪器湿度太大而不起电；有的在用感应线圈做实验时不慎自己遭电击等。总之，由于准备不足或操作不当致使演示失败造成笑话的例子很多。因此，用实验方法导入时必须十分谨慎，在备课时要做充分的准备，在确保成功的条件下才能到课堂上去做。

本章小结

导入技能是引起学生注意、激发学习兴趣、明确学习目的和建立知识间联系的教学活动方式，它将学生的注意吸引到特定的教学任务和程序之中，所以又称定向导入。它应用于讲新知识、开设新课程或进入新单元、新段落的教学过程之中。导入的类型和方法有直接导入，直观导入，经验导入，演示实验导入，新旧知识联系导入，设疑导入，故事、事例导入，悬念导入，情境感染导入等。导入的类型和方法是多种多样的，究竟选择何种导入法，要根据实际情况，因人制宜，因课制宜。课堂导入的构成要素包括引起注意、激发学习动机、组织指引、产生认知需要、建立联系、进入课题。

技能训练任务和评价

1. 观摩优秀物理教师的课堂教学，注意导入方式和技巧的运用，并根据物理课堂导入的要求做出分析和评价。

2. 设计物理课堂导入的教案。选定课题，设计物理课堂导入的微格教学教案。其中内容包括：教学目标、技能训练目标、教师教学行为、教学媒体的使用、所应用的导入技能要素、期望的学生行为和时间分配。

（1）课题导入要紧扣教学目标和教学要点，根据不同的教学目的、教学内容，采用不同的导入类型。

（2）导入的语言要生动、形象、具有趣味性和科学性。

（3）课题导入过程在激发学习兴趣的同时也要指明学习的方向。

3. 训练物理课堂导入技能。

（1）选择中学物理教材中的一个课题，设计2～3个不同方式的课堂导入。

（2）以小组的形式在微格教室中进行训练，并进行视频录像和评价。

（3）利用物理课堂导入技能的训练评价表（见表4-1）对录像资料进行自评和互评，并比较不同导入的效果。

（4）收集反馈意见，修改教案，反复进行录像与评价，直到熟练掌握和运用。

表 4-1 物理课堂导入技能的训练评价表

评价指标	权 重	评价等级			
		优	良	中	差
导入内容切合教学内容，正确地建立符合新知识教学所需要的问题情境	20				
导入的目的性明确，具有启发性	20				
导入富有感染力，能引导学生进入新的学习情境	10				
选用的内容和方法得当，能激发学生的兴趣和求知欲	20				
新旧知识联系紧密，衔接适当，引入自然	10				
面向全体学生，有效地促进学生积极地参与教学	10				
时间掌握紧凑，得当	10				
学生自评					
教师点评					

 阅读资料

基于核心素养的物理教学建议

（1）基于物理学科核心素养确定教学的目标和内容

物理教学若以知识为线索展开，就会导致教学设计聚焦于知识，仅仅专注于学生获得知识，而忽视物理课程对学生物理学科核心素养的培养。为此，必须把培养物理学科核心素养作为物理教学的重要目标，将"物理观念""科学思维""科学探究""科学态度与责任"等物理学科核心素养的培养落实于教学活动中。

物理观念的形成和发展需要学生通过物理概念、物理规律等内容的学习及运用才能逐步形成。学习概念或规律是学生形成物理观念的有机组成部分。在教学中，通过对物理概念和规律的逐步学习、系统反思和迁移应用，可促进学生的物质观念、运动与相互作用观念和能量观念不断发展，使其学会用这些观念解释自然现象，解决生活和生产中的实际问题。

发展学生的科学思维能力是重要的教学目标之一。建构模型是一种重要的科学思维方式，质点、点电荷、匀强电场等物理概念和匀变速直线运动等物理过程都是物理模型。教师在教学中要让学生体会构建这些物理模型的思维方法，理解物理模型的适用条件，能通过建构物理模型来研究实际问题。教师引导学生经历物理概念的建构过程和物理规律的形成过程，是发展科学思维的重要途径。例如，电场强度的教学，应创设不同试探电荷位于电场中不同位置的情境，让学生研究试探电荷所受静电力大小和电荷量的关系，概括静电力与电荷量成正比的特点，抽象出静电力和其电荷量的比值与试探电荷无关的特征，明确这种特征可用来描述电场的属性，由此加强学生对电场强度概念的理解。学生在处理以上信息的过程中，经历了"比较—概括—抽象"的思维过程，发展了科学思维。再如，在关于"力的合成与分解""运动的合成与分解"的教学中,让学生经历把一个整体的事物分解为几个要素进行研究,以及把问题的几个要素结合成一个整体进行综合认识的思维过程,提高学生的分析与综合能力。教师要引导学生体会"等效"的物理思想,让学生在观察、实验的基础上通过科学推理和科学论证得到结论,由此培养学生的科学思维。

科学探究能力的培养,应渗透在物理教学的整个过程。无论是物理知识的教学,还是物理问题的解决,都要引导学生发现和提出问题,根据解决问题的需要收集和选择有用信息,基于证据和逻辑对问题做出合理解释,培养学生具有准确表述问题解决过程与结果的意愿和能力。

物理教学中要十分重视对学生的科学态度与责任的培养。通过物理学习认识科学的本质,认识科学、技术、社会、环境之间的联系,增强学生环境保护和可持续发展的意识,提升其社会责任感。应通过增加联系生活和现代科技的教学内容,创设生动活泼的课堂氛围,激发学生的学习热情,通过适当的难度要求让学生获得成功的愉悦,从而保持旺盛的求知欲;尽可能地为学生交流创造机会,提高学生的表达能力,让学生体验和享受合作的成果;引导学生在物理实验中如实记录、客观对待所获取的实验数据,遵循基本的学术道德规范。

（2）在教学设计和教学实施过程中重视情境的创设

创设真实的情境进行教学,对培养学生的物理学科核心素养具有关键作用。

物理概念的建立需要创设情境。学生在学习物理概念之前,基于生活经验形成了大量的经验性常识,要在此基础上建构物理概念,必须对所观察的现象进行重新加工,在诸多客观情境中概括事物的共同属性,抽象事物的本质特征,完成从经验性常识向物理概念的转变。在这个过程中,教师应促进学生科学思维能力的发展。例如,在"自由落体运动"的教学中,学生通常认为重物比轻物下落得快。针对学生的这种认识,教师可以利用纸片和纸团等随手可得的生活用品创设各种物体下落的具体情境,分析得出空气阻力对物体下落快慢有影响;通过羽毛和金属片在无空气阻力的真空玻璃管中下落的实验,抽象出物体在真空中下落快慢的共同特征,形成自由落体运动的抽象概念。教学实践证明,在物理概念的教学中,关键是创设体现概念本质特征的情境,发展学生的科学思维。

物理规律的探究需要创设问题情境。学生从情境中发现和提炼问题,对问题的可能答案做出假设,并根据问题情境运用已有知识制订探究计划,选择符合情境要求的实验装置进行实验,获取客观、真实的实验数据,通过对数据的分析形成关于物理规律的结论。例如在学习"行星运动规律"时,可利用木星的卫星便于观测且绕木星运行周期较短的特点,教师把每间隔一定时间拍摄的木星(连同多颗卫星)照片提供给学生,让学生从这些照片中分析不同卫星的运动周期,定量比较这些卫星绕木星做圆周运动的半径大小,对卫星做圆周运动的半径和周期的定量关系提出假设,并通过所测出的数据检验或修正自己的假设,形成相关运动规律的结论。学生在活动中能真切感受科学探究过程,体会通过科学描述和解释自然现象的乐趣,提升对科学本质的认识,提高科学探究能力。

应用物理知识解决具体问题应结合具体的实际情境。运用物理知识解决实际问题能力的高低,往往取决于学生将情境与知识相联系的水平。例如,是否能把情境中的一段经历转化为一个物理探究过程,是否能把情境的故事情节转化为某种物理现象,是否能把描述情境的文字转化为具体的某个物理量,是否能把情境中需要完成的工作转化为相应的物理问题。

我们常说某个问题很"活",其"活"的本质之一在于情境的转化,能不能把问题中的实际情境转换成解决问题的物理情境,建立相应的物理模型,这是应用物理观念思考问题、应用物理知识分析问题的关键。物理教学中,应让学生获得在实际情境中解决问题的大量经验,形成把情境与知识相关联的意识。

(3) 重视科学探究能力的培养和信息信息技术的应用

在高中物理课程中,应注重科学探究,尤其应注重物理实验,这在培养学生科学探究能力和科学态度等方面具有重要地位。

在物理实验中,应发掘实验在培养学生发现和提出问题能力方面的潜在价值。教师可在一些物理实验中创设情境,让学生在观察和体验后有所发现、有所联想,萌发出科学问题;还可在实验中创设一些任务,让学生在完成任务中运用科学思维,自己提炼出应探究的科学问题。

应通过实验提高学生制订计划的能力。让学生学会把探究课题分解为几个相对独立的小问题,思考解决每个问题的不同方法,根据现实条件选择适当方法构思探究计划;学会从原理、器材、信息收集技术、信息处理方法等各方面形成探究计划;学会通过查询相关资料完善探究计划。教学中应尽量为学生提供制订探究计划的机会。

要避免让学生按教师或教材的既定步骤进行虚假"探究",不应只把注意力集中在与探究假设相符的物理事实上,还需要观察和收集那些与预期结果相矛盾的信息。在处理信息时,应让学生依照物理事实运用逻辑推理确立物理量之间的关系,发展根据证据、逻辑和现有知识进行科学论证和解释的能力。

关于科学探究的交流和表达,应引导学生从以下两个方面提高表达能力:一是交流内容的组织,包括问题的提出、探究方案的设计、数据收集与整理、结论的得出及解释、存在的问题的反思等;二是陈述的形式,包括文字、表格、图像、公式、插图等,根据内容选择恰当的形式进行交流。教学中要为学生提供交流的机会,让学生准备有条理的讲稿,进行准确和富有逻辑的发言。

应通过科学探究让学生体会科学研究中相互合作的必要性,除了在本实验小组范围内进行分工合作之外,还可让不同的实验小组设计不同的实验方案,完成同样的探究任务,实现各小组之间的实验数据共享,感受合作在获取数据中的作用,增强学生的合作意识。

实验能培养学生的科学态度和科学精神,教师应培养学生严肃认真对待实验的态度。尊重实验结果与事实,杜绝编造和修改实验数据,并把实事求是的作风带到平时的学习和生活中去。

当今社会,信息技术越来越多地应用于我们的生产生活。提高物理教学水平,发展学生物理学科核心素养,离不开信息技术与物理学习的融合。要设计各种学习活动让学生利用信息技术提升物理学习能力。例如,鼓励学生网上查询资料,了解感兴趣的科技动态或物理问题解决实例等;用数字实验或云技术平台解决一些用常规方法难以实现的疑难实验问题;利用手机等信息技术工具便捷地解决某些物理学习问题。

(4) 通过问题解决促进物理学科核心素养的达成

应把物理课程中所形成的物理观念和科学思维用于分析、解决现实生活中的各种问题,在解决问题中进一步提高探究能力、增强实践意识、养成科学态度,促进物理学科核心素养的形成。

生活中具有很多能生成有价值的科学探究问题的情境。例如，一名学生看见某工人沿着斜靠在墙上的梯子向上登高时，担心梯子下端会滑动而产生安全问题。他用力的平衡的规律探究此真实问题，得出人在梯子上的位置越高梯子下端越容易滑动的结论。该学生进一步研究得出梯子安全倾角的大小与动摩擦因数的定量关系，这是一个对安全施工很有实用价值的结论。该学生研究时，把人视为质点，忽略梯子的质量、梯子上端与墙之间的摩擦力等次要因素，合理建构问题研究的物理模型，进一步考虑梯子质量等因素的影响，并形成结论。在解决该问题的过程中，学生发展了科学思维，增强了实践意识。

许多大众传媒的报导、公共场所的公告等信息都跟物理知识有关，关心这些信息，有利于提高学生的物理学科核心素养。例如，某学生看见机场关于"严禁携带额定能量超过 160 W·h 的充电宝搭乘飞机"的规定，但不理解 160 W·h 的含义。一般充电宝（移动电源）的规格标注的是电荷量，单位是 mA·h，为什么机场的规定要以 W·h 为单位？学生仔细阅读机场公告的文字后领悟到，机场限定的不是充电宝的电荷量，而是充电宝的能量，W·h 的含义是瓦小时，160 W·h 相当于 57.6 t 的重物由静止下落 1m 所具有的动能；若要判断常见锂电池充电宝的能量是否超标，须把它的电荷量乘以标注的额定电压（如 3.7 V）。学生对这些问题的思考，拓展了物理知识在实践中的应用，加深了对公共传媒中有关信息的科学性认识。

教师应鼓励并引导学生基于物理学科核心素养解决生活的问题。例如，在设计具体活动、制订工作计划时，让学生会分析影响问题的主要因素和次要因素，会把一个复杂的问题分解为若干个简单的问题，会思考事物间的因果关系等。

要从培养物理学科核心素养的视角审视习题教学的目的，应通过习题教学，使学生在科学思维、探究能力、实践意识、科学态度等方面得到有效提升。习题教学的作用不仅仅是为了得到答案，还要全面提高学生的问题解决能力。

[摘自：中华人民共和国教育部.普通高中物理课程标准》(2017 年版)[S].北京：人民教育出版社，2018.]

第5章 物理课堂提问技能

学习目标

1. 认识物理课堂提问技能的重要性,知道物理课堂提问技能的含义、功能、构成要素。
2. 掌握物理课堂提问的类型和技巧、应用原则和要点。
3. 会有效设计问题进行课堂提问,编写教案,并进行模拟课堂训练。

在线课程资源编码

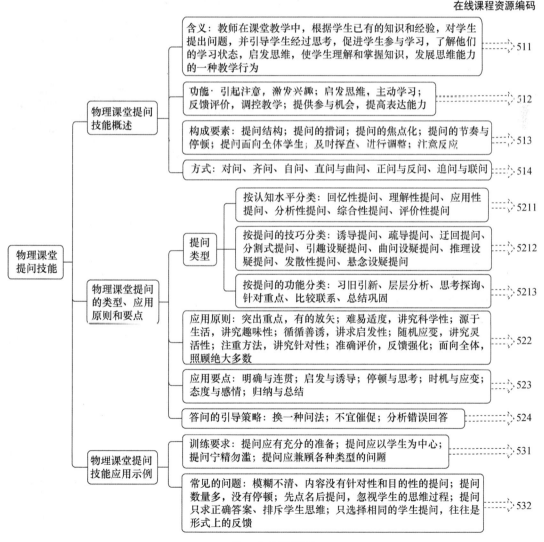

第5章思维导图

提问是一项具有悠久历史渊源的教学技能,我国古代教育家孔子就常用富有启发性的提问进行教学。他认为教学应"循循善诱",运用"叩其两端"的追问方法,引导学生从事物的正反两方面去探求知识。古希腊哲学家苏格拉底也是一位提问高手,他使用"精神产婆术"的方法进行教学,通过不断地提问让学生回答,找出学生回答中的缺陷,使其意识到自己结论的荒谬,通过再思索,最终自己得出正确的结论。南宋大学问家朱熹说:"读书无疑者,需教有疑。有疑者,却要无疑。"陶行知先生曾说过:"发明千千万,起点是一问。"提问是课堂教学中基本的教学活动,是实现师生互动的基本途径,课堂提问设计得成功与否,直接影响课堂教学的效率,因此提问技能是教师课堂教学的基本技能。

5.1 物理课堂提问技能概述

课堂提问虽然是教师课堂教学中经常发生的行为,但对于许多教师特别是新教师而言,并不清楚提问的功能,也没有注意提问的要素,这样必然导致随意而问的现象。因此,要提高和训练提问技能,必须首先明确课堂提问的教学功能,关注课堂提问技能的构成要素,注意课堂提问的方式。

5.1.1 物理课堂提问技能的含义

物理课堂提问技能是指教师在课堂教学中,根据学生已有的知识或经验,对学生提出问题,并引导学生经过思考,促进学生参与学习,了解他们的学习状态,启发思维,使学生理解和掌握知识,发展思维能力的一种教学行为。

视频案例　　案例简评

提问是一种古老的教学方法,也是目前教学中常用的一种教学方式。因为在课堂教学的各种师生交流方式中,提问这种教学方式交流最直接,信息交换的效率最高,反馈最及时,师生的情感活动最丰富。

视频案例　　案例简评

物理课堂提问技能可以与各种技能相互渗透,在课堂教学中交互使用。如在讲授法中,以问题构成讲授的手段,以问题形成反馈;在讨论法中更是以问题为核心,以提出问题展开讨论;在实验探究法中,更是先让学生自主发现并提出问题,且在实验探究过程中结合提问技能引导学生进行猜想、实验和论证。这些都说明教师必须熟练地掌握提问技能。

5.1.2 物理课堂提问的功能

(1) 引起注意,激发兴趣。"学起于思,思源于疑",而"疑来于问"。课堂提问可以使学生在好奇心的支配下,很快把心理活动定向和集中在某个特定的概念和观点上,引发学生的积极思维活动。

视频案例　　案例简评

例 5-1

在引入"速度"概念时,教师可以从不同侧面提出三个问题:
① 同时起程的步行人和骑车人,我们怎样判断他们的快慢?
② 同是"百米"运动员,我们怎样比较其快慢?
③ 如何比较百米短跑冠军和奥运会万米冠军的快慢?

例 5-1 中这样的提问,激发了学生的学习兴趣,同时也引起学生对学习该知识的注意。

另外,教师还可以运用课堂提问维持课堂秩序。例如,向有课堂问题行为倾向的学生提问,可集中其注意力。

(2)启发思维,主动学习。在中学物理课堂教学中,用提问来启发学生的思维是极为重要的。在传统的教学情况下,学生常常处于被告知的地位,没有独立思考的机会。教学中,教师的提问等于给学生提供了思考的机会。学生作为学习活动的主体,面对教师提出

视频案例　　案例简评

的问题,不得不动脑思考以尽可能地回答。这样可以使学生养成善于思考的习惯,促使学生主动参与学习。只有遇到新问题,不断地提出问题、解决问题,学生的思维才能得到启迪,智力才能得到发展。提问还可以引导学生思考的方向,扩大思维的广度,提高思考的层次。同时学生思考问题的能力和方法,也深受教师课堂提问的内容和方式的影响。

物理知识是前后联系的,许多新知识是建立在旧知识的基础上的,教师在讲述新知识时可以通过适当提问,让学生共同来回忆、复习旧知识,在此基础上引出新的物理概念和规律。因此,提问也有利于促进学生主动建构物理知识间的内在联系。

(3)反馈评价,调控教学。通过教师的提问和学生的答问,可以了解所提问题的深浅,搜集教与学的信息,检查教学目标达到的程度。根据搜集的反馈信息,教与学的双方可以及时调整,弥补不足,以取得更好的教学效果。同时,通过提问形成信息的双向交流,有助于发现教学难点和学生理解中的"盲点"。

视频案例　　案例简评

(4)提供参与机会,提高表达能力。学生在思考回答问题的同时会不自觉地自我组织语言,达到表达观点、流露情感、锻炼表述的效果。课堂回答提问不但可以壮大学生回答问题的胆量,而且在集体学习中引起互助活动的刺激,甚至引起学生的集体争论,使课堂

视频案例　　案例简评

气氛活跃,有利于学生之间相互启发,共同提高;同时,提问还可以促进人际活动,加深个体与班级其他成员的沟通与交流,增强学生的社会化意识。

5.1.3 物理课堂提问技能的构成要素

1. 提问结构

物理课堂提问结构即物理教学展开的教学程序结构,是教师教学设计的一个重要因素。教师设计的系列问题应该依照某些结构进行,这些结构可以是学生本身的认知结构和

物理知识的逻辑结构等。

从学生本身的认知结构设计问题,应注重问题由感性到理性、由具体到抽象,由记忆到理解再到运用,问题设置应循序渐进。引导学生在原有的认知水平上不断提高是教学的基本任务,教师以学生的认知结构来设计系列问题能够促进这一任务的完成。

视频案例　　案例简评

例5-2

在"探究形变与弹力的关系"一节中,教师提出如下一系列的问题:

让学生拿起小弹簧轻轻地拉一拉或压一压,并用手捏橡皮泥、用力压木板等。

教师问1:在弹簧被拉伸的同时,你的手有什么感觉?

教师问2:用手捏橡皮泥、用力拉弹簧、用力压木板,它们会发生什么变化?

教师问3:产生形变的原因是什么?

教师问4:在做完微小形变的实验后,物体受力都能发生形变。形变后的物体对跟它接触的物体又有什么作用呢?

教师问5:通过上面的学习,你能否归纳出弹力产生的原因呢?

教师问6:定性地分析弹力的大小跟什么因素有关?方向怎样?

例5-2的问题,其中1～2问是经验、感知与记忆水平的提问;3～5问着重物理规律之间的联系,是理解、归纳水平的提问;6问属分析水平提问,需要学生通过实验探究找到事物之间的联系或者因果关系。

从物理知识的逻辑结构设计问题,应注重知识的逻辑线索和物理学常用的分析解决问题的方法。所以问题的设计要依据物理学的知识结构和分析解决物理问题的方法。学生通过思考回答问题,既掌握了研究物理问题的方法,又认识到知识之间的逻辑关系。

视频案例　　案例简评

例5-3

在讲授"平抛物体的运动"的运动特征时,如果教师完全是平铺直叙地进行陈述,则显得平淡无味。如提出一系列问题:

教师问1:我向空中水平抛出一个粉笔头时,粉笔头做的运动是什么运动?

学生答:平抛运动。

教师问2:为什么说它是平抛运动?

学生答:有一定的初速度,初速度的方向沿水平方向。

教师问3:平抛运动轨迹如何?

学生答:曲线运动。

教师问4:为什么呢?

学生答:初速度的方向和受力方向(除空气阻力以外,只受重力)不在一条直线上。

教师问 5：它是一个什么性质的曲线运动？

学生答：是一个匀变速曲线运动。

教师问 6：为什么呢？

学生答：只受重力作用，加速度是重力加速度。

教师问 7：请归纳一下平抛运动的特点。

例 5-3 中一系列问题使学生经历了认识平抛运动特征的过程，这是以知识的逻辑结构设计问题的例子。

提问结构是提问技能中最重要的要素。教师应该使物理课堂教学中的每一次提问都存在于一个有序的组织系列中。

2. 提问的措词

含糊不清的问题很难让学生展开思维，不确切的问题会产生多种回答而引起混乱。故提出的问题应该科学准确，通俗易懂。提问措词应满足如下几个要求。

视频案例　　　案例简评

（1）明确的物理情境和条件。

例 5-4

水平发射的子弹在不考虑空气阻力的条件下，在竖直方向上做什么运动？

初速度为 $30\,\mathrm{m/s}$，加速度为 $1\,\mathrm{m/s^2}$ 的匀减速直线运动的物体，第 4 s 初的位移是多少？第 4 s 内的平均速度是多少？

（2）指明思考的前提和方向。

例 5-5

请用"向心力"的知识解释为什么转动带有水滴的雨伞时，水滴会沿雨伞边缘飞出。

例 5-5 中如果教师没有先提出"向心力"的前提，学生可能会凭借生活经验回答出"存在'离心力'"这种错误的答案。要纠正已经成为定式思维的答案，教师不得不颇费周折地解释为什么不存在"离心力"，而且没有达到原本让学生根据上一节所学内容独立思考离心现象的效果。问题中要求学生运用"向心力"的提示，可以帮助学生克服这一错误的定式。指明思考的前提，可避免冷场或意料之外与研究方向无关的答案出现。

（3）问题简练，避免模棱两可。

使用冗长复杂的问题，很容易令学生在教师说完问题时抓不住它的大意。而且，课堂提问是口头的并非书面的语言，教师在学生听了不完整问题而再重复时很容易出现不同的版本，造成学生思维的混乱。另外，要避免产生歧义的问题出现，故应使每个问题集中于一点，使用尽量少的字眼来表述一个问题。欲使提问达到引人注意、启发思维的目的，提出的问题必须题意清楚,准确严密。

3. 提问的焦点化

能引起学生积极思维的问题是焦点化的问题。教师提出的每一个问题范围不能过大,给学生完成的任务不能过多,要把学生的注意力集中在一个重点问题上。

视频案例　　案例简评

 例 5-6

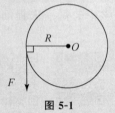

图 5-1 中某力 F 作用于半径为 R 的转盘的边缘上,力 F 的大小保持不变,但方向始终保持与作用点的切线方向一致,则转动一周,这个力 F 做的总功为 0 吗?

图 5-1

学生在碰到例 5-6 中,这种好像显而易见的问题时,通常会揣测教师提问的意图。为防止教师设计陷阱,学生通常会逆向思考,这个问题可能不会是 0。但是学生对功原有的知识是"力对物体所做的功等于力的大小、位移的大小以及力和位移夹角的余弦的乘积。"计算时力 F 大小不变而方向改变,所以学生普遍会把初末位置的位移 $s=0$ 直接代入计算。这样感性与理性的选择相互矛盾,而引起学生决定取舍,造成学生心理上一定的紧张,从而投入积极的讨论和思考。

 例 5-7

在利用频闪照片研究平抛运动时,教师若问"你们看到了什么?"学生的回答往往集中在最明显的、刺激强烈的现象上,如"轨迹是曲线"。但是这只是实验目的其中一个方面而没达到利用频闪照片的最重要的目的——更精细地研究平抛运动的两个分运动的性质。如改问"小球在坐标纸上不同时刻,在水平方向和竖直方向的位置有什么变化?"则可能使学生注意到这个教学的难点。

4. 提问的节奏与停顿

问题提出后,要注意节奏,给学生留有思考的时间。对于难度大的问题,停顿时间可长一点,还可以鼓励学生之间进行讨论交流,教师也可走到学生中间参与讨论。思考的时间力求照顾到全体学

视频案例　　案例简评

生,以中等偏上水平的学生为标准。这样对于水平差一点的学生,虽有难度,但经过努力也可跟上进度;对于水平高的学生,也不至于因为节奏太慢而影响学习情绪。提问要使全体学生都能参与思考,切忌先指名再提出问题。提问做得松紧有度,这样的提问效率才高。

5. 提问要面向全体学生

为了使尽可能多的学生参与教学活动,教师的提问应该随机地在全体学生中分布,以调动每个学生思考问题的积极性,让每一个学生都有回答问题的机会。同时要给有特别见解的学生抒发己见的机会或及时发现对问题理解有困难的学生的情况。

视频案例　　案例简评

回答问题的学生一般应控制在一至三人之间,可根据问题的难易程度或重要程度增减。考虑中低程度的学生的参与面,尽可能使更多的学生参与讨论。鼓励学生发表自己的见解,适当给予学生争辩的机会,更好地激发班级群体积极思维的热情。无论个别学生的回答正确与否,教师应当首先考虑大部分学生对该问题理解的程度是否与该学生见解相当;其次考虑大部分学生是否理解该学生表达的意思;最后,若该学生的回答需要矫正,那么他所存在的问题是否代表多数学生? 只有把这些情况搞清楚,才能真正做到问题是面向全体学生的。

6. 及时探查,进行调整

在学生初次回答后,为了帮助学生对最初的问题形成更合适的答案,教师可进行探查指引。在教学中,教师的课前设计目标往往不会一帆风顺地得以实现。学生的最初回答可能是错误、片面的。

视频案例　　案例简评

这就要求教师在课堂上不能完全拘泥于备课中的设计。应围绕提问的中心内容,根据学生答问的反馈信息适当变通,引导学生思维方向,保证学习顺利进行。对回答不明确、不全面、不深刻的学生,可进一步追问;对离题的回答,要及时改变语言角度或改换提问的方式,引导学生按正确的思路去思考问题。在交流中,学生可以通过教师的帮助调整和理顺思路,加深对问题的认识,掌握解决问题的方法。培养学生科学的思维方法是提高学生科学素养的主要内容,思路往往比结论更重要。教师在提问时不要一味追求学生答案正确,最重要的是在学生答错时引导学生进行思维。将该学生的思维过程暴露给全体学生,不仅便于教师了解学生思考问题的方法,还能达到学生间相互交流,相互启发,取长补短,提高分析问题能力的目的。

例 5-8

教师:某人从离地面 H 高处的平台上抛出一个质量为 M 的球,球落地时的速度为 v,不计空气阻力,求球自抛出到落地时,人对球做的功是多少?

学生:根据机械能守恒,人对球做功 $W_人 = \frac{1}{2}Mv^2$。

教师:你记得"功"是如何计算的吗?

学生:力对物体所做的功等于力的大小、位移的大小以及力和位移夹角的余弦的乘积。

教师:人自球抛出到落地都持续给球施力吗?

学生:没有,我明白了。人对球没有做功。

教师:小球自静止被人以一定初速度抛出,从静止到具有一定速度 v,人没有对球做功吗?

学生:有。人给球以动能。

教师:那人在什么时候给球以动能呢?

学生:人对球做功的过程只在球抛出的瞬间。球自抛出后,人对球做功为零。

教师抓住学生初次回答的错误,正面指出错误,引导学生按正确的思路思考问题,从而找出正确的答案。

例 5-9

教师:如图 5-2 中所示,重力为 G 的均匀小球被绳竖直悬挂并和斜面接触,处于静止状态。若小球和斜面间是光滑的。试问:小球受几个力的作用?

学生:小球受三个力作用,分别是重力、绳的拉力、斜面对小球的支持力。

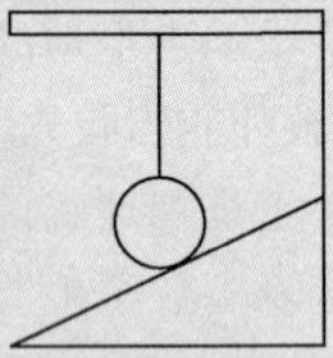

教师:你是怎样对小球做受力分析的呢?

学生:小球被绳拉又和斜面接触,故小球受重力竖直向下,受绳的拉力竖直向上。还受到斜面的支持力,与斜面垂直斜向上方。

教师:根据力的合成与分解,斜面的支持力可怎样分解呢?

学生:可分成水平方向和竖直方向两个分力。

教师:力可改变物体的运动状态,小球受到水平方向的一个分力,那么将有什么变化?

学生:在水平方向上运动。这与题目的条件"处于静止状态"矛盾。所以小球不受斜面对它的支持力。

图 5-2

教师在这里沿着学生的错误,把问题推向极端,从而暴露出学生的回答不合理,引导学生自我纠正。

7. 注意反应

在提问时,教师要自始至终地细心观察学生的反应,慎重处理学生的回答,及时给予评价。对学生的回答应坚持以表扬为主,但也不能盲目地一味给予肯定。对正确的回答,教师可重复学生的回

视频案例　　　案例简评

答,表示正确;也可以从不同角度对学生所答的内容加以补充,以促进学生深入思考和加深学生的理解。对回答中的错误、模糊认识,可引导其他学生参与评价、矫正、补充和扩展。教师对学生的回答及时评价,可使学生明确思维方向,避免出现课堂混乱,并强化学生对知识的巩固和理解。

5.1.4　课堂提问的方式

(1) 对问。对问就是教师提出问题请个别学生回答。这种提问,具有很强的教学针对性、易检性、可控性,效果较好。

(2) 齐问。齐问就是教师问,全班学生一齐回答。这种提问的优点是:方便、省时,易操作。缺点是:盲目性,课堂纪律难以控制,效果差。

视频案例　　　案例简评

(3) 自问。自问就是教师精心设计问题,将问题提出后,并不要求学生作答,而是教师自问自答。它能吸引学生的注意并造成学生的悬念感。自问常用于物理复习,它不是知识的简单重复,而是着眼于培养学生多向思维能力,以利于知识的巩固提高。自问还常用于

引入新课,其作用是设置悬念,以激发学生的学习兴趣和求知欲。

（4）直问与曲问。所谓直问,就是开门见山,直截了当地提出问题。直问有助于集中学生的注意力。例如:"什么是惯性""什么叫机械能"等都是直问。曲问,就是转弯抹角地问,从侧面或反面提出问题。曲问较直问复杂、间接,有助于学生澄清物理概念和规律,疏通思路。例如:"容器底部所受液体的压力一定等于液体的重力吗""如何使通电螺线管的南极变成北极"等都是曲问。

视频案例　　案例简评

（5）正问与反问。正问就是教师从问题的正面设问,反问则是教师从问题的反面设问。正问和反问可以促进学生从问题的两个对立面出发加深对知识的理解,能培养学生对问题进行正向与逆向思维的能力。这两种提问的方式往往交替进行,结合使用。如在"磁场"一课中,教师首先正面提问:"磁力线有何特点"。学生做出正确回答后,再从反面设问:"两条磁力线是否可能相交,为什么"。通过一正一反两种结果的对比,有助于突破物理教学的难点。

视频案例　　案例简评

（6）追问与联问。追问,就是针对某一概念或某一规律,一问之后再次提问,对学生不正确、不全面、不深入的回答穷追不舍,直到学生能正确回答为止。联问,就是针对某一部分知识点,设计一组问题,问问相接,环环相扣,使学生在弄清了每一个知识点之后,又能从整体上把握知识间的内在联系及其性质。

视频案例　　案例简评

5.2　物理课堂提问的类型、应用原则和要点

物理课堂提问的形式和方法是多种多样的,有根据学生的认知水平的不同提问,有根据物理知识的难易程度采用一定技巧的提问,有按照提问实现的教学功能不同的提问等。在物理课堂教学中,不管采用何种提问方式和方法,都必须有助于物理课堂教学目标的实现和落实。新教师要有效地进行提问,必须熟练掌握各种提问方式和方法,明确物理课堂提问的应用原则与应用要点,并在训练中逐步提高自己的提问技能。

5.2.1　物理课堂提问的类型

视频案例　　案例简评　　视频案例　　案例简评

1. 按认知水平分类的提问

（1）回忆性提问。回忆性提问要求学生再现（或再认）已经学习过的信息。回忆的信息包括:

① 物理事实和现象,如"我们坐在汽车上,当车突然刹车时,身体向哪个方向倾倒?"

② 概念、规律、公式、单位、常数等,如"加速度的定义是什么?"

③ 对某一问题的研究方法和结论等,如"匀速圆周运动是不是匀速运动?"

（2）理解性提问。理解性提问要求学生知道已学知识的含义,能在相关问题中进行叙述、比较、说明等。

视频案例　　案例简评

 例 5-10

（1）让学生用自己的话描述："试叙述速度概念的物理意义。"

（2）让学生用自己的话说明："你能说明表明光的粒子性的主要特征吗？"

（3）对比："电场强度与电场力的区别与联系是什么？"

（3）应用性提问。应用性提问要求学生应用所学的知识解决某一具体的物理问题。它与理解性提问的区别是，理解水平的问题，是教师先给知识和法则，再提学习任务；而应用水平的问题一般只给学习任务，而由学生选择所用的知识和法则。显然，应用水平的问题难度要高于理解水平的问题。

视频案例　　案例简评

 例 5-11

小鸟站在裸露的高压输电线上并未受到伤害，用我们学习过的哪些概念可以解释这个现象？

 例 5-12

现有标准电池若干个，请你用一个电压表和导线、电源设计一个电路，能够测量出电源的电动势和内电阻，并说明如何测量？

（4）分析性提问。分析性提问要求学生分析物理对象的结构要素和要素之间的关系。

视频案例　　案例简评

 例 5-13

一个带电粒子射入匀强磁场，其运动轨迹受哪些因素的影响？这些因素将对带电粒子的运动轨迹产生怎样的影响？

（5）综合性提问。综合性提问是在分析的基础上把物理对象的各要素、各种关系统一考虑，形成整体认识。

视频案例　　案例简评

例 5-14

α粒子散射实验的结果是：大部分α粒子几乎不改变运动的方向；少数α粒子发生了运动方向偏转；极个别的α粒子被靶片反射回来。这些事实使我们对原子的构造可能形成怎样的认识？

综合性提问属于高层次提问，需要学生掌握较多的信息和进行比较复杂的思维加工才能形成答案。因此，综合性提问可以作为主问题在课堂的开头设问，然后层层分析，最后获得解决；也可以在一系列问题之后出现。

（6）评价性提问。评价性提问是根据内在证据和一定的价值准则对学习对象做出的判断。在物理学习中，评价一方面是对学习内容的科学性、内在逻辑的一致性和使用方法的优劣进行评价；另一方面是对学习对象的科学价值、社会价值和学习者个人的观念进行评价。评价属于高层次的认知活动。

视频案例　　案例简评

例 5-15

（1）要求学生对有争论的问题提出看法：你认为夏天是应该穿黑颜色的衣服还是穿白颜色的衣服？

（2）要求学生对某一思想的科学价值做出判断：你认为牛顿的绝对时空观思想反映了什么问题？

（3）要求学生对各种解决问题方法的优劣做出判断：在推导阿基米德原理时可以分别采用重力读数差法、压力差法、隔离替代法进行推导，你认为三种方法中哪一种方法更好，为什么？

（4）要求学生对科学内容的美学价值做出判断：机械能守恒原理和动量守恒原理中的对称美给你什么启发？

在这六类提问中，其中前三类提问属于低级认知提问，它主要是一些检查知识的问题，这些类型的问题一般只有一个正确答案。后三类提问属于高级认知提问，这些类型的问题通常没有唯一正确答案，可能是一些答案比另一些答案好一些，而且这些类型的问题仅靠阅读或记住教学材料是无法获得答案的。回答这些类型的问题要求学生组织自己的思想寻找根据、解释或进行概括等。目前的物理课堂提问中有很大一部分是属于低级认知问题，这是亟须改进的。有经验的物理教师，几乎在每一节课中，都要精心设计不同水平的形式多样的提问，选择恰当的时机，引导学生去回忆、理解、应用、分析、综合和评价等，并多以高级认知问题发展学生的思维能力，提高课堂教学的效果与效率。

2. 按提问的技巧分类

（1）诱导提问。诱导提问是教师的问题含有诱导信息。诱导的方式可以是提供思路，或者暗示结论，或者进行比喻、类比等。

视频案例　　案例简评

例 5-16

在引进核力这一概念时，首先向学生交代：原子核的半径很小，它是由中子和质子组成的，中子不带电，质子带正电。接着说："这段话当然不错，因为是实验事实，想一想，这里面是不是还有什么问题？"学生开始一愣，接着恍然大悟："质子都带正电，同性相斥，怎么汇聚在一起形成原子核呢？"教师可以因势利导地说："说得好，这说明质子之间除了静电力互相排斥外，还有一种力使它们互相吸引在一起，这个力叫核力。"这样引进核力的概念，学生的印象就比较深刻完整。

诱导提问的重点在于"诱"字，即教师提供的信息有点模糊，需要学生主动思考才能利用这些信息，获得正确答案。

（2）疏导提问。疏导提问是在学生遇到知识障碍或者思维障碍时，教师通过提问为学生指明绕过障碍的方向的教学行为。

视频案例　　案例简评

例 5-17

在一个透镜成像的练习中，让学生画出"人的一只眼睛经过透镜可以看到另一侧一把直尺的刻度范围"。教师发现，不少学生从直尺上找光线确定人眼的极限位置，画图十分复杂，且得不到正确答案，遇到了学习困难。教师这时提问："从光路的可逆性考虑，可否将人眼视为点光源作图求解呢？"学生在教师的疏导下，从另一角度考虑问题，很快就得到了正确答案。教师的疏导点拨有绕道而行的意思，这是疏导提问的特点。

（3）迂回提问。当学生学习发生困难而无法直接克服时，教师围绕障碍所在设计系列问题，通过提问引导学生越过障碍的教学行为，称为迂回提问。

视频案例　　案例简评

例 5-18

让学生估测地球大气的总质量，学生首先想到 $m=\rho V$。但是 ρ 和 V 都无法直接计算，因而产生了学习障碍，于是教师从动力学的角度设计提问，引导学生曲折地求出地球大气的总质量。

教师：地球大气有质量，必然受到地球的吸引，这个力是什么力？

学生：重力。

教师：我们怎么能感受到地球对大气的重力作用？

学生：我们能感受到大气压的存在。

教师：我们能否估算地球表面受的大气压力？

学生：如果知道地球半径，就可以计算地表面积，依据标准大气压数值就可以估算地球表面受的大气压力。

教师：大气压力与大气的重量是何关系？

学生：地球受的大气压力等于大气的重量。

教师：现在估测大气质量还有困难吗？如果给你标准大气压的数值和地球的半径，应该如何计算大气的总质量？

学生：$M = \dfrac{4\pi R^2 P}{g} = \dfrac{4 \times 3.14 \times (6.4 \times 10^6)^2 \times 1.0 \times 10^5}{9.8}$ kg $= 5 \times 10^{18}$ kg。

（4）分割式提问。分割式提问是指把整体性较强的内容分割成几个并列的或递进的小问题来提问的方法。物理学上有些知识的整体性较强，作为一个问题提出来，范围太大，学生无法回答或者无从下手。这时教师可采用化整为零，各个击破的分割式提问，一个个小问题解决了，整个问题也就解决了。

视频案例　　案例简评

例 5-19

讲授"波的图像"一节时，为了帮助学生理解"波的图像和振动图像的区别"可用分割式提问如下：

（1）两个图像所在坐标系的横轴和纵轴所表示的意义有何异同？

（2）两个图像所表示的物理意义有何不同？

（3）两个图像上相邻两个最大值之间的距离所表示的物理意义有何不同？

（4）两个图像的图线随时间变化的规律有何不同？

（5）引趣设疑提问。富有趣味性的提问，往往能激发学生学习的积极性，发展学生的内部学习动机，并能从学习中体验到快乐。

视频案例　　案例简评　　视频案例　　案例简评

由于青少年爱听故事，教师可根据教材内容的特点和需要，在选讲联系紧密的故事片段过程中提出问题，可避免平铺直叙之弊病，收寓教于趣之效。

例 5-20

在讲"电磁感应"这一课时，可向学生讲讲电磁感应发现的历史故事，并通过故事提问："瑞典科学家科拉顿，与法拉第一样也在研究磁场产生电流的方法，为了减小电磁铁对电流计的影响，他将电路的开关和电流计分别放在相邻的两个房间里，在一个房间接通开关，赶紧跑到另一个房间去看电流计，结果跑来跑去，一无所获。为什么科拉顿会一无所获？问题究竟出在哪里呢？"

例 5-21

在讲"经典时空观与相对论时空观"时,可先讲孪生子效应的故事。1971 年,有人将铯原子钟放在飞机上,沿赤道向东和向西绕地球一周,回到原处后,分别比静止在地面上的钟慢 57 ns 和快 273 ns。为什么钟会变快或变慢呢?若人分别坐在这两架飞机上到底谁更年轻呢?我们是否找到了一种延长生命的方法?这样提问不但巧妙地引入了新课,同时促使学生对相对论产生兴趣。

引趣设疑提问至少能引申出两种设疑技法:一种是实验设疑设问,另一种是利用自然现象设问。

实验设疑设问利用学生对生动形象的物理实验普遍怀有好奇心和神秘感,故应该充分利用物理学科特点的优势和学生对实验感兴趣的心理,精心筛选和设计实验为新课教学架桥铺路。

例 5-22

在讲"研究摩擦力"这节课时,先把两本书的书页相互交替叠放,并找两个力气大的学生握住两本书的边缘使劲向外拉。在学生没能把书分开后,提出问题:"为什么书本无法分开呢?是什么东西支持着它们的呢?"这样一下子就把学生的兴趣吸引到研究的主题上来。

物理学中概念多,知识范围广,有的概念和规律比较抽象,往往与学生的生活常识有出入,学生容易对其有"似是而非"的理解。通过实验,化抽象为具体,从而对学生的认识带来冲击,并加深对概念和规律的理解。

物理学是一门以实验为基础的科学,同时也是一门与自然现象和日常生活联系密切的学科。教师可通过收集身边的一些生活和自然现象材料设问。由于贴近学生的生活环境,学生对这种设问会感到比较自然、亲切,从而增添学习兴趣。

例 5-23

在讲"向心力"一节时,以"火车弯道的轨道为什么是倾斜的?""乘坐过山车时,为什么我们倒转了却不会掉下来?"等问题引入新课,可以激起学生进一步探究的需要。

引趣设疑提问多用于新课的导入中。在应用时要注意,教师提出的问题应该是学生急切想要探究的问题。

(6) 曲问设疑提问。所谓曲问设疑,指的是为了解决一个问题,折绕提出另一个或几个疑问。即欲问 A,先从 B 开始,采取"曲径通幽"的办法达到解决问题的目的。

视频案例　　案例简评

当课堂上要解决的问题涉及的范围较大,或问题的难度较高时,若直截了当地只提一个问题是不能解决的,这时采用曲问,设计一组问题,逐个引导学生,如攀梯登楼一样,让学生的思维随着设计好的方向螺旋上升;或如螺丝入木板般,螺旋深入,学生接受起来容易,理解会更深刻。

曲问的优点在于:能促使学生由浅入深,由此及彼,由感性到理性,逐步认识规律;有利于顾及大部分学生,使全体学生积极参与思考与讨论。

例5-24

在讲"牛顿第一定律"一节时,教师先分别演示放在同一高度的同一小车下滑到毛巾表面、棉布表面、木板表面上运动的距离(或时间)长短时,立即提出:"这个现象说明了什么问题?"这个问题提得没有阶梯性。若改为几个问题提出:"为什么小车从同一高度放下? 为什么小车在三种不同表面运动情况不一样? 假如小车在光滑表面上运动会怎样?"像这样根据知识的内在联系层层深入地提出问题,组成问题的阶梯,进而提出问题,就会充分发挥学生的想象,培养他们思考问题的逻辑性。

(7) 推理设疑提问。推理设疑提问就是通过一系列的提问,为学生提供一定的条件,使他们充分运用概念、判断、推理等逻辑手段来获得新的知识。整个推理的体系就是一条巨大的链索,只要获得其中的一环,整个链条的情况就可以通过设问推理出来。每一个问

视频案例　　案例简评

题都是其中的一个链环,它承前启后,前后勾连,环环相扣,步步深入。在教师的启发引导下,让学生自己从中学会以所知推出不知。

采用推理设疑提问一般会结合讲授技能交相使用,目的是让学生在推理过程中找出规律,发现内在联系。所以设问的问题一般是比较综合性的问题。在推理时,问题设置的方向要注重诱导学生回顾旧知识,联系新知识,并重新整合。通过提问,诱导学生自己归纳总结规律,得出结论。

例5-25

学过"抛体运动"这一章后,可以向学生提出如下几个问题:物体做斜抛运动的初速度与水平夹角为 θ:① 当 $\theta=0$ 时,物体做什么运动? ② 当 $\theta=90°$ 时,物体做什么运动? ③ 当 $\theta=-90°$ 时,物体做什么运动? ④ 当 $0<\theta<90°$ 时,物体做什么运动? 要回答这几个问题,学生不但要回顾运动分解的知识,还要联系竖直方向的抛体运动、平抛运动和斜抛运动的性质。

教师在学生推理得出答案后,再要求学生把角度代入斜抛运动的公式,并与竖直方向的抛体运动和平抛运动的运动公式对比,从另一个角度印证学生推理的结论。这样同时可把抛体运动的公式复习一次。这些新旧知识在学生大脑皮层中不断反馈,不断出现,从而把思维推向高潮。

要实施推理设疑提问，教师必须深挖教材各部分的内在联系，找出规律性的东西让学生进行推理。在设置问题时必须深思熟虑，语言精确，切忌凭兴致即兴发挥。问题应该承上启下，具有严密的逻辑，把学生思维推向高潮。

（8）发散性提问。发散性提问不追求唯一准确的答案，答案是开放性的。学习者解答发散性提问不能依赖回忆某一事实或知识，而需要整理、整合大量的已学知识，想象和设计自己的解答方案。发散性思维是一种创造性思维，在教学中为了扩展学生的思路而达到举一反三的效果，引导学生从多途径、纵横联系等方面去思考问题，对提高学生的思维能力和探索能力是很有裨益的。

视频案例

案例简评

例5-26

有位高中物理教师在向学生讲授"改变物体内能的两种方式"一节中，成功地设计了一个"发散性"问题。一上课他手拿一根铁丝，微笑着向学生提出这样一个问题："怎样使这根铁丝变热？"问题一提出，课堂气氛就活跃起来。这时教师并没有指定某一个学生回答，而是鼓励大家积极发言："在火上加热""放到热水中""放在太阳下晒"（学生笑），"放在火炉边烤算不算？""算。"教师不慌不忙地将学生提出的办法全写在黑板上，并提示学生："还有没有别的办法？"有个学生大声说："在砂石上摩擦"，"很好"（教师评价），"用锤子敲打"，"还有呢？"沉默了一段时间，又有学生提出"用手不断地折弯拉直铁丝"。教师又将这些记在黑板上，然后引导学生分析每种铁丝温度变化的机理是什么，然后在教师提示下学生归纳出："在火上加热""放到热水中""放在太阳下晒""放在火炉边烤"属热传递，"在砂石上摩擦""用锤子敲打""用手不断地折弯拉直铁丝"在改变物体内能上属做功。最后教师总结："改变物体内能的两种方式：做功和热传递。"整个教学过程先由发散性提问引入，经过学生的积极参与，最后由教师引导学生进行"收"，提出新的知识点——改变物体内能的两种方式。假若将讲授内容反过来，先提出新知识点，然后教师举例验证，学生思考参与的就少了，新知识的传授是灌注给学生的，效果可想而知。

在教学中，利用发散性提问，首先，注意提问的时机应选在学生对某个问题的思考出现各执己见，莫衷一是时。其次，在教学重点的问题上，从不同的方面多角度、多途径地设问，给学生提供良好的学习情境，促进进行发散思维，自然地把学生带入积极思考，探索的学习情境之中，从而提高课堂教学的效果。

（9）悬念设疑提问。悬念设疑是教师提出新奇的问题，只问不答或问后给出学生认为不可能的答案，然后进行课堂授课，授课结束时给出答案或解释。这种提问一般在预习

视频案例

案例简评

视频案例

案例简评

时或讲授新课前使用，也可在讲授某一知识点前使用。其目的是激发学生的求知欲，使学生带着急于想搞清楚"为什么"的心情听课。这种提问运用得当，可使学生始终处在积极的思维活动之中。

例5-27

在讲"狭义相对论"时,让学生扮演侦探角色,告诉学生收集到的"情报":一节长为 10 m 的列车,A 在车后部,B 在车前部。当列车以 $0.6c$ 的高速度通过一个站台的时候,突然站台上的人看到 A 先向 B 开枪,过了 12.5×10^{-9} s,B 也向 A 开枪。因而站台上的人作证:这场枪战是由 A 挑起的。但是,车上的乘客却提供相反的情况,他们说:是 B 先开枪,过了 10×10^{-9} s,A 才动手,事件是 B 发起的。设问:到底谁先动手呢?

这样使学生产生急于"破案"的心情而积极思考。

悬念设疑应注意,设疑应紧贴教学内容,以避免学生只追求问题的答案而忽略了实际的教学。另外,问题的答案尽可能安排在课堂中后段时间给出,以保持悬念,并使课堂达到有紧凑感的效果。

3. 按提问的功能分类

(1) 习旧引新。许多新的物理知识和已学过的旧知识是相互联系的,一些物理概念和规律是建立在旧知识的基础之上的,教师在引入新内容时,可以用提问的方式帮助学生一起回忆复习已学过的物理概念和规律,为引入新知识准备材料、打好基础。

视频案例　　案例简评

例5-28

在讲"全反射"时,教师以习旧引新的方式引入新课。前面已经学过了光的折射定律($n_1 \sin i = n_2 \sin \gamma$),知道了光从空气进入玻璃的光路图,定义了光密介质和光疏介质的概念,教师先提问:"在光从空气进入玻璃的光路图中可知 $i > \gamma$,能否用光的折射定律证明 $i > \gamma$?"当学生证明后,教师又问:"根据光路的可逆性,光从玻璃进入空气时的关系又怎样呢?"由上述旧知识很容易证明 $i < \gamma$(由 $n_1 \sin i = n_2 \sin \gamma$,因为 $n_1 > n_2$,所以 $\sin i < \sin \gamma$,即 $i < \gamma$)。教师讲授:γ 随 i 增大而增大,反射光不断增强,折射光不断减弱,当 i 增大到某一角度时($i < 90°$),γ 为 $90°$,折射光线消失,该现象称为全反射,接下来再请同学看演示实验。

(2) 层层分析。物理课本上知识内容都是安排得有层次的,教师的讲授也必须一层一层地深入展开。教学过程中可以设计一些问题,引导学生层层分析,一一理解。这种方式可以随着问题的深入,让学生沿着教师的思路动脑,既讲清了物理概念,又提高了学生的思维能力。教师在系列提问过程中,要不断给予学生各种提示、鼓励和启发。

视频案例　　案例简评

例 5-29

在讲"匀变速直线运动的位移"时，可以这样安排教学过程：

提问：在直线运动中，如果我们按速度来分，物体的运动可分为哪两类？（匀速、变速）

提问：在变速直线运动中，最简单的运动是什么运动？（匀变速直线运动）

提问：那么，匀速直线运动和匀变速直线运动各有什么特点？请同学们从它们的定义来思考一下。

匀速直线运动：速度（恒定）。

匀变速直线运动：加速度（恒定）。

提问小结：所以匀速直线运动的特点是速度的大小和方向都不变，匀变速直线运动的特点是加速度的大小和方向都不变。

提问：请同学们想一想，是否可以用另外一种方法来表示它们的特点？（用图线来表示）教师出示画好的两张图。

提问：匀速直线运动的速度-时间图线是什么？（一条平行于时间轴的直线）

匀变速直线运动的速度-时间图线是什么？（一条斜直线）

提问：那么它们的规律又如何呢？如在匀速直线运动中物体经过 t 秒所经过的位移 $s = vt$。匀变速直线运动的位移规律又是如何的呢？在物理学中，有一种很重要的研究物理问题的方法称为类比法。我们就用这种方法来研究匀变速直线运动的规律。请看匀速直线运动的 v-t 图（教师用磁性小黑板拼接各种图形和公式）。

提问：图中速度图线和时间轴之间所围的阴影部分面积表示什么呢？（物体在 t 秒内的位移 $s = vt$）

提问：匀变速直线运动的速度图线（一条斜直线）与时间轴之间所围的面积表示什么？很显然，用类比法我们可以知道它也表示物体在 t 秒内的位移，而面积 $s = v_0 t + \frac{1}{2} at^2$。所以，匀变速直线运动的规律，即物体在 t 秒内的位移 $s = v_0 t + \frac{1}{2} at^2$。

我们是否还可以用另一种方法来得到匀变速直线运动的位移公式？请大家回忆一下，在变速直线运动中引入了平均速度。

提问：这个平均速度怎样定义的？$\left(\bar{v} = \frac{s}{t} \right)$

所以变速直线运动的位移是（$s = \bar{v} t$）。也就是说可以把变速直线运动当作一个匀速直线运动来处理，既不是 v_0，也不是 v_t，而是 $\left(\bar{v} = \frac{v_0 + v_t}{2} \right)$。

提问：在匀变速直线运动中，平均速度等于什么？仍从 v-t 图中来研究。$\bigg($ 由几何知识可以知道 $\bar{v} = \frac{v_0 + v_t}{2} \bigg)$

说明：请注意此式只适用于匀变速直线运动。由此可以得到匀变速直线运动的规律是：$v_t = v_0 + at$；$s = v_0 t + \frac{1}{2} at^2$，$2as = v_t^2 - v_0^2$。

三个公式的物理意义分别是：瞬时速度与时间的关系，位移与时间的关系，瞬时速度与位移的关系。

　　提问：如果初速度为零，那么匀变速直线运动的规律可以怎样表示？

$$v_0 = 0 \qquad v_t = at \qquad s = \frac{1}{2}at^2 \qquad v_t^2 = 2as$$

　　（3）思考探询。教师在讲述教材内容时，提出探询式问题，这种提问不要求学生立即回答，而是用一个问题紧扣住下面的教材内容，层层展开后，最后才让学生来回答这个问题。这种方式可以激起学生对这一问题的兴趣，从而引起注意，积极思维，主动求知。

视频案例　　　案例简评

例5-30

　　上海市科学技术出版社出版的九年制义务教育物理课本（试用本）中，在一节内容的开头常常安排下面方式的提问。

　　在"热膨胀"这一节内容的开头问："夏天，给自行车胎打气，为什么气不能打得太足？"

　　在"压力和压强"的开头问："人在松软的泥地上行走时，脚会陷得较深，为什么笨重的坦克在沼泽地里行驶时，却陷得较浅呢？"

　　在"机翼的升力"开头问："飞机满载着乘客和货物，在空中自由翱翔。是什么力使如此巨大的飞机飞上天的呢？"

　　在讲"物体的浮沉条件"时问："浸在液体和气体里的物体都要受到浮力的作用，为什么有的会浮起来，有的却沉下去？为什么薄铁皮在水中会沉下去，而钢铁制成的轮船却会浮在水面上，为什么氢气球会冉冉上升，而空气球却升不起来？"

　　（4）针对重点。在教学过程中，对于重点内容，教师可以设计一些提问，以引起学生的重视，这类问题应从各个角度出发，有助于学生加深对所学的重点内容的理解。

视频案例　　　案例简评

例5-31

　　在讲了并联电路的电阻计算后，可以提问："并联电路的总电阻一定小于任何一个并联导体的电阻吗？"

　　在讲了"电场强度"概念后，为了强调电场强度是反映某点电场的力的性质，提问："若该点不放电荷，电场强度为多大？"

　　（5）比较联系。比较联系的提问，可以使学生对于物理学中一些既有联系又有区别的知识加深记忆和理解，并有助于学生通过分析比较总结出一般的规律和特性。

视频案例　　　案例简评

例5-32

在导入"匀变速运动的加速度"时，可以设计这样的提问：

教师：火车从车站开出经 3 min 速度达到 20 m/s；飞机速度从 200 m/s 经 10 s 增加到 210 m/s；汽车急刹车经 2 s 速度从 12 m/s 减小到零。列表如下：

表 5-1　三种交通工具 v-t

	初速度 v_0/(m/s)	末速度 v_t/(m/s)	时间 t/(s)	速度的变化 $v_t - v_0$/(m/s)	速度变化的快慢 $\dfrac{v_t - v_0}{t}$/(m/s²)
火车	0	20	180	20	0.11
飞机	200	210	10	10	1
汽车	12	0	2	−12	−6

提问：上述三种交通工具速度的变化分别是多少？

学生：将三组数据填入上表。

提问：汽车的速度变化为负值表示什么物理意义？

学生：表示汽车在减速，$v_t < v_0$，速度变化为负值。

提问：能不能以速度变化的大小来比较它们速度变化的快慢？

学生：不能，速度变化的快慢还和时间有关。

教师：请将物体速度变化的大小和发生变化的时间之比值填入表格右面一栏中。

小结：由以上讨论可见，运动物体速度变化大的，不一定速度变化快。反之，速度变化小的，不一定速度变化慢。所以运动物体速度变化的快慢是由速度变化量和时间的比值决定的。比值大，表示物体速度变化快。我们把匀变速直线运动中，速度的变化和所用时间的比值，叫作匀变速直线运动的加速度。

（6）总结巩固。在一课或一单元结束时可用总结性提问方式引导学生回顾学习过程，教会学生总结、概括、比较、归类学过的内容，养成良好的学习习惯。

视频案例　　案例简评

例5-33

讲完了"理想气体状态方程"之后，教师的系列提问对知识内容起了小结巩固作用：

(1) 通过刚才研究，发现理想气体一共有几个实验定律？

(2) 每个实验定律都是在什么条件下总结出来的？

(3) 为了研究方便，我们设想了一种什么气体？

(4) 理想气体实际并不存在，实际气体在什么条件下可以近似看为理想气体？

(5) 一定质量的理想气体的三个状态参量的变化遵循什么规律？

5.2.2　物理课堂提问的应用原则和要点

为了最大限度地发挥课堂提问的功能,使教师教得轻松,学生学得愉快,课堂提问必须遵循一定的原则,关注应用的要点。

1. 应用原则

(1) 突出重点,有的放矢。教师设计问题时,应该服务于教学目标、教学内容,每个问题的设计都是实现特定的教学目标、完成特定的教学内容的手段,脱离了教学目标、教学内容,纯粹为了提问而提问的做法是不可取的。同时,设问还要抓住教材的关键,于重点和难点处设问,以便集中精力突出重点、突破难点。

视频案例　　　案例简评

 例5-34

学习了欧姆定律后,学生对公式 $R=\dfrac{U}{I}$ 常常产生错误认识,为此可以设计这样一组提问:

(1) 某导体两端加 8 V 电压时,测得电流强度是 0.5 A,导体的电阻是多少?

(2) 若在导体两端加 16 V 电压,测得的电流强度是多少?导体的电阻是否为原来的两倍?

(3) 根据公式 $R=\dfrac{U}{I}$,我们可以说导体的电阻跟加在导体两端的电压成正比,跟通过导体的电流成反比吗?

(2) 难易适度,讲究科学性。提问的科学性是指内容的科学性和问题本身叙述的科学性。问题涉及的内容必须正确地反映客观世界及其运动规律,问题本身叙述的语言必须准确、严密。科学性还表现在问题的难易要适度。提问过易,缺乏启发性,学生感到乏味而不愿回答;提问过难,会出现"启而不发、问而不答"的尴尬局面。因此,教师必须根据大多数学生的实际情况设计出有一定难度的问题,要让大多数学生"跳一跳,摸得着"。难度过大的问题要注意设计一系列小台阶的问题做铺垫。

视频案例　　　案例简评

(3) 源于生活,讲究趣味性。单一、呆板、枯燥的提问,只能使学生昏昏欲睡,不能激起学生回答问题的积极性。联系生活、生产实际,从学生较为熟悉的日常现象、生活经验中提炼充满情趣、新颖别致的问题,能激起学生浓厚的学习兴趣和探究欲望,能促使学生积极思考、认真讨论、主动回答。

视频案例　　　案例简评

另外,对一些学生熟知的内容,教师要不落俗套,善于变换提问角度,设计精巧、生动有趣的提问,让学生听后有新鲜感,刺激学生的探究欲。

例5-35

学习"热传递"时，可提这样一个问题："把包着同种纸的木棒和铁棒，同时放在火上烧，问哪个棒上的纸先燃？"木棒、铁棒、纸、火都是学生熟悉的物体，但在这里将它们有机组合起来学生仍有新鲜感，仍会激起学生的探究兴趣。

（4）循循善诱，讲究启发性。启发性是课堂提问的灵魂，缺少启发性的提问是蹩脚的提问，富有启发性的提问是激励学生积极思维的信号。课堂上要避免那种事无巨细、处处皆问的做法，要尽量避免单纯的判断性提问，多用疑问性提问、发散性提问、拓展性提问等能有效促进学生积极思维的提问形式，使学生受到启迪，思维品质得到培养，智力得到发展。

视频案例　　案例简评

例5-36

在学习"密度"时，可以组织学生讨论问题："铁比棉花重吗？"可能会有学生认为铁比棉花重，教师可进一步提问："1 kg 的铁与 10 kg 的棉花相比谁重？1 cm³ 的铁比 1 m³ 的木块重吗？"

（5）随机应变，讲究灵活性。课堂教学是千变万化的，教师提出问题后，学生的回答出现这样或那样的问题是司空见惯的，学生对问题不理解或回答不上也不鲜见，教师要有足够的思想准备，千万不能死搬教条或有急躁情绪，要随机应变并冷静处之，实现预设与生成的有机结合。

视频案例　　案例简评

教师在课前进行精心准备是必要的，但不能不顾教情、学情而生搬硬套，要灵活机智。在提问时，根据情况变化，随时改变课前设计好的问题，做到有针对性地发问，特别是当学生回答不出时，不能一个劲地追问学生，要及时调整方案，或改变提问方式，或降低问题难度，或铺设思考台阶，或分解问题要素，或提供启发信息等，以适应变化了的情况，确保学生能思善思、思而有得。

提问的目的和方式也要随教学进度灵活变化：复习旧课，抓住新旧知识之间的联系，提出问题，设疑激趣，导入新课；演示实验，列举实例，提出问题，指导学生进行分析和思考；课后结尾，总结深化，提出问题，承上启下，使学生回味无穷，增强学生学习的主动性。所提出的问题不一定都要学生回答，可以是问而不答，也可以是自问自答，要根据提问的目的灵活处理。若信口开河、随意提问，就很难达到预期的目的。

（6）注重方法，讲究针对性。教学中教师必须讲究提问的方法，要针对问题本身及学生的实际情况，选择恰当的问题呈现形式和提问方式，使学生乐于思考、乐于回答所提问题。提问时可利用直接

视频案例　　案例简评

提问法、情境导入法、实验引入法、练习介入法、讨论过渡法等多种方法,但不管是哪种方法,教师都要事先精心设计,要避免盲目行事。例如,情境导入法,可以用生活经验创设问题情境。

 例5-37

> 在"做功改变物体内能"的教学中,教师创设问题情境:冬天,同学们的手被冻得发疼,这时候就会搓搓手,搓手有什么效果呢?(学生:手发热,暖和)为什么搓搓手会暖和?接下来就可以引导学生探究做功和物体内能变化的关系。此外也可以用生动有趣的插图、挂图,创设问题情境导入问题。

另外,提问时机要把握恰当,做到当问时则问,善于捕捉学生的"愤悱"状态,在学生"心欲知而不得,口欲言而不能"时,不失时机地用问题的钥匙开启学生的思维之门,寻找学生思维的最佳突破口。教师提问时也要注意语言表达,语音语调、轻重快慢等要根据课堂教学的实际情况灵活变化,使提问的针对性更强,提问的效果更好。

(7)准确评价,反馈强化。教师要认真听取学生的回答,并及时给予准确的评价。教师的评价对学生来说就是一种反馈信息,可使学生强化知识、改正错误、找出差距、促进努力。学生的回答对教师来说也是一种反馈信息,可使教师掌握情况,改进教法,找出差距,

视频案例　　案例简评

提高质量。提问是一种双向反馈、双向调控的教学活动,教师及时准确的评价是反馈强化的前提和基础,反馈强化是提高教学质量的关键。

为了给学生以恰当的评价,一方面要给学生足够的思考时间,另一方面要让学生自由表达、充分表达,教师要学会倾听,让学生有话想说、有话说完。对问题回答不理想或答错的学生,教师更要小心呵护,要积极寻找他们在问题回答中的闪光点,并予以肯定,要充分保护他们的自尊心,切不可对他们恶言相待、讽刺挖苦。当然对问题回答中的错误,教师也不能无原则地赞美,其实不讲原则的虚情假意式的表扬,学生也是无法接受的。教师要态度和善、语言亲切,善意地指出他们思考或回答中的不足,为他们指明思考的方向。特别要引起注意的是,教师千万不能把提问当作惩罚学生的一种手段,用这种办法来惩戒所谓"不听话"的学生,其效果是适得其反的,也是与教育目标背道而驰的。我们要让学生在思考、讨论和回答问题中树立自信,激活思维,学会交流,获得真知。

(8)面向全体,照顾绝大多数。教师的提问应面向全体学生,使问题吸引所有学生都能积极参加思维活动,这就要求教师必须根据教学目的、要求及学生实际设计难度不同、梯度合理的问题,然后根据问题的难易程度,有目的地选择提问对象,促使每一个学生用心

视频案例　　案例简评

回答问题,使他们都能在自己已有知识水平上经过努力回答出来。不能只提问少数优生而置大多数学生于不顾,更不能把"学困生"弃于"被遗忘的角落",最终导致他们思维能力愈来愈差,学习成绩每况愈下。

事实证明,课堂提问如果经常满足于个别学生的回答,就会挫伤大部分学生的积极性。

因此,教师提问要注意面的分布,要根据问题的难度,选择合适的应答对象,同时注意在提问个别学生时,也要及时提醒其他学生认真倾听。如有经验的教师常常这样说:"现在请某某同学回答,其他同学听他回答得对不对,然后说说自己的看法。"这样就照顾了大多数学生,无论是被叫回答者还是收听者都能集中注意力,积极思考。

2. 提问技能应用要点

(1) 明确与连贯。含糊不清的问题很难让学生展开思维,不确切的问题必然会产生多种回答而引起混乱。例如"已知磁场方向和导线运动方向,如何确定导线中的电流方向?"此题因果关系不明,学生很难回答,是由于导线做切割磁力线运动而产生感应电流呢,

视频案例　　案例简评

还是由于通电导线在磁场中因受到安培力的作用而发生运动? 欲使提问达到引人注意、启发思维的目的,提出的问题必须目的明确,主题清晰、意义连贯、措辞恰当、语言简练。特别要避免重复提问同一个问题,以免使学生养成不注意教师发问的习惯。若某个学生没有注意到教师所提的问题,可以指定另一个学生代替教师提问。如果学生不明白问题的意思,教师可用更明白的话把问题重复一遍。

(2) 启发与诱导。学生回答问题时,教师可抓住以下时机进行启发诱导:

视频案例　　案例简评

① 当学生的思维局限于一个小范围内无法"突围"时;

② 当学生疑惑不解,感到厌倦困顿时;

③ 当学生各执己见,莫衷一是时;

④ 当学生无法顺利实现知识迁移时。

不要提出面大而广的问题,使得学生无从答起。有些问题可以以化大为小、化难为易的方式提出;提问要有利于培养学生的思维能力,问题要从具体到抽象,从感性到理性,从简到繁,循序渐进。

要在思维的关键点提出问题。这些关键点一般表现为下列几个方面:新旧知识的衔接点;学生的思维障碍点;实验的要害点;问题的变通点。

 例5-38

质量为 m 的物体放在地面上,受到一个与水平方向成45°的斜向右上方拉力 F 的作用,物体与地面间的滑动摩擦因数为 μ,求物体与地面间的滑动摩擦力是多大? 初学时,很多学生会写成 $f=\mu mg$,原因是学生对物体间的正压力理解不够透彻。如果教师先设问:物体与地面间的正压力是多少? 显然学生能够判断出正压力为 $mg-F\sin45°$,那么,错误的原因就会迎刃而解。

(3) 停顿与思考。提问要让学生有准备地回答,即提出问题后要停顿,让学生有思考时间,以期达到调动全体学生思维积极性的目的。

视频案例　　案例简评

（4）时机与应变。选准时机，对于课堂提问很重要，时机选得准，能起到事半功倍的作用，否则影响效果。提问的时机从教学内容的角度来说，应选在知识的重点、难点等关键处。

视频案例　　案例简评

例5-39

如图 5-3 所示，一长为 L 的细绳固定在 O 点，O 点的高度大于 L，另一端系一质量为 m 的小球。开始时，绳与水平方向的夹角为 30°，求小球由静止释放后运动到最低点时的速度？学生容易犯对整个过程运用机械能守恒定律求解的错误，原因是对运动过程的分析不够全面，因此在对过程分析时，抓住关键的 B 点，可以提问，球到达 B 点时的速度发生怎样的变化？分析得出，小球沿绳轴向的速度分量瞬时消失，只保留了切向的速度分量。由于学生的思维受阻点恰好在这个关键问题上，所以教师"一点则通"。

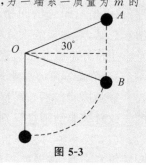

图 5-3

提问过程中，教师对学生的各种回答要善于"应变"及引导，学生回答教师的提问有错是难免的，教师要能及时进行判断，知道错在哪里，为什么错，再提出针对性较强的新问题。另外，还要尽量寻找学生回答中的正确部分，或加以肯定，或进一步启发引导，帮助学生开拓思路、发展思维，这样才能使课堂气氛生动活泼。

（5）态度与感情。教育学、心理学研究的成果表明，只有当一个学生感觉到教师的温暖和关心时，他才愿意与教师积极配合，尽最大努力回答教师所提出的问题。师生之间的感情对提问的效果有很大的影响。

视频案例　　案例简评

① 教师要创设良好的提问环境。提问要在轻松的环境下进行，但也可以制造适度的紧张气氛，以提醒学生注意，如对那些注意力分散的学生多看几眼，使其预感到教师马上要叫他回答问题，但不要用强制性的语气和态度提问。要注意师生之间的情感交流，消除学生过度的紧张心理，鼓励学生做"学习的主人"，积极参与问题的讨论，大胆发言。

② 教师在提问时要保持谦逊和善的态度。提问时教师的面部表情、身体姿势以及与学生的距离、在教室内的位置等，都应使学生感到信赖和鼓舞，而不能表现出不耐烦、训斥、责难的态度，否则会使学生产生回避、抵触的情绪，阻碍问题的解决。如教师用鼓励和试探的目光和学生交换意见："你能站起来回答问题吗？"教师也可以伸出右手，掌心向上，面带微笑："××同学，请你回答。"学生回答正确，教师脸上又露出"柳暗花明又一村"的喜悦，伸出右手，掌心向下，做出结论："很好！完全正确，请坐。"学生回答不确切，教师运用比喻、类比等方式进行启发，从教师那鼓励的目光和表情中，学生获得了信心和力量。即使学生一字未答，教师仍然温和地说："没关系，请坐。"虽然教师没有批评，学生看到教师那种安慰的表情和目光，会感到非常惭愧。

③ 教师要耐心地倾听学生的回答。对一时回答不出的学生要适当等待，启发鼓励；对

错误的或冗长的回答不要轻易打断，更不要训斥学生；对不作回答的学生不要批评、惩罚，应让他们听别人的回答。

④ 教师要正确对待提问的意外。有些问题，学生的回答往往出乎意料，教师可能对这种意外的答案是否正确没有把握，无法及时应对处理。此时，教师切不可妄作评判，而应实事求是地向学生说明，待思考清楚后再告诉学生或与学生一起研究。当学生纠正教师的错误回答时，教师应该态度诚恳，虚心接受，与学生相互学习，共同探讨。

（6）归纳与总结。学生回答问题后，教师应对其发言做总结性评价，并给出明确的问题答案，使他们的学习得到强化。必要的归纳和总结，对知识的系统与整合，认识的明晰与深化，问题的解决以及学生良好思维品质与表达能力的形成都具有十分重要的作用。

视频案例　　　案例简评

3. 学生答问的引导策略

教师提问以后，学生的回答往往不全面、不准确，甚至是错误的。这时需要教师进行判断，给予启发和引导。

（1）换一种问法。当学生答非所问时，很可能因为没有听清问题或不理解，教师可以将问题重复一遍，或者换一种问法。

（2）不宜催促。当学生显得紧张、不知如何回答时，教师不宜催促，用热情和缓的语气请学生再"想一想，不要紧张，大胆地说出你的看法"。然后根据学生的回答给予适当启发。

（3）分析错误回答。当学生回答不正确或错误时，教师应当分析学生产生错误的原因，有针对性地引导学生得出正确的答案。

5.3　物理课堂提问技能应用示例

教师在课堂教学中，无论采用何种教学方法，都离不开提问技能的应用。物理课堂提问有许多类型和方法，要达到提问有效、灵活应用，还必须经过不断的实践和训练。在本节中，首先提出提问技能训练的要求和常见的问题，然后给出提问技能应用的示例。

5.3.1　提问技能训练要求

（1）提问应有充分的准备。"凡事预则立，不预则废。"在课前，教师要做好提问的准备，根据不同的教学目标，设计不同类型的问题；针对不同层次的学生，设计不同水平的问题；不要即兴提问、随意提问，避免问题漫无目的，偏离目标。教师要事先考虑到可能出现的各种回答及其处理办法，唯有准备充分，有备而来，方能处乱不惊，稳操胜券。

视频案例　　　案例简评

（2）提问应以学生为中心。在课堂教学中，教师的任务不是直接向学生提供现成的真理，而是通过问答甚至辩论的方式来揭示学生认识中的矛盾，最终经由教师的引导或暗示，学生自己得出正确的结论。有的教师经常自问自答，有的教师在学生回答不出正确答

视频案例　　　案例简评

案时，干脆提供正确答案，这种做法不利于学生思维的发展。另外，教师应该通过提示、探究、转引、转问、反问等手段引导学生积极思考，促使学生自己得出问题的答案。教师应该

以学生的口吻来提出问题,这样学生容易接受。

视频案例　案例简评

（3）提问宁精勿滥。在促进学生思维发展方面,问题的质量要比问题的数量更重要。如果教师所提问题的答案显而易见,缺乏挑战性,即使学生回答得再积极,这样的问题再多,学生的思维也难有更高的发展。问题太多,学生往往把握不住教学重点。因此,教师应对提问的问题反复推敲,做到少而精。一般来说,在一节课中,教师提问不宜过多,以提三至五个能真正触发学生思考、反映教学重点的关键性问题为宜。

（4）提问应兼顾各种类型的问题。不同类型的问题可用于培养学生不同的能力。为了促进学生的全面发展,在提问时,教师应该兼顾各种类型、层次的问题,并且兼顾开放性问题和封闭性问题。

5.3.2　课堂提问常见的问题

课堂提问是课堂教学常用的手段,在物理教学中,有些教师不太注意课堂提问的艺术,不注意课堂提问的技巧,使课堂教学效果不好。课堂提问常见问题有以下几种。

（1）模糊不清、内容没有针对性和目的性的提问。提问如果模糊不清,就很难让学生展开思维,不确切的问题必然使学生产生多种回答而形成混乱。存在提问内容没有针对性和目的性,提问脱离教学重点或提问内容过于简单等问题,虽然提问不断,课堂热闹,但只是流于形式,华而不实。这样的提问对启发学生思维、培养学生的能力没有任何益处。

（2）提问数量多,没有停顿。在物理课堂教学中,有些教师为了调动学生学习的主动性,提问多而又要节省课堂时间,没有停顿就点名要学生回答,不给学生一定时间的思考,学生回答问题往往不理想,这样会打击学生学习积极性。这样的提问很难达到提问的目的。

（3）先点名后提问,忽视学生的思维过程。在教学中有些教师提问的程序颠倒,先点名后提出问题,忽视了学生思维过程,没点名回答问题的学生就可能不专心听,实际上只有被提问的学生思考了。这样的提问并非面向全体学生,不能启发学生思考,不能提高学生学习积极性,当然也不会收到好的教学效果。

（4）提问只求正确答案,排斥学生思维。有些教师在提问时见学生回答与标准答案不一致,没等学生说完就另点一个学生回答,排斥学生思维,打击学生学习的主动性和积极性。这种只注意提问结果,没有尊重学生观点的提问会使学生消极对待教学和学习,扼杀学生的创造性思维。

（5）只选择相同的学生提问,往往是形式上的反馈。有些教师提问时往往只选择相同的或成绩好的几个学生提问,忽略了差生的存在,使他们对学习失去兴趣和积极性,也使他们掌握的知识没有得到及时的反馈。这样的提问只是一种形式,所反馈的信息也是表面的东西,不可能达到预期的教学效果。

因此,教师要避免上述问题,关键在于从物理教学特点和学生实际情况出发,精心设计课堂提问,提高课堂提问的艺术。

5.3.3　物理课堂教学中有效提问评析

提问是教师促进学生思维、评价教学效果以及推动学生实现预期目标的基本手段。但在实际的物理课堂教学中,针对某一教学内容,教师虽然一堂课中也提出许多问题,但却忽视了提问的有效性,即在提问时对"提什么问题才符合学生的认知水平?如何提问才有效?为什么要这样进行提问?"等问题不太关注,常常使提出的问题过于抽象化、书面化、形式化,以至于不能达到相应的教学目标。下面通过几个实例说明提问的有效性。

 例5-40

　　在关于牛顿运动定律的应用课中,常常遇到如下的典型习题:有一辆汽车原来做匀速直线运动,突然遇到紧急情况刹车,已知汽车质量 m,汽车刹车过程的制动力恒为 f,设驾驶员的反应时间为 t_0,问从驾驶员发现情况到完全停车,共经过多少距离?若将这一习题改成:某一特殊路段的速度规定不能超过 40 km/h,有一辆卡车遇紧急情况刹车,车轮抱死滑过一段距离后停止。交警测得刹车过程中在路面擦过的痕迹长度是 14 m,从厂家的技术手册中查得该车轮胎与地面的动摩擦因数是 0.7。假如你是一位交警,请你来判断该卡车是否超速行驶?

　　评析:生活中的许多问题的背后都隐藏着使学生心存疑惑、充满好奇的物理问题。如果将问题置于现实的生活情境之中,更有利于激发学生作为生活主体参与活动的强烈愿望,同时将教学的目的、要求转化为学生作为生活主体的内在需要,让他们在生活中学习,在学习中更好地生活,从而获得鲜活的知识,并使情操得到真正的陶冶。很显然,后一种提问比前一种提问有效,它将问题置于真实的生活情境中,让学生觉得物理就在自己的身边,体会到物理知识在生活中的应用价值,这样有利于激发学生学习的兴趣,学习时易于理解和接受。

 例5-41

某教师"研究电磁感应现象的产生条件"的教学片段

　　在初中我们知道:当一部分导体在闭合电路中做切割磁感线时,就能够产生感应电流,今天同学们自己亲自来研究一下。然后提问:"除了这种方法外,还有没有另外的利用磁场产生电流的方法呢?请大家选用桌上的实验器材,两个同学一组,共同探究利用磁场怎样才能产生电流。将你们的实验过程及实验现象记录在表格中(见表5-2)。"

表5-2　实验探究产生感应电流的条件的记录表格

探究设计	活动过程	现象记录	初步分析	初步结论
活动1				
活动2				
活动3				

　　接着让学生进入探究阶段,学生探究完毕后收集记录表,挑选几张有代表性的记录表,进行总结分析得出感应电流产生的原因。

评析：哈佛大学流传的名言："教育的真正目的就是让人不断地提出问题、思索问题。"若教师在教学中善于以"问"引"问"，就可以增强提问的有效性。这里的以"问"引"问"中的第一个"问"是指教师提出问题，第二个"问"是指学生发现问题、提出问题，即以"问"引"问"指的是教师提出问题能引导或指引学生发现问题、提出问题。

在该教师的课堂上出现了这样的现象，虽然所有的学生都积极地参与了探究过程，但许多学生因为不会对探究的结果进行分析与下结论，有一部分学生为了应付教师，把教材上的答案填写在记录表中，并不是自己探究的结果。也有一部分学生由于时间不够，来不及研究，所以没有完成记录表。这种教学结果是我们不愿看到的。

不难看出，该教师把课本上的课堂演示实验改成随堂探究实验，在课堂上重视利用科学探究的方法进行物理教学，注重结论的获得与描述，这是应当鼓励的，却没有提出合适的问题来引导学生参与具体探究，忽视了诱发学生发现问题并提出问题的重要性，从而导致了学生在实验中缺乏问题意识，探究的效果不理想。

可见，课堂教学中教师提问的意义不仅在于提出的问题能引起学生思考，还在于它能引导学生敢于去发现、提出问题，培养创新意识，最终把学生引上创新之路。创新教育理论表明：学习者不断地质疑、发现新的问题的过程中，创新意识与创新能力也就能得到培养，发现新的问题是问题提出以后所引发的新的价值，因为发现新的问题比提问更富有创造性。此外，教师还应鼓励学生大胆质疑，提出问题，并对他们提出的问题给予积极评价。当学生还不会提出有价值的问题时，教师应多鼓励他们，给予他们信心与勇气并在方法上给予点拨或引导。如果课堂上提出的问题属于因时间限制解决不了的问题，也可在课后继续探究。这样做既解决了学生提出的问题，又让他们体会到获取成功的快乐。这种成功感也会驱使他们有进一步求知的愿望。如果只是刻意追求让学生自己发现和提出问题，而不引领学生思考问题的方向，容易导致放任自流或作秀的形式主义。

总之，在物理教学中，课堂提问既是一门学问，又是一种教学艺术，课堂提问不在于"多问"，而在于"善问""巧问"。提问不仅要给学生以智慧的启迪，同时也给学生以美的享受，学生在美的熏陶中获取知识，增长才干，这就是教学艺术的魅力。

本章小结

提问是通过师生的相互作用，检查学习、促进思维、巩固知识、运用知识，实现教学目标的一种教学方式，是在课堂教学中实现师生互动的重要技能。提问从不同的角度有不同的分类。究竟选择何种提问类型，要根据实际情况，教学内容，因人制宜，因课制宜。物理课堂提问技能的训练要关注提问技能的构成要素，包括设计恰当的提问结构，注意提问的措词，提问要焦点化，要有启发性，要把握提问的节奏与停顿，注意提问的时机和应变，提问要面向全体学生，注意学生的反应，及时做出评价和反馈。提问并非都是有价值的，有意义的课堂需要提有意义的问题。学生的提问原则上是没有限制的，而教师的提问则应是有明确目的的，需要精心设计。在提问技能训练中，认真思考为何要提问、提什么样的问题和如何提问等问题，有助于提高课堂提问的有效性。

技能训练任务和评价

1. 观看一段课堂教学录像，思考下列问题。

（1）他提出的问题成功吗？

（2）他提出的问题有效吗？

（3）他提问的时机恰当吗？

（4）有没有需要改进之处？

2. 试对下列课堂提问的 3 种做法作出评析。

（1）让差生回答简单问题，中等生回答一般问题，优等生回答难度较大的综合问题。

（2）提出问题后，先叫中等生，再叫优等生，偶尔叫差生试试。

（3）择优罚差，为了节约时间，总叫优等生回答问题，只有当差生走神时（如看小说、交头接耳、东张西望或睡觉等），教师才提问差生。

3. 设计物理课堂提问技能的教案。

（1）选定课题，设计物理课堂提问微格教学教案。其中内容包括：教学目标、技能训练目标、教师教学行为、教学媒体的使用、所应用的提问技能要素、期望的学生行为和时间分配。

（2）以提问技能要素设计系列问题，形成提问结构。

（3）在课堂教学的各个环节中几乎都要进行提问，提问技能训练的教案可以是课堂教学的其中一个环节或者多个环节，不能将提问技能训练的教案写成完整的 40 min 一节课的教案。

4. 训练物理课堂提问技能。

（1）选择中学物理教材中的一段内容，选择适当的提问技能类型进行微格教学设计。

（2）以小组的形式在微格室中进行训练，并进行视频录像。

（3）结合物理课堂提问技能的训练评价表（见表 5-3）的要求和录像资料进行评价和反思。

（4）收集反馈意见，修改教案，反复录像与评价，直到熟练掌握。

表 5-3　物理课堂提问技能的训练评价表

评价指标	权重	评价等级			
		优	良	中	差
提问的目的明确，问题的内容与难度符合教学目标和学生的认知水平	10				
问题表达准确、清晰	20				
面向全体学生，使不同水平的学生能参与教学	20				
恰当使用探查与提示，引导学生思考	20				
提问的时机恰当，停顿掌握得当，给学生留有思考的时间	20				
反应及时，评价准确	10				
学生自评					
教师点评					

阅读资料

若干心理效应对教育的启示

"手表效应"　一个人如果只有一只手表,他知道现在几点了;如果有两只手表,他往往不知道现在几点了,因为他无法知道哪一只手表更加精确。

"手表效应"对班级管理的启示:教师之间要加强彼此的沟通,尤其对学生布置任务或提出要求时,必须是统一的要求,决不能有两个相互矛盾的要求或声音,否则,学生将因为不知道听谁的而感到无所适从。

"泡菜效应"　同样的蔬菜在不同的水中浸泡一段时间后,将它们分开煮,其味道是不一样的。人在不同的环境里,由于长期的耳濡目染,其性格、气质、素质和思维的方式等方面都会有明显的差别,这正如人们常说的"近朱者赤,近墨者黑"。"泡菜效应"揭示环境对人的成长具有非常重要的作用。

"泡菜效应"对学校管理的启示:学校要重视校园硬环境和软环境的建设,重视良好环境对学生潜移默化的教育作用。

"蚂蚁效应"　蚂蚁是自然界最为团结的动物之一,一只蚂蚁的力量确实是微不足道的,但100万只甚至更多则可以横扫整片树林或一幢幢高楼,可以将一只狮子或老虎在短短的时间内,啃成一堆骨头。

"蚂蚁效应"对班级管理的启示:"人心齐,泰山移。"团结就是力量!教师对学生的管理要有"以人为本"的管理理念,要将学生紧密地团结起来,形成"心往一处想,劲往一处使,汗往一处流"的合力局面。

"非零和效应"　"零和效应"之意是:实力相当的双方在谈判时做出大体相等的让步,方可取得结果,亦即每一方的所得和所失的代数和大致为零,谈判便可成功。然而,人类社会发展的历程越来越走向"非零和",也就是我们现在所说的"双赢"。

"非零和效应"对学校管理的启示:要向教师不断灌输"合作行为"的重要意义,尤其是在当前课程改革的过程中,要大力提倡"师生合作"和"师师合作",力求取得"双赢"的成效。

"狮·羊效应"　"狮·羊效应"源于拿破仑的一句家喻户晓的名言:一只狮子带领的九十九只绵羊可以打败一只绵羊带领的九十九只狮子。这句名言说明了主帅的重要性。

"狮·羊效应"对班级管理的启示:把班级的事情办好的关键因素之一是班长,班长是一个班级的灵魂。推选班长是一件很应该慎重的事情。

"酒·污水效应"　如果你把一汤匙的酒倒进一桶污水里,你得到的是一桶污水;如果你把一汤匙污水倒进一桶酒里,你得到的还是一桶污水。

"酒·污水效应"对班级管理的启示:在一些班级中难免会碰到个别"污水"式的学生,人数虽然很少,但破坏力巨大。为此,教师一定要花费精力认真对待这类"污水"式学生。倘若未能这样做,那么班级的任何方面的辛勤努力都将被"污水"式学生的所作所为抵消。

"毛毛虫实验"　法国心理学专家曾经做过一个著名的"毛毛虫实验":把许多毛毛虫放在一个花盆的边缘上,首尾相连,围成一圈,并在花盆周围不远处撒上一些毛毛虫爱吃的食物。毛毛虫开始一个跟着一个,绕着花盆的边缘一圈一圈地走,一个小时过去了,一天过去了,一连走了七天七夜,它们最终因为饥饿和精疲力竭而相继死去。法国心理学家在做这个实验前曾经设想:毛毛虫会很快厌倦这种毫无意义的绕圈而转向它们比较爱吃的食物,遗憾的是毛毛虫并没有这样做。导致这种悲剧的原因就是毛毛虫的盲从,在于毛毛虫总习惯于固守原有的本能、习惯、先例和经验。

"毛毛虫实验"对学校教育的启示：时代在不断变化和发展，学生也在不断变化和发展，我们的教育教学等各方面工作不能禁锢于以往的僵化模式，而要不断地创新和与时俱进，从而能够适应时代变化以及学生的需求。唯有这样，我们的教育教学等方面工作才能百尺竿头更进一步。

"猕猴实验" 有关心理学专家做过这样的实验：他们教5只猕猴做动作，其中3只猕猴很快学会了，另两只猕猴没有学会。是不是这两只猕猴比较笨？为了检验这个判断，这些心理学专家换一种方式来教这两只猕猴做动作，换方法的结果推翻了上述的判断，也就是说这两只猕猴也很快地学会了动作。此后，这些心理学家反复多次对许多猕猴做这个实验，得出的结论是：猕猴的聪明程度没有太大的差别，要教会猕猴做动作，关键是要找到适合猕猴特点的方法。

"猕猴实验"对学校教育的启示：每个学生的聪明程度也是相差不大的，每个学生都有自己的强势智能和弱势智能，只要教师找到适合学生的教育教学方法，努力贯彻因材施教的原则，就完全能够使每个学生获得理想的成绩，并促使他们的德智体得到全面发展。

"猩猩实验" 心理学和动物学专家曾经做过一个有趣的对比实验：在两间墙壁镶嵌着许多镜子的房间里，分别放进两只猩猩。一只猩猩性情温顺，它刚进入房间里，就高兴地看到镜子里面有许多"同伴"对自己的到来报以友善的态度，于是它就很快地和这个新的"群体"打成一片，时而奔跑嬉戏，时而耳鬓厮磨，彼此和睦相处，关系十分融洽。直到三天后，当它被实验人员牵出房间时还恋恋不舍。另一只猩猩性格暴烈，它从进入房间的那一刻起，就被镜子里面的"同类"那凶恶的态度激怒了，于是它就无休止地追逐和厮斗。三天后，它是被实验人员拖出房间的，因为这只性格暴烈的猩猩早已因气急败坏、心力交瘁而死亡。

"猩猩实验"对学校教育的启示：面对正在成长中的学生，教师要真诚地热爱和关心学生，尤其是要对学生时时报以友善姿态，因为教师对学生的友善姿态，学生会以成倍的友善姿态回应教师。

［摘自：章立早. 若干心理效应对教育的启示［J］. 基础教育，2004(3).］

第6章 物理课堂讲授技能

学习目标

1. 认识物理课堂讲授技能的重要性,了解物理课堂讲授的功能,知道物理课堂讲授技能的构成要素。

2. 知道物理课堂讲授的类型以及应用原则和要点。

3. 了解讲授技能的训练要求,会根据内容,选择恰当的讲授类型和方式,进行技能训练。

在线课程资源编码

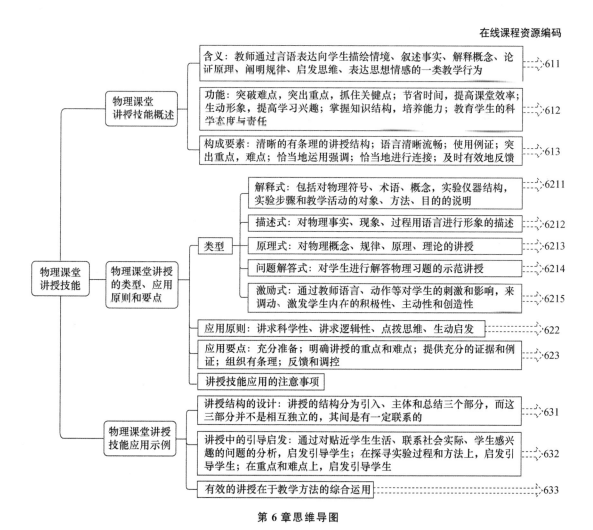

第6章思维导图

讲授是课堂教学中被广泛应用的一种基本技能,具有其他技能不可替代的作用。在课堂教学中,讲授可以用在多种场合,既可用于描述现象、说明原理、解释原因,又可用于引导思维、剖析疑难、概括方法、总结规律。对于物理教学来说,把物理知识、过程和方法讲清楚,无论对在职教师还是师范生,都是完成教学任务的基本要求。课堂讲授是一门科学,也是一门艺术。许多新教师往往不明白这个道理,他们以为只要自己懂了就可以上讲台去教别人,以为只要有知识就能当教师,这样的认识未免有些偏颇。固然,自己懂是必要前提,以己之昏昏而使人昭昭是不可能的,但以己之昭昭就能使人昭昭吗? 恐怕也未必如此。

6.1 物理课堂讲授技能概述

课堂教学中,恰当地讲授不仅有利于发挥教师的主导作用,还有利于提高物理课堂教学的效率。作为新教师,要有效地提高和训练讲授技能,首先必须了解课堂讲授的含义,明确课堂讲授的教学功能,关注课堂讲授技能的构成要素。

6.1.1 物理课堂讲授技能的含义

视频案例　　　案例简评

讲授技能是教师通过言语表达向学生描绘情境、叙述事实、解释概念、论证原理、阐明规律、启发思维、表达思想感情的一类教学行为。讲授是教师使用最早、应用最广的教学方法,可用于传授新知识,也可用于巩固旧知识。其他教学方法的运用,几乎都需要同讲授结合进行。

讲授法有多种具体方式:① 讲述。侧重在生动形象地描绘某些事物现象,叙述事件发生、发展的过程,使学生形成鲜明的表象和概念,并从情绪上得到感染。凡是叙述某一问题的历史情况,以及某一发明、发现的过程或人物传记材料时,常采用这种方法。② 讲解。主要是对一些较复杂的问题、概念、定理和原则等,进行较系统而严密的解释和论证。当演示和讲述,不足以说明事物内部结构或联系的时候,就需要进行讲解。在教学中,讲解和讲述经常是结合运用的。③ 讲演。教师就教材中的某一专题进行有理有据、首尾连贯的论说,中间不插入或很少插入其他活动。实际教学中,三者很难截然分开,常常交织在一起,混合使用。

讲授具有以下几个特点:① 讲授教学要根据一定的教学目的进行传授;② 讲授中,教师起主导作用,教师是教学过程的主要活动者;③ 讲授中,学生是知识信息的接受者;④ 口头语言,是传递知识的基本工具;⑤ 教师要合理地组织讲授的内容。讲授法有一定局限性,如果在运用时不能唤起学生的注意和兴趣,又不能启发学生的思维和想象,极易形成注入式教学。

6.1.2 物理课堂讲授的功能

视频案例　　　案例简评

(1) 有利于突破难点,突出重点,抓住关键点。难点是学生学习感到困难的地方,在难点之处教师进行有针对性的、精练而生动的讲授,往往能使学生茅塞顿开;在教学的重点之处,学生往往把握不到,需要教师的强调、提示,讲授技能从而发挥重要作用;教学的关键点,例如知识点之间的衔接、例子与规律间的过渡、规律概念理解时的注意事项等,因学生的认知水平及能力有限,同样需要教师在讲授上加大力度,这对学生掌握当前知识以及形成系统的知识结构都有着重要的意义。

（2）有利于节省时间，提高课堂效率。讲授的内容经过了教师的系统整理，将知识去粗取精、提炼和升华，其中包含了教师对教学内容的深刻理解，以及学生学习的成功经验和失败教训。听教师讲课，可以使学生少走弯路，事半功倍。

（3）有利于生动形象，提高学习兴趣。教师讲课不是照本宣科，而是用生动、形象、精练的语言，用有趣的典型例子去解释和叙述。语调抑扬顿挫，表情自然亲切的讲授会把学生带入学习的情境，使学生如见其人、其物、其境，可以把枯燥的情节讲得出神入化，使学生神往陶醉。

视频案例 　案例简评

（4）有利于掌握知识结构，培养能力。教师讲课时严密的逻辑、清晰的层次、准确的推理、透彻的分析和高度的概括，会影响学生，使学生学会认识问题的思路和方法，有利于学生掌握知识结构。教师向学生介绍学习方法，有利于提高学生的学习效果。

（5）有利于对学生科学态度与责任的教育。教师在讲授的过程中，自然而良好的情感流露，如深刻的爱与憎，兴趣与激情，以及对学科的热爱和展示的物理学科本身的魅力都会潜移默化地感染学生，在"润物细无声"中产生良好的教育作用。然而，讲授的这些特点，都只有使用恰当时才能体现。

讲授是一种教学行为方式，其特点在于对知识的剖析，在于组织知识内容和表达程序，在于说明或引导学生分析新旧知识之间的关系，建立新知识与原有知识间的联系以及分析新知识中各要素之间的关系，在于启发学生形成新的认知结构，帮助学生掌握实质和规律。

6.1.3　物理课堂讲授技能的构成要素

1. 清晰的有条理的讲授结构

讲授的结构是按照教学内容的逻辑联系和学生的认知规律，由浅入深、由表及里地对讲授过程的安排。讲授结构的课堂表现形式，一般是通过系列化的关键性设问，以问题形成清晰的有条理的讲授框架。

视频案例 　案例简评

 例 6-1

牛顿第一定律的教学中，讲授的结构可以是这样的：

（1）物体做各种运动的原因是什么？（教师设问的目的是引出学生原有认识中的错误认识）

（2）力不是物体运动的原因。（用生活示例、实验、讨论）

（3）运动是不需要力来维持的。（实验和列举的事例的分析结论）

（4）物体运动和静止应遵循什么规律？

2. 语言清晰流畅

语言清晰流畅是指讲授紧凑、连贯，语言准确、明白，语音和语速适合讲授内容和情感交流的需要。

（1）讲授要紧凑、连贯。讲授要做到紧凑、连贯：一是讲授的目的和任务要明确；二是对讲授的结构要进行合理的设计；三是讲授应在讲授的结构框架下进行；四是在同一时间内，只有一个具体的讲授中心。讲授任务不明确，往往会出现吞吞吐吐、"嗯""啊"等不

视频案例　　　案例简评

紧凑的现象，也必然导致讲授思路不明确，讲授的意义不连贯。要做到讲授紧凑、连贯的前提是教师应该在课前做好充分的准备，务必让自己知道自己要讲什么，要学生懂什么。除此以外，教师应更注重平时多练习、树立信心。

（2）讲授要语言准确、明白。讲授要做到语言准确、明白：一是讲授的句子结构要完整，后半句的音量不能过小，否则就会造成讲授不明白；二是讲授要用普通话，不用不准确的描述和表达，否则会使学生产生误解和错误的认识；三是讲授用词要准确，不能使用未

视频案例　　　案例简评

经定义或学生不熟悉的术语，否则会使学生感到莫名其妙；四是讲授的逻辑过程不能有较大的跨越，否则就会使学生听不懂。

（3）语音和语速适合讲授内容和情感交流的需要。讲授过程是一个师生交流的过程，在讲授的过程中不可能只是传递知识信息，而是必然同时伴有情感的交流。讲授中的情感交流与语音和语速的变化有很大的关系。

3．使用例证

例证就是讲授中教师对教学内容的举例说明。在讲授过程中，适当的例子显得尤为重要。单是教师一味地解释和说明理论，很

视频案例　　案例简评　　视频案例　　案例简评

快学生就会出现注意力不能集中的现象，所以为使知识呈现更加生动、通俗易懂，在讲授过程中列举一些典型的事例是必要的。举例要注意得当，否则会弄巧成拙。

（1）举例要恰当。举例内容应与要讲授的物理概念和规律紧密相关。要做到这一点，就需要事前做好准备，讲解中的即兴发挥是新教师出现举例错误的主要原因。

 例 6-2

在讲惯性定律时，教师列举手扶拖拉机中的惯性轮的例子，说轮子的质量很大，所以它的惯性也很大。我们知道，惯性轮的惯性不仅取决于质量的大小，还与质量的分布有关，即取决于轮子的转动惯量。

（2）举例要符合学生的认知水平。举例说明是要通过学生所熟悉的事例来说明较抽象的概念。在例证中，要突出物理概念的本质因素，以便于学生分析概括。

（3）举例的数量要适当。在概念建立过程的讲解中，举例的数量不能过少，少了不足以说明问题；也不能过多，多了一是浪费时间，二是容易使人厌烦。一般而言，对于归纳概括的认识过程，所举的例子至少两个以上，一个例子是不足以概括的。在讲授中，举例的数量要符合认识过程的要求，即对于获取概念规律是充分必要的。

例 6-3

讲"力"的概念,就应该举若干个生活中有力作用的实例作为抽象概括的对象。在讲"力的三要素"时,若只举三个例子分别说明力的大小、方向和作用点对力的作用效果有影响是不够的,因为还不足以说明要唯一确定一个力只需要这三个要素,而不是四要素、五要素。所以,还需要举一个例子,其中两个力的三要素完全相同,而作用方式不同。例如沿水平方向推一木块和用相同大小的力沿水平方向拉此木块。因木块只作平动,两个力的作用点都可视为在木块的质心。这样两个力的三要素完全相同,力的作用效果是相同的。推和拉,即力的作用方式不是决定力的必要因素。

(4)举例要注重分析。举例不仅仅使学生对要认识的现象有一个明确印象,更重要的是要把所举例子与教学内容中的物理概念和物理规律之间的关系分析透彻,通过对例证的分析使学生由感性认识上升为理性认识。将例证中物理概念和物理规律之间的关系认为是显而易见的,就降低了对自己讲授任务的要求,这是造成讲授过程与学生的认识过程脱节的原因之一。

(5)要正确使用正面例证和反面例证。学生容易从典型的正面例子中获得新的概念、规律。在没有形成正确的理性认识之前,要对反面例子否定是比较困难的。所以,在引入新知识时,正、反面例子交叉使用容易造成混乱。在学生初步掌握了新知识以后,再使用反面例子可使所获得的知识更加清晰准确。

4. 突出重点、难点

讲授中要注意重点突出、主次分明。突出重点和突破难点的总体要求是:在深入钻研教材、弄通知识内在联系后,确定讲授的重点和难点,从学生的知识基础及理解水平出发,考虑解决重难点的办法和方案。教师讲授时,对重难点问题要讲精、讲详、讲深、讲透。

视频案例　案例简评

在突出重点时,首先应区别"教材重点"和"教学重点"。两者的辩证关系是:教材重点肯定是教学重点,而教学重点未必是教材重点。就教材重点而言,一般是指教材中那些最基本、最重要的知识和技能,最基本的概念和规律。

掌握了基本概念和基本理论之后,用它来解决基本问题,还要有一定的方法,掌握基本方法,能在较广泛的范围内有应用价值,对理解和掌握其他各种方法有重要的影响作用。就教学重点而言,则是指教师在教学中,为便于和帮助学生理解、掌握有关内容而重点讲授的知识部分。如有的知识在教材中是重点,但学生对此已经理解,只要适当交代清楚,不必过分花费精力来突出它的重要性;而有的知识,就教材本身而言是非重点,但学生容易模糊不清,这将为学生以后掌握一系列知识造成障碍,此时,这部分内容便可确定为教学重点而加以突出。

所谓难点,一般多指学生难以理解的教材内容。重点和难点既有区别又有联系。有的教材内容是重点又是难点,有的教材内容是重点但不是难点,还有的教材内容是难点但不是重点。故教材的难易,主要指学生对教材难易程度的认识而言,不同的学生可能有不同的难点。

突出重点、解决难点,对提高教学质量有着直接的重要作用。因此,教师在突出解决重难点问题时,又需遵循如下基本原则。

(1)只有明确和抓住重点,才能多方突出重点。抓住重点的关键在于认真备好课。备课要通读和精读物理课程标准,了解学生的实际能力,深入钻研教材,从传授知识、培养能力、提高觉悟的基本要求出发,进行认真的分析研究,以准确地确定重点。也就是说,教师在课前必须钻研教材,吃透教材,具体搞清楚教材中基本概念、基本原理及基本技能的内容和要求,而且要融会贯通。因为只有先做到深入后才能浅出。

(2)只有明确和抓准难点,才有可能解决难点。教师必须不断了解学生的认知状况、学习基础、学习态度、接受能力和知识缺陷等。只有这样,才能针对学生的疑难问题进行有的放矢的教学。例如,如果学生缺乏感性认识,使其对抽象的概念、原理难以理解,教师就要设法提供感性材料,以丰富学生的形象思维,进而帮助学生理解难点;如果学生因为知识基础差而影响对新概念和新原理的理解,教师就要引导学生复习回忆旧知识,建立联想,使新旧知识联系起来,从而将新知识纳入学生已有的认识结构中,以降低解决难点问题的程度;如果难点是概念、公式或物理方法本身过程复杂,教师就要分别解决,使学生逐步理解掌握等。

(3)要将讲授教材的系统性和突出解决重难点问题统一起来。教师在讲授时,既要条理清晰、连贯系统,使学生全面理解掌握教材内容,又要集中精力突出解决重难点问题,这就要求教师必须将讲授教材的系统性和突出解决重难点问题很好地统一起来。既要防止在讲授时只强调系统性,忽视重难点,使学生学得不深不透的倾向,又要防止过分强调突出重难点,忽视系统性,把知识讲得支离破碎的倾向。

5. 恰当地运用强调

在知识、技能的讲授过程中,主要以教师的单向信息输出为主,学生处于被动地位,不可避免地会出现学生在教师讲授过程中分心、注意力不集中、主动性学习不足的状况。因此,适时地进行强调在讲授过程中就显得十分必要。强调可以有效地集中学生的有意注意,加深对知识的印象。讲授过程中的强调方式,主要有以下几种方式。

(1)用讲话声音、身体动作的变化强调。在需要强调处,可借手势、语调、表情来帮助表达,但应注意避免表现得过火。过于激动的表情会使讲课戏剧化,会降低教学的严肃性。突出重点的语气宜庄重、缓慢,在归纳结论之前,突然停顿片刻,较容易有效地引起全体学生的注意。

视频案例　　案例简评

(2)用特殊符号做标记。可用特殊符号标记描述知识点的字词、语句进行强调。如果用多媒体教学,还可以用一些特殊的效果表示强调,如字体颜色的突出、字体的跳跃、特殊方式的进入、变化等。

视频案例　　案例简评

(3)用概括、整理、复习进行强调。概括要点是将对具体问题的讨论上升到对本质因素和规律的准确描述的教学活动。对于物理教学,不仅在讲授结束时要进行要点概括,在讲授过程的各个认识阶段也需要进行要点概括,否则就不能形成对最终结论的理性认识。

视频案例　　案例简评

例 6-4

在"光电效应"的教学中,就要对各个分析阶段进行要点概括。首先通过观察紫外线照射锌板的演示实验,得出结论:"光照到金属上,金属表面会发射出电子。"然后通过对不同光强度下的伏-安特性曲线的讨论,概括出光电效应的第一条规律:"在单位时间里,从极板 K 发射出的光电子数跟入射光的强度成正比。"接下来对光电效应的伏-安特性曲线的反向电压 U_{ka} 进行分析,得出通过实验测量 U_{ka} 可得出光电子的最大初动能 $eU_{ka}=\dfrac{1}{2}mv^{2}$,从而进一步讨论最大初动能与入射光频率的关系。通过对光电子的最大初动能与入射光频率的线性关系曲线的分析讨论,得出光电效应的第二条规律:"光电子的最大初动能与入射光的强度无关,只随着入射光频率的增大而增大,而且呈线性关系。"然后通过对不同金属材料的讨论得出光电效应的第三条规律:"对于任何一种金属,入射光的频率必须大于某一极限频率才能产生光电效应,低于这个频率的光,无论强度如何,照射时间多长,也不能产生光电效应。"由此可见,对光电效应实验的分析进行及时的要点概括,使学生在理解光电效应方程时,就可以从这些要点概括出发,进行综合的抽象思维,而不必再陷入繁杂的具体实验条件和实验方法及实验现象中而理不出头绪。

(4) 利用学生的回答强调。在提问中,如学生已经较正确地回答出来,教师也必须再系统正确地讲一遍,因为一部分的学生懂,并不意味着全部学生都懂,况且学生的回答往往不够全面。利用学生的正确回答,或对学生回答中的缺陷回答进行矫正的强调方式,给学生的印象深刻,并有利于鼓励学生参与教学的热情。

6. 恰当地进行连接

同一节课、同一章书之间的知识是有逻辑联系的,若抓住这些知识点之间的联系,在讲授过程中好好地利用,做到过渡自然,既可以提高课堂效率,又可以帮助学生建立起一个系统的知识结构。

在新旧知识之间、知识点之间、例子与概念之间应进行适当的连接。在"阿基米德原理"一节教学中,教师要完成"浮力的存在""浮力产生的原因"和"阿基米德原理"这三部分教学内容。教师首先引导学生观察木块浮在水面上的现象和游泳时的感受事例,使学生初步认识到浸在液体中的物体受到浮力作用。然后用两个问题将直接观察感受浮力的存在与用实验方法观察浮力的存在有机地连接起来。

例 6-5

教师提问:"水对浸在缸底的那个金属块是否也有浮力的作用呢?"学生回答:"有。"教师指出,金属并没有浮起来,我们怎么才能证明其有浮力呢? 从而引导学生得出用"重量差法"观察浮力存在的实验方法。在"浮力存在"与"浮力产生的原因"这两部分之间,教师是这样进行连接的。教师:"浮力的大小,用弹簧秤的两次读数差来得出,这种方法叫作重量差法。我们知道液体内部有压强的存在,而且随深度变化而变化。浸没在液体中的物体是否也要受到液体的压强作用呢? 从刚才的实验中我们可以看到,浮力的大小跟物体在液体中浸没的深度没有关系,这是为什么呢? 浮力是怎样产生的呢? 现在我们来研究这个问题,并且可以得到另外一种计算浮力的方法——压力差法。"教师在"浮力产生的原因"和"阿基米德原理"这两部分内容之间是这样进行连接的。教师:"这是求浮力的第二种方法,称为压力差法,(随即拿出一块不规则的石头)能用压力差法计算出它在液体中受到的浮力吗?"学生:"不能。"教师:"有一个反映浮力的规律——阿基米德原理,可以很好地解决这个问题!"

从例 6-5 可以看出,进行连接对讲授内容符合逻辑地发展起到了重要的作用,使学生感到新问题的产生是自然的,而且还明确了新的内容所要达到的目标。

7. 及时有效地反馈

讲授从形式上看似乎是教师单方面的活动,但事实上成功的讲授必然需要师生间知识信息和感情的交流。有的教师教案写得很好,但教学效果却不佳,其原因之一就是在实施教学计划时,只将注意力放在教学内容上,忽视了学生的反应,讲授像在背书。

视频案例　　案例简评

所以,在讲授中要随时注意获得学生的兴趣、态度和理解程度等反馈信息。获得反馈的一般方式有:① 观察学生的表情、行为与操作活动;② 留意学生的非正式发言;③ 提出问题,使学生回忆或应用当前知识;④ 给学生提问题的机会,让他们提出自己的看法,或感到困难的地方。

反馈的作用不仅仅在于了解学生的当前学习情况,还要利用反馈信息随时调整自己的讲授,可以说反馈具有如下的作用:① 实现师生之间的默契和情感交流;② 随时调整讲授进程的速度,使多数学生能跟上讲授的内容;③ 发现学生存在的问题,改进讲授的方式、方法。

6.2　物理课堂讲授的类型、应用原则和要点

要有效地进行讲授,必须熟练掌握各种讲授方式和方法,明确物理课堂讲授的应用原则与应用要点,并在训练中逐步提高自己的讲授技能。

6.2.1　物理课堂讲授的类型

物理课堂讲授按其物理内容的特点可以分为五个类型:解释式、描述式、原理式、问题解答式、激励式。

1. 解释式

解释式讲授又称为说明式讲授,包括对物理符号、术语、概念,实验仪器结构,实验步骤和教学活动的对象、方法、目的的说明。通过讲授将未知与已知联系起来。

按其内容的不同解释可以分为:
(1)物理符号、术语、概念的说明。

视频案例　　案例简评

例6-6

"G"表示物体受到的重力,"Δv"表示一段时间间隔的速度的增量,这些都是物理学中物理量的符号。有简单的物理学术语,例如"质点""理想气体""单摆"等;有复杂抽象的物理学术语,即物理概念,例如"惯性""简谐运动""磁感应强度"等。通过解释式讲授将物理符号、简单术语、概念与它们代表的物理含义建立起联系。

（2）实验仪器结构、实验步骤的说明。

视频案例 案例简评

例6-7

"天平秤的结构""安培表的构造""万用表的使用"的说明等。讲授时,必须条理清楚,层次分明。

（3）物理教学活动的对象、方法、目的的说明。

这通常是对学生实验和学生探究活动进行安排等教学活动时进行的说明。

视频案例 案例简评

例6-8

"探究加速度与力的关系"的活动中,研究方法的说明:

教师：如何同时研究三个量的关系？

为了研究 a、F、m 三个量的关系,可以采用"控制变量法"进行实验。先保持物体的质量不变,研究加速度 a 与合外力 F 之间的关系,再保持合外力 F 不变,研究加速度 a 与物体质量 m 之间的关系,然后把研究的结果综合起来,就可以得出 a、F、m 三者之间的关系。

2. 描述式

描述式讲授是对物理事实、现象、过程用语言进行形象的描述,是提供物理情境和讨论前提的重要手段。

视频案例 案例简评

例6-9

伽利略描述在匀速直线运动的船舱里所观察到的力学现象："只要船的运动是均匀的,也不忽左忽右地摆动,人们观察到的现象将同船静止时的完全一样,人们跳向船尾不会比跳向船头来得远;从挂着水瓶滴下的水滴会滴进正下方的罐子里;蝴蝶和苍蝇继续随便地四处飞行,决不会向船尾集中,或者为了赶上船的运动而显示出疲累的样子;冒出的烟,也像云一样向上升起,而不向任何一边飘动……这些现象表明,在船里所进行的任何观察和实验都不能判断船究竟是在运动还是停止不动。"

视频案例 案例简评

例6-10

在"液体的压强"教学中教师对实验现象的描述。教师：我们看图6-1，在圆筒的侧壁不同高度处开了三个小孔，孔的截面积一样大。现在我给圆筒里灌水，同学们注意观察各个孔水流的情况。我们看到了上面孔流出的水缓慢些，喷射得也较近，下面孔流出的水急些，喷射得也远些，这种现象说明了什么？

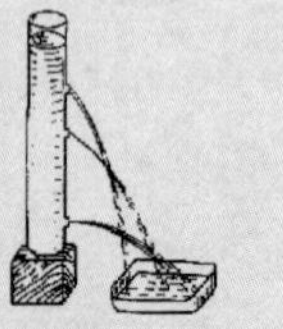

图6-1

在物理教学中经常大量应用描述。描述要注意突出关键因素，注意事物、现象发展的顺序性和结构性，为学生的思维加工提供清晰的直观物理图景。

3. 原理式

视频案例　案例简评

原理式讲授在物理教学中通常是对物理概念、规律、原理、理论的讲授。如果由讲授的内容来分，可以分为物理概念中心式讲授和物理规律中心式讲授。前者适用于物理概念建立的教学，如速度、加速度、电场强度等，后者主要适用于物理定律、定理、原理等推演论证的教学，如牛顿第二定律、功能原理、动能定理等。

原理式讲授，从一般性概括的引入开始，然后对一般性的概括进行论证、推理，最后得出结论，又回到一般性概括的复述。一般性概括即概念、规则、法则、原理的理论表达、论述和推论，即运用分析、综合、比较、演绎、归纳、类比、抽象和概括等逻辑方法，在推理和论证讲授过程中，揭示现象与本质、个别与一般、已知与未知，物理事件各个要素之间，物理现象之间的内在联系和关系。

4. 问题解答式

视频案例　案例简评

在物理教学中，问题解答式讲授是对学生进行解答物理习题的示范讲授。它经常用于习题课上的讲授和纠正学生作业中的普遍错误时的讲授。

教师讲授习题的目的不是简单地将习题解答出来，教师讲授的目的是说明怎样解的同时说明为什么要这样解，总结解题的方法，教给学生解题思路。一般的问题解答式讲授步骤如下。

（1）引出问题。问题的提出可以是一道练习题，相关的物理实验、演示实验或者学生已做过的实验，也可以是从日常生活中的生产技术中等抽取的问题。

（2）引导学生明确问题的要求。将物理问题中具体物理现象和物理过程的描述与物理知识联系起来。此时教师的讲授应提示学生将物理问题背景中相应的物理概念和规律提取出来，根据这些知识，明确解题过程所要达到的要求。教师应该明确要使学生达到什么要求，教师的教学目标是什么；练习题要解决哪些问题，解题思路、方法是什么，结果又如何等。

（3）推理论证或解题。解决问题的过程就是具体运用原理和物理量的过程，也是运用具体逻辑思维方法进行推理论证的过程，这可以启迪学生思维，扩展其智力结构，培养学生的能力。

（4）得出结论并讨论。得出结论是引出问题和解决问题的出发点和归宿。讨论是归纳学生思维进程不可或缺的环节,亦是突出重、难点的必要手段。

5. 激励式

教师运用生动的语言、动作等,联系学生熟知的生活常识,通过联系实际,对学生进行辩证唯物主义教育,调动、激发学生学好物理知识的内在积极性、主动性和创造性。

视频案例　　案例简评　　视频案例　　案例简评

例 6-11

在初中物理"电的现象"的教学中先通过解析启发学生。

教师:前面我们已经学习了有关声现象、光现象中的一些基本知识,从这节课开始我们将学习一个大家司空见惯的现象:电现象。生活在电时代的我们对电是熟悉的,大家可试想一下离开了电,将会出现什么状况?

（学生答⋯⋯）。

教师:离开了电,整个城市将处于瘫痪状态、我们家里的电器:冰箱、彩电、洗衣机、电风扇、空调等都将失去使用的价值。祖国建设离不开电,我们的生活也离不开电。电为什么有那么多应用? 电究竟是什么? 我们需要了解它! 可是一提到电,也会使我们不少同学联想到"电老虎",它会电死人的! 由此担心自己不是这"老虎"的对手。不! 生活在电时代的我们不但要碰一下"电老虎",还要进一步了解它,掌握它的特性和规律,直到驯服"电老虎",让它更好地为我们服务,下面我们开始"简单电现象"的学习。

6.2.2 物理课堂讲授的应用原则和要点

1. 应用原则

（1）讲求科学性。教师讲解的内容要具有科学性,观点正确,物理概念准确,用词要准确恰当。例如,"第二秒末的速度"不能说是"第二秒的速度","电荷周围的空间里存在电场"不能说是"电荷周围的空间叫作电场"。

视频案例　　案例简评

在实际教学中,一个物理概念的形成是分阶段逐步深化的。如在初中物理中把质量这个概念认识为"质量是物体所含物质的多少"。到了高中学习动力学时,进一步认识到"质量是物体惯性大小的量度",在学习了万有引力定律后,又进一步看到质量的大小还决定着物体间万有引力的大小,学生初步知道了"引力质量"的概念。因此,教师不能为追求物理概念的科学性、严密性而企图把某些概念一次讲深讲透,应当从教材实际安排和学生的认识水平出发,循序渐进,逐步提高。

（2）讲求逻辑性。物理讲解要有逻辑性,条理清楚、层次分明、重点突出。教学的各阶段各环节中,注意培养学生的逻辑思维能力,既要注意物理和数学的密切联系,又要建立准确的物理概念,分

视频案例　　案例简评

清主从关系和因果关系。例如，数学上的 $\angle A = \angle B$，即 $\angle B = \angle A$，但从物理概念的逻辑性来说"反射角等于入射角"不能讲成"入射角等于反射角"；物理上的"距离无穷远"不是数学上的"无穷大"等。

（3）点拨思维。教师的讲解、分析，要注意学生理解问题的认识序列，要从已知到未知，从感性到理性，教师要善于提出思考问题，创设物理情境，激发好奇心，引起学生学习动机，在讲解、分析时要能点出矛盾，拨动学生的思维，点出物理问题的实质，拨正学生思维的路线，如物理上的"质点"模型、"理想气体"模型的建立都必须引导学生排除各种非本质的因素，透过表面现象，突出事物本质因素。

视频案例　　案例简评

（4）生动启发。讲授的主要特点是教师运用口头语言传递知识信息，很大程度上是通过教师讲、学生听的方式，向学生传递知识信息。教师易于自己控制信息内容，但同时也使学生处于被动接受的地位，缺少其他各种活动机会。若教师运用不得法，容易使学生产生疲劳感，影响学习效果。因此教师要讲究语言艺术，讲授声音要清晰，速度适中；有时可以运用生动的比喻及物理学科本身的动人事例，启发学生，诱导学生，以提高学生学习物理的兴趣；教师还要注意变化技能，将讲授技能与其他技能（如演示、提问、讨论等）配合运用。

视频案例　　案例简评

2. 应用要点

（1）充分准备。教学目标要明确具体，教学内容要熟悉，了解学生的原有知识基础和经验，分析新知识本身的结构，熟悉与之有联系的相关知识以及知识与实际的联系，建立清晰的讲授结构。

视频案例　　案例简评

（2）明确讲授的重点和难点。依据教学内容的特点和课程标准的要求确定重点讲授的内容，依据教学内容和学生的实际确定要讲授的难点。在讲授中有目的地突出这些内容，有利于教学目标的实现。

视频案例　　案例简评

（3）提供充分的证据和例证。证据和例证要充分、具体、恰当，并要明确指出证据和例证与结论之间的关系。

（4）组织有条理。讲授的过程结构要组织合理，条理清楚，逻辑严密，层次分明，体现物理学科的思想和方法。讲授不仅要使学生明确每一环节的出发点、思考方向、结论，还要明确各环节之间的逻辑联系。

（5）反馈和调控。讲授技能的运用一般要和其他技能结合，最好不要单一运用。

3. 讲授技能应用的注意事项

（1）知识是否让学生感到有趣？学生是否已经为将要学习的知识做好充分的准备？

（2）将要讲的知识和先前知识之间如何联系？

（3）讲授的清晰度如何？因为这是决定讲授效果的重要因素。教师要透彻理解要讲的内容。

（4）教师的激情如何？语调高昂、振奋人心、富有变化；肢体动作引人注目；面部表情丰富，提问富有热情，感情丰富等。

6.3　物理课堂讲授技能应用示例

教师在课堂教学中,无论采用何种教学方法,都离不开讲授技能的应用。物理课堂讲授有许多类型和方法,要达到讲授有效,灵活应用,还必须经过不断的实践和训练。在本节中,首先提出讲授结构的设计,然后给出讲授技能应用的示例。

6.3.1　物理课堂讲授结构的设计

视频案例　　案例简评

讲授的结构分为三个部分:引入(创设物理情境)、主体(描述、推理、论证等)和总结(结论、结果)。而这三个部分并不是相互独立的,其间是有一定联系的,三部分的内容构成一节课或一个教学片段的讲授内容。完成上述三部分(特别是主体部分),可根据新、旧知识之间的联系,以及新知识中各要素之间的内在关系把其分为若干任务,每一阶段的任务必须有一个明确的目标,任务与任务之间是逻辑递进的关系或是逻辑并列的关系,或者是两者的结合。事实上,大部分的课也应该是知识点与知识点之间逻辑递进和并列的结合,其具体关系由讲课的内容而定。

 例 6-12

"全反射现象"讲授结构的设计

在"全反射现象"概念教学中应用"讲授技能"进行如下设计:

引入部分可用实验引入,让学生观察由玻璃入射到空气的光线,随入射角的增大,最后直至折射光线消失的现象。

主体部分是经过分析、推导,从而得出全反射的概念。

主体部分可这样安排:

目标一,讲授光疏、光密介质,光疏介质的折射率小于光密介质的折射率。

目标二,利用光的折射定律推导出光由光密介质进入光疏介质时,折射角大于入射角。

目标三,光从光密介质进入光疏介质时,当入射角不断地增大,折射角也不断地增大,最后折射角达到90°,从而发生全反射现象。

目标四,介绍,当刚刚发生全反射现象时,此时的入射角叫作临界角。

这样讲授后,便得到结论:当光线从光密介质进入光疏介质时,入射角达到临界角后,就会发生全反射现象。

6.3.2　讲授中的启发引导

视频案例　　案例简评　　视频案例　　案例简评

(1)通过对贴近学生生活、联系社会实际、学生感兴趣的问题的分析,启发引导学生。这种教学方式要求教师要多动脑思考,更新理念,以激发学生兴趣为己任。切记绝不仅仅是新课的引入上体现课程改革的理念和要求,而是注重整个课堂的各个环节上都要始终贯穿与实际生活相联系的、学生感兴趣的问题。值得说明的是,并不是所有事例都会有预期的好效果,这里存在着事例的挖掘、收集和选择的问题。应该说,与教学内容有关的实践性事例,选国外的,就不如选国内的;选外地的,就不如选本地的;选历史的,就不如选当今的。

例 6-13

"质点"概念的教学设计

"质点"概念是学生进入高中学习的第一个物理概念,宜采用以教师为主导的启发式教学。在新课的引入上通过虚构的故事引入,要求学生体会假如你就是故事的主人公,请把你的感受说出来。故事是这样设计的:假如你的家产有 1000 万元,某一天不小心丢掉一只手表,手表的价值大约是 100 元,如果你不是守财奴的话,请谈一谈你丢掉手表后心中的感受;假如你是一名乞丐,一天下来好不容易讨来 5 元钱,不小心丢掉 10 元钱,请谈谈你此时的感受。通过两名学生的不同感受,引导学生分析不同感受的原因并总结其共性,顺利引入质点以及能看作质点的条件。这样的处理是建立在学生的自我感受上得到的结论,既能激发学生学习的兴趣,又能加深学生对质点概念的理解。

（2）在探寻实验过程和方法上,启发引导学生。

例 6-14

"验证机械能守恒定律"实验课的教学设计

本节实验课的目的是要验证机械能守恒,教师提出问题,有哪几种运动形式是满足机械能守恒的？学生可提出多种运动形式。教师接着启发:在这几种运动形式中哪一种是最简单的？通过对物理量的测量到实验装置等多方面分析,得出自由落体运动是满足机械能守恒的最简单的运动形式的结论,从而与学生一起总结出实验设计的基本原则,即最简单原则。教师再引导学生一起分析自由落体运动中机械能守恒的表达式,由表达式引导学生分析需要测量的物理量、测量这些物理量要用什么器材、怎样测量这些物理量等。教师的启发引导让学生体会实验的设计过程,而不是机械地接受课本上安排好的实验内容。

（3）在重点和难点上,启发引导学生。

例 6-15

"楞次定律"的教学设计

教材分析:"楞次定律"在"电磁感应"这一章中是一个教学的重点和难点,特别是这个定律的描述"感应电流具有这样的方向,就是感应电流的磁场总要阻碍引起感应电流的磁通量的变化",由教师直截了当地讲给学生听,总感觉到学生在理解上有很大难度,因此由学生自己思考和深入讨论,并试图自己给感应电流方向下定义,逐步推出楞次定律,这样做不仅巩固了这一节课教学内容,同时也充分调动了学生的积极性,激活其思维。

教学过程:

(讲授)复习引入新课:复习讲解右手定则、感应电流产生的条件,并指出:并不是所有产生感应电流的情况都可以用右手定则来判断的,因此需要寻求确定感应电流方向的其他规律。

(讲授)我们用实验演示的方法来寻求规律,交代器材并演示如下一组实验(图6-2),要求同学观察结果、讨论总结感应电流的规律。

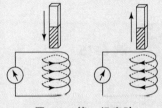

图6-2　第一组实验

(讨论)学生根据分析讨论提出了以下几种典型的观点:

(1)磁铁的运动方向相反,产生的感应电流方向也相反。

(2)磁场增强产生逆时针方向的感应电流(从磁铁角度看);磁场减弱产生顺时针方向的感应电流(从磁铁角度看)。

(3)磁通量增大产生(从磁铁角度看)逆时针方向的感应电流;磁通量减小产生(从磁铁角度看)顺时针方向的感应电流。

(4)部分同学提出质疑:实验类型太少,无法总结规律。

(总结)教师及时分析几种不同说法,前三种说法从实验现象表面直接得出结论,太具体,没有概括性,但不同之处是从动作——磁场强弱——磁通量大小逐步深入。而持第四种观点的学生具有大胆怀疑的独创性。下面就从另一个角度再进行实验。

(讲授)上述实验方案的共同之处是磁铁的N极均向下,那么我们现在再来进行下面一组实验(见图6-3),同样要求同学观察结果、讨论总结感应电流的规律。

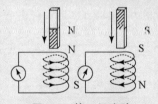

图6-3　第二组实验

(讨论)根据二组实验分析讨论,部分同学感觉到实验现象的复杂性,无法下结论,经提示要求分析磁铁的磁场和感应电流的磁场方向后也有同学提出了新的观点:

(1)原磁场增强时感应电流的磁场方向总相反;原磁场减弱时感应电流的磁场方向总相同。

(2)原磁场在回路中的磁通量增大时,感应电流的磁场总相反;原磁场在回路中的磁通量减小时,感应电流的磁场总相同。

(3)原磁场靠近,感应电流的磁场不让原磁场靠近;原磁场远离,感应电流的磁场不让原磁场远离。

(4)能否再做如图6-4实验加以进一步证明?

(总结)经过上述分析得出的结论都基本符合实验的结果,但概括不够精练,物理学家楞次已在1834年得到结论,即楞次定律。这样同学们对照楞次定律的描述并结合自己的观点,很容易产生共鸣。同时对于第三种说法进行了如下修改:感应电流的磁场总要阻碍引起感应电流的磁场的运动,并指出这一规律符合能量守恒的观点,在某些感应电流方向判断的问题中运用此观点更方便、快捷。最后以图6-4为例进行实验验证。

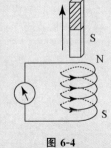

图6-4

运用"讲授、讨论、总结"的教学模式,将"教师授"变成"学生议",其优点体现在以下几个方面：一是在发挥教师主导作用的同时强化了学生的自主性；二是理解掌握基本概念规律的同时激发了学生的创新思维；三是及时暴露并纠正学生对概念规律理解上出现的误区。

6.3.3 有效的讲授在于教学方法的综合运用

视频案例　　案例简评

例 6-16

"动量定理"一节的教学过程

1. 引入新课

师：上节课我们学习了两个很重要的物理概念，一个是动量，另一个是冲量。细心的同学一定会发现这两个物理量的单位实质是一样的(做简单推导)，这难道是一种巧合吗？这两个物理概念之间是否有关系？带着这个问题我请同学们先看这里（讲台上摆放着一个足球及等质量的铁球）。这是一个足球，它的质量为450 g；这是一个铁球，它的质量也是 450 g。在足球比赛中，足球的最大速度莫过于进攻一方队员用强大的脚力射门后球的速度，一般来讲该速度会达到 100 km/h 左右，也就是 30 m/s。我们常常会看到防守队员用头将球顶回去。大家试想想看，如果是这个铁球，速度也达到 30 m/s，也就是铁球的动量与足球的动量大小一样，队员敢用头去顶同样动量大小的铁球吗？生活经验告诉我们，他们绝对不敢，老师也不会去做这样的实验，但下面这两个实验我们可以做。教师紧接着做两个演示实验：

实验1：鸡蛋从同一高度自由释放，一个落在海绵上，一个落在石板上，结果第一种情况下鸡蛋没有破，第二种情况下鸡蛋破了。

实验2："蛋碎瓦全，还是瓦碎蛋全"。结果实验显示是瓦碎蛋全。

在实验结束后教师请一个学生来回答为什么运动员不能用头去顶以 30 m/s 速度飞来的铁球。学生回答不很全面。教师指出：上述两个实验中鸡蛋没有破的原因都与海绵有关，海绵比较柔软，而铁球比较硬，根据相对性原理，如用头去顶高速飞来的铁球，相当于以很大的速度用头去碰铁块，其结果与刚才实验 2 的鸡蛋落到瓦片上一样，结果是不言而喻的。对于这些现象可能有些同学都有一些了解，但作为高中学生来说，仅定性地了解这些物理现象是不够的，要有一定的定量分析，为了能更好地定量地分析刚才我们所提到的物理现象，下面让我们一起来学习新的一节内容：动量定理(板书)。

2. 新课教学

(1) 教师简单的理论推导

教师在副板书上边说明边推导：假设在一个光滑的水平面上，一个质量为 m 的物体在水平恒定拉力 F 的作用下从静止开始做匀加速运动，我们研究其某一过程，即从速度 v_1 到 v_2 的过程，利用牛顿运动定律及运动学的公式可得：$Ft = mv_2 - mv_1$。

(2) 教师对动量定理公式的说明

① 这个方程是矢量方程。由于方程左边是矢量，右边也是矢量，故动量定理是矢量方程，在利用动量定理解决问题时，需先确定一个正方向。

② 动量定理公式也可改写为：$F = \dfrac{\Delta p}{t}$。其物理意义是物体所受的合外力等于物体动量的变化率。

③ 动量定理不仅适用于恒力,也适用于随时间变化的变力。

教师在板书③之前先与学生一起利用刚学过的动量定理解决一个问题:在光滑水平面上立着一竖直墙,一个质量为10 g的乒乓球以3 m/s的速度水平撞向墙,结果以2 m/s的水平速度反弹,已知相互作用时间为0.01 s,试求竖直墙对乒乓球的作用力大小。

利用此例题有两个目的:其一,让学生学会利用动量定理解基本的问题,尤其是如何定义正方向;其二,在求出作用力大小为50 N后,告知学生,通过研究,这个力发现是随时间变化的(为本节最后总结时播放视频资料打下伏笔),对于变力,动量定理还适用吗?以此形式告知学生:实验证明动量定理不仅适用于恒力,也适用于随时间变化的变力,因此我们有时就把这样的力称为平均作用力。

(3)动量定理的应用

师:在我们学习了动量定理后,我想请一位同学利用动量定理解释本节课开始时我们所观察到的现象。先来解释鸡蛋下落为何落在海绵上不会破,而落在石板上却破了。

教师请一名学习较好的学生一起与教师在黑板的副板书上推导撞击时鸡蛋所受冲力的数学表达式:设鸡蛋的质量为 m,鸡蛋从高为 h 处自由下落,与地接触的时间为 t(即在 t 时间内鸡蛋从运动到静止),强调研究对象、研究过程、使用定律等三要素,最后导出表达式:

$$\overline{F} = mg + \frac{m\sqrt{2gh}}{t}。$$

估计:鸡蛋质量 $m=50$ g,重力加速度 $g=10$ m/s²,下落高度 $h=0.5$ m。

分两种情况讨论:

① $t=0.01$ s(相当于落在石板上),代入上式可得:$\overline{F}=33$ mg;

② $t=1$ s(相当于落在海绵上),代入上式可得:$\overline{F}=1.3$ mg

通过此番推导,学生基本上已经清楚了鸡蛋破与不破的原因。在此基础上教师进一步引入缓冲的概念,并指出缓冲就是利用延长物体与物体之间相互作用的时间以减少相互作用力,并指明缓冲就是动量定理的一个应用。为加深学生对此内容的理解,教师请几名学生介绍一下在实际生活中还有哪些事例是属于缓冲现象。

学生基本上都能回答,如在体育运动中跳高有海绵垫,跳远都是跳进沙坑中,接迎面飞来的篮球,手接触到球以后,两臂随球后引至胸前才把球接住,以延长篮球与手的接触时间,以减小球对手的作用力等事例。

教师进一步用一个实验提出一个问题,一个杯子压一条纸带,如何将纸带拉出而杯子不动,请一个学生上台表演,并请学生解释刚才这个实验中是利用到缓冲了吗?经过师生间的几次问答与互动,最后可让学生清楚认识到这个实验中将纸带拉出而杯子不动的原因实际上体现的就是避免缓冲的发生。

最后教师指出:今天我们学习了动量定理,知道了缓冲是一种符合动量定理的物理现象,正像其他物理现象一样,根据我们不同的目的与需求,有时需要利用缓冲,而有时则需要防止缓冲现象的发生,以得到较大的作用力。

此后再请一名学生来说说在生活中有哪些是属于这一类事例的。学生会回答出如冲床、用铁锤钉钉子等事例。

（4）观看视频资料《动量定理的应用》作为本节课的回顾与总结

在该部分，教师播放从某高校网站下载的时长为 4 min 的有关动量定理应用的真实视频资料，在播放过程中，教师在关键地方（如利用灵敏的压力传感器测出从 0.45 m 高度下落的乒乓球对地面的冲力随时间变化的冲力图线）暂停以便插入必要的说明。

评析：本节课中教师的讲授时间占有相当大的比例，这似乎与目前大部分探究课中均以学生活动多而教师讲得比较少的情况有不同之处。

现在人们通常在反思以往的中学物理教学，都认为教师讲得太多，每当这时，都会不自觉地把应试教育归咎于讲授法的问题，其实这是对讲授法的误解。讲授法作为一种课堂教学方法，它本身不存在对与错的问题，只存在其长处与短处问题。其长处在于学生的逻辑思维随着老师的引导，会有规律、严密地推进，也便于学生深刻理解和系统掌握物理知识。其短处在于动手体验知识的机会较少，学生必须绷紧神经，紧跟教师的思维，如偶尔出现"掉队"，教学效果肯定就不理想。其实，一堂成功的课，它不可能仅采用单一的教学方法，肯定要穿插采用不同的教学方法，从中利用一种方法的长处弥补另一方法的短处，以达到最佳的教学效果。本节课在使用讲授法的同时，也采用了提问讨论法及边讲边实验法等，让学生在教学中的各个环节，都能在教师的引导下进行主动积极的思维活动，从而避免了单一讲授法可能带来的不利影响。

课堂教学的方式和方法是多种多样的，当然在实际教学过程中决不应该局限于某种教学形式，而是根据教学需要，选择最适当的教学方式。

本章小结

物理课堂讲授技能是课堂教学的主要技能之一，几乎每一节物理课都会应用到讲授技能。应用讲授技能的关键，是针对学生的学习能力设计以系列问题为框架的讲授结构，依照讲授结构展开诱导式的讲解，教师的讲授必须内容科学、方法得当，同时讲授过程需要渗透物理学的思维方法。要避免教师"一言堂，满堂灌"的现象，课堂应该成为师生、生生互动的学习场所，而不能成为教师唱"独角戏"舞台。物理课堂讲授技能的类型很多，教师需要根据物理教学内容目标以及学生的学习能力选取讲授的类型。

技能训练任务和评价

1. 设计物理课堂讲授的教案

选定讲授课题，设计物理课堂讲授的微格教学教案。教案的内容包括：教学目标（物理核心素养目标）、技能训练目标、教师教学行为、教学媒体的使用、所应用的讲授技能要素、期望的学生学习行为和时间分配。教案编写的要点：

（1）课题是从物理教材中选择一段或者一节相对完整和独立的内容，教案内容设计讲授时间约 10 min。

（2）通过提出系列化的关键设问问题形成清晰的讲授结构。

（3）针对提出的问题，运用适当的媒体，灵活应用讲授技能的要素展开讲授。

2．训练物理课堂讲授技能

（1）选择一段熟悉的教学内容，选择适当的讲授类型进行微格教学设计。然后进行反复自我训练。

（2）以小组的形式在微格室中进行训练，并进行视频录像。

（3）结合物理课堂讲授技能的训练评价表（见表6-1）的要求和录像资料进行评价和反思。

（4）收集反馈意见，修改教案，反复录像与评价，直到熟练掌握。

表 6-1　物理课堂讲授技能的训练评价表

评价指标	权　重	评价等级			
		优	良	中	差
讲授结构符合教学内容和学生认识结构	20				
语言清晰流畅、具有科学性、艺术性	15				
条理清晰，层次分明	15				
知识结论的得出有充分、具体、恰当的证据，分析透彻	20				
突出重点、强调准确有效	15				
注意反馈和调控，实现了师生间的交流	15				
学生自评					
教师点评					

 阅读资料

有趣的教育故事

1. 一杯水的重量　一位教师在讲授"压力管理"的课堂上拿出一杯水，然后问学生说："各位认为这杯水有多重？"听众有的说 20 g，有的说 500 g 不等，教师则说："这杯水的重量不重要，重要的是你能拿多久？拿一分钟，各位一定觉得没问题；拿一个小时可能觉得手酸；拿一天，可能得叫救护车。其实这杯水的重量是一样的，但是你若拿得越久，就觉得压力越沉重。这就像我们承担的压力一样，如果我们一直把压力放在身上，不管时间长短，到最后我们就觉得越来越沉重而无法承担。我们必须做的是，放下这杯水，休息一下后，再拿这杯水，如此我们才能够拿得更久。所以，各位应该将承担的压力于一段时间后，适时地放下，并好好地休息一下，然后再重新拿起来，如此才可承担久远。"

2. 三个抄写员　黎锦熙（1890—1978）是我国著名的国学大师。民国前十年他在湖南办报，当时帮他写文稿的有三个人。第一个抄写员沉默寡言，只是老老实实地抄写文稿，错字、别字也照抄不误，后来这个人一直默默无闻。第二个抄写员则非常认真，对每篇文稿都先进行仔细的检查然后才抄写，遇到错字、病句都要改正过来。后来，这个抄写员写一首歌词，经聂耳谱曲后命名为《义勇军进行曲》，他就是田汉。第三个抄写员与众不同，他也仔细地看每份文稿，但他只抄与自己意见相符的文稿，这个人建立了以《义勇军进行曲》为国歌的中华人民共和国，他就是毛泽东。

3. 马车声　一天上午，父亲邀我一同到林间漫步，我高兴地答应了。父亲在一个弯道处停了下来。在短暂的沉默之后，他问我："除了小鸟的歌唱之外，你还听到了什么声音？"我仔细地听，几秒钟之后我回答他："我听到了马车的声音。"父亲说："对，是一辆空马车。"我问他："我们又没看见，您怎么知道是一辆空马车？"父亲答道："从声音就能轻易地分辨出是不是空马车。马车越空，噪音就越大。"后来我长大成人，每当我看到口若悬河、粗暴地打断别人的谈话、自以为是、目空一切、贬低别人的人，我都感觉好像是父亲在我的耳边说："马车越空，噪音就越大。"

4. 勇担责任　1920年，有个11岁的美国男孩踢足球时，不小心打碎了邻居家的玻璃。邻居向他索赔12.5美元。在当时，12.5美元是笔不小的数目，足足可以买125只下蛋的母鸡！闯了大祸的男孩向父亲承认了错误，父亲让他对自己的过失负责。男孩为难地说："我哪有那么多钱赔人家？"父亲拿出12.5美元说："这钱可以借给你，但一年后要还我。"从此，男孩开始了艰苦的打工生活。经过半年的努力，终于挣够了12.5美元这一"天文数字"，并还给了父亲。这个男孩就是日后成为美国总统的罗纳德·里根。他在回忆这件事时说，通过自己的劳动来承担过失，使我懂得了什么叫责任。只有勇担责任的人，才会成为一个成功的人。

5. 大鱼与小鱼　小鱼问大鱼道："妈妈，我的朋友告诉我，钓钩上的东西是最美的，可是就是有一点儿危险。要怎样才能尝到这种美味而又保证安全呢？""我的孩子，"大鱼说，"这两者是不能并存的，最安全的办法是绝对不去吃它。""可是它们说，那是最便宜的，因为它不需要任何代价。"小鱼说。"这可完全错，"大鱼说，"最便宜的很可能恰好是最贵的，因为它让你付出的代价是整个生命。你知道吗，它里面裹着一只钓钩。""要判断里面有没有钓钩，必须掌握什么原则呢？"小鱼又问。"那原则其实你都说了，"大鱼说，"一种东西，味道最美，又最便宜，似乎不用付出任何代价，钓钩很可能就在里面。"

6. 不要后悔　厄尔舒拉·布鲁姆女士在英国素以擅写言情浪漫小说著称。这位通俗小说家也有其深刻的一面。"永远不要后悔你所做过的任何事情。"她写道，"它们全是经验。甚至你让自己出过丑丢了脸，那也说得上是宝贵的经验。你因发生在你身上的每一件事情而变得更加'富有'。要领会这个道理并不容易，不过我很高兴我已经悟到了。"

7. 严密思维　某日，教师在课堂上想看看一个学生的智商怎么样，就问他："树上有10只鸟，开枪打死一只，还剩几只？"学生反问："是无声手枪吗？""不是。""枪声有多大？""80 dB。""那就是说会震得耳朵疼？""是。""在这个城市里打鸟犯不犯法？""不犯。""您确定那只鸟真的被打死了？""确定。"教师已经不耐烦了。"拜托，你告诉我还剩几只就行了，OK？""OK，树上的鸟里有没有聋子？""没有。""有没有关在笼子里的？""没有。""边上还有没有其他的树，树上还有没有其他鸟？""没有。""有没有残疾的或饿得飞不动的鸟？""没有。""算不算怀在肚子里的小鸟？""不算。""打鸟人的眼没有花？保证是10只？""没有花，就10只。"教师已经满头是汗，且下课铃响了，但学生还在问："有没有傻到不怕死的？""都怕死。""会不会一枪打死两只？""不会。""所有的鸟都可以自由活动吗？""完全可以。""如果您的回答没有骗人，"学生满怀信心地说，"打死的鸟要是挂在树上没有掉下来，那么就剩一只；如果掉下来，就一只不剩。"教师当即晕倒……

第7章　物理课堂演示实验技能

学习目标

1. 知道演示实验的特点,了解物理课堂演示实验技能的功能、构成要素。

2. 掌握物理课堂演示实验的类型、应用原则和要点。

3. 会根据物理课堂演示实验技能的要求,编写教案,进行训练。

在线课程资源编码

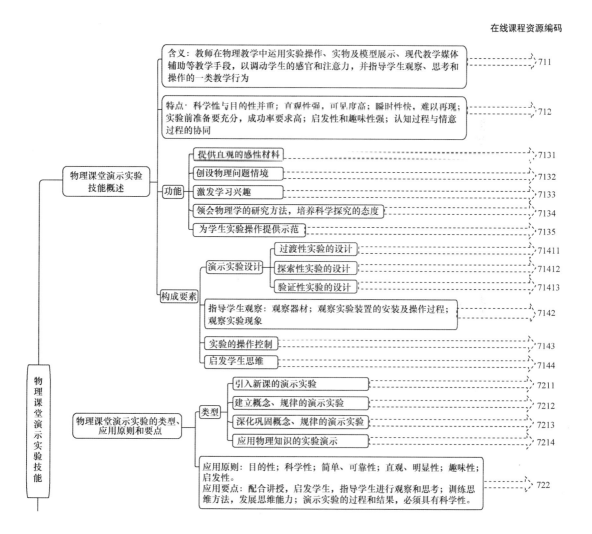

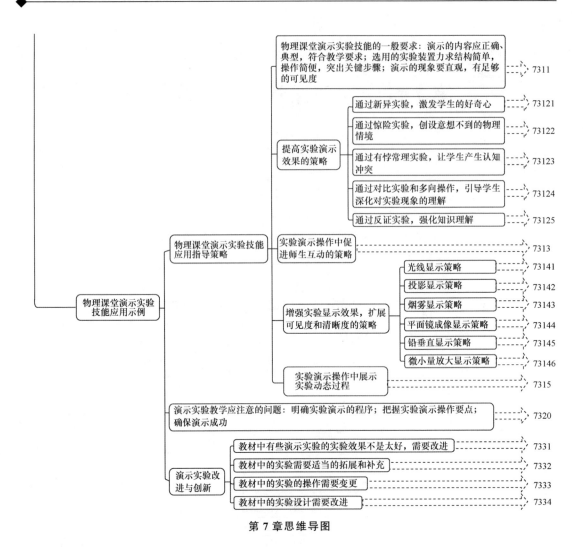

物理课堂演示实验技能的一般要求：演示的内容应正确、典型，符合教学要求；选用的实验装置力求结构简单，操作简便，突出关键步骤；演示的现象要直观，有足够的可见度 ----> 7311

通过新异实验，激发学生的好奇心 ----> 73121

通过惊险实验，创设意想不到的物理情境 ----> 73122

提高实验演示效果的策略 ｜ 通过有悖常理实验，让学生产生认知冲突 ----> 73123

通过对比实验和多向操作，引导学生深化对实验现象的理解 ----> 73124

通过反证实验，强化知识理解 ----> 73125

物理课堂演示实验技能应用指导策略 ｜ 实验演示操作中促进师生互动的策略 ----> 7313

光线显示策略 ----> 73141

投影显示策略 ----> 73142

物理课堂演示实验技能应用示例 ｜ 增强实验显示效果，扩展可见度和清晰度的策略 ｜ 烟雾显示策略 ----> 73143

平面镜成像显示策略 ----> 73144

铅垂直显示策略 ----> 73145

微小量放大显示策略 ----> 73146

实验演示操作中展示实验动态过程 ----> 7315

演示实验教学应注意的问题：明确实验演示的程序；把握实验演示操作要点；确保演示成功 ----> 7320

教材中有些演示实验的实验效果不是太好，需要改进 ----> 7331

教材中的实验需要适当的拓展和补充 ----> 7332

演示实验改进与创新 ｜ 教材中的实验的操作需要变更 ----> 7333

教材中的实验设计需要改进 ----> 7334

第 7 章思维导图

物理学是以实验为基础的学科,物理实验是物理教学的重要内容、方法和手段。加强和改进实验教学是提高物理教学质量的重要措施和有效途径。物理课程的改革要求实验教学从过去的单纯"菜谱式"操作转变为实验探究;实验的功能由过去作为教学的辅助手段转变为贯穿在整个教学过程中创造物理情境、探索物理问题的主要手段。实验教学对培养学生的观察和实验能力,实事求是的科学态度以及引起学生的学习兴趣都有不可替代的作用。物理演示实验是中学物理课堂教学的重要环节,具有娴熟和高超的演示实验技能,不仅是提高物理教学质量的需要,更是一个优秀教师所必备的基本素质。

7.1 物理课堂演示实验技能概述

一切以物理实验为主题的课统称为物理实验课。从不同角度,可以将物理实验课进行不同的分类,按照教学形式可以分为演示实验、学生分组实验、边教边实验以及课外实验与制作等。演示技能是一项重要的教学技能。物理教学中的演示,需要教师掌握设计实验和进行实验操作的技能。然而,演示技能不仅仅是实验技能,物理教学中的演示不仅要符合物理知识本身的规律,在设计、操作中还要符合学生观察、思维的认识规律。实验技能的主要目的是得出物理规律,而演示技能不但要正确得出物理知识的结论,而且更主要的是引导学生观察和思维。

7.1.1 物理课堂演示实验技能的含义

物理课堂演示技能是指教师在物理教学中运用实验操作、实物及模型展示、现代教学媒体辅助等教学手段,以调动学生的感官和注意力,并指导学生观察、思考和操作的一类教学行为。

视频案例　　案例简评

演示实验是教师进行表演和示范操作,并指导学生进行观察和思考的实验。它是物理教学中广为应用的一种教学形式,它可以用于各种教学环节中。

在课堂演示实验教学中,教师是操作实验主体,处于主动地位;学生是观察主体,处于被动地位。而课堂演示实验的教学效果主要是以学生能否达到预期的学习效果来衡量。因此演示实验的教学效果并不仅仅取决于实验本身(实验能否出现预期的物理过程和现象),还取决于教师主导作用的充分发挥。而主导作用能否充分发挥,不仅取决于教师自身的实验技能和教学的基本素质,还取于教师对演示实验所采取的教学策略以及对教学过程(程序)的设计。

7.1.2 物理演示实验的特点

物理演示实验是中学物理课堂教学的重要辅助手段,是在课堂教学这个特殊的时空内进行的,它不同于科学研究中的实验,主要有以下特点。

视频案例　　案例简评

(1)科学性与目的性并重。物理演示实验的主要作用不仅仅是为了获得某一次具体的实验结果,而是为了达到教学目的。演示实验的选择和设计,都必须服从于教学目的。有时候,从科学研究或实际生产的角度来看是先进的手段和方法,但从教学角度来看却未必是合理的、可取的。例如,气垫导轨、电子计时器在较大程度上解决了力学实验中摩擦影响和计时准确性两个老大难问题,但在说明匀速或匀变速直线运动的特点时,还是用打点计时器为好。在特定的条件下,物理演示实验甚至需要有意地对某些造成误差的因素的影响加以夸张或制造某些假象,以引起学生的思考和讨论。例如,用伏安法中的内接法测电阻时选择小电阻,用外接法测电阻时选择大电阻等。

(2)直观性强,可见度高。物理演示实验要面向全体学生,因此,它必须有足够的可见度,它所表现的物理现象必须十分鲜明;它所显示的物理量间的关系必须简单明了;它所依据的物理原理必须正确易懂;它所选用的仪器、装置必须结构简单又易于操作。但是,在增加实验可见度问题上也要注意实验原理的正确性,防止出现"假实验"。

只有清楚明显、可见度高的物理现象,才容易触动学生的视觉,激发学习兴趣,启发思维活动。我们可以采取增大器材尺寸,改善室内光线,选择仪器摆放角度以及选择合适演示角度、位置甚至向不同方位动态展示演示结果等方法,力争提高实验的可见度。另外,我们对某些变化小、效果差的实验现象,应利用投影仪或实物投影仪将其投影放大,提高可见度。例如，非晶体导热性的演示、用验电器检测物体带电、研究静电屏蔽、探索决定电容器电容大小的因素等演示时，我们可采用投影仪或实物投影仪将实验器材映射于屏幕上。我们也可将某些演示实验改为分组实验，如把通过磁铁与线圈相对运动得出楞次定律的演示实验改为分组实验，这样，线圈绕法、指针偏转一目了然，学生不仅便于观察，印象深刻，而且增加了他们的动手机会，提高了学习兴趣，增强了实验能力。除了投影等手段外，还可以用示教板来突出实验的主要装置，以便于学生把注意的焦点集中于所要研究的问题。

（3）瞬时性快，难以再现。演示实验要在课堂教学所分配的有限时间内完成整个实验的操作、观察过程，而且往往是一次性的。不能像学生分组实验那样可以反复多次，仔细揣摸，这就决定了演示实验的仪器装置要稳定可靠，教师事先要进行充分的准备。某些演示所发生的物理现象保留时间很短，一闪即逝，很难保证全体学生都看得到。看不到现象，就不能借题发挥，进行相关的推理和判断。因此，我们除了做好组织教学，及时提示学生把握住关键时机，注意观察外，一方面，在可能情况下，争取时间重复演示几遍；另一方面，创造条件设法延长实验现象的可观看时间，为学生创造观察机会，提高观察注意力。为了集中学生的注意力，教师也可以用倒计时等形式提醒学生注意观察。对确实不易观察的现象，教师可事先用摄像机录像，在教学时可采用录像播放时的定格、慢放、重播等方法使学生看清楚。

（4）实验前准备要充分，成功率要求高。教师的演示实验能启发学生思维、调动学生积极性，帮助学生掌握物理概念、揭示物理规律、解决疑难问题，也是学生操作技能的示范。如果演示实验中经常损坏仪器，或者经常失误，甚至失败，将会造成不良影响。不但会使学生认为教师的演示是在勉强、在将就、在做戏，降低了实验的可信性和说服力，而且自然地会影响教师的威信和形象。所以，教师一方面在主观上应该加强基本功训练，提高个人素质，提高操作技术、技巧，提高动手能力以及应变能力；另一方面，在客观上应该加强演示前的准备，仔细地检查仪器，认真地估计可能发生的问题，并准备好应急措施，也可以对演示方法进行改进，提高其成功率，力争演示实验百分之百成功。比如，静电实验受天气、仪器清洁程度以及室内环境的影响很大，教师在实验前，要认真细致地准备，将仪器擦干净，适当地烘烤，注意室内要通风，以确保实验成功。

 **例 7-1**

有位教师为了演示"一根导线切割磁感线产生感应电流"这一现象，在实验中使用了灵敏度很高的"微电流放大器"，这位教师在学校试讲时都很正常，但正式上课时出现了电流表无法调零这个问题。

评析：这是因为正式上课时这位教师带着无线话筒，较强的无线电波干扰了"微电流放大器"的正常工作。

例 7-2

在做"马德堡半球实验验证大气压存在"的实验时,教材上讲述 16 匹马都拉不开两个半铜球,如果课堂演示时,教师对模拟实验装置的气密性检查不细致,让学生很轻易地就拉开半球,学生对大气压强的概念就易模糊,对教材上讲述的内容产生怀疑了。

评析:即便是教师认为最简单的实验,事先也要加以准备。一般说来,教师在比较平静的气氛下,思维能力是可以正常发挥的;但在紧张的情况下,思维能力就会受到严重影响,在课堂上出现了突发问题,有时即使是简单的问题,也会出现分析失误。可见,只有事先充分准备,才能做到胸有成竹。

例 7-3

一个教师拿了"220 V、25 W"和"220 V、60 W"两个灯泡用于演示串联电路的功率分配与电阻的关系。教师问:"这两个灯泡串联后加在 220 V 的电压上,哪个灯更亮?"演示时发现 60 W 的灯没有发光,教师还以为灯泡坏了,或者电路接错了,检查灯泡、检查电路,浪费了不少时间。

评析:其实电路与灯泡都很正常,因为该两个灯泡串联后接在 220 V 的电压上,60 W 灯分到的电压太低了,以致在白天看不出灯泡在发光,用手摸一摸灯泡外面,可以发现是热的。教师如果事先做过这一实验,不仅可以选择合适的灯泡,还可以利用这一出乎常人意料的现象来设疑激思,借以达到很好的教学效果。

(5)启发性和趣味性强。实验演示能强烈刺激感觉器官,引起学生的浓厚兴趣,产生强烈的学习动机;让学生意想不到的演示结果,能引起学生积极的思维。学生对实验演示很感兴趣,但这不是看魔术,追求趣味,而是通过实验演示让学生获得知识,发展能力,把学生的兴趣和注意力引导到仔细观察实验所发生的现象和操作,认真分析变化的实质上来。

(6)认知过程与情意过程的协同。教学过程常常包括学生的认知过程和情意过程。有的课,教师随意讲笑话,学生很开心,但思维效率不高,效果不理想;也有的课,教师提出的问题思维难度与密度要求很高,学生听得很费力,很难长时间集中注意力。上述两类课效果不理想就是因为没有做到认知过程与情意过程的协同。

例 7-4

"电阻"的教学片段

教师先让学生连接一个测小灯泡电流的简单电路,同时观察灯泡的亮度,记录电流表的读数。教师拆下一根导线,分别在外形(长度、截面积)完全相同的军用电话线里的细钢丝和同样光亮的电阻丝上滑动,学生十分惊奇:两根"完全相同"的导线,其导电本领为什么会不一样呢？这种做法达到了设疑引思的功效。接下来，让学生分别把三种导线顺次接入串有小灯泡的电路中，学生发现：把铜导线接入电路中，灯泡的亮度与电流表的示数没有变化；把康铜导线接入电路后，灯泡的亮度几乎不变，但电流表的示数略有减小；当把镍铬合金导线接入电路后，灯泡亮度明显变暗，电流表的读数显著减小。

评析：上述教学设计的艺术性表现在：自然地引入了"电阻"这个概念，知道了电阻是描述导体导电性能的一个物理量（不同的导体在相同的条件下，对电流的阻碍作用不同）。实验从定性（灯的亮暗）和定量（电流表读数大小）两个角度展示了电路中的电流变化，使学生既能重视对物理现象的观察，又能注重使用仪器进行测量。上述设计不仅体现在认知功能上，还表现在情意功能上，激发了学生的探索欲望和学习兴趣，做到了认知过程与情意过程的协同。

7.1.3 物理课堂演示实验的功能

视频案例　　案例简评

（1）提供直观的感性材料。学生认识有关事物，学习某些抽象的概念、规律时，必须从接触这个事物，获得感性知识开始。直接经验不多的学生，要建立一个概念，掌握一个规律，必须有个观察现象、重温经验以至产生印象从而形成观念的过程，才能理解、巩固相关概念，并实现迁移。中学物理的内容虽与日常生活中许多现象有密切的联系，但实际现象常常是复杂的，与许多因素有关。加之中学生尚缺乏有关的物理知识，往往不能深刻地感觉这些现象，更难以找出现象中反映的物理本质。有些物理现象似乎与日常生活中给学生的印象不一致。因此有必要通过演示实验把物理现象的特征突出地显示出来，使学生获得丰富、深刻、正确的感性知识。演示实验以适合学生认识规律的方式，通过实验演示，为学生提供丰富的直观感性材料，有利于突破难点和重点，促进学生理解和巩固知识，提高课堂教学效率。如果没有丰富的感性材料为基础，学生的学习就只能死记硬背抽象的概念和规律，这便失去了教育的真正意义。

 例7-5

光现象是大家都熟悉的，对光的反射定律也有了一定的感性知识。但是，学生对其严格的数量关系，特别是对入射光、反射光和反射面的法线在同一平面却无充分的感性认识。在讲解时，可以用图7-1所示的装置进行演示。光线由 E 一侧入射到平面镜 M 上，转动 F 平面直到显示出反射光，使学生看到反射光与入射光在同一平面上，且光线与法线的夹角相同。这样学生不仅容易记住结论，还会在头脑中形成一定的物理图像。

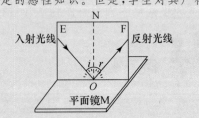

图 7-1　光的反射定律演示实验装置

例 7-6

在物理中有些概念、规律比较抽象，或表述较难让人理解。如楞次定律，在课本中是这样叙述的："感生电流具有这样的方向，就是感生电流的磁场总要阻碍引起感生电流的磁通量的变化。"这里出现了感生电流方向，感生电流磁场方向，原磁场方向，原磁通量的变化等，学生很难理解。利用演示实验把它们显示出来，并记录下来，使学生有了感性知识，楞次定律很晦涩的文字表述就会由于生动的物理图像而变得容易理解和记忆了。

理解光的色散现象，假如没有用棱镜对白光的色散演示，学生是绝对想象不出白光中有如此丰富多彩的成分的，也无从了解光谱中的颜色是如何排列和渐变的。

（2）创设物理问题情境。在教学中，问题情境一般有两种：一种是呈现问题的情境，即教师通过语言、教材或其他教学手段向学生提出有关的问题，这类问题一般都有已知的解决方案和方法；另一种是发现问题的情境，即教师并不向学生呈现明确的问题，而是

视频案例　　案例简评

通过各种教学手段在教学中设置具有一定难度的、需要学生努力而又是力所能及的学习情境，让学生通过对有关现象、事例、实验或其他学习材料的感知，独立自主地发现问题和提出问题。利用演示实验是创设问题情境的基本策略。演示实验是配合课堂讲授和问题讨论进行的实验，具有引人入胜、引人深思、实验条件明确、观察对象突出、演示层次分明等特点。在利用演示实验创设问题情境时，教师要善于制造认知冲突，让学生在观察与思考中发现问题、提出问题。

例 7-7

吹气实验。该实验用于有关蒸发知识的教学。在教学时，教师请学生做如下的吹气实验：第一次请学生将手掌摊开放在离嘴大约 15 cm 的地方，张大嘴，慢慢地对手掌呵气，学生会感到手掌"暖烘烘"；第二次请学生将手掌摊开放在同样的位置，先闭嘴，然后嘴留一条小缝，用力向手掌吹气，学生会感到"冷飕飕"。然后要求学生提出问题。在这种情境下，学生自然会产生并提出这样的问题：同样从自己的嘴中吹出的气，为什么一次是暖烘烘，而另一次是冷飕飕？同是嘴中吹出的气，理应温度相同，为什么吹气的方式不同，两次感觉不同？教学便可围绕解决相应的问题来进行。

在中学物理教学中，有许多常用的简易实验，如"拉两本页码交叠的课本，拉不开课本"的实验，"吹两张卜垂的纸条，吹不开"的实验等，都可以让学生自己做实验，创设学生自我发现问题和提出问题的情境。

例 7-8

　　初二物理讲到"沸腾与蒸发"一节时，创设情境可按下述程序进行：教师在讲台上放一盏酒精灯，然后举起一张纸问："这张纸，放到点燃的酒精灯上，会燃烧吗？""会。""那么，用纸折成一只盒子放在灯上会不会燃烧？""当然会。"教师将纸盒里装满了水，待纸盒湿透了，倒出水，放到点燃的酒精灯上，结果纸盒没有烧起来。学生说："这有啥稀奇，纸盒湿掉了当然不会烧起来。"教师问："为什么纸盒湿掉了，就不会烧起来呢？"

例 7-9

　　在原有的探究牛顿第二定律的实验装置中，一组实验中，拉力是恒定不变的，再进行第二组实验时，拉力改变为另一个恒定不变的力，体现不出拉力的瞬时改变。可把实验装置稍作改装，开始用两个重物一起拉小车，在运动过程中，其中一重物被一挡板挡住，瞬时变为只有一个重物拉小车，这样就创设了拉力 F 瞬时改变、加速度 a 瞬时改变的物理情境。实验装置如图 7-2 所示。

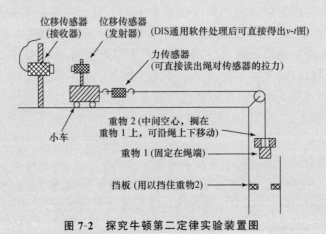

图 7-2　探究牛顿第二定律实验装置图

　　利用 DIS(Digital Information System，数字化信息系统)实验，通过力传感器直接测量出绳子的拉力 F 的大小，得到 $F\text{-}t$ 图；通过位移传感器(发射器、接收器)，直接得到位移随时间变化的 $s\text{-}t$ 图，$v\text{-}t$ 图，便可从 $v\text{-}t$ 图中的斜率直接观察到加速度 a 的瞬时改变，这样就得到了直观的力 F 瞬时改变、速度 v 连续改变、加速度 a 瞬时改变的物理情境。

　　实验得到 $v\text{-}t$ 图(小车速度随时间变化的图像)、$F\text{-}t$ 图(绳中张力随时间变化图像)如图7-3所示。

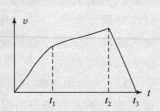
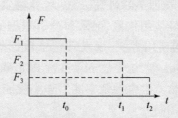

图 7-3　力 F 与速度 v 的关系

由图 7-3 可知:力 F 瞬时改变、加速度 a 瞬时改变、速度 v 连续改变,F 与 a 瞬时对应。

观察 F-t 图可知:F 有三段不同值,第一段对应于小车开始运动前处于平衡状态时的绳子拉力,显然此时拉力 F 等于重物的总重力 G_1+G_2;第二段对应于重物 1 和 2 拉着小车做匀加速运动时的绳子拉力,由图可知,$F_2 < F_1$,即 $F_2 < G_1+G_2$,学生对于加速运动时,绳子拉力 $F < G$ 的理论知识,获得了直观的感性验证,"心服口服"。

这里通过实验让学生亲眼看到拉力小于重力,那么已有概念形成的思维障碍一下子给消除了,学生的观念很快就转变过来了。

(3) 激发学习兴趣。演示实验中,展示了许多有趣、新颖、令人惊奇的物理现象,教师在演示中又创设教学情境,巧设疑问,把这种外部诱因作用于学生,使其产生内部需要,激发了学习兴趣,提高了他们的学习积极性,从而把学习积极性引向具体的学习目标。所

视频案例　　案例简评

以,演示教学中,要沿着"需要产生兴趣,理论强化兴趣,运用升华兴趣"的层次展开,把激发学生的学习兴趣贯穿于教学的全过程。

演示实验是归纳和总结物理概念和规律的基础。有些概念和规律,无论教师如何努力讲授,学生也很难深刻理解和体会,而通过简单的演示实验,就可以使教师用较少的语言,在较短的时间内,把要讲述的课题展现在学生的面前。当学生对这个"为什么"产生浓厚的兴趣时,他们的思维活动必然是积极活跃的。一个好的演示实验所起的作用,是再生动的口头表述也代替不了的。

例 7-10

在讲"物体的浮与沉"一节时,教师可以结合演示实验提出下列问题:为什么木块放在水里总是浮在水面,而铁块放在水里总是下沉呢?这时学生会答:因为木块轻,而铁块重。这时教师用实验来展示同质量铁块与木块放在水里的情况,又问:同质量铁块与木块放在水里,铁块为什么还沉下去呢?学生可能很惊异;再问:轮船都是钢铁做的,为什么却能浮在水面上呢?学生感到迷惑不解,形成认识冲突,急于知道其原因;这时教师拿出一支剪去头部的废牙膏壳,卷成实心状,放到水杯里,则见牙膏壳下沉,然后又将牙膏壳恢复成圆筒状,头朝下放入水杯中,可见到:牙膏壳立即浮在水面上,接着又问:牙膏壳的质量未变,为什么空心的牙膏壳能够浮在水面上呢?这时学生各抒己见,思维活跃,在教学过程中,学生始终都很有兴趣。

（4）领会物理学的研究方法,培养科学探究的态度。在演示教学中,教师正确使用仪器、记录和分析数据的规范操作,可使学生了解基本仪器的使用方法、观察和记录数据的方法、分析数据并作出实验曲线的方法等,这是培养学生掌握正确的操作技术和观察方法

视频案例　　　案例简评

的过程,也是培养学生的观察能力和实验能力的过程。演示实验中教师在直观观察的基础上提出问题,控制变量,直到完成抽象概括的过程,使学生了解了物理学研究方法,培养了学生从实际出发、尊重客观事实和实事求是的科学态度。学生一旦掌握了正确的操作技术和观察方法,便可以独立地进行观察实验了。这就是平时常说的:"教学不但要让学生得到金子,而且要让学生学会淘金术。"

 例 7-11

在讲物质的汽化和液化问题时,常做一个演示实验。被加热沸腾的水汽化,水蒸气由玻璃管喷出,在装有冷水的烧瓶壁外凝结成水滴,靠近烧瓶处有团团白雾。要求学生仔细观察现象,并注意现象中的一些细节。即沸水瓶中水面上方的气体——水蒸气是无色透明的,玻璃管口附近的气体——水蒸气是无色透明的,靠近烧瓶处的是"白气"。"白气"不是水蒸气而是细小的水滴。通过细致的观察,学生不但认识了现象,而且提高了观察能力。

通过观察和思维训练,学生不仅达到巩固所学物理知识的目的,还能更好地把知识运用到实践中去,加深对物理知识的进一步理解,并进一步发展实验、观察和思维的能力。

在物理教学中演示实验是在教师控制下呈现物理现象或者物理过程的,教师有目的地在演示中突出物理学的研究方法,可以潜移默化地对学生产生影响。比如:物理定律和某些物理概念的建立,通常是在实验观察的基础上提出问题,进行猜想和假设,制订实验计划和步骤,采用控制变量法进行实验的过程;实验验证则是在理论分析的基础上提出假设,演绎出可以直接观察的现象,然后进行实验验证。正确应用实验演示技能可使学生了解物理学的研究方法,可以培养学生从实验事实出发,实事求是的科学探究态度。

（5）为学生实验操作提供示范。在物理演示实验教学中,通过教师的规范操作、记录和分析数据等示范,学生从中可以学到正确规范的实验操作技术和方法,为其训练实验技能创造了条件。

视频案例　　　案例简评

 例 7-12

在做电学类演示实验时,一般应先画出电路图,然后按图接线;接线时要预先估计电压高低和电流的大小,选择合适的电表量程。电流表应串联在待测电路之中,电压表则应并接在待测电路两端;还要注意到直流电表的正负接线柱不能接错。接线顺序应先接元件、仪器和

开关（接线时应是断开的），滑动变阻器的滑动触头开始时应置于阻值最大位置（降压使用时），最后才接上电源。通电前一定要认真检查线路，确认无误，才能通电。通电时要特别注意观察仪表指针的偏转情况，及时调整量程或改变电源电压，使之能进行观察和精确读数。记录实验数据应有多组实验数据，读数时还要注意有效数字的正确取位。在得出实验结论后还应进行误差分析。实验完毕应将仪器整理好。

以上这些都是学生进行电学实验应该切实掌握的基本操作方法，教师在课堂上做演示实验时都要反复说明和严格要求。上行下效、严己宽人，才能使学生口服心服。中学生具有很强的模仿能力，只要我们充分发挥榜样的力量，通过长期的潜移默化、耳濡目染，就一定能培养出学生良好的实验习惯和修养。

7.1.4　演示实验技能的构成要素

1. 演示实验的设计

在物理课堂教学中，要做好不同类型的演示实验，首要的工作是根据物理教学内容和目的，进行课堂演示实验设计。

（1）过渡性实验的设计。有些演示实验所说明的现象和传授的知识与学生原有的认识水平有一个较大的差距，不能被大多数学生所理解和接受，因此，通常要设计过渡性的辅助实验来降低原有知识与新知识间的梯度。

视频案例　　案例简评

 **例 7-13**

在演示"托里拆利实验"前，可设计三个辅助实验为学生理解托里拆利实验铺平道路。

实验一，取两端开口的"U"形玻璃管一支，在管内注入约一半红水，静止时两管液面相平，问学生为什么？

实验二，取二根约 1m 长，两端开口的玻璃管，将其中一根插入水槽中固定在支架上，再将另一预先装满红墨水，一端用塞子塞紧（封闭）的玻璃管，用手指按住开口一端，也将它倒立在水槽中，固定在支架上。装置安装完毕，教师边让学生观察边指出：左右两管和水槽实际上组成了一个连通器，因为槽内水的上表面被大气覆盖，大气、右管中的液体将槽内水密闭着，槽内水与左右两管底部相连。根据连通器原理，右管中液体对左管中大气有一个压强，同时右管液体也受到左管大气压的作用，因右管一端封闭，无大气压作用，故液体不下降，靠的是左管中大气压的作用。拿去左管，右管中液体仍不下降，学生都懂得，右管液柱仍受到管外大气压的作用。教师接着问：如拔掉管上端塞子将产生什么现象呢？然后拔去塞子，验证上述结论后，再问：为何能相平？

实验三，取 1m 长两端开口的玻璃管，插入水槽中，固定在支架上，用软的橡皮管套在上端，橡皮塞的另一端连接抽气筒。边抽气边让学生观察：玻璃管中的液柱怎样变化？为什么？

例 7-13 中通过过渡性实验及对有关原理的分析讨论后,再演示托里拆利实验,学生就容易理解和接受了。

（2）探索性实验的设计。传统的物理演示实验,通常是以教师讲解、演示,学生看、听的形式进行的。因事先定了框架,束缚了学生的思维,不利于学生能力的培养。探索性实验应是从个别的物理现象出发,通过归纳、推理、论证,从而得出一般物理规律的一种实验类型。

视频案例　　案例简评

例 7-14

初三物理"电流强度跟电压的关系"一节的教学,设计步骤如下:

（1）教师出示导体,问:怎样找出通过这段导体中的电流强度和加在它两端的电压之间的定量关系?

（2）要研究导体中的电流强度随电压变化规律,实验中需改变导体两端电压,怎样改变?

（3）完成这个实验,需如何设计电路?要求同学们思考后在纸上画出电路图,并注明电表正、负接线柱。

（4）电表的量程如何选择?怎样接入电路?

（5）挂出画有实物图的小黑板,要求学生以粉笔当作导线连接。师生共同评论,指出正误。

（6）师生共同设计实验表格,接着进行实验,并将数字填入表内。

例 7-14 中这种教法的优点是:① 电路图是学生在教师启发引导下,通过自己动脑设计的。所以在实验过程中,应怎样做,观察什么现象,记录哪些数据,说明什么问题,教师不必多讲,学生自然明了。② 在整个实验设计过程中,学生在教师的启发下不断进行分析、思考、比较、综合、归纳,使自己的认识不断得到深化和提高。

（3）验证性实验的设计。先引出物理概念、规律或原理,然后用演示实验去验证,类似于验证性物理实验。有时为培养学生的物理创造性思维,演示前,一些物理规律可先让学生大胆猜测,然后用实验验证。这样的教学过程也具有一定的探究性,使学生在获取物理

视频案例　　案例简评

知识的同时掌握了物理的思维方法。这种方法通常是在学生学完某一物理规律或某一物理原理后,为使学生把知识系统化、具体化而引导学生运用分析、推理、预测等方法,先从理论上判断,最后设计实验验证。

例 7-15

初二物理讲到"大气压强"一节时,当做完托里拆利实验后,学生已经知道玻璃管中水银柱保持一定高度,是由于大气压的作用。那么,怎样来验证这一事实呢?可引导学生按下列步骤来设计实验。

（1）教师指出：管内水银柱上方没有空气，因此，无空气压强作用于该水银面上，而管外水银面上都受到大气压的作用。请问：是什么支持着管内水银柱？

（2）提出假设：假设管外水银面上不受大气压的作用将会出现什么现象呢？

（3）怎样使管外水银面不受大气压的作用？

（4）出示预先做好的实验装置。按学生的设计思路，指名学生上台实验。

像例 7-15 这类实验的设计目标明确，学生学习的主动性较强。先根据物理现象提出科学的假设，再通过设计实验来验证物理规律，这样，可使学生得到生动而又实际的运用科学方法的锻炼。

2. 指导学生观察

演示实验目的在于辅助教学，创造一个合适的物理情境，有利于学生学习，培养观察能力。关键要加强对学生的观察指导。观察指导有两层含义：一是吸引学生注意观察；二是教给观察方法。告诉学生往哪看，看什么。

视频案例　　案例简评

（1）观察器材。观察实验器材就是观察其结构、每部分的作用、工作原理、器材的用途、量程、测量范围、最小刻度值、使用方法、注意事项等。如对电流表的观察就要注意它的量程、最小刻度值、正负接线柱、量程选择等，通过观察可以帮助学生理解它的原理、用途和使用用方法。

（2）观察实验装置的安装及操作过程。指导学生观察实验装置的安装及操作过程，让学生通过观察实验的安装操作，观察到器材的用途，实验装置的用途，使用了哪些器材，仪器所选的量程，连接顺序、方法等，如"伏安法测电阻"就要求学生观察：实验前根据原理画出相应电路图，根据电路图选择合适的器材，按照一定的顺序连接，连接过程中注意开关状态应怎样，滑动变阻器滑片应放在哪里，再观察电流表、电压表量程的选择是否恰当，操作过程中眼、手合理分工，正确读取及分析数据等。

（3）观察实验现象。实验现象的观察，主要是观察现象产生的条件、过程等。例如，观察萘的熔解与凝固实验就要观察萘的熔解与凝固过程温度是否变化，哪个过程吸热，哪个过程放热等；又如焦耳定律的实验就要观察哪个电阻丝长些（电阻大些），哪个电阻产生的热量多，及整个实验装置的连接等。

 **例 7-16**

演示液体内部压强与深度关系的规律，应先向学生明确要观察思考的四个问题：

其一是液体内部压强与深度的关系；其二是液体内部在各个方向上是否都有压强，（特别是向上的压强）及它们之间的关系；其三是让学生明确"U"形管压强计的构造及功能；其四是在实验时，先让学生体会"U"形管两侧液面的高度差越大，表示压强越大（用手压橡皮膜，拿实物对照来讲）。

3. 实验的操作控制

演示实验技能的操作控制包括三方面的内容：首先是教师的演示操作正确、规范，保证成功演示现象；其次是根据演示实验目的和学生的反应，有效地控制演示的快慢、次数、方向、位置以及给予适

视频案例　　案例简评

当的语言启发；最后是对演示操作过程进行某些特殊的控制，使演示现象更直观、明显，便于学生分析概括实验结论。

 例 7-17

微小形变的演示实验

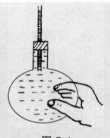

[器材] 吸管，椭圆截面大玻璃墨水瓶，白色硬纸片，小塑料瓶。

[步骤]（1）在椭圆截面大玻璃墨水瓶的塞子中穿过一根吸管（内径 1~2 mm），在吸管的一侧固定一张白色的硬纸片作为屏，瓶内装满红色的液体，并使红色液体的液面位于吸管中段位置，如图 7-4 所示。这一配置应在课前做好准备。

图 7-4

（2）用手压小塑料瓶使其变形，然后提出问题：如果对石头块、玻璃杯之类的坚硬物体施加压力或拉力，它们是否会发生形变呢？

在实验桌上展示实验物体，并用指甲弹击瓶壳，使其发出清脆的响声；然后，从椭圆截面的短轴方向向里挤压瓶子，使学生见到玻璃管的水柱液面明显上升的现象。

当学生看到"奇异"的现象，激发了兴趣，但还在怀疑是否是热胀冷缩的原因之时，再演示从瓶子截面长轴方向向里挤压，使学生见到玻璃管里的液面突然下降，让学生真正理解到，坚硬物体在弹力作用下确实发生了形变。

对于实验现象不明显的，可以合理运用多媒体，优化演示实验教学。

4. 启发学生思维

演示实验是在教师指导下让学生进行观察的同时教师提出问题让学生思考，并在教师引导下进行物理思维方法训练的过程。在实验教学中，要尽量再现实验的设计过程，多让学生想想："为什么

视频案例　　案例简评

要这样做？""换种方法行不行？"以此渗透物理思想，启迪学生思路。

 例 7-18

在做奥斯特实验时，教师先演示在通电直导线下小磁针指向发生偏转，为学生提供一个可感知的形象信息，并没有马上就向学生指出这是通电导体周围存在磁场，而是请学生回忆旧知识，把小磁针放在条形磁铁旁边会发生什么现象？小磁针放在地面附近为什么会指示南北方向？学生通过思考，很自然地从磁体周围存在磁场这一已知的知识，进而概括出"通电导体的周围也存在磁场，电和磁有密切的联系"这一重要结论。在一般教学中，达到这一层次就

已经认为达到教学目的了,如果这时再因势利导,提出"平时我们看到一条导线,能否确定导线中有电流通过呢?"的问题,可以进一步激发学生思考的兴趣。通过这样的教学,既培养了学生的创造性,加强了知识间的联系,又教给学生一种认识事物的方法。

7.2 物理课堂演示实验的类型、应用原则和要点

物理演示实验只是一种辅助的教学形式,严格地说,只是一种直观辅助,因此,运用演示实验技能必须和课堂教学环节紧密联系,才能收到较好的教学效果。在教学过程中,教师如能紧扣教学环节,合理运用物理课堂演示实验技能,就能为讲授开路,起到突出重点,突破难点,巩固知识和应用知识的作用,达到较好的效果。

7.2.1 物理课堂演示实验的类型

（1）引入新课的演示实验。这类演示实验运用于讲授新课之前,目的在于引起学生对即将研究的问题的兴趣,激发求知欲望,使学生自惊奇和疑问开始,对即将接触的新内容进行思索。

视频案例

案例简评

例 7-19

大气压强——覆杯实验导入。将一只玻璃杯灌满水,用一张塑料卡片盖在杯口上,再按住卡片倒过来,问,当把手移开后,会产生什么现象?学生惊讶不已,从而激发了学生强烈兴趣。这时就可抓住学生心理状态和活跃的气氛,将问题过渡到所讲的内容上。

（2）建立概念、规律的演示实验。这类演示实验运用于讲授新课之中,其目的在于提供大量感性材料,然后引导学生观察、思考,从中建立新的概念、规律,以培养学生的观察、思维能力。它的特点是实验条件明确,观察对象突出,演示层次分明。

视频案例

案例简评

例 7-20

为了使学生认识惯性定律,可设计实验装置和程序如下:第一步,将小车放在桌上,问:"怎样才能使小车运动?"把小车推动,问:"不继续推小车,小车将会处于什么状态?"在联系其他一些现象后,让学生提出看法:"你认为物体运动的原因是什么?"第二步,让小车从斜面上的同一位置放下并进入水平面,分别在水平面上垫粗毛巾、细棉布和玻璃板,观察现象,问:"假定小车与支撑面间没有任何阻力,小车将会处于什么状态?你又能得出什么结论?"这样的实验装置和演示程序,更有助于学生认识"力不是维持物体运动的原因"。

（3）深化巩固概念、规律的演示实验。这类演示实验，一般是在讲授新课之后运用，目的在于加深理解、强化记忆。一般都在原有实验基础之上改变一些条件，以利于概念的拓展和推广，增强学生的应变能力。

视频案例　　　案例简评

 例 7-21

　　在初中物理浮力教学中，为了加深对浮力产生原因的理解，在按教材内容从理论上作了说明后，接着做一个"浮体沉而不浮"的实验。石蜡块的密度小于水的密度，通常可以漂浮在水面上，所以是浮体。但是在特定条件下我们可以令它"沉而不浮"。具体做法是这样：取一只平底烧杯，将一块底面平滑的长方体石蜡块放到烧杯内，缓慢注水，直至浸没石蜡块，石蜡块沉在底部并不上浮。为什么会出现这种奇怪的"浮体沉而不浮"的现象呢？原来水对石蜡是不浸润的，在石蜡块与烧杯底部密切接触时，水不能钻入其间的空隙中去，因而石蜡块只受到水对它的上表面的向下的压力，而下底面则不受水对它的向上的压力，或者说石蜡块受到水的向下的压力而没有水对它的向上的压力，所以"沉而不浮"。把烧杯轻轻敲击一下，石蜡块又浮起来了。通过这样的演示令学生更深刻地认识到液体对浸在其中的物体产生的浮力就是由于液体对物体向上和向下的压力差而产生的。

　　（4）应用物理知识的演示实验。这类演示实验可在讲授新课之后运用，也可以在复习课中实施。其教学目的在于，让学生运用所学的知识理解实验现象，培养学生理论联系实际，分析问题、解决问题的能力。例如，用光导纤维进行光通信的演示，即可使学生了解全反射等原理的应用。

视频案例　　　案例简评

7.2.2　物理课堂演示实验的应用原则和要点

视频案例　　　案例简评

1. 应用原则

（1）目的性。在演示实验中，明确实验目的有两层含义。一是教师要有明确的实验目的。演示实验运用于课堂教学的不同环节，有不同的目的，有无必要演示，选择什么样的演示，怎样进行演示，都必须根据实验目的来决定。二是要使学生明确实验目的。在演示之前，一定要让学生明确为什么要做这个实验，怎样做这个实验，说明仪器的结构及作用，指出要观察的现象，使学生明确观察目的。对演示效果的评价不能离开演示的具体功能。

 例 7-22

　　在平抛物体的运动的教学中，既可用"抛出粉笔头"这一简单的演示，也可用"平抛运动演示仪"的演示，还可以利用闪光照相图片等。在运用演示实验引入新课或帮助学生认识平抛运动的初步特征时，可选用抛粉笔头的实验，这一实验虽然简单，但可以有效地引导学生通过观察,定性描述平抛运动的特征。如果需要让学生认识到"平抛运动可以看成是水平匀速运动和自由落体运动的合成",可利用"平抛运动演示仪"实验,若配合使用闪光照相图片(或投影),则效果更好。由此可见,演示实验只有和一定的教学内容、教学方法、教学过程等相结合,才能发挥它的功能和作用。

(2)科学性。演示实验的设计和解释,必须符合科学性原则,实验中出现误差是难免的,但是不允许出现科学性错误。

例7-23

用大型示教用电流计演示 LC 振荡电路产生振荡电流时,看到电流计指针来回摆动,于是就解释说振荡回路产生了振荡电流,这是不科学的。因为一般情况下 LC 回路振荡频率很高,电流计指针根本来不及摆动,指针的摆动实际上是瞬间电流作用的结果。

(3)简单、可靠性。在保证符合科学要求的前提下,只要能说明问题,演示实验必须做到简单、可靠,所用的仪器和操作方法应尽量简单易行。

例7-24

演示"低压沸腾"可用以下三种方法:

(1)将烧瓶中的水煮沸,加塞,停止加热后水沸腾停止了,再将烧瓶倒置在支架上,往瓶底浇冷水,水又重新沸腾起来。

(2)往瓶中倒入 90℃ 左右的热水,水温低于沸点不沸腾,用抽气机(或针筒)抽气,水就沸腾起来。

(3)用 100 mL 的针筒直接抽取约 10 mL 的 90℃ 左右的热水,将针筒尖端用橡皮帽封住,拉动活塞,针筒内的水就沸腾起来。

比较例 7-24 中三种方法,显然第三种最符合简单、可靠性的要求。凡是能用简单的方法,就不必把演示实验的装置复杂化。

(4)直观、明显性。所谓直观性就是从实验中可以直接观察到物理过程,无需经过复杂的推理便能直接揭露其物理本质。例如,演示液体的低压沸腾时,直接抽气演示就比浇冷水演示要直观。所谓明显性,是指实验的效果明显,而且要使所有的学生都能观察到,这样,就需要增强仪器和实验现象的可见度。

要使实验现象演示直观、明显,可利用以下几种方法。

① 背景衬托法。一般要求背景的色彩要与所研究的对象的颜色有较大的反差,能引起较强的视觉效果。例如,在演示光的直线传播实验中,在光的传播路径上喷上烟雾,这样可

以使光路清晰可见。

②染色法。对比较透明的液体或不易观察的物理现象,使它带上容易引起视觉反应的颜色。例如,在演示液体压强的实验中,把压强计中的水染成红色,这样可清晰地看到液体内部压强的变化规律。

③投影法。对于实验器材比较小,且只能水平放置的实验,可通过幻灯机进行投影放大。例如,在演示水波的干涉和衍射实验中,把发波水槽放在幻灯机上,通过放大投影展示在屏幕上,使全班学生都能看到同频、同相的二列水波产生的干涉图样和一列水波通过小孔后形成以小孔为中心的环形波的实验现象。

(5)趣味性。为了提高实验效果,加深学生的印象,就要使实验具有较强的趣味性,除新奇的实验现象、意想不到的结果外,形象的模型、自制的仪器,例如,常见的"小喷泉"及"水果电池"实验等,都能产生较强的趣味性。

(6)启发性。要使实验具有启发性,应在"趣、疑、难"上下工夫,有趣味才能吸引学生;有疑问才能使学生积极思维;有一定的难度并解决它,才能使学生的认识进入更高层次。三者有机结合,定向引导,就能营造一个向未知探讨的环境。例如,我们拿一张纸和一个硬币,从一定的高度松手后,可以发现,硬币先落到地面上,这与人们"重的物体先落地"的认识是吻合的;可是,如果我们把纸张揉成一团,再让纸团和硬币同时、同高自由落下,则发现它们几乎是同时落到地面上,这个看上去是很简单的实验,却是很有启发性的。

2.应用要点

(1)配合讲授,启发学生,指导学生进行观察和思考。在进行演示实验时,教师必须配合讲授指导学生对所演示物理现象进行有目的、有准备的观察,并不断启发学生思考"为什么",引导学生透过现象,认识本质,明确现象之间的因果联系,从而得出合乎逻辑的结论。

在设计实验程序时,亦要注意使其符合学生的认识规律,启发学生思维。在介绍实验的原理及仪器的使用后,一般要提出问题,引起学生思维,然后再用实验程序引导学生思维的发展。同时要注意思维方法的训练,加强思维和观察的结合,从实验观察出发,以观察推动思维,以思维指导观察,最终达到通过观察启发思维,认识客观规律,发展能力的目的。因此,在设计演示实验或演示程序时必须在启发性上下功夫。

(2)训练思维方法,发展思维能力。仅有学生思维的积极性,而无正确的思维方法,思维也不能得到很好的发展。

学生按照教师的演示程序思考问题,一般都能顺利进行,而要独立地辨别物理现象的本质常常会发生困难,为此,有时可设计两个表面相似而实质不同的实验,以训练思维方法。我们知道基本的思维方法有比较、类比、分析、综合、判断、推理等方法,这些方法都可以在实验中恰当安排,逐步进行训练。

正确思维方法的形成,常常是在不断纠正错误的过程中实现的,学生在日常生活中,因为思维方法不对,往往只凭经验而形成错误观点。因此,在演示实验设计中就要让错误观点暴露出来。从纠正错误的过程中,训练正确的思维方法。例如,电源内阻不为零时,当电路中负载电阻改变,学生总认为电流越大,电源的输出功率就越大,如果用导体发热的现象进行对比演示,就有助于学生纠正错误的观点。

（3）演示实验的过程和结果，必须具有科学性。演示实验与课堂的内容紧密相连，实验的成败往往直接影响课堂教学的进程。课堂教学的每一分钟都十分宝贵，需要在很短的时间内，配合讲授，准确无误地完成教学任务，因而要求演示实验一次成功，否则，不仅造成教学时间的浪费，还会引起学生对所讲问题及内容的科学性产生怀疑。因此，在设计演示实验时，必须有一定的可靠度。教师在课前要做好充分准备，特别是要掌握原理，准确抓住实验关键，使实验得以顺利进行。同时亦要注意误差的存在，并向学生详细说明造成误差的原因，绝不能弄虚作假，对一些只能用定性说明的问题，不能强求定量说明。

7.3　物理课堂演示实验技能应用示例

7.3.1　物理课堂演示实验技能应用指导策略

演示实验，对于帮助学生掌握实验技能技巧起着示范作用，对于培养学生的观察能力、形象思维能力、分析能力也有很大作用。教师演示技能强，实验效果好，有利于激发学生学习物理的兴趣，促进对知识的理解，降低学生对学习物理存在的畏惧感。

1. 物理演示实验教学技能的一般要求

（1）演示的内容应正确、典型，符合教学要求。引入概念和探索规律的实验力求因果关系简单，现象和本质的联系易于解释和理解。因果关系较复杂或现象和本质的联系不甚明显的实验，一般作为巩固性实验或应用性实验为宜。

视频案例　　　案例简评

（2）选用的实验装置力求结构简单，操作简便，突出关键步骤，以利于学生集中注意演示实验本身，提高教学效果。

（3）演示的现象要直观，有足够的可见度。在可能条件下，力求先引起学生的好奇心或悬念，然后再做演示，给学生留下清晰深刻的印象。

2. 提高实验演示效果的策略

（1）通过新异实验，激发学生的好奇心。教师将学生日常生活中看到的现象在演示实验中简单地重复，学生会感觉乏味。演示实验要注意变化演示方式，突出演示效果，增加刺激量，激发学生的求知欲。

视频案例　　　案例简评

 **例7-25**

"怒发冲冠"

做静电实验时，用带电体吸引轻小物体时，把一块已经带电的包装用的泡沫塑料块，放在学生头的上方，当塑料块还未接近学生的头部时，该学生的头发就会突然向上飞蓬，此时必定全班哗然，学生学习静电知识的积极性将大大提高。

（2）通过惊险实验，创设意想不到的物理情境。教师精心设计演示实验，可以制造出紧张、惊险的气氛，给学生留下深刻的印象。教师成功演示实验，可以把惊险转化为强烈的兴趣。当学生想象中的实验结果会引起不良后果（损坏东西或人体）时，学生的注意力会集中于实验现象的观察上。

视频案例　　案例简评

 例7-26

"惯性实验"

课本演示惯性的典型实验中，把玻璃杯上的钢球换成鸡蛋，就会产生惊险的心理效果，让学生在实验事实面前震惊，动摇头脑中根深蒂固的错误观念，产生良好的教学效果。

（3）通过有悖常理实验，让学生产生认知冲突。这类实验的奇妙之处在于有悖"常理"，这常常会成为促进学生探究的动力，因此，教师进行演示教学时，要注意创设有悖"常理"的奇妙情景来激发学生的求知欲。

视频案例　　案例简评

 例7-27

水是热的不良导体

在试管底部放上几条小活鱼，用酒精灯加热斜放着的试管的水的上部，试管中水的上部已经沸腾了，试管底部的小鱼仍在游动着。"沸水养活鱼"，这奇妙的事情怎么能不引人深思呢！

（4）通过对比实验和多向操作，引导学生深化对实验现象的理解。人们认识事物常常是通过对比来实现的。分别演示条件具备和条件不具备的各种现象，称之为对比实验。对比演示可以突出实验现象的物理因果条件，同时消除学生可能潜在的对实验结果产生

视频案例　　案例简评

怀疑的心理。对比演示可以使学生留下清晰、深刻的印象，有利于他们把握事物的特征。多向操作是指改变物理现象发生后的时间、空间，观察现象是否消失，称之为多向操作。多向操作可以促进学生对物理知识的理解。

 例7-28

力 的 合 成

演示两个分力的夹角越大，其合力越小。可以让两个学生拉绳子的两端，当两个分力的夹

角很小时,第三个学生握住绳子的中央部分向反方向拉,很难拉动。如果绳子的两端各让四个学生向相反的方向拉,让一个学生握住绳子的中央部分向垂直方向拉,八个学生的合力却被一个学生的力量轻易地战胜了,这样,便使学生对力的平行四边形法则感受很深。

　　(5) 通过反证实验,强化知识理解。中学物理演示实验,大都直接从正面去肯定结论,但如果教学中从正面得出结论后,再通过实验从反面证明结论的正确性,更增加了学生的印象,强化了对知识的理解和记忆。

视频案例　　案例简评

 例7-29

　　用托里拆利实验演示了大气压强后,学生往往不相信管内的水银柱是大气压"压上去"的。这时可做反证实验:将托里拆利实验装置放入真空罩里,当用抽气机将真空罩里的空气逐渐向外抽时,看到水银柱逐渐降低;当真空罩的空气几乎抽空时,看到水银柱的高度几乎是零;再把空气慢慢放进真空罩里,可看到水银柱逐渐回到原位。

 例7-30

　　将充满水的杯子用纸片压在杯口,将杯子倒立后,纸片不下落。此时小心地将杯子底用线系在一个玻璃罩内,然后,用抽气机抽出瓶内空气,当瓶内空气减少到一定程度时,纸片和杯中的水下落。说明纸片和水在开始倒置时不下落是因为受到大气压强的作用。

　　3. 实验演示操作中促进师生互动的策略

　　演示过程要引导学生有目的地观察、思考,全面了解现象的特征及其发生、发展的条件以及条件与结果之间的依赖关系等,可让几个学生进行操作、读数、记录,其余学生进行监督、指正,这样"表演虽几人,共鸣在全班",活跃了课堂气氛,激发了学生的积极主动性。

视频案例　　案例简评

　　演示时要积极创造条件,克服学生思维定式,扩大观察的范围或空间,使学生形成全面整体的物理图景。

例 7-31

　　在演示光的单缝衍射时，先保持单色光源、缝、屏三者相对位置不变，设想让缝由宽逐渐变窄，让学生估计屏上被照亮的范围如何变化。学生根据光的直线传播规律认为应逐渐变窄，然后实际操作验证学生的结论，结果是先变窄后变宽（变宽时出现的是衍射条纹），这种方法激发了学生认知冲突，从而使学生掌握衍射现象产生的条件。同理，再改变光的频率（或波长），让学生猜想（推测）及观察图样如何变化，最后改变光源、缝、屏三者之间的相对位置，让学生猜想（推测）及观察图样如何变化等。

　　学生这样全面又整体地进行思考和观察，不但理解了产生衍射现象的条件，而且掌握了制约衍射图样变化的因素。

　　演示时要让实验操作与学生的思维有机结合，让学生学会如何根据实验目的来汲取、记录信息。例如，电学实验中有关电路器材的选择与电路设计是一个难点，教师可把剪好的各种元件、仪表模型吸在磁性黑板上，让学生在选择器材的同时说出选择的理由，最后把这些图连接成实物图。这样的演示过程，虽然是教师或部分学生在操作，但全体学生积极思维、共同关注，他们互相补充、互相验证、互相指正，使看上去简单的操作过程也有了思维与情感的参与。

　　4. 增强实验显示效果，扩展可见度和清晰度的策略

　　在演示实验时，实验的可见度和清晰度是实验成功的关键因素之一。如果实验现象不明显，学生观察不到，或看不清演示实验的现象，无疑这样的演示是失败的。那么，如何增强实验显示效果，扩展实验的可见度和清晰度呢？通常可以采用以下几种策略。

　　（1）光线显示策略。若需要让学生观察的部分是反射光显示，则可采用强光照射该部分或用明亮光线烘托背景，并辅助以色调调节的方法，增加可见度和清晰度。若需要让学生观察的部分是发光显示，例如荧光屏、气体放电管、发生反射或折射的光柱等，则可以用增强本身的光强或增大与周围环境的光差来突出实验现象。

视频案例　　　案例简评

例 7-32

　　在演示气体放电时，可将气体放电管组置于广角遮光罩中。遮光罩的材料为不透明的，深度和角度则根据学生的位置具体确定，在让全班学生都能看到的前提下应尽量加深。

　　（2）投影显示策略。需要让学生观察的仪器比较小时，若将具体观察部位和背景部分分别制成非透明结构和透明结构，可将该仪器置于投影仪上，让学生观察屏幕上的像。

视频案例　　　案例简评

例7-33

静电计指针是非透明结构,故可将静电计的毛玻璃换上一般玻璃,将静电计置于投影仪上,学生可以从像上清晰地看到指针张角的变化。

（3）烟雾显示策略。需要观察光路时,可将观察部分置于立式扁形封闭容器中,观察时,封闭容器中充入适量烟雾,则光路清晰可见。在使用激光笔做光源时喷入少量烟雾即可。

（4）平面镜成像显示策略。须让学生观察的部分只能处于水平位置时,可用一较大平面镜与水平成 45°放置,则学生可以从镜中看到要观察的对象。

（5）铅垂面显示策略。水平放置的仪器,若能变成在铅垂面内放置,则学生既可以看清仪器,也可以看见整个操作过程。投影是一种特殊的铅垂面显示。除此以外,最常见的是示教板。示教板可以设计成插件式多用的,也可以设计成尼龙搭扣式或磁性的。

（6）微小量放大显示策略。若需要学生观察的对象只是微小的机械动作或弱小的电磁信号,则可以将其放大。常用的放大形式,包括机械放大、电磁放大和图像放大。电磁放大通常采用弱信号放大器、示波器等;图像放大通常采用放大镜、投影、幻灯等;机械方法通常使用杠杆。

此外,还要注意观察仪器的摆放高度和主次仪器的相互位置,以及教师操作的身体位置等。

5. 实验演示操作中展示实验动态过程

只有好的实验装置(哪怕是可以得到非常精确的结果),没有好的演示过程是不会收到良好的教学效果的。

视频案例　　案例简评

视频案例　　案例简评

视频案例　　案例简评

视频案例　　案例简评

视频案例　　案例简评

例7-34

在"变压器初、次级电压比和匝数比的关系"的教学中,如果只是将两个匝数不等的线圈套在示教变压器的两边,教师直接告诉学生每个线圈的匝数,然后用电压表测一测输入、输出的电压,那么这个实验就十分平淡了。如果在示教变压器铁芯上只装有初级线圈并接到交流电源上,再用一根长绝缘导线绕次级线圈,边绕边用串联在这根导线上的小灯泡的亮度变化来显示输出电压的大小,那么学生一定会对次级线圈匝数越多,电压越高留下极为深刻的印象。当学生对电压与匝数的关系明确以后,还可以悄悄地把变压器上方的软铁拿掉,当学生发现电压与匝数关系不再成立时,再让学生找原因,这样"理想变压器"条件的学习就很富有艺术性。

例7-35

  上海市控江中学特级教师袁哲诚在用激光演示双缝干涉实验时,举着一块贴有半透明纸的玻璃板,沿着两束光的叠加区,从实验室的后面走到前面,学生可以清楚地看到干涉条纹的间距由大逐渐变小。接着再用喷雾器在光束的叠加区域喷洒水雾,利用小水滴对光的散射,可以在较大的空间观察到立体的干涉图样。这一演示深深地吸引了学生,因为实验从静到动,从平面到立体,全过程与全方位地展示了光的干涉现象,给学生以完整的表象知觉和新奇的审美感受。

7.3.2 演示实验教学应注意的问题

视频案例 案例简评

  演示实验教学是很受学生欢迎的教学方法。演示的方式是多种多样的。在教学过程中,教师科学地运用这种方法,往往能收到事半功倍的效果。

  1. 明确实验演示的程序

  一般说来,演示的程序应该是:首先使学生有心理准备,明确演示的目的和要重点解决的问题;然后出示演示器材,教师指导学生进行观察,并对演示器材加以说明,对演示过程和现象加以讲授;最后,对演示结果予以总结,并核查学生对演示及教材的理解情况。

  2. 把握实验演示操作要点

  (1)教师要精心选择演示器材,做好准备工作,以使所演示的实物或教具真实地反映客观事物或现象。教师在进行演示实验前,要明白实验的目的和要求,弄清实验在教学过程中所起的具体作用,选择好实验装置和实验方法,做好实施实验和运用实验的设计(如拟好应提的思考问题,选择好演示时机和技巧等)。

  (2)演示前教师要向学生提出问题和明确观察重点。观察的重点部分能突出地体现事物或现象某些方面的本质特征,鲜明地呈现事物的变化发展过程。

  (3)演示时教师的操作要准确、规范。精心指导学生细心观察,使学生充分运用各种感官感知,获得全面的感性认识。

  (4)在演示过程中,要有机地结合实验进程,向学生指明观察的目的、重点和要领,引导学生对实验现象进行有目的的观察,充分利用实验结果进行科学的归纳和推理,抽象出概念,概括出规律。在归纳概念、建立规律的实验中,实验程序是非常重要的,要让学生看清楚现象的主要特征以及现象与条件之间的关系。实验步骤要分明,每一步骤的每一现象都要清楚。这样学生就能在观察过程中进行思考,进而得出正确的结论。

  (5)演示过程中要确保安全,杜绝伤害事故。实验演示能否确保安全,取决于教师的实验技能以及能否严格按照操作程序进行实验。演示实验要确保准确无误,切不可粗心大意而影响实验演示效果,甚至产生伤害事故。

  (6)演示要和多种教学媒体相互配合、综合利用,演示要与讲授、提问等其他教学方法相结合,加强教学效果。

（7）实验演示后,要及时总结,明确观察结果,诱导学生积极思考,从观察现象中明确物理概念与规律。在引导学生应用知识解决实际问题时,也应尽可能选用恰当的演示实验配合,以帮助学生纠正错误的观点,丰富、完善物理图景和深化对概念、规律的理解。

（8）在条件许可的情况下,尽可能让学生参加演示或把演示实验改为学生实验。有些典型的实验,可结合教学的进程作适当的重复。

例7-36

视力及近视眼矫正

在演示眼睛如何能看到物体和近视眼的矫正时,可以分五步来做:

步骤一:演示正常眼睛看东西。用一个凸透镜和毛玻璃屏当作眼睛,凸透镜模仿眼睛的晶状体,屏模仿视网膜,用点燃的蜡烛当作物。屏上就得一清晰的像,说明"眼睛"看清了物体。

步骤二:演示近视眼看东西。近视眼的晶状体比正常眼睛的晶状体凸一些,演示时换一个焦距短些的凸透镜,而保持物和屏的位置不变。屏上的像没有了(变模糊了),也就是说这个"眼睛"不能看清楚物体。

问题:近视眼的晶状体能不能成像,像成在什么地方呢?

步骤三:寻找像的位置。前后移动屏的位置,可以发现像前移了,也就是说像没有成在视网膜上而是成在了视网膜的前面。

问题:近视眼的人是不是什么东西都看不清楚呢?(当然不是,近处的东西是可以看清楚的。)

步骤四:演示近视眼看近处的东西。把屏仍放在原来的位置,移动蜡烛,使它慢慢靠近凸透镜,屏上逐渐出现了清晰的像。

评析:步骤三、四是关键,说明了近视眼成像的特点,一是像一般成在视网膜前,二是近处的物体可以在视网膜上成像。

步骤五:演示近视眼的矫正——配眼镜。用一合适的凹透镜放在眼睛前面适当位置,原来位置上的蜡烛在屏上得到清晰的像,近视眼得到了矫正。

3. 确保演示成功

成功的演示实验能令人信服,给学生以深刻的印象,能引起学生对实验研究问题的兴趣,激发学生的求知欲望,保证教学顺利进行。

怎样才能确保演示实验的成功呢?首先,要切实掌握实验原理。其次,要认真准备。做好预演工作,及时发现仪器装置有无故障或问题,并检查修理,改进或校正仪表;了解掌握实验的准确程度,找出产生误差的主要原因和减少误差的方法;估计和掌握实验时间;在演示实验过程中如何引导学生进行观察;注意实验的演示效果;在什么时候提出什么样的问题,启发学生积极开展思维活动,实验中要注意些什么等,教师在备课时都必须做到心中有数,胸有成竹。

例7-37

演示静电实验不容易成功，因此，在实验前分析该实验特点，把握静电实验的关键，研究实验的方法，是十分必要的。静电实验通常有三个特点：一是电压高，可高到几万伏，使在通常情况下的绝缘体，如玻璃、橡胶等都变成了导体；二是电量少；三是易漏。为了使静电实验演示顺利，必须保持演示仪器的绝缘部分表面干燥。在梅雨天气，实验前将需要演示的静电仪器用红外灯烘烤20～30 min，烘烤时间不宜太长，也不可太靠近烘烤灯，避免损坏仪器。演示静电实验离不开静电起电机，起电机能否及时起电，对实验的效果影响极大。因此做好该实验的关键在于解决绝缘问题，防止电压高、电量少而导致的电荷流失。

7.3.3　演示实验改进与创新

（1）教材中有些演示实验的实验效果不是太好，需要改进。

视频案例　　案例简评

例7-38

在做高温玻璃导电实验时，教师可以组织学生取一小块玻璃，用镊子夹住后在酒精喷灯上烧成黄豆粒大的玻璃球，趁玻璃软化时，将两根铜线插入玻璃内，尽量靠近但不要接触。再取一个带有发光二极管的音乐贺卡，从贺卡电源接头处引出两根导线，再把自制的玻璃球串联起来。玻璃球在未加热前，贺卡音乐不响，发光二极管不亮，表明常温下玻璃不导电。用酒精灯加热玻璃球约1 min，听到音乐声，但发光二极管不亮，继续加热约30 s后发光二极管就亮了。这表明玻璃的导电性随温度的升高而增强。这样的实验改进后，无论是直观性、趣味性还是美感上，都比原来的教材上介绍的实验强得多。

（2）教材中的实验需要适当的拓展和补充。中学生对事物的观察往往是表层、片面甚至是错误的。而物理规律的表现形式是多层次、多侧面的。教材中提供的往往是单层次、单侧面的实验内容。从培养学生创新能力的角度来看，教师有必要进行适当的拓展和补充。

视频案例　　案例简评

例7-39

为验证大气压强存在而做"覆杯"实验，很多教师简单地把厚纸片盖在装满水的杯口再倒过来，实验做完即了事，让学生目睹了一个"理所当然的事实"，"没有什么好想的"。重新设计这个实验教学时，可先由学生根据经验思考"厚纸片能否掉下来"，在观察的过程中先设疑让学生带着问题,旨在引起学生对厚纸片与水杯的重点观察,然后分别演示水杯盛满水而杯口向下、向侧面,盛少量水,不盛水,在盛满水的水杯与厚纸片的接触处插入铁丝等多种条件下厚纸片变化的情形,进而引导学生对实验结果与条件关系的深层思考和全面观察。

（3）教材中的实验的操作需要变更。

视频案例　　案例简评

 例7-40

在"物体内能的变化"的教学中有个演示实验,压缩厚玻璃筒中的空气,使空气内能增加,温度升高,从而使筒内易燃物着火。实验中明亮的火花给学生以深刻的印象,然而实验过后,不少学生提出:实验的研究对象是什么? 压缩时筒内空气的温度到底是否变化? 如何判断它是否变化? 实验的目的是什么? 特别是在没有判断出筒内空气的温度是否变化而事先就放入易燃物来显示气温的升高,似乎不符合科学的探究过程。如果改变教材一举成功的做法,而是实验时在厚玻璃筒内先不放易燃物,压缩筒内的空气,要求学生仔细观察筒内空气的内能有无增加。这时,学生感到困惑了。空气内能增加与否能看得见? 此时便可自然地引出一个实验设计时的问题情境,如何判断筒内空气内能是否变化? 如何变"看不见"为"可见"? 师着这个思路展开过程并组织实验教学,由于实验是学生主动参与设计的,设计目的明确,实验后学生无论是对实验所揭示的结论还是实验的设计思想均留下了深刻认识,甚至终生难忘。

（4）教材中的实验设计需要改进。

视频案例　　案例简评

 例7-41

"水和酒精混合演示分子间有间隙"的实验,按课本上用普通试管来做实验,体积变化并不明显(大致缩小 3％左右),据此就得出的实验结论是否可信呢? 是否有点牵强? 如此微小的体积变化,有没有可能是因木塞吸附液体所致? 这些疑惑不解决,学生就不能确信实验的结论,学到的知识也是似是而非的。这时,教师可因势利导,让学生设计改进该实验的方法,激发学生的创造性,这是一个极好的时机。

两种液体混合后液面下降越多,实验的可见度就越高,要提高实验的可见度,由 $\Delta h = \Delta V / S$ 得,适当减小玻璃管的直径或增加相混合的两种液体的量都能达到这个目的。当相互混合的两种液体的量一定时,减小玻璃管直径可达到目的,但管径较细,则需增加管子长度,给实验带来不便;若保持玻璃管长度不变而减小玻璃管直径,则势必使相互混合的液体的量减小,达不到增加可见度的目的;能否把两者统一起来? 通过以上这些设计思想的展示和分析,有学生就设计了如图 7-5 所示的实验装置。这种装置既不增加长度,又可容纳较多液体,管子下部的体积越大,则混合后液面下降越多,效果越明显。在此,学生的创造性得到了充分的发挥,这种锻炼和培养也许能让学生受益终生。

—酒精

—水

图 7-5

本章小结

物理学是一门以实验为基础的科学,物理课程改革对物理实验提出了较高的要求。演示实验是物理教学的基本手段之一,演示实验技能是教师开展物理教学的基本技能。演示实验教学的功能主要是,提供直观的感性材料,创设物理情境,激发学习兴趣,理解物理学的研究方法,培养学生科学探究的态度,为学生实验操作提供示范。演示实验技能的构成要素包括演示设计,指导学生观察,实验的操作控制,启发学生思维。按实验演示在课堂教学过程中的不同运用,可将其分为引入新课的实验演示,建立概念、规律的实验演示,深化巩固概念、规律的实验演示,应用物理知识的实验演示等类型。演示实验教学技能的应用应遵循目的性,科学性,简单、可靠性,直观、明显性、趣味性、启发性等原则。课堂演示实验教学技能的应用要点包括配合讲授,启发学生,指导学生进行观察和思考,训练思维方法,发展思维能力,演示实验的过程和结果,必须具有科学性。

技能训练任务和评价

1. 观看教学录像:关注教师的演示技能。

2. 选择一个以演示实验为主的教学片段,按下列要求写出演示实验教学的教案,并进行分组试讲,然后结合物理课堂演示实验技能的训练评价表(见表7-1)进行自我评价。

(1) 如何向学生介绍仪器的构造和使用方法?

(2) 如何向学生说明实验的原理和方法?

(3) 演示中提出什么问题,以便指导学生观察思考?

(4) 怎样分析现象,归纳得出结论?

表 7-1　物理课堂演示实验技能的训练评价表

评价指标	权重	评价等级			
		优	良	中	差
演示实验目的明确,内容紧密结合教学任务	15				
演示实验设计有启发性,观察方向和程序清楚	20				
实验装置较简单、安全、可靠	10				
演示实验现象明显,直观性好	25				
演示操作示范性好,步骤清楚	10				
演示与引导、讲授配合恰当,能启发思维和进行有效观察	20				
学生自评					
教师点评					

阅读资料

教师新喻

关于教师角色，现有几个新的比喻：教师是"介绍人"，是"打火机"，是"领头羊"，是"味精"。

说教师是"介绍人"而不是"媒人"，是因为媒人牵红线的方式有问题。而介绍人则不同，他的根本任务是让恋爱双方认识和互感兴趣，兴趣是最好的教师，只要感兴趣就成功了一大半。接下来的事情就是让男女双方亲自恋爱，主动发展。教学最终是让学生和教材"谈恋爱"，教师是"介绍人"，干涉过多是第三者插足，甚至可能是精神病患者。

说教师是"打火机"而不是"火柴"，是因为火柴在点燃的同时自己也变成灰烬，做出了牺牲。而打火机在点燃后还可以充气。教师要在教学中点燃学生学习的热情和智慧的火把，自己就需要在平时不断地充气。气足火就旺，火旺就点得准、点得快、点得猛，这样学生就会学得乐、学得快、学得好。学生头脑中的"干柴"多的是，关键是"点燃"。换个词语就是激发、唤醒、启发、引导、促进。这个任务完成了，学习内容、学习方法等这些技术层面的问题自然而然会迎刃而解。

说教师是"领头羊"而不是"牧羊人"，是基于这样的想法。领头羊和羊的本质是一样的，都是羊，在关系上是平等的，只不过是平等中的首席。而牧羊人和羊却是不平等的，一为人——高级动物，一为羊——低级动物。教师在本质上和学生一样，都是人，在人格上是平等的，应该相互尊重，共同发展。不要像牧羊人对待羊那样高高在上，而是像领头羊那样做平等中的首席，把学生领向知识的茫茫草原，在寻觅和咀嚼的过程中相互交流、相互学习、共同成长。

说教师是"味精"而不是"食盐"，是因为食盐太让人依赖，让人离不开，而且用量比味精要多。而味精却不一样，虽然离不开，但用量比盐少，稍稍加一点味精就能把饭菜做得非常可口。教师要像味精一样，起到调味的作用，让学生"吃得可口，营养丰富"。要做到适可而止，该加则加，不可"加得过多"，剥夺学生自主学习的时间和机会，掩盖住了学习"味道"；不可越俎代庖，包办代替，削弱学生的主体作用。

把刚才说的这几个比喻概括起来说，那就是——

教师是介绍人，介绍学生与学习相依相恋；

教师是打火机，将学生的学习热情和智慧火把点燃；

教师是领头羊，引领学生走进知识的茫茫草原；

教师是味精，将学生的学习变成色香味俱全的美餐。

[摘自：陆清华. 教师新喻[J]. 教育文汇，2004(11).]

在教育名言的背后
——以批评的眼光重新解读教育名言

教师是"一桶水"够了吗?

"给学生一碗水，教师就应该有一桶水"，这是一句对教师影响很大的名言，可是它的背后隐藏着一个极有问题的"密码"：学生是"碗"，教师是"桶"，都是一种容器。教师只要把自己的"桶"装满，然后再把自己"桶"里的水注进学生的"碗"里去就行了，就是教育了。在这里。学生是一个被动地接受的"容器"，教育过程就只是一个灌输的过程。

如今的教育，如今的教师，如果只追求"一桶水"，显然已经不够了，教师必须追求自己专业的发展，教师之"水"应该是一条溪流，一条能有泉水不断补充进来的、活水不断的溪流，它其中既有水，更有丰富的微量元素。

"教师＝工程师"成立吗？

"教师是人类灵魂的工程师"是知名度最高的教育名言了，但如果走进这句名言的背后，我们会发现许多问题：工程师的出发点是自然界不变的"规律"，其过程就是在遵循规律的前提下，依据主体的意识对"客体（物）"进行加工、改造。把"灵魂"与"工程师"相对应，意味着人的"灵魂"是可以设计和加工的"物"，人的灵魂是可以根据固定的规律来加以改造的。这显然抹杀了教育的复杂性和教育交往中参与者的个性。

把学生造就成真正的主体，不是一个外在的设计、加工、制造的过程，而是一个启发、引导、唤醒的过程，这一过程不是工具性的，而更多的应该是艺术性的，教育应该是一种艺术，是一个"艺术"的创造过程。

燃烧自己能照亮学生吗？

"教师像蜡烛，燃烧自己，照亮了别人"，这句名言把教师的无私奉献的光辉形象表现得淋漓尽致。

"蜡炬成灰泪始干"是一种伟大的自我牺牲。可是一支蜡烛的能量又能有多少呢？又能烧上几时呢？在知识经济时代，一支没有输入，只能输出的"蜡烛"，能烧出什么？能照亮他人吗？这是很值得怀疑的。当你所发出的光亮是远远落后在学生后面时，谈何照亮别人，反而会使学生更不容易看清前进的方向。

教师仅仅懂得燃烧自己是不够的，他需要掌握教育的科学和艺术，他能够用恰当的方法，在恰当的时候和地点，根据不同需要，照亮"对象"，采取合适的燃烧方式，让自己成为一盏学生人生路上的航标灯，照亮学生的前进方向。

所有学生都能教"好"吗？

"没有教不好的学生，只有不会教的教师"，这是素质教育实施以来比较流行的一句教育名言。从教育规律的角度而言，这句话是存在问题的。

学生的个性是有差异的，学生的专业取向是有个性的，人的智能是多元的，对于某些不适合在某一方面发展的学生来说，即使是最优秀的教师来教，也是不太可能"成功"的。而且，硬逼着他在这方面发展，硬要让他在这一方面也"学"好，是对学生个性的不尊重，是有违"因材施教"的教育规律的，这样做带来的不是学生的发展，而是学生的苦难。

教育名言作为教育智慧的结晶、时代的产物，历史的局限是不可避免的。要让名言成为真正教育的智慧，需要我们理性的、批判的、辨证的态度，需要当今的教育实践去丰富它、发展它。而决不可把它当作教条来对待。智慧的真谛在于"解放思想，实事求是、与时俱进"。

[摘自：黄津成. 在教育名言的背后[J]. 基础教育参考,2004(6).]

第8章 物理课堂多媒体应用技能

学习目标

1. 了解物理课堂多媒体应用技能的概念及功能。
2. 掌握应用多媒体在物理课堂教学中的要点及注意事项。
3. 能恰当应用多媒体教学技能提升物理教学的效果。

在线课程资源编码

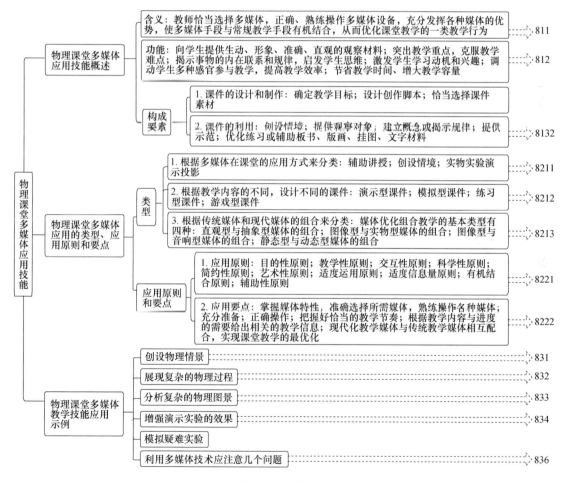

		含义：教师恰当选择多媒体，正确、熟练操作多媒体设备，充分发挥各种媒体的优势，使多媒体手段与常规教学手段有机结合，从而优化课堂教学的一类教学行为	811
物理课堂多媒体应用技能概述		功能：向学生提供生动、形象、准确、直观的观察材料；突出教学重点，克服教学难点；揭示事物的内在联系和规律，启发学生思维；激发学生学习动机和兴趣；调动学生多种感官参与教学，提高教学效率；节省教学时间、增大教学容量	812
	构成要素	1. 课件的设计和制作：确定教学目标；设计创作脚本；恰当选择课件素材	
		2. 课件的利用：创设情境；提供观察对象；建立概念或揭示规律；提供示范；优化练习或辅助板书、版画、挂图、文字材料	8132

物理课堂多媒体应用技能

	类型	1. 根据多媒体在课堂的应用方式来分类：辅助讲授；创设情境；实物实验演示投影	8211
物理课堂多媒体应用的类型、应用原则和要点		2. 根据教学内容的不同，设计不同的课件：演示型课件；模拟型课件；练习型课件；游戏型课件	8212
		3. 根据传统媒体和现代媒体的组合来分类：媒体优化组合教学的基本类型有四种：直观型与抽象型媒体的组合；图像型与实物型媒体的组合；图像型与音响型媒体的组合；静态型与动态型媒体的组合	8213
	应用原则和要点	1. 应用原则：目的性原则；教学性原则；交互性原则；科学性原则；简约性原则；艺术性原则；适度运用原则；适度信息量原则；有机结合原则；辅助性原则	8221
		2. 应用要点：掌握媒体特性，准确选择所需媒体，熟练操作各种媒体；充分准备；正确操作；把握好恰当的教学节奏；根据教学内容与进度的需要给出相关的教学信息；现代化教学媒体与传统教学媒体相互配合，实现课堂教学的最优化	8222

	创设物理情景	831
	展现复杂的物理过程	832
物理课堂多媒体教学技能应用示例	分析复杂的物理图景	833
	增强演示实验的效果	834
	模拟疑难实验	
	利用多媒体技术应注意几个问题	836

第 8 章思维导图

随着现代信息技术的不断发展,多媒体已被广泛应用到物理教学中。它作为一种新的教学辅助手段,其直观性、趣味性、大容量等优点是其他传统教学手段所无法比拟的,在这种情况下,如何充分发挥多媒体的作用,实现教学过程和效果的最优化,是广大教师面临的新问题。一名物理教师必须掌握多媒体教学的理论和方法;懂得如何利用多媒体,使多媒体手段和常规教学手段相结合,使课堂教学最优化。因此,多媒体应用技能是课堂教学重要的基本技能之一。

8.1 物理课堂多媒体应用技能概述

8.1.1 多媒体应用技能的含义

视频案例　　案例简评

多媒体是以计算机为中心的多种媒体的有机组合,这些媒体包括文本、图形、动画、静态视频、动态视频和声音等,这些媒体信息具有主动性和交互性的特点。多媒体教学课件是指以计算机为中心,利用计算机编程语言将文字、图形、声音、动画等多种教育教学信息有机地融合在一起用于辅助教学的软件。

多媒体可以分为硬件和软件两部分。硬件是指各种媒体教学设备,如幻灯机、投影仪、录音机、电视机、电子计算机等。软件是指储存教学信息的载体,如投影片、教学用录音、录像带、电影片、计算机软件等各种媒体教材。

多媒体应用技能指的是教师恰当选择多媒体,正确、熟练操作多媒体设备,充分发挥各种媒体的优势,使多媒体手段与常规教学手段有机结合,从而优化课堂教学的一类教学行为。

多媒体教学方法是教师在教学过程中,利用各种媒体向学生传递教学信息的工作方式,包括对学生认知活动的组织方式和控制方式。

8.1.2 多媒体应用技能的功能

物理教学的基本特点是高度的抽象性、严密的逻辑性和广泛的应用性。物理课堂教学的主要任务是使学生掌握一定的物理基础知识,发展学生的智力、培养学生的能力。结合这两点,多媒体与物理学科整合的教学应具有以下几方面功能。

(1) 向学生提供生动、形象、准确、直观的观察材料。在常规物理教学中,由于受到时间和空间的局限,往往许多实物观察和操作很难实现,而多媒体教学可以克服常规课堂教学的局限性,增加观

视频案例　　案例简评

察的可见度和清晰度,扩大观察的范围,突出观察的重点和本质特征。还可以按教学目标对观察对象进行选择、剪辑和组接,使要观察的内容更加集中、典型,富有代表性,使教学不受时间、空间的限制。

(2) 突出教学重点,克服教学难点。多媒体课件具有丰富的表现力,不仅可以自然逼真地表现多姿多彩的视听世界,还可以对微观事物进行模拟,对抽象事物进行生动直观的表现,对复杂过程进

视频案例　　案例简评

行简化和再现等;同时可以将静态变为动态,化抽象为形象,充分表现教学内容,突出教学重点和克服教学难点。

(3)揭示事物的内在联系和规律,启发学生思维。多媒体能提供动静结合的画面,利用这一特点,可以表现物体运动发展变化的过程,揭示事物的变化规律,能更好地结合教学内容进行比较、分析、综合、抽象和概括,揭示事物的内在联系和规律,帮助学生理解和掌握物理知识,培养逻辑思维能力,促进思维的发展。

视频案例　　案例简评

(4)激发学生学习动机和兴趣。学习动机是直接推动学生学习的内部动因,是决定学生学习成效的重要因素。变化多样的投影、视频以及生动的画面可以引起学生兴趣。传统教学方法与多媒体教学方法相结合,可以使课堂教学形式更加多样化,更适于学生参与教学活动,使学生在轻松愉快的气氛中进行学习。

视频案例　　案例简评

(5)调动学生多种感官参与教学,提高教学效率。这是因为多媒体教学形、声、色、光齐备,可以很好地调动学生多种感官参与学习。有实验表明:在学习过程中对于掌握知识,视觉和听觉的作用最大,多种感官同时参与学习活动,则效果更佳。

视频案例　　案例简评

(6)节省教学时间,增人教学容量。多媒体教学具有代替板书、挂图及各种文字材料的功能。这种替代功能并非多媒体教学的主要功能,但它是经常被运用的功能之一。物理教学中有大量的板书、板图、习题,过去教师往往在黑板上画图或是课前准备好卡片、

视频案例　　案例简评

挂图、小黑板。运用多媒体可以代替这些物品。教师在课前对课堂上所要用的教学软件,进行精心设计和制作,使出示的文字、图形规范、美观、严谨,增加显示的容量,节省大量时间,提高课堂教学的效益。

8.1.3　多媒体应用技能的构成要素

多媒体应用技能构成要素主要包括两个方面:一是课件的设计和制作;二是课件的利用。

1. 课件的设计和制作

如何设计和制作一个融教育性、科学性、艺术性和技术性为一体的多媒体课件?总体来讲,应注意做好以下几个关键的环节。

(1)确定教学目标。制作多媒体课件应根据课程标准的要求,首先明确教学目的、要求和教材的重点、难点。例如,设计课件的目的是激发学生学习兴趣,调动其学习积极性,还是解决某一重点、难点问题;是帮助理解、加深印象、促进记忆,还是使学生正确运用已学过的知识;是扩大知识面,丰富教学内容、启发想象力,还是培养某方面的技能技巧,等等。其内容的选取则要以教材为蓝本,从实现教学目标、完成教学任务的需要出发,但又不能为课本所束缚,要充分增加课件的知识含金量。

(2)设计创作脚本。多媒体教学课件的交互性是由动作脚本的编辑处理实现的,在编辑脚本的过程中,对很多演示和学生实验中需要特别重视观察的对象,如观察水沸腾前后

水泡的上升及相应的变化情况,水的沸点与大气压的关系等,应该进行比较恰当的脚本控制:该停顿的停顿,该慢放的慢放。一定要让多媒体控制自如的交互功能将物理上重视观察的思想体现出来。针对诸如浮力、电功率等难度较大、综合性较强的重、难点知识的练习型课件,还得有很好的回放功能、选择功能等。总之,只有将相当于课件指挥中心的控制按钮设计好了,才有可能充分发挥多媒体教学课件的优势。

（3）恰当选择课件素材。多媒体教学课件优美的意境与和谐的旋律依赖于所选的课件素材。选取的素材应依授课内容而决定,选择的声音应该是比较真实并能与演示内容相关的声音;选择的图片尽可能是画得比较规范、自然真实的图片。恰如其分的声音给课件增添的色彩远远不是靠几个文字或者教师费尽口舌的讲解所能替代的。

2．课件的利用

（1）创设情境。在物理课上借助多媒体创设情境是一种常见的课件应用类型。通过创设情境,引起学生的兴趣、好奇心和求知欲,调动学生学习积极性。也可以帮助学生认识物理与生产、生活的密切关系,更深刻地体会到物理应用的广泛性,激发学生研究身边的物理现象的兴趣。

视频案例　　　案例简评

（2）提供观察对象。利用多媒体向学生提供的观察对象,具有色彩鲜艳、画面大、动静结合、形象直观等特点,便于学生观察和教师指导;有利于加深学生对观察对象的认识,形成表象。

视频案例　　　案例简评

提供观察对象常用以下几种方法:① 用播放录像或电影或教学课件的方法。② 用幻灯、投影提供放大了的静止画面供学生观察。③ 用活动式投影片(包括抽拉片、旋转片、线选片)提供观察。这种方法动静结合,对一些教学内容有很好的效果。

（3）建立概念或揭示规律。首先物理概念是反映客观事物的本质属性的一种抽象,它具有抽象性、准确性、实践性等特点。进行概念教学,要在提供大量客观事物让学生进行观察,形成表象的基础上,引导学生运用比较、分析和综合等方法,舍弃事物的非本质属

视频案例　　　案例简评

性,用准确、精练的科学语言,概括出概念。借助多媒体教学手段,提供鲜明、生动、具体的形象,在帮助学生理解概念方面有着很好的效果。其次物理规律是物理教学的重点。但有些规律往往是抽象的,难于掌握的。运用多媒体教学,可以把抽象化为具体,揭示事物的本质特征和内在联系,帮助学生掌握物理规律,同时也能训练思维能力,有助于学生从形象思维转化为抽象思维。

（4）提供示范。多媒体教学能提供给学生具体、直观、典型的范例,便于学生学习、模仿,易于学生掌握要领,加速学生技能、技巧的形成。

视频案例　　　案例简评

在物理课中提供示范可以有以下方式:① 提供图像示范。比如公式的写法、受力分析图的画法、解题的格式以及各种图形,都可以制成投影片,向学生提供示范。② 提供动作及动作过程的示范。在物理教学中,有时需要向学生提供一些动作及动作过程的示范。例如,书写物理符号的笔顺,教师可以在投影仪上书写、放大动作,让学生看得更清楚;再如,测量和绘图方法的示范,教师可以利用投影仪,把学生用游标卡尺

放在书写台上进行操作。

（5）优化练习或辅助板书、板画、挂图、文字材料。首先利用多媒体教学的优势可以使练习形式多样，灵活多变，针对性强，反馈及时。能提高学生练习的兴趣，扩大练习的容量，增加参与练习的人

视频案例　　案例简评

数，获得良好的练习效果。此外教学课件便于保存，可以提高使用效率，从而减轻一些教师的工作量。其次发挥多媒体的替代功能，可以提供色彩鲜艳、形式多样的图形和文字等代替板书，容易引起学生的注意，获得良好的课堂教学效果。物理教学中有大量的板书可以用投影片代替。

8.2　物理课堂多媒体应用的类型、应用原则和要点

在物理教学中，如何恰当地融入现代多媒体技术，实现教师的教学方式、学生的学习方式和教学内容的呈现方式变革，是基础教育物理课程改革提出的重要课题。下面就多媒体在物理课堂教学中的应用类型和应用要点进行说明。

8.2.1　物理课堂多媒体应用的类型

1. 根据多媒体在课堂的应用方式来分类

（1）辅助讲授。配合课堂讲授，利用多媒体提供难于看到或难于看清的一些事物的结构、形态、发展过程、现象、史料等。

视频案例　　案例简评

例 8-1

　　电流的方向判断及大小计算是初中物理电学中的重点，但电流在导体中是看不见，摸不着的，对初中学生来说是较抽象的、难以理解的，导致在电路分析和计算上经常出错，课本中虽然有许多幅相关插图，但却是静止的，不能让学生直观地观察电荷流动。如果利用多媒体技术中动态软件（Flash、3D）设计，非常方便地制作出导线中正、负电荷流动的画面，这样把微观粒子夸张化，学生理解起来就不会那么困难。又如，在介绍船闸时，可以用课本画的船经过船闸从上游驶往下游过程中的四幅插图，辅助讲授；也可用动画演示阀门打开，船随水位下降而下降及船运动的效果。

辅助讲授是一种在教学中常用的、有效的教学方式，但在运用这种方式时，要充分利用画面为讲清原理和概念服务。教师使用教鞭在画面上指点，让学生的注意点和思路与教师同步。一幅画面讲授结束，应及时变换或移去，避免分散注意力，影响新内容的讲授。

（2）创设情境。在放映幻灯投影或课件的同时，播放解说词，使学生闻其声，见其人，临其境，在一种意境情深的气氛中进行学习，有助于培养学生对科学的情感，启迪思维，发展想象力。运用多媒体创设情境时，使用的画面要清晰、优美、动人，富有感情色彩，要与教学内容贴切，决不能搞形式或花架子。

例 8-2

在讲授初二物理"光的直线传播"这一节时,教师不是急于把"光沿直线传播"的结论亮出,而是利用多媒体播放 21 世纪地球上第一次出现日全食情景来引入新课,学生会被日全食美丽、壮观、奇妙的情景深深吸引。教师适时提出问题:地球上为什么会产生这种现象? 其中包含了什么物理道理? 这样可启发学生的思维,再由教师结合其他生活中的例子指导学生得出光沿直线传播的结论,这会给学生产生难以忘怀的印象。

（3）实物实验演示投影。

① 实物放大投影。把小件实物放置在投影器工作台面上,直接投影,从而观察实物及其结构、变化、使用等情况,如电表结构、光圈孔径的变化等,或使用实物投影仪放映不透明的图片、书本、薄形实物,也能在银幕上看到清晰放大的图像。

② 实验演示投影。用透明的实验器材,放置在投影工作台面上做实验,在银幕上可直接观察到实验的过程、现象、变化、结果,这种方法在物理教学中应用较多。例如,可在投影仪上演示物体在液体中的沉浮随液体密度变化而变化的过程,物质的扩散,磁力线的形成,物质颜色的变化等。实物实验演示投影的特点是:真实性强、可见度大、无需制片,但对演示物的厚度有一定的要求。

运用这种方法应注意:课前一定要亲自动手、充分准备、做好预演,确保课堂演示时万无一失;演示实验器材在实验前应妥善放置,不要堆放在讲台上,以免分散学生的注意力;引导学生观察实验,注意实验关键,归纳实验结果。

2. 根据教学内容的不同,设计不同的课件

将多媒体课件应用于物理教学,根据教学内容的不同而分别设计以下几种不同类型的课件。

（1）演示型课件。演示型课件是指利用多媒体计算机所具备的文字、图像、动画、音频和视频功能,发挥计算机所特有的交互功能而将教学内容展现给学生,演示一些变化过程抽象、复杂,以至于用语言难以表达清楚的教学内容,以解决教学中用其他手段难以解决

视频案例　　案例简评

的重点和难点。例如,物态变化中的汽化和液化,升华和凝华;光学中的反射、折射规律,各种光学镜,尤其是透镜成像的虚实及其原因;分子的热运动及分子间的相互作用;电荷的移动及电流的形成;磁场及其磁感线;发电机、电动机的工作原理;声、光、电等各种波的传播,等等。

（2）模拟型课件。模拟型课件是指用计算机模仿真实现象或者理论上的"理想模型",供学生观察,从而帮助学生认识和发现这些现象与规律的本质。这种类型的课件一般设计成通过使用者控制事件的某些过程,从而发展得到不同的结果。这对于培养学生解决

视频案例　　案例简评

问题的能力非常有利,而且克服了因各种条件限制而无法完成许多真实实验的困难。如原

子裂变、行星运动等问题,都可以制作成模拟型课件来辅助教学。

（3）练习型课件。练习型课件是通过练习的形式来训练,使学生掌握所需的知识和技能,以强化学生某方面的知识或能力。这种类型的课件通常是计算机不断向学生提出问题并等待学生回答,当学生输入答案或做出回应后,计算机再判断正确与否,并根据学生回答的情况给予相应的反馈。

视频案例　　　案例简评

例如,电学中各种电路结构、电路故障、电表读数变化,电功和电功率等知识点在物理上既是重点,又是难点,如果用传统的粉笔加黑板的教学方式练习,很难在有限的时间内兼顾到好、中、差各种层面上的学生。若采用练习型课件既能节约教师在课堂上的大量板书时间,又能让学生根据自身的情况做有选择的练习,很容易达到令人满意的效果。

（4）游戏型课件。游戏型课件是指利用计算机创造一种竞争性学习的环境,基于物理学科的知识内容,将游戏内容与教学目标相联系,把科学性、教学性、趣味性融为一体,从而大大地激发学生的兴趣,起到寓教于乐的作用。

3. 根据传统媒体和现代媒体的组合来分类

多媒体组合教学,就是指在班级授课形式的课堂教学过程中,根据教学目标和教学内容的需要,合理地选择和应用现代教学媒体,继承传统教学媒体的有效成分,使两者有机结合,各展所长,互为补充,构成教学信息传递及反馈调节的优化教学媒体群,共同参与课堂教学过程,达到教学过程的优化。

多媒体的组合包括两种以上传统教学媒体的组合,以及若干传统教学媒体与现代教学媒体的组合。现代教学媒体和传统教学媒体各有长处和短处,只有取长补短,扬长避短,才能实现媒体教学的整体优化,从而提高学习的质量和效率。因此,多媒体组合教学已引起越来越多的人的重视,在课堂教学过程中也发挥着越来越重要的作用。

根据各种媒体的特点和功能,媒体优化组合教学的基本类型有下列四种。

（1）直观型与抽象型媒体的组合。直观型媒体主要是指幻灯、投影、录音、电影、电视和各种教具等。这些有利于向学生提供具体的学习材料,获得直接或间接的经验,有助于使认识由具体上升为抽象。

视频案例　　　案例简评

抽象型媒体主要指文字、教科书和有关文字读物,包括视觉符号和语言符号。它有利于帮助学生获得高度抽象的经验,理解和把握事物的本质属性及内在联系。以上两种类型的教学媒体在教学中的组合运用,可以把直观与抽象的两者有机结合起来,缩短教学进程,提高教学效果。这是媒体组合教学中的最基本的类型。

（2）图像型与实物型媒体的组合。图像型媒体主要指幻灯、投影和教学挂图等,实物型媒体主要指实物、标本、模型、教具等。它们都属于直观型媒体,但又有其特点和功能。这两种类型的媒体的组合,使所表现的事物更加形象化、直观化。

视频案例　　　案例简评

例如幻灯、投影善于表现客观事物的图像,可见度大,清晰度好,画面停留的时间、放映的速度可由教师灵活控制,便于教师指导学生观察和讲授,但与实物型媒体相比,真实感、空间感、立体感较差,如果把两者恰当结合起来,就可以收到扬长避短、相得益彰的效果。

（3）图像型与音响型媒体的组合。图像型媒体具有形神兼备的特点。"形"指图形、形象，"神"指离开图形、形象之中的思想、知识和艺术境界等。在教学中，学生是通过"形"来理解"神"的。音响型媒体主要是指录音、播音等。音响型媒体具有声情并茂的特点。

视频案例　　案例简评

"声"指语音语调和音效，"情"指通过语音语调和音效表现出来的感情、情绪、气氛等。在教学中，学生是通过"声"来理解、感受"情"的。图像型媒体能使学生眼见其形，但不能闻其声。音响型媒体则相反，只能使学生闻其声，不能见其形。因此，根据教学需要把两者恰当地结合起来，不但可以各显其能，而且能够收到形声结合和情境结合的综合效果。

（4）静态型与动态型媒体的组合。静态型媒体是指表现事物静止状态的媒体，如幻灯、投影中的静止画面，教学挂图和实物、标本、部分教学模型等；动态型媒体是指表现事物运动变化状态的媒体，如投影中的活动画面、电视节目、电影、实验过程及部分教学模型展示等。前者善于表现事物的静态，便于学生观察和教学调控；后者善于表现事物的运动变化，便于学生了解事物发生、发展和变化的过程和状态，把两者组合应用，有利于学生通过静态观察和动态观察两个渠道获得对事物的正确而全面的认识，更好地完成某一学习任务。

从教学实践来看各种媒体的运用，一般有以下几种组合形式：实物→静画→语言→字符；模型→静画→语言→字符；动画→静画→语言→字符；静画→语言→字符。以上几种媒体组合方式各有特色，在物理教学中，可针对具体情况进行科学的选择。

8.2.2　物理课堂多媒体应用的应用原则和要点

1. 应用原则

基于多媒体在教学中的作用，学习和使用多媒体课件的教师越来越多，但是并非所有的教学内容都适用多媒体课件来展示，我们不能为了使用多媒体课件而使用多媒体课件，让多媒体服务于教学应遵循一定的原则。

视频案例　　案例简评

（1）目的性原则。有无目的的行为，其结果会大不相同。因此，首先要根据教学目的选择最佳教学媒体，不同媒体有不同的教学特性，要充分发挥不同媒体的优势，以获得最佳教学效果。例如，要细致观察微小部分，用幻灯、投影提供静止画面较好；要观察客观事物的变化过程，则用电影或录像效果最好。其次要根据课堂的教学目标决定是否使用多媒体。教学目标是根据课程标准、教学内容和学生实际确定的，是教学必须达到的目的的要求，应该选择最能调动学生学习因素，有效完成教学任务的教学媒体和教学方法进行教学。

（2）教学性原则。多媒体课件应用的目的是优化课堂教学结构，提高课堂教学效率，既要有利于教师的教，又要有利于学生的学，所以首先要关心的是利用某个课件进行教学是否有必要。多媒体课件可重点呈现以下内容：

① 那些用常规方法无法演示或不易演示、演示观察不清的内容。

② 课堂上用常规手段不能很好解决的教学重点、难点问题。

③ 与教学相关的媒体信息，可创造良好的教学环境（情景）、资源环境，扩大学生的知识

面、信息源。

（3）交互性原则。交互性是多媒体的一大特性和优势。多媒体从本质上说，就是对信息进行数字化处理和交互式处理。多媒体课件的交互性大体表现在以下四个方面：一是检索方便。无论需要哪一个课件，哪一部分内容，只要一按鼠标，计算机就会把所需要的内容检索出来。二是控制速度。例如，运动的实际过程发生在瞬间，然而，为了讲清原理，必须分解动作，多媒体能够完全受控地适宜于不同的教师与学生，可以放慢运动速度，也可以加快运动速度，可以分解动作，也可连续动作进行展示。三是分步提示。学生采用多媒体课件自学或解答某些难题时，计算机能分步提示学生，按照不同学生的不同学习进度，循序渐进，引导和指导学生学习。四是自动批阅试题。计算机能随机出题，对于学生的解答能立即批阅，给学生及时反馈，及时解决疑难问题。

视频案例　　案例简评

（4）科学性原则。课件设计不能出现科学性错误，不能把错误的概念和原理教授给学生。多媒体课件作为固化的宜于普遍推广的科研成果，一旦出现科学性错误，则造成的损害远远不是一个教师的失误所可比拟的，因此，在这一点上千万不可掉以轻心。

（5）简约性原则。课件展示的画面应符合学生的视觉心理，把基本概念、重要原理、基本方法以及解决实际问题的思路以最简约的方式传授给学生。画面的布局要突出重点，同一画面对象不易多，避免或减少引起学生注意的无益信息干扰。注意动物与静物的色彩对比，前景与背景的色彩对比，线条的粗细，字体的大小，以保证学生都能充分感知对象。避免多杂动作、减少文字显示数量（如有可能，尽量用言语表达），过多的文字阅读，不但容易使人疲劳，而且会干扰学生的感知。

（6）艺术性原则。优质的课件应是内容与形式的统一，思想性和艺术性的统一。在可能的条件下，应尽量把课件制作得精美一点，使展示的对象结构对称，色彩柔和，搭配合理。一般来讲，采用二维动画用于教学就能够产生预期的效果。当然，采用三维动画立体感更强，教学效果会更好。

（7）适度运用原则。适度运用原则就是以优化教学过程为目的，适当运用多媒体，使学生通过多种感官来获取相关信息，提高教学信息的传播效率。同时能够把一定的时间和空间留给学生，让他们思考、理解、质疑、合作交流并激发创新。

有些课从头到尾都用上了计算机，满堂演示课件，出现了新形式的"满堂灌"。有的课件只是让书本搬家，把屏幕当成电子黑板。有的教师只用多媒体，一节课下来，黑板上除了课题没有其他任何痕迹，黑板干脆成了"空板"。有的教师授课只是照"本"（屏幕）宣科，忽视了师生之间的情感交流，造成了"学生瞪着眼睛看，教师围着电脑转"的现象。有的课件过于花哨，把界面搞得五彩缤纷，当学生课后回忆教学内容时，除了多彩的画面、优美的音乐外，实质性的课程内容所剩无几。有的课件一些学生反映连笔记都来不及记，学生成了课堂的观光者，对所学内容印象不深，甚至形成了课下学生借来教师课件抄誊课件的局面。

如果课堂的时间和空间都被多媒体挤满，教师教学的机智、灵活性必然受到制约，不能根据学生的现场表现及时做出反应和对教学程序进行修正与变通，质疑性问题、创新性问题也将无法得到正视。

这一原则要求教师根据学生年龄特点、心理特点，根据教学内容、教学目标和各类媒体的特点、功能确定多媒体教学内容出示的时机和数量。

① 确定媒体的最佳作用点。以下几种情况，均可视为媒体的最佳作用点：强化重点，突破难点；创设情境，激发动机；提供事实，形成表象；演绎原理，启动思维；提供示范，加强练习。

② 确定最佳作用时机。即根据学生心理状态的变化，确定能充分发挥媒体作用与优势的时间与机会。例如，无意注意向有意注意的转化；平静状态向活跃状态的转化；兴奋状态向理性的升华；无兴趣向有兴趣的转化；满足表现成功的欲望。

（8）适度信息量原则。演示型多媒体教学课普遍存在信息量太大的现象。有一种看法认为多媒体课的信息量就是要大，只有大信息量，才能体现多媒体的优势。信息量太大会使学生囫囵吞枣，这就是"电灌效应"，要避免教师学生被课件牵着鼻子走。

适度信息量原则就是指在学科教学过程中有效组织信息资源，提供适度的信息量，在解决教学难点、重点，扩大视野的同时，能让教师自主地教学、让学生在教师的指导下自主地对信息进行加工。

视频案例　　案例简评

（9）有机结合原则。单一的教学手段和方法必然具有优点和缺点，而多种教学媒体和方法综合运用，可以扬长避短，互相补充，也可以使课堂教学形式多样化，这样易于保持学生注意的稳定性，使学生在一堂课上总保持积极的情绪状态，并且可以调动学生的多种感官参与活动。例如，物理的公式推导或方程的求解等，用多媒体课件教学就不如教师与学生一起边推导、边板书好。又如，理论问题、微观世界的活动、宏观世界的变化等，采用多媒体课件则有其明显的优势，可以将内容化繁为简，化宏观为微观，化微观为宏观。

物理学属于自然学科，是高度抽象概括的知识经验，从训练学生思维的角度入手，如果一味用简单的图像、演示来代替学生的思维过程，学生的认识就很难从感性上升到理性认识，久而久之，便会影响到学生正常逻辑思维的形成，阻碍思维发展。因为课件的模拟演示认识永远不如学生动手操作、亲自完成实验的体会深刻。

有机结合原则还包括了教师的讲授和媒体播放的统一。多媒体教学的显著特点是能提供生动、直观、形象的视觉、听觉信息。然而获得这些信息不是教学的目的，运用它们使学生掌握知识、发展智力、培养能力才是目的。因此，教师既要发挥多媒体教学的优势，又必须充分发挥语言的作用，使多媒体的运用与讲授统一起来。讲授把直观与抽象相结合，引导学生在充分感知的基础上对直观材料进行思维加工，形成概念，把握事物的本质和规律，实现由感性认识上升为理性认识的飞跃。

（10）辅助性原则。用机器取代教师，对学生实施"目中无人"的教学，这种设计思想，违背了教学规律。因此，始终要坚持计算机只能起到辅助教学的作用，不管计算机发展到什么水平，它始终不能取代教师的作用，只能辅助教师的教，辅助学生的学。

2. 应用要点

多媒体手段在教学中的恰当运用能大大增强教学效果，提高教学效率。要做到恰当地运用，除了遵循上述原则外，还要注意以下技能应用要点。

（1）掌握媒体特性，准确选择所需媒体，熟练操作各种媒体。掌握各种媒体的特性是运用媒体的基础。在物理教学过程中，只有掌握各种媒体的特性，才能准确选择和运用它们，充分发挥其功效。各种媒体的特性在这里不详细述说,可参考相关教学媒体书籍。

准确选择媒体是获得良好教学效果的关键。要做到准确选择媒体,除掌握各种媒体的特性外,还要深入理解教材和教学目标。多媒体教学是为实现教学目标服务的,要针对不同的教学内容,选择不同的媒体,否则不但不能取得良好的教学效果,反而会画蛇添足,甚至妨碍教学目标的实现。教学目标明确,才能准确选择多媒体,而准确选择多媒体,又可以保证快捷、顺利、高效地完成教学目标。

熟练掌握各种媒体的操作方法和各种软件的制作技术,是多媒体教学顺利完成的保证。教师掌握了使用教学软件的方法,就可以按照教学的需要得心应手地制作各种课件,方便教学,促进教学功能的发挥。

视频案例　　　案例简评

(2) 充分准备。① 教师在课前应注意认识各种设备的性能和学会其操作方法,熟练掌握各种器材的按钮位置及功能,做到能熟练操作教室里的各种设备。② 当综合运用几种媒体时,放置各种媒体的原则是既要考虑最佳位置的选择,又要兼顾操作方便。例如,做各种电路实验时,合理布线,避免各种连线对师生行走造成障碍。③ 上课前,对课堂上将要使用的多种媒体设备必须进行试机调整,并将其调至开机即可使用的状态。④ 课前应审查课堂教学中要用的各种软件,一定要精心选择,并了解其详细内容。明确使用的目的及使用中需要补充说明的问题。把各种教学软件按课堂使用的顺序编排好,避免课上反复寻找所要用的内容。

(3) 正确操作。① 对投影仪操作的要求(详见各课室所用投影仪说明书)。② 应用电视机、录像机和录音机时,不要在播放的同时进行讲授。可在播放前、播放后,或暂时中断录音机、录像机的声音后再进行讲授。③ 教师如果在操作媒体的同时进行讲授,应尽可能面对学生,并注意所站位置,既要使教师讲授效果好,又不影响学生的视听。

播放前,教师先简要说明要观看的内容,告诉学生观看的重点,提出观看的要求,布置思考的问题。但不必对播放的内容详细描述,要留给学生观察和思考的余地。

播放过程中,对重要的内容,教师可以用语言、手势、教鞭指示等多种方式加以强调,以引起学生的注意。但提示的语言、动作要精练、准确,不可分散学生观看的注意力,打乱学生的思路。

对于演播内容未能充分呈现的教学内容及与教材有差异的地方,教师应该用语言给予补充、解释,使学生获得完整准确的认识。

在上述基础上,教师运用讲授技能对教学信息进行剖析、揭示,启发学生的思维。教师结合观察内容,提出启发性、思考性的问题;在重点、难点处进行点拨、启迪;在思路受阻时提供思考方法,注意培养学生分析问题、解决问题的能力。切忌以媒体教学代替学生思考。在启发思维的基础上,教师引导学生进行分析、比较、综合、抽象和概括。

播放后,教师要重视发挥学生语言的作用。要把学生描述、讲授、回答问题等活动与演播有机地结合起来,这样对于学生的认知、理解、记忆都有很重要的作用。因此教师在演播和讲授过程中要充分组织、调动学生,使其积极主动地参与教学活动。

(4) 把握好恰当的教学节奏。把握好恰当的教学节奏是实施多媒体教学中一个很重要的原则。给大多数的学生留下充足的思考时间和记笔记的时间,有利于提高教学效果。

（5）根据教学内容与进度的需要给出相关的教学信息。因为同时给出较多的教学信息容易分散学生的注意力而影响教学效果。这就要求我们在制作多媒体课件时就应按教学内容的顺序逐项制作,在教学中才能利用课件的动画效果逐项显示,使在教学的实施过程中能根据教学内容与进度的需要给出相关的教学信息。

（6）现代化教学媒体与传统教学媒体相互配合,实现课堂教学的最优化。传统的物理教学媒体（如实验、实物、模型等）是物理教学中采用的重要手段之一,这是学科特点所决定的。现代化教学媒体与传统教学媒体相互配合,有利于物理教学的最优化和提高教学效果。

视频案例　　　　案例简评

8.3 物理课堂多媒体教学技能应用示例

现代教育思想指导下的物理课堂教学,应是以学生发展为本,以思维训练为核心,以丰富的信息资源为基础,以现代多媒体技术为支撑。学生通过自主探究、合作交流、主动创新,获得知识技能上的提高,满足兴趣、情感等方面的需要,提高科学素质和信息素养。而多媒体技术在物理课堂教学中的应用,不仅促进了教学手段的变革,同时也必将促进教学内容、教学方法与课堂教学结构的变革,从而促进教学思想和教学理论的改革与发展。

8.3.1 创设物理情景

利用多媒体,创设物理情境,通过问题引起学生认知的冲突,激起学生强烈的问题意识和探求动机,引发学生积极思考。

视频案例　　　　案例简评

 例8-3

回旋加速器是实验室中大量产生高能粒子的实验设备,高中物理教材以文字和插图形式描述了它的工作原理,内容比较抽象、枯燥,不易被学生接受。利用几何画板或Flash制作成课件,创设情境,在这个情境中学生可以观察到周期性变化的电场变化情况与粒子运动之间的时间对应关系,教师只提出为什么要有这种对应关系,就能激发学生思维的积极性,从而真正建立起粒子旋转与交变电场"同步"的概念。学生对这种观念的建立和理解不是逻辑推理的结果,而是通过对物理情境进行认真反复地观察,主动思考来实现的,是学生自己"悟"出来的,是一种直觉。

8.3.2 展现复杂的物理过程

在物理教学中,弄清一个现象的物理过程常常是解决物理问题的前提,多媒体可以把复杂的物理过程（多种因素均在变化）充分地展现出来,让学生通过观察、联想和想象去理解动态的物理过程,形象地建立起相应的物理

视频案例　　　　案例简评

图景,这样一方面能使学生利用自己原有的认知结构同化和顺应当前所学的知识,从而实现对知识意义上的建构;另一方面又能在此过程中培养学生的形象思维能力,从而有利于学生产生灵感和顿悟。

 例 8-4

讲授"电流的形成"时,虽然电流是真实存在的,但它却看不见,摸不着。如果靠学生自己去想象,难度是较大的,而借助多媒体课件用动画的形式模拟电流的形成,并与水流的形成进行类比,将"短暂电流的形成"与"短暂水流的形成"进行类比,将"持续电流的形成"与"持续水流的形成"进行类比,制作 4 个相应的动画片段,可以变抽象为直观,从而有助于学生理解和掌握"电压是形成电流的原因,电源是提供电压的装置"这一概念,突破本节的难点和重点。

 例 8-5

在简谐运动中,观察弹簧振子的振动实验,学生很难同时观察到回复力、加速度、速度和位移 4 个物理量在运动过程中的变化,这是教学的难点,而采用课件模拟,放慢振动频率或者使其暂停,分析 4 个矢量大小、方向的变化,不但直观形象,而且教师不需用大量的语言进行描述。

 例 8-6

"原子结构"中的"α粒子散射实验",传统的"α粒子散射实验"只能得出 α 粒子散射的规律,不能演示 α 粒子散射的微观机理,利用课件模拟演示 α 粒子散射现象,学生可以看到放射源中射出的 α 粒子射到金箔的原子上,绝大多数 α 粒子沿原方向前进,少数 α 粒子发生较大偏转,极个别的 α 粒子甚至被弹回,这些动态的 α 粒子运动的过程把学生带入了微观世界,学生亲眼目睹 α 粒子散射的逼真的模拟情景,印象非常深刻,为理解和掌握原子核式结构理论创造了条件。

8.3.3　分析复杂的物理图景

图景往往是思维的杠杆,对于那些比较抽象的物理知识、难以想象的物理知识和物理图景,利用动画、图片来帮助学生理解、掌握,则可起到事半功倍的效果。

视频案例　　案例简评

例 8-7

有这样一个问题："乒乓球从某一高度自由下落后又被地面弹起的过程中,它的动能和势能怎样转化?"由于乒乓球与地面发生"碰撞"是一个在极短时间内完成的物理过程,其机理比较复杂,如果仅仅通过教师语言叙述及板书、板画,难以让学生真正认识,通过课件中放慢和定格乒乓球与地面碰撞作用的过程,学生可以清楚地看到乒乓球与地面从接触、挤压、形变、产生弹力,乒乓球的速度越来越慢,动能逐渐减少而弹性势能逐渐增大,动能转化为弹性势能,然后形变逐渐消失,弹力逐渐减小,弹性势能逐渐减少而动能逐渐增大,弹性势能转化为动能,最后恢复原状,离开地面再上升的全部过程。学生通过观察演示课件再来分析乒乓球的能量转化关系就相当容易了。

例 8-8

在组织教学"重核的裂变"这一节内容时,以往教学也仅以火柴头搭成链式反应的形式让其逐个点燃,但无法让学生产生"一触即发"的壮观感受;另外火柴头逐根点燃也往往不能保证每根火柴的燃烧时间一致,故火柴模拟原子弹爆炸的实验成功率不高,可观性也不大。采用多媒体模拟原子弹的爆炸,现象形象直观,而且非常壮观,学生印象深刻,与真实的场景相差无几。

8.3.4　增强演示实验的效果

物理学是一门以实验为基础的科学,实验是物理教学的基础。一些演示实验可以促使学生主动学习并积极参与教学过程。可是

视频案例　　案例简评

有些演示实验器具比较小,坐在教室后面的学生看不清过程,就不容易产生兴趣,如果实验后用课件演示就可以解决此问题。

例 8-9

光的折射现象的课件演示

(1) 放入水中的筷子(铅笔)在水面处弯折

(2) 在容器底放一枚硬币,某同学的眼睛恰好处在看不到硬币的位置,当倒入水后,却看到了硬币。

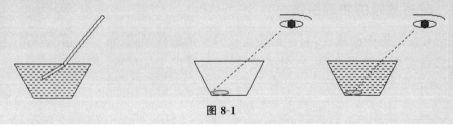

图 8-1

例 8-10

覆杯实验及纸片受力的课件演示

满水的杯子上盖有纸片,倒立过来后,纸片不会脱落。该演示实验做完后,我们要分析出纸片不下落的原因,要画受力分析图,用动画演示纸片的受力情况,更容易让学生理解问题的实质。

图 8-2

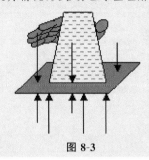

图 8-3

例 8-11

很多物理结论是通过对几组实验的对比分析得出的。如果只是简单地做了各个演示实验,当具体分析时学生对前面的实验就有些模糊,对比性不强,不能加深对实验内容的理解。如果用多媒体课件把各个实验放在一起进行分析,既增强了对比性,又使学生对所有实验有清晰的宏观印象。

(1)牛顿第一定律实验

牛顿第一定律分别演示小车在不同表面滑动的距离后,对影响小车滑动距离的因素进行分析。通过 Flash 动画演示能让学生看到强烈的对比:由于表面粗糙程度不同,小车滑动的距离不同。而且还可以得出结论:接触面越光滑,小车滑行得就越远。

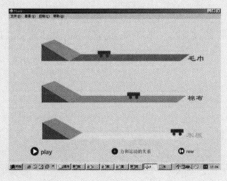

图 8-4

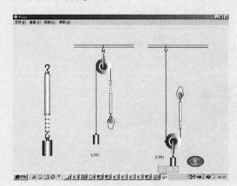

图 8-5

(2)讲解动滑轮、定滑轮实验

在讲解动滑轮与定滑轮时,教师通常是做完演示实验后在黑板上作图分析动、定滑轮的性质和区别。而由于做了多个实验学生对前面的实验印象并不深刻,这样就不利于分析。如果把定滑轮、动滑轮分别做成 Flash 动画,边演示、边比较分析,学生就更容易接受。

8.3.5 模拟疑难实验

视频案例　　案例简评

（1）模拟一些现象模糊、抽象的实验。物理教学中的一些演示实验，受实验条件的限制，实验可见度低，教室后面的学生往往不容易观察清楚，此时就可利用多媒体课件模拟，或在视频展示台上操作完成。

 例8-12

　　在探究"凸透镜成像"规律实验演示中，由于受条件限制，大多数学生对具体的光路没有一个直观的印象，很难清楚地观察到成像情况，影响了探究的效果和功能。先利用多媒体演示代替实物演示可增强效果：用两条红线代替光线慢慢延伸至凸透镜，经折射后按照不同情况延伸方向不同，在适当位置形成不同性质的像，将整个实验过程展露在学生面前，增强了实验的直观性。不但弥补了常规演示的不足，同时色彩也给学生留下了直观印象，使学生注意力集中，加深了感知程度，提高了学生的动态思维能力。

（2）模拟较难完成的实验。有的实验，由于条件限制，课堂不能演示或演示时往往不容易成功，此时可用课件模拟实验。

视频案例　　案例简评

 例8-13

　　做测量大气压强值的托里拆利演示实验时，由于无法改变教室里的大气压强，只能凭嘴讲：随着大气压强的变化，管内水银柱的高度也会发生相应变化。而运用多媒体后，就能模拟这一过程。

（3）模拟教师便于讲解、学生需要反复观察的实验。许多实验，学生不但要亲自去做，还需教师的讲解，自己反复观察思考，才能获得知识，留下深刻的印象。

 例8-14

　　电流表、电压表的读数，由于实物展示不方便，就可以把它们做成相应的动画加以放大，这样可以很方便地面对全体学生进行讲解，所有学生都看得非常清楚。再如讲解汽油机、柴油机的模型以及工作原理时，将其做成Flash动画并采用局部放大、停留、慢动作等方式，可以为学生提供鲜明的视觉信息，让学生全面观察后再反复观看各个冲程，取得良好的教学效果。

（4）模拟违规操作，呈现实验错误后果的实验。实验都有其操作规范，错误的操作会导致不良的后果，轻则达不到教学目的，或损坏了仪器，重则危及人身安全。用多媒体模拟违规操作,将可能产生的后果展示给学生,让学生看到错误操作的严重后果,不仅可以规范学生的实验操作,还可以有效避免安全事故的发生。

例 8-15

用多媒体演示体温计测量沸水的温度、电流表正负极接反、电流表与电压表交换位置、仪器量程选择错误、用超过弹簧秤量程的力拉弹簧秤、有金属外壳的用电器未接地等错误操作及造成的后果,远比教师口头反复强调"要注意规范操作"的效果好得多。

(5)模拟难以再现的实验。科学家在特定条件下完成的一些特殊实验,教师不可能再次在课堂上演示,只能借助图片、文字来表述,让学生通过想象在头脑中再现。

例 8-16

原子弹的爆炸、"神舟"七号飞天等场面,若用多媒体,则可顺利再现其壮观的场面,让学生获得更多的感官刺激,他们仿佛身临其境,从而激发爱科学、爱祖国的热情。

8.3.6　利用多媒体技术应注意几个问题

(1)以"辅"代"主"。在教学活动中,学生是主体,教师应起主导作用,多媒体技术是为提高教学效率而使用的一种手段。如果盲目地依赖于多媒体技术而把所有的教学环节全部使用多媒体手段再现出来,那么教师就会成为多媒体技术的奴隶,只起到了播音员和解说员的作用,而起不到教师应有的主导作用。因此运用多媒体辅助教学时,不能把答案过早呈现给学生,不可忽视学生的思维发展过程。也就是说,不能让多媒体辅助手段"喧宾夺主",而要尽量让它发挥"辅助"作用,真正为优化课堂教学服务。

(2)以模拟实验操作代替实际实验操作。多媒体演示不可完全代替教师的演示实验和学生动手实验。学生参与实验过程,对他们掌握规范的实验操作方法、接受科学思维及深层次分析能力的培养和锻炼都起到了重要的作用,是多媒体模拟实验所不可替代的。因此能够实际完成的实验必须让学生实际操作。利用多媒体技术可以很方便地实现模拟现实,甚至模拟现实中难以实现的实验。但是,如果热衷于在计算机上模拟操作而忽视学生的实际操作,势必会不利于学生动手能力的培养。同时由于模拟实验不是真实的实验,使得它的可信度不高,如果长期要学生接受他们所怀疑的信息,那么必然会使他们丧失质疑、创新的欲望和能力,重新回到机械接受和机械记忆的老路上,与使用多媒体计算机进行辅助教学的初衷背道而驰。

(3)以教师的活动代替学生的思考。教学活动中,必须发挥学生的主体作用。多媒体辅助教学的作用在于应用现代化的技术手段,刺激和调动学生思考的积极性,启发学生的思路,培养学生的发现问题、思考问题、解决问题的能力。因此,在应用多媒体进行教学的实践中，必须注意不能让多媒体挤占学生的探索、分析、思考的时间，必须把学生的思维能力的培养作为教学的重要目标。

（4）以人机对话代替师生对话。教学活动是一个师生共同参与的活动，在教学中通过师生之间的对话、信息交流和反馈，实现教学双方对教学过程的把握，帮助教师在一个动态的过程中完成教学任务，实现教学目标。如果盲目地依赖于计算机，只注重人机的对话，而忽略了师生之间的信息反馈，那么就会使教师的教学活动处于一个单向的信息系统，无法摆脱"满堂灌"的模式。

（5）以形象思维代替抽象思维。物理教学活动的一个重要目的就是培养学生的抽象思维能力，对高年级学生而言，这种能力的培养显得尤为重要。多媒体技术可以利用自己强大的功能，降低难度，突破难点，但是，如果只是简单地以生动形象的画面把本来应该在学生头脑中的想象再现出来，那么，势必会影响学生的抽象思维能力的形成和发展，不利于学生的长期发展。

（6）以投影屏幕代替黑板。有些教师认为，有了大屏幕投影，黑板就可以从教室中消失了。他们把投影屏幕当作黑板，备课时将全部的操练材料、问题和答案及图片都输入计算机，课堂上点击鼠标，通过大屏幕一一显示。我们知道，在课堂上，教师应随时根据教学进展创设情境，引导学生进行思考。而且，优秀的板书不仅精练，教师还可以根据学生提出的疑问随时调整、修改板书内容。如果用投影屏幕完全替代黑板，就会影响学生视觉感知的一贯性，使学生对教材重点、难点的把握受到影响；因为屏幕上内容一屏一屏稍纵即逝，影响学生记课堂笔记。而实验证明，课上记笔记的学生回想当时讲过的内容的概率是不做笔记的 7 倍。所以完全用屏幕代替黑板，就会影响计算机多媒体在帮助我们解决教学疑难问题方面的优势的发挥。

毫无疑问，多媒体技术的运用为物理教学带来了新的生机，为进一步提高教育教学质量提供了新的空间。但教师必须明确这样一个观点——多媒体再好，也只是课堂教学的一种辅助手段。它不能解决一切，更不可能越俎代庖。我们应该认识到：引起教学质量变化的不是多媒体本身，而是如何科学、合理、巧妙地使用多媒体。

本章小结

多媒体将是 21 世纪物理课堂教学的主要教育技术手段。随着时间的进程，它的优势将更加突出。我们希望每位教师能理解的不是简单地将多媒体技术作为一种教学手段与传统的学科教学手段叠加，而是旨在通过多媒体技术的介入，达到物理教学过程各要素的丰富和谐，使多媒体技术融入教学过程之中，通过改变教与学的方式，改变信息资源与传播渠道等实现物理教学的突破与发展。

技能训练任务和评价

1. 观看一段教学录像，关注教师的多媒体应用技能。

2. 设计一个以多媒体课件为辅助教学手段的教学片段，并在微格室中分组试讲，然后结合物理课堂多媒体应用技能的训练评价表（见表 8-1）进行自我评价。设计时需考虑好以下 5 个问题。

（1）你是怎样选择多媒体的？依据是什么？

（2）你所运用的技能,体现了多媒体教学的哪些功能？

（3）你是怎样体现多种媒体有机结合和讲授统一的原则的？

（4）在课堂实践前你应做好哪些准备工作？

（5）在课堂教学过程中你应怎样操作多媒体？应注意什么？

表 8-1　物理课堂多媒体应用技能的训练评价表

评价指标	权重	评价等级			
		优	良	中	差
依据教学目标、内容,恰当地选择多媒体	10				
多媒体的使用有利于突出重点、突破难点	20				
现代媒体与传统媒体有机结合,互相补充	20				
演播与讲授相结合,优化课堂教学	20				
多媒体运用适时、适量	20				
发挥教师主导、学生主体作用,反馈调控及时准确	10				
学生自评					
教师点评					

3. 结合下面的案例,分组讨论后面的问题,要求每名同学说明观点时也得用实际的例子作为证据。

例如,在上初中物理中"欧姆定律"这一节内容时,教师制作了一套完整的引导学生参与,用控制变量法来研究电阻、电压、电流三者之间关系的多媒体电子教案,教师只要在表格中输入一些假定的数值,相应的其他物理量的值就可以通过点击鼠标完成,可以让学生很快得出三者之间的正、反比关系。

（1）在实验教学中哪些实验是需要用多媒体来展示或模拟的？

（2）如何处理多媒体模拟实验与实物演示实验的关系？

 阅读资料

微　笑　技　巧

课堂上,下面场合可运用微笑技巧：

● 学生上台与下台时应微笑,这样可拉近与学生的距离,把良好的形象留在学生心中。

● 面对学生提问时送上一缕微笑是无声的赞许与鼓励。

● 肯定或否定学生的一些言行时,可以配合着点头或摇头,脸挂微笑。

● 表达幽默、有趣的物理现象时应微笑。此时要博得别人笑与吸引,自己首先要笑。

● 面对"开小差"或小声议论的学生,教师可略作停顿,同时脸挂微笑是一种含蓄的批评与指责。

● 遇到困难时,用微笑激起他克服困难的斗志。

● 即便学生有时犯了错误,也应以微笑给予理解和期待。

[摘自:吴效锋.新课程怎样教——教学艺术与实践[M].(修订版)沈阳:沈阳出版社,2004.]

趣味教育理论十则

理论并非都是枯燥的,用富有趣味的生活原理去反思我们的教育实践,会得到许多发人深省的启示。

【木桶理论】一只木桶盛水多少,取决于最短的那块板子。学生某一学科的能力缺陷将会影响其整体水平的提高。因此,弥补弱势学科,改掉性格中的致命弱点,意义重大。

【破窗理论】建筑物的一扇窗户或一块玻璃被人砸碎,如果不及时补上,其他的玻璃将碎得更快。个别学生未被教育好,会影响到其他学生;一个知识点的疑惑被认为无所谓,会有更多的疑惑被认为无所谓。因此我们在自我管理、班级管理中应懂得防微杜渐。

【磁化效应】普通的铁虽有磁性,但不能像磁石、磁铁那样显现出来,因为其内部分子结构凌乱,正负两极磁性互相抵消了,而用磁石加以引导后,铁分子变得井然有序,铁也就具有磁性,具有吸引力了。一个优秀集体的形成,同样也需要一种良性的外力作用加以引导。

【80/20法则】公司80%的利润是20%的人创造的,对20%的人的管理却要花费80%的时间和精力。有时20%的付出可能给你带来80%的业绩,而付出80%的劳动可能只有20%的回报。80/20法则告诉我们,工作学习要善于抓重点,一些小的失误可能给你带来较大的影响。

【拍球效应】拍篮球时,用的力越大,篮球就跳得越高。对学生的期望值越高,学生潜能的发挥就越充分。优秀的教师总是尽可能地信任学生,不断鼓励学生;而批评则尽可能委婉,不使矛盾激化。

【暗示效应】艺术作品比应用文更具魅力,在于其主题和情感的委婉含蓄具有心理暗示作用。在教育活动中,含蓄的肯定总是比直接的表扬更能让人反复回味;委婉的批评比严厉的指责则更容易让人接受。

【皮革马利翁效应】相传古代塞浦路斯岛上年轻的国王皮革马利翁精心雕刻了一具象牙少女像,每天都含情脉脉地注视着"她",后来象牙少女竟真的活了起来。爱,是最好的教育。精诚所至,金石为开。善于鉴赏对方,自己也会被人赏识。大凡成功的教师,无不以"爱学生、爱教育、爱生活"为起点。

【食盐效应】做菜时,盐不可缺。但放得过多却让人皱眉。好东西应适度、适时,"需要的才是最好的"。教育实践中,经常有教师批评学生之后说:"我是为了你好!"但学生并不领情,原因在此。

【淬火效应】金属工件加热到一定温度后,浸入冷却剂(油、火等)中,经过冷却处理,工件的性能更好、更稳定。长期受表扬、头脑有些发热的学生,不妨设置一点小小的障碍,施以"挫折教育",几经锻炼,其心理会更趋成熟,心理承受能力会更强;对于麻烦事或者已经激化的矛盾,不妨采用"冷处理",放一段时间,思考得会更周全,办法会更稳妥。

[摘自:杨仕芳,贺德才.趣味教育理论十则[J].班主任之友,2004(3).]

第9章 物理课堂探究教学技能

学习目标

1. 知道什么是探究？什么是科学探究？了解探究教学技能的含义和构成要素。
2. 会根据教学目的和要求设计探究教学的教案。
3. 会应用探究教学技能，开展探究式教学。

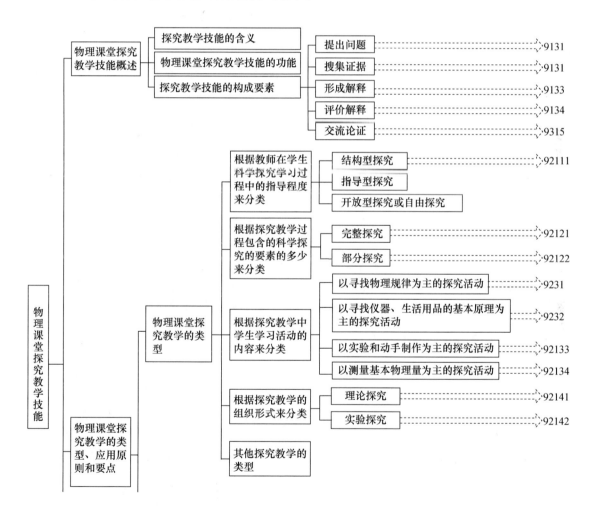

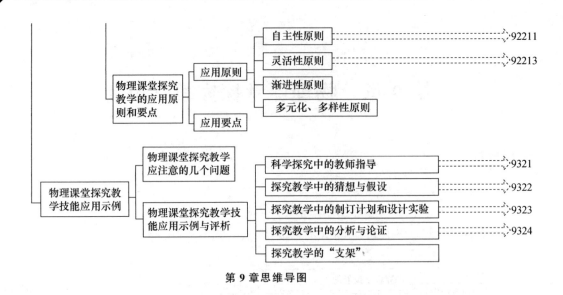

第 9 章思维导图

近年来,随着我国中学物理教育改革的深入,探究教学受到了前所未有的重视。在教育部颁布的物理课程标准中,将探究教学置于重要的地位。突出科学探究,培养学生科学探究的能力成为我国基础教育物理课程改革的一个核心问题。为了让学生理解科学探究,并运用科学探究学习物理,教师必须理解科学探究的本质和熟练掌握科学探究的方法,具有在课堂上熟练、准确地运用恰当的探究方式进行教学的知识和技能。因此,物理课堂探究教学技能已成为物理教师,特别是新教师从事物理教学的基本教学技能之一。

9.1 物理课堂探究教学技能概述

科学作为一种知识体系,是科学研究活动的结果。为了掌握科学知识,领悟科学的本质,发展科学探究能力,实施科学探究教学是实现这一目标的基本途径。因此,要揭示科学探究教学的本质,明确科学探究教学的内涵,首先要分析什么是科学探究。

9.1.1 探究教学技能的含义

1. 探究与科学探究

按照《现代汉语词典》的解释,探究是指"探索研究",即努力寻找答案、解决问题。人们解决问题的活动即探究,虽然复杂多样,但大体上可将其分为广义和狭义两种。广义的探究泛指一切独立解决问题的活动。人们通常所说的追根究底、好奇、好问,企图自己弄清事理,实际上是广义探究的日常表现。可以说,它既指科学家的专门研究,也指一般人的解决问题的活动;既包括成人那种深思熟虑式的"思想实验",又包括儿童那种试误性的探索;既有自觉的,又有自发的;既可能是新颖独创的,又可能是模仿的。可以说,广义的探究倾向是人类的天性,人皆有之。狭义的探究专指科学探究或科学研究。与广义的探究相比,科学探究有很大区别,在对象和方式上有其特殊性。对此,美国学者韦尔奇等人进行了简单的说明:"探究是人类寻求信息和理解的一般过程。从广义上说,探究是一种思维方式。科学探究是一般探究的'子集'(Subset),它的对象是自然界,是在某种信仰和假设的指导下进行的。"即科学探究是对自然界的一种有理论指导的探究。另一位美国学者彼得森对科学探究的特征作了更进一步的说明,指出科学探究要遵循一定的程序,采用一定的方法。他说:"科学探究是一种系统的调查研究活动,其目的在于发现并描述物体和事物之间的关系。其特点是采用有秩序的和可重复的过程;简化调查研究对象的规模和形式;运用逻辑框架进行解释和预测。探究的操作活动包括观察、提问、实验、比较、推理、概括、表达、运用及其他活动。"

上述有关科学探究的说明启示我们,要全面理解科学探究的含义,必须把握以下几个方面。

(1) 科学探究的本质。科学探究在本质上是科学家用来解决自然领域或科学问题的一种思维方式,它追求知识的确凿性,即对任何理论不轻信盲从,不迷信权威,而是用证据来证明。与其他形式的思维相比,科学思维具有广阔性、深刻性、独立性和敏捷性等特点。正因为科学思维具有这些特点,它才能揭示客观世界中纷繁复杂现象的本质,发现它们之间的相互关系,掌握自然发展的规律。

(2) 科学探究的过程。科学探究是一种过程,有一定的活动程序或阶段。尽管科学有许多门类,科学家都有各自的研究领域,不同科学家研究问题的方式、途径和手段也有所不同,因而不存在统一的研究模式,但无论他们从事哪一门类或哪一领域的研究,从发现问题到解决问题,都要大体上经过这样一些类似的活动过程或阶段:形成问题,建立假设,制订研究方案,检验假设,作出结论。正是上述这些活动过程构成了被称为"探究"的科学过程,进而也成为判断某种活动是否是科学探究活动的依据。

(3) 科学探究的技能。探究活动除了遵循一定的步骤外,还要采用一系列的方法。科学探究所使用的方法即科学方法,作为科学活动的必备素质,科学方法又常被称为科学过程技能(process skills)或探究技能。

现在使用的科学探究具有双重含义。如美国《国家科学教育标准》中对科学探究是这样表述的:"科学探究指的是科学家们用来研究自然界并根据研究所获事实证据作出解释的各种方式。科学探究也指的是学生构建知识、形成科学观念、领悟科学研究方法的各种活动。"之所以这样表述,乃是由于学生的科学探究式学习活动在本质上与科学家的科学探究活动有很多相似之处。在科学教育领域中,不管是使用探究(Inquiry)还是科学探究(Scientific Inquiry)这个词,除特别注明外均指探究式的学习活动而非科学家的探究。

2. 探究教学技能

科学探究学习是指学生用以获取知识、领悟科学的思想观念、领悟科学家研究自然界所用的方法而进行的各种活动,包括观察、测量、制作、提出假设、进行实验、提出模型和交流等。课堂探究教学实质上是将科学领域的探究引入课堂,使学生通过类似科学家的探究过程理解科学概念和科学探究的本质,并培养科学探究能力的一种教学方式。

最早提出在教学中使用探究方法的是杜威,他认为,科学教育不仅仅是要让学生学习大量的知识,更重要的是要学习科学研究的过程和方法。从1950年到1960年,探究作为一种教学方法的合理性变得越来越明确了,教育家施瓦布指出:"如果要学生学习科学的方法,那么有什么学习比通过积极地投入探究的过程中去更好呢?"这句话对科学教育中的探究性学习产生了深远的影响。施瓦布认为教师应该用探究的方式展现科学知识,学生应该用探究的方式学习科学内容。

20 世纪 50 年代末美国现代的认知心理学家布鲁纳创立了发现法。他认为探究法，又称发现法(Method of Discovery)，是指在学习概念和原理时，教师只给他们一些事实(或事例)和问题，让学生自己通过阅读、观察、实验、思考、讨论、听讲等途径去独立探究，自行发现并掌握相应的原理和结论的一种方式。他指出："发现并不限于寻求人类尚未知晓的东西，确切地说，它包括用自己的头脑亲自获得知识的一切方法。"即发现并不仅仅意味着人类对未知世界的科学发现，更为重要的是学生凭自己的力量对人类文化知识所做的再发现，通常称作发现学习(Learning Through Discovery)。

探究式教学和科学探究具有不同的含义，探究式教学是一种教学方式，是对科学探究过程的一种模拟，无论是探究的广度、深度、复杂程度或时间的长度，都无法与真正的科学探究比拟。科学探究是科学家从事科学研究，寻找事物的规律和本质，是对一个未知领域的探索，而探究式教学中的很多现象和规律通常是人们已发现的，只是对学生来说是未知的，课堂探究教学是以探究为基本特征的一种教学活动形式。因此，在探究式教学中，教师应把"发现"的任务交给学生，让学生成为"发现"的主人，尽力还原真实的科学探究。

从科学教育的角度来看，我们可以从以下三个层面来理解科学探究：第一是观念层面，科学探究体现着现代科学观。科学不是已经完成和固化了的知识体系，而是人类对自然界的永无止境的探究过程。科学的知识体系在探究过程中不断发展和变化，许多科学的结论是有待证伪的，是在发现新的证据之后需要修正的。人类对自然界的认识尚且如此，对学生而言，其个体的认识也需要在探究过程中不断发展和改变。因此，学习物理的过程是一个不断转变对自然界的原有认识和观念的过程，是一个自觉实现观念、自我更新的过程。第二是思想方法层面，科学探究是科学家群体在长期探索自然规律的过程中所形成的有效的认识和实践方式，其中最重要的是科学思维方式，即我们通常所说的科学思想方法。当代科学教育理论认为，科学探究没有固定的模式，但有一些可辨别的要素，如提出科学问题、建立假设、搜集证据、提出理论或模型、评估与交流等，这些都是科学思想和工作方式的体现。第三是操作技能层面，任何实验探究过程都需要某些思维和操作技能，如控制变量、使用仪器、记录和处理数据等。因此，除了第三个层面要求学生必须动手实验之外，第一、第二个层面都可以以多种方式渗透在教学过程之中。

9.1.2 物理课堂探究教学技能的功能

在物理教学中，探究教学技能的功能，是多方面的，主要表现如下。

(1) 激发学生学习物理的内在动机。在物理教学中，科学探究的学习过程能有效保持学生对自然的好奇心，激发他们的求知欲，使他们体验探究过程的喜悦和艰辛；科学探究活动可以激发学生学习物理的内在动机，充分发挥学习的潜能，促进学生主动建构具有个体意义的科学知识和技能，习得科学探究思维的方式、方法和能力；科学探究的学习过程有利于学生更多地接触生活和社会，从而领悟科学、技术与社会的互动关系，从而有利于科学知识、技能、方法、能力、态度、情感在学生自身人格中内化，使学生的科学素养得以全面提升。

(2) 体现了物理教学的本质特征，促进学生更加有效地学习物理。在物理教学中，科学探究将物理学科的探究本质与学生学习的探究过程有机地统一起来，体现了物理教学的本质特征。学生从原有的认识出发，积极参与寻找解释和答案的过程，真正成为探索物理世界的主体。在探究过程中,学生要明确研究的问题,自己收集和分析信息,做出假设或预测;要在教师的指导下,在共同讨论证据、比较结论以及把自己的结论和科学知识进行比较和建立联系的过程中,获得新的观点和新的思维方式,并主动地构建、修正或放弃自己原有的认识和解释,从而扩展对科学的理解和认识。这个过程涉及深层次思维过程结构的重组和元认知意义上的建构,可以提高学生的质疑、推理和批判性思维的能力,增强他们对自己学习的控制和责任感,从而更加有效地学习物理。

(3) 实现学科知识的有机整合,培养学生的探究意识。随着社会的发展、人类的进步、各种知识的不断增长和更新,物理学科自身分化越来越细,而且还表现为学科之间的交叉融合。在解决实际生活问题时往往需要综合性思维、综合性知识、多种能力,需要学生综合运用已有的知识解决问题。只有实现学科知识的有机整合,才能适应社会发展对人的综合素质的要求。探究式教学有利于实现学科知识的有机整合。探究式教学对知识整合的作用是由其综合性、探索性、实践性的特点决定的。通过探究性学习,去发现问题、解决问题,从而使学生获得新的收获和体验,进而发展学生的能力。

(4) 体现了物理学的本质与促进学生科学素养发展相统一的要求。科学探究体现了物理学的本质特征,是物理教学的重要组成部分。物理学主要研究无生命的世界,总是力图确认最基本的原理,并把诸多规律统一起来。物理学的本质特征可以看作由两方面组成,一方面是其过程性特征,即对自然界的观察和探究,体现了自然科学的共性;另一方面是研究对象和追求目标上的特征,以无生命的世界为主要研究领域,力图确认世界最基本的原理,追求内在的统一性。物理学是在不断追求认识统一性的探究过程中发展的,在科学探究过程中寻求事物的本质特征及统一规律的思想方法是物理学的本质特征,是物理教学首先要体现的。物理课不应当是听课、记笔记、做实验、做习题的结合,而应当是在教师的指导和帮助下通过发现问题、调查研究、动手操作、表达与交流等探究性活动,获得知识、技能、方法的智慧增长过程。科学探究关注的目标是:让学生经历探究过程、获得理智和情感体验、积累科学知识和学习方法。与传统的接受性学习和训练性学习相比,探究性学习具有更强的问题性、实践性和开放性。将科学探究作为物理教学改革的指导思想,体现了物理学的本质与促进学生科学素养发展相统一的要求,是物理教育发展的趋势。

(5) 促进学生对科学本质的理解。科学既是一种系统的知识体系,也是一种对世界的认知方式,更是一种对未知世界的探索活动。从过程的意义来看,科学的本质就是探究,是不断地追求真理、修正错误,不断地创新的过程。学习科学,如果只是学习科学的结论,而忽视了对科学探究过程的理解和体验,那就不能很好地理解科学的本质。所以,在科学教育中,把科学探究作为教学的方式是科学本质的要求。在物理教学中,倡导科学探究的教学方式,重要目的之一就是不仅让学生获得物理知识,更主要的是使他们形成关于自然的基本观点,获得探索自然规律的方法,同时培养学生的创新意识和科学精神。更为重要的是良好的科学素养的一个重要表现是对科学本质的理解,即知道科学是格物致知的一种途径,其基本特点是以实证为判别尺度、以逻辑为论辩的武器、以怀疑为审视的出发点;认识什么样的东西是科学、什么样的东西不是科学,科学能够做什么、科学不能做什么以及科学如何在文化中起作用等一系列的问题。所以,理解科学的本质已成为物理教育的一个重要目标,而实现这一目标的基本途径是科学探究。

9.1.3 探究教学技能的构成要素

要正确实施科学探究式的教与学，必须把握其基本特征和要素，2000 年美国国家研究理事会组织编写出版了一本专著，对科学探究式教与学的重要问题进行了比较系统、比较有说服力的阐述，其中，将探究式教学的基本特征和要素概括为如下几个方面的内容。

1. 提出问题：学习者围绕科学性问题展开探究活动

视频案例　　案例简评

所谓科学性问题是针对客观世界中的物体、生物体和事件提出的，问题要与学生已有的知识和新知识相联系，并且能够引发他们进行实验研究，进而搜集数据和利用数据对科学现象做出解释。科学性问题有两种：一种是探究现象存在的根源，包括许多以"为什么"打头的问题，比如，为什么空中的物体会落回地面？为什么物体受热会膨胀？另一种是"因果关系"问题或"机理性"问题，探究现象产生的机制，大多以"怎样"打头。比如，彩虹是怎样形成的？雷电是怎样产生的？学生经常提出的许多"为什么"的问题能够转化为"怎么样"的问题，继而引发学生进行科学探究。这种转化缩小了探究的范围，并使探究的问题变得明确，有助于提高探究的科学性。在课堂上，一个有难度但又足以引发探究，且能让人尝到果实的问题，能激发学生的求知欲望，并能引出一些其他问题。在指导学生确定探究的问题时，教师起着关键作用，特别当问题来源于学生的时候更是如此。因为只有既适合于学生又有意义的问题才能产生有收获的探究活动，而且问题必须用学生的观察和他们从可靠渠道获取的有关科学知识来解答。探究中学生用到的知识及方法必须是可获得的、易操作的，同时也要适合学生的发展水平。有经验的教师会帮助学生将注意力集中在探究的问题上，使他们的探究活动既有趣又有收获。

例 9-1

科学探究中有两类问题：一类是简单问题，另一类是科学问题。简单问题并非指容易解决的问题，而是指源于好奇与无知，或某种疑惑与求知欲而提出的问题。它往往来自直接观察或生活常识，表现为对观察对象"是什么"的描述再加上一个问号而形成。例如，发烧病人的额头上为什么要盖一条湿毛巾？覆杯实验中的水为什么不会倒出来？刹车时人为什么容易向前倾倒？由于简单问题仅表达了对现象的好奇、无知或疑惑，大多缺乏确定性和深刻性，因此，它对科学探究没有实质性意义，也难以成为科学探究的真正起点。真正成为科学探究起点的问题是科学问题。这类问题指向已有的知识，将两者联系起来，问题从对现象的描述，触及现象的本质；将完全无知的问题转化为具有某种抽象性、渗透一定知识理论的、有所知又有所不知的问题。例如，在上述"覆杯实验"例子中，就要将"水为什么不会倒出来"的简单问题指向力、压强、平衡等相关的知识背景，并将它们联系起来，从而将问题转化为诸如"水不倒出来与水受力有什么关系""什么因素决定了水的平衡""什么力平衡了水的重力"等。显然这些问题不但表述了对现象的疑惑，而且还渗透着理论，触及问题的本质，成为有所知又有所不知的问题，这就为探究"覆杯实验"的设计提供了导向。所以，作为科学探究真正起点的问题不是以常识眼光提出的无知问题，而是能为探究设计提供导向的有所知的问题，它产生于对好奇、无知或疑惑的进一步思索和追问，其实质是"有所知而求知"。

上述例 9-1 说明:

(1) 并非所有的问题都能成为科学探究的起点。如果学生提出并围绕探究的问题是没有触及事物本质的简单问题,不是产生于对知识背景分析的问题,那么就可能出现问题指向不明、探究主题不定、研究难以深入的局面。因此,教师在探究教学中的一个重要职责就是要善于洞察学生所提问题的性质,要善于引导学生将简单问题转化为科学问题。

(2) 知识背景对科学问题的重要性。科学探究是探究主体对问题对象"有所知而求知"。因此,一个问题如果不能与其知识背景(或经验)相联系,或没有可联系的背景知识,那么这必定是不适宜探究的无知问题。然而,在当前探究教学中,存在着一种认识上的误区,认为提出的问题只要生动、新奇,能激发学生的探究兴趣就可以,似乎知识在探究教学中不重要了。事实上缺少知识做定向的探究,也往往是难以给学生的努力带来成就感和胜任感的无效探究,只能激发探究的"有趣"而不能激发探究的"志趣"。

(3) 虽然简单问题不是科学探究中具有奠基意义的第一步,对科学发现也没有实质性意义,但不是无用的,它是学习者好奇心和求知欲的表现。教学中保护这种好奇心和求知欲是教育学生树立求知信心,敢于提出问题,进行科学精神教育的一项重要内容。何况事物的认识总是从浅入深,从简单到复杂。

2. 搜集证据:学习者获取可以帮助他们解释和评价科学性问题的证据

科学是以实验证据为基础来解释客观世界的运行机制。证据的可靠性可以通过改进测量、反复观察,或者就相同的现象搜集不同类型的实验证据的方法来检验,并且还要经受来自各方面的质疑和进一步的调查研究。

在课堂探究活动中,学生也需要运用证据对科学现象做出解释。如学生对力、声、光、热、电现象进行观察并详细记录它们的特征;对温度、距离、时间进行测量并仔细记录数据;对气象和月相进行观测并绘制图表说明它们的变化情况。除了从观察、实验中搜集证据外,学生也可以从教师、教材、网络或其他地方获取证据对他们的探究进行补充。

3. 形成解释:学习者要根据事实证据形成解释,对科学性问题做出回答

科学解释借助于推理提出现象或结果产生的原因,并在证据和逻辑论证的基础上建立各种各样的联系。科学解释须同自然观察

视频案例　　　案例简评

或实验所得的证据一致,并遵循证据规则。科学解释还须接受公开的批评质疑,并要求运用各种与科学有关的一般认知方法(如分类、分析、推论、预测)以及一般的认知过程(如批判性推理和逻辑推理)。

解释是将所观察到的现象与已有知识联系起来学习新知识的方法。因此,解释要超越现有知识,提出新的见解。对于科学界,这意味着知识的增长;对于学生,这意味着对现有理解的更新。两种情况的结果都能产生新的认识。例如,学生可根据观察或其他的证据解释热胀冷缩的现象、不同条件下内能改变的原因以及气体压强、体积与温度的关系等问题。

4. 评价解释:学习者通过比较其他可能的解释,特别是那些体现出科学性理解的解释,来评价他们自己的解释

评价解释,并且对解释进行修正,甚至是抛弃,是科学探究有别于其他探究形式及其解释的一种特征。评价解释时,可以提出这样

视频案例　　　案例简评

的问题：有关的证据是否支持提出的解释？这个解释是否足以回答提出的问题？从证据到解释的推理过程是否明显存在某些偏见或缺陷？从相关的证据中是否还能推论出其他合理的解释？

核查不同的解释就要学生参与讨论，比较各自的结果，或者与教师、教材提供的结论相比较以检查学生自己提出的结论是否正确。这一要素要求保证学生在他自己的结论与适合他们发展水平的科学知识之间建立联系。也就是说，学生的解释最后应与当前广泛为人们所承认的科学知识相一致。

5. 交流论证：学习者要交流和论证他们所提出的解释

科学家以结果能够重复验证的方式交流他们的解释。这就要求科学家清楚地阐述研究的问题、程序、证据、提出的解释以及对不同解释的核查，以便疑问者进一步地核实或者其他科学家将这一解

视频案例　　　案例简评

释用于新问题的研究。而课堂上，学生公布他们的解释，使别的学生有机会就这些解释提出疑问、审查证据、挑出逻辑错误、指出解释中有悖于事实证据的地方，或者就相同的观察提出不同的解释。学生间相互讨论各自对问题的解释，能够引发新的问题，有助于学生将实验证据、已有的科学知识和他们所提出的解释这三者之间更紧密地联系起来。最终，学生能解决彼此观点中的矛盾，巩固以实验为基础的论证。

 例9-2

在教师的引导下，学生从实验中得出"电流热效应的影响因素"。学生经过思考后产生了疑问，并进行交流论证。

学生A：老师，我发现：$Q=W=UIt$，把 $U=IR$ 代入其中的话，就可以得到 $Q=I^2Rt$。

教师：把 $U=IR$ 代入 $Q=W=UIt$，就得到 $Q=I^2Rt$，我们发现用公式推导很简单。但为什么焦耳却用40年来做实验，他为什么不推导啊？

学生B：我们初中的欧姆定律只适用于纯电阻电路。但是焦耳做了很多次实验才得出的焦耳定律适用于任何情况。

教师：对了。在刚刚的推导过程中，同学们已经承认 $U=IR$ 和 $Q=W$，因此得出的结果应该是适用于纯电阻电路。

学生C：我还有个想法，把 $I=U/R$ 代入 $Q=W=UIt$，就能得出刚刚实验的结论 $Q=\dfrac{U^2}{R}t$。不过，这和同学B说的一样，也是具有局限性的。

教师：分析得很好，而焦耳的伟大之处正在于此，它在任何情况下都能应用。下课后，同学们回去把生活中可以用 $Q=I^2Rt$ 解释的现象和用品找出来，用 $Q=\dfrac{U^2}{R}t$ 解释的也找出来。

从例9-2可以看出，探究教学的几个要素之间不是顺序的关系，其中交流论证贯穿探究教学的始末。

总之，从提出科学性的探究问题，搜集证据，到形成解释、评价解释，再到就解释进行讨

论,构成了科学探究教学的基本要素,这几个要素将科学知识与科学方法以及科学本质的学习融为一体。把握和运用这五个基本特征和要素,对提高教师的探究式教学技能具有重要意义。

9.2 物理课堂探究教学的类型、应用原则和要点

在物理教学中,要科学有效地实施科学探究,还必须明确科学探究教学的类型,遵循科学探究教学的原则,把握科学探究教学的应用要点。

9.2.1 物理课堂探究教学的类型

物理课堂探究教学的开展方式是多种多样的,从不同角度进行分类,有不同的类型。

1. 根据教师在学生科学探究学习过程中的指导程度来分类

根据教师在学生科学探究学习过程中的指导程度,可将科学探究教学大致划分为结构型探究、指导型探究、开放型探究。

(1)结构型探究。结构型探究是指进行探究活动时给学生提供将要调查研究的问题、解决问题所要使用的方法和材料,但不提供预期结果,学生自己根据收集到的数据进行概括,发现某种联系,找到问题的答案。研究者们称此种探究为一级水平的探究活动。结构型探究和相应的探究活动,又被人们习惯地称为"食谱式活动"。

视频案例　　案例简评

(2)指导型探究。指导型探究是指进行探究活动时只给学生提供要调查研究的问题,有时也提供材料,但不给学生提供研究问题所用的方法,学生必须自己设计,进行实验,并对收集到的数据进行概括,弄清楚如何回答探究问题。这种探究被称作二级水平的探究活动。

(3)开放型探究或自由型探究。开放型探究或自由型探究是指在进行探究活动时学生必须自己独立完成所有的探究任务,当然也包括形成要调查研究的问题。从许多方面来看,开放型探究类似于或接近于真实的科学探究,研究者将这种探究称作三级水平的探究活动。

视频案例　　案例简评

开放型探究在学生开展探究学习时,极少得到教师的指导和帮助,都应自己独立或小组合作完成。开展自由探究时,学生提出探究的问题,确定探究对象,设计探究程序,收集所得数据,检验假设,直到最后得出结论。简单地说,学生自己提出问题,然后经过各种探究活动独立地解决问题。在自由探究时,教师的作用在于给学生提供所需的资料,起到活动的辅助者和组织者的作用。因而从这一点而言,自由探究对学生的要求更高,同时也为学生提供了更好地发挥创造性的机会。

在课堂探究中,教师给予的指导越多,就越具"指导"性,否则就越具"开放"性。在这三类探究教学活动中,教师的直接指导和帮助相应地越来越少,学生探究的自主性和独立性越来越强。从某种意义上说,开放型探究教学与科学探究十分相似或接近。探究教学的开展会受到诸多因素的影响,所确立的科学探究要素和学生认知方式是开展探究教学的两个

至关重要的依据。忽视前者教学就不能体现科学探究的特性,失去探究教学的基本规范;忽视后者探究教学就会缺乏心理基础,难以落到实处。因此,探究教学应以学生发展水平为基础,对科学探究过程进行优化和模拟。我们认为,结构型探究显得教条、呆板甚至有点僵化,有悖于课程改革倡导的培养学生自主意识和实践能力的精神。根据学生的学习基础和认知发展水平,在组织学生开展科学探究时,应以指导型探究为主,辅以开放型探究。在学生探究前和探究过程中应有必要的全面指导和个别指导,决不是听之任之的"牧羊式"的探究,否则会有许多小组的探究带有极大的盲目性,达不到探究的目的。

需要指出的是,不同类型的探究活动有着其相应的教育功能,教师可以根据教学需要和学生实际情况,选择或设计适当的探究类型。

科学探究学习类似于认知心理学的产生式系统,学生完成探究的每一步骤不仅取决于相关知识和技能,还取决于先前步骤的完成质量。因此,如果在教学中采用开放型探究,一旦某个探究环节失败,下面环节也会失败,以致发生连锁反应,这容易挫伤中下水平学生的探究热情。一般而言,开放型探究适合高水平学生,而指导型探究适合中下水平学生,适合探究教学的初始阶段。

2. 根据探究教学过程包含的科学探究的要素的多少来分类

科学探究包括"提出问题,猜想与假设,制订计划与设计实验,进行实验与搜集证据,分析与论证,评估,合作与交流"7个要素,根据探究教学过程包含的科学探究的要素的多少,可将探究教学分为完整探究和部分探究。

（1）完整探究。如果课堂探究中,包含了科学探究的全部要素就是完整探究。学生进行探究时,需要根据任务或问题情景,提出探究的科学问题,针对问题建立科学假说,根据假说设计实验方案,通过观察实验获取事实和证据,对问题作出科学的解释,通过表达

视频案例　　案例简评

交流完善自己的认识,等等。完整探究能够使学生比较完整地认识科学探究过程的全貌,比较全面地培养学生进行科学探究所需要的各种能力。我们认为,每个学期都应当结合一些典型的教学内容,安排若干个相对完整的探究活动,以提升学生的科学探究能力。

（2）部分探究。如果课堂探究只包含科学探究的部分要素就是部分探究。在日常的课堂教学中,学生大量接触的是部分探究,即探究的部分环节。这些探究活动有的只是完整探究教学中的某一小问题的探究,有的只是涉及问题的提出,有的则只是建立科学的

视频案例　　案例简评

假说,有的只是设计实验方案,还有的只是对信息的解读或问题的讨论。部分探究是构成物理课堂教学的主体,在教学活动中占有相当的比重,但在教学中并不占用过多的时间,教师可以根据教学的具体需要,灵活地采用。

科学探究的 7 个要素不是教学的 7 个环节,也不应理解为教学程序或步骤。教师应避免将 7 个要素以环节或程序的形式呈现,也不应在一个探究课题中同时要体现各要素,各要素也应是隐性呈现而不是机械地显性呈现。因而,在实施探究式教学时要灵活处理,避免程式化甚至"八股化"。一堂课仅 40 min,要涉及所有探究要素是很难的,特别是在开始实施阶段,让学生自主完成完整的 7 个探究要素更是不现实的。如何确定课堂探究活动要素的组合,主要应根据探究的是什么问题、在这一问题中各要素体现的价值（必要性）、难易程

度以及时间来决定。学生对科学探究的学习也要有一个过程,应遵循循序渐进的原则,先着重培养学生的一种探究意识,让学生学会观察,能发现问题、提出问题,进行大胆猜想,尝试解决问题(提出解决问题的设想),在教师的帮助、引导、示范下感受科学探究的过程。然后逐渐向更规范、更完整的科学探究层次发展,所探究的问题也宜由浅入深,由简单到复杂。就探究教学的常规而言,不论是哪种探究课题,至少应有"提出问题(创设情景)、合作交流、评估(评价)"三个要素的体现。提出问题是进行科学探究的前提,合作交流是培养学生合作意识以及语言表达能力的重要途径,评估是培养学生科学思维、创新能力和交流互动的有效手段,并且,合作交流和评估是伴随着整个探究教学的始终,并不是游离于各要素之外而独立存在的一个环节。

3. 根据探究教学中学生学习活动的内容来分类

根据探究教学中学生学习活动的内容来分类,可以分为以下 4 种类型。

(1) 以寻找物理规律为主的探究活动。其基本过程是:通过对实验现象的观察,或应用已知规律、理论对某一现象进行逻辑推理,找出一些问题,然后设计实验,采集实验数据,对实验数据进行分析归纳,最终得到规律性的结论。如高中物理教学中可以探究的课题

视频案例　　案例简评

有:用传感器探究影响摩擦力大小的因素,探究单摆的周期与哪些因素有关,探究碰撞中的能量问题,光在界面发生折射时遵从什么规律,如何查找电路故障,气垫上弹簧振子的周期与质量、劲度系数的关系等。

(2) 以寻找仪器、生活用品的基本原理为主的探究活动。学生在日常生活中经常会观察到一些有趣的现象或用品,并对这些现象或用品的基本原理产生兴趣。学生提出问

视频案例　　案例简评　　视频案例　　案例简评

题后,教师带领学生通过查阅资料、拆装仪器、用品,或是将仪器、用品拿到实验室进行测量,探究其基本原理。比如,电动自行车电灯的工作原理,厕所马桶冲水器的工作原理,汽车测速仪的工作原理,家用节水器的原理等常常会引起学生的探究兴趣。

(3) 以实验和动手制作为主的探究活动。以实验和动手制作为主的探究活动的内容有些可以来源于课外书,有些是从各种实践活动中发现的值得探究的问题,还有些是根据所学知识自己设计制作的。比如,如何用地磁场获得感应电流,组装简易望远镜,组装万花筒,做相反运动的球,组装简易静电复印机,制作"魔摆"等。

视频案例　　案例简评

(4) 以测量基本物理量为主的探究活动。有些物理量虽然教材中没有给出测量方法,而其测量方法却包含很多重要的物理思想和重要的研究方法。因此,测量基本的物理量可以作为探究活动的一个内容。

视频案例　　案例简评　　视频案例　　案例简评

比如,可以用多种方法测磁体和电流周围的磁感应强度、声波的频率、日光灯的频闪频率、极大和极小电阻等。

例 9-3

"测量液体的密度"教学片段

教师提供蜂蜜、天平、量筒、烧杯等器材，让学生自主设计实验测量蜂蜜的密度。

学生依次上台汇报小组的设计方案：

方案 1：首先测出烧杯和蜂蜜的总质量 m_1，然后倒出一部分蜂蜜，测量其体积 V，最后测量剩下的蜂蜜和烧杯的质量 m_2。

方案 2：首先测量空烧杯质量 m_1，然后测量蜂蜜的体积 V，全部倒进烧杯后测量蜂蜜和烧杯的质量 m_2。

方案 3：首先测量空烧杯质量 m_1，然后往烧杯内加蜂蜜，测出蜂蜜和烧杯的质量 m_2，最后把蜂蜜倒进量筒测体积 V。

方案 4：首先测量空烧杯质量 m_1，然后往量筒内加蜂蜜并测出体积 V_1；然后把部分蜂蜜倒进量筒，测量剩下的蜂蜜加空烧杯的总质量 m_2，最后测量剩下蜂蜜的体积 V_2。

方案 5：首先测量空烧杯质量 m_1，然后将其装满水，测量质量 m_2，接着把烧杯装满蜂蜜测量质量 m_3。

学生选择一种方案进行实验，记录数据并计算结果，然后按顺序汇报选用的实验方案和实验结果。汇报完之后，发现每组的实验结果不尽相同，教师组织学生讨论引起误差的原因，提出改进意见，并讨论用哪种方法更理想。

在讨论过程中，学生接触了很多实验方法，不但懂得如何分析实验数据、如何避免实验数据的误差，而且还会思考改进实验的方法。例如，上述几个方案中，方案 1 讨论后一致认为较为理想；方案 2、方案 3 的杯壁都会残留较多蜂蜜，引起了误差；方案 4 的实验步骤烦琐，要测量的物理量过多，读取数据时容易出现较大的误差；方案 5 的实验操作较为复杂，对动手操作能力要求较高。

最后，教师引出方便测量的方法：密度计，并对比密度计测量数据与学生实验所测数据，发现方案 1 最为准确。实验探究结束后，要求学生思考从中得到的启示。

4. 根据探究教学的组织形式来分类

根据探究教学的组织形式，可将探究教学分为理论探究和实验探究。

（1）理论探究。探究的内容是丰富的，形式也是多样的，在物理课程中虽然大多数探究活动需要用实验进行，但也有不少探究活动属于理论探究。

视频案例　　案例简评

例 9-4

在研究重力势能时，我们设计如下的探究活动：

（1）提出问题

教师：重力势能的大小与什么因素有关？

（2）建立假说

教师：同学们可以根据已有的知识和经验，大胆地进行假设。

在教师的引导下，学生通过讨论，自己建立假说。

学生 A：与物体所处的高度有关。因为：① 物体由于被举高而具有的能叫作重力势能（学生原有知识）。② 放在地面上的石块没有杀伤力，而放在高处的石块，如果掉下来是很危险的（学生凭生活经验和生活感受）。

学生 B：与物体的质量有关。同体积的棉花团和小石块从同一高度落下，小石块的杀伤力大。因为石块密度比棉花大，在相同体积的情况下，石块的质量大（学生经验和原有知识）。

学生 C：与物体的质量和高度有关。因为同一物体从不同高度下落时，物体从越高的地方落下，其杀伤力越大；物体从同一高度落下，质量越大的物体，其杀伤力越大（学生经验）。

学生 D：……

（3）检验假说

教师对学生的猜测进行评价，并对学生的探究方向进行引导。

教师：大家的猜测都有一定的道理，但缺乏足够的证据。我们需要更充分的理由和更可靠的依据，同时也希望得到精确的结论。如果我们能够推导出重力势能与它的质量和高度的定量关系式，这个问题就一目了然了。功是能的转化量度，做了多少功就有多少能发生转化。在教师引导下，学生进行推导。

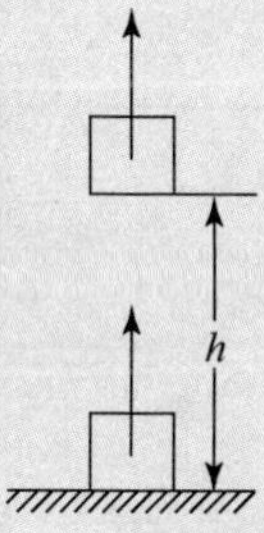

如图 9-1 所示，质量为 m 的物体放在水平地面上，现将其匀速举高到距地面高为 h 处。

根据二力平衡知，这个向上举物体的力的大小应等于物体的重力大小。即 $F=mg$。

图 9-1

根据功的定义，力 F 对物体做的功是 $W_F=Fh=mgh$。

由于物体匀速被举高，所以动能不变，力 F 对物体所做的功全部用于增加物体的重力势能，如果假定地面的重力势能为零，则离地面高为 h 处的重力势能为 $W_P=W_F=mgh$。

（4）得出结论

教师：由上面的表达式可以看出，物体的质量越大，高度越高，它的重力势能就越大。上述过程虽然没有实验设计和实验检验的环节，但学生同样经历了提出问题、建立假设、检验假说、推导论证、得出结论等学习过程。在学习过程中，学生始终处于自主探究和积极思考之中，这样的学习过程也属于探究与合作学习的范畴。

（2）实验探究。物理课程中的科学探究最多的是通过实验来进行的探究活动。需要注意的是，并不是所有的实验都是实验探究，也不是学生做了实验就是进行科学探究了。

视频案例　　案例简评

例 9-5

"探究自由落体运动"的实验探究教学

教师：现在我来做一个小实验，请同学们仔细观察，看看有什么发现？

取表面积相同的纸片和硬币，从同一高度同时无初速度释放，如图 9-2 所示。

学生：硬币下落得比纸片快些。硬币做直线运动，纸片做曲线运动……

教师：很好！同学们有两个发现，这节课我们研究第一个现象。为什么硬币下落得快些？

学生：因为硬币比纸片重些。

教师：真是这样吗？

学生：（沉思）

教师：请同学们分组按表 9-1 的实验内容进行实验，看看有什么发现？

图 9-2

表 9-1

实验内容	实验现象	实验结果	讨论分析得出结论
表面积相同的纸片与硬币从同一高度同时无初速度释放	硬币先落地	（重的物体下落得快）	
两张大小一样的纸，将其中的一张纸搓成纸团，另一张铺平，从同一高度同时无初速度释放	纸团先落地	（同样重的物体下落时也有快慢之分）	
一张大纸和一张小纸，将小纸搓成纸团，大纸铺平，从同一高度同时无初速度释放	纸团先落地	（轻的物体下落得快）	

学生：进行实验并将实验结果填入表格中（如表 9-1 中的括号内容）。

教师：你们能从实验结果分析、归纳得出一个结论吗？

学生：物体下落得快慢似乎与物体的轻重无关。

教师：那么，你们认为与什么有关呢？

学生：与物体的体积有关。与物体的形状有关……

教师：教师发给每个实验小组几个大小不一的小铁球和形状各异的小铁块，请同学们按表 9-2 的实验内容进行实验，记录实验结果。

表 9-2

实验内容	实验现象	实验结果	讨论分析得出结论
大、中、小三个小铁球从同一高度同时无初速度释放	同时落地	（物体下落快慢与物体体积的大小无关）	
长方形、三角形、球形小铁块从同一高度同时无初速度释放	同时落地	（物体下落快慢与物体形状无关）	

学生：进行实验并将实验结果填入表格中。（如表 9-2 中的括号内容）

教师：怎么样？

学生：似乎与体积大小和形状也无关。

教师：既然同学们的实验结果是物体下落快慢与物体的轻重、体积大小、物体的形状无关，那么与什么有关呢？

学生：（交流与讨论）与空气的阻力有关。

教师：你们的意思是：如果没有空气阻力，轻、重物体的下落快慢是一样的，是吗？

学生：是。

教师：用图 9-3 所示的真空管进行演示。

……

图 9-3

在例 9-5 中，教师善于创设情境、提出问题、引发学生思考，学生经过动手实验、仔细观察、同学之间的交流与讨论、认真思考，并结合演示实验，弄明白了轻、重物体下落的快慢是由于空气阻力的影响，如果排除空气阻力的因素，轻、重物体下落的快慢是相同的。这样学生在获得知识的同时，不但经历了用实验研究的过程，体验了把实验获得的结果抽象、分析、归纳、得出结论的科学方法，而且还训练了他们的科学思维能力。

5. 其他探究教学的类型

除了以上对探究教学的分类外，还有其他分类。

（1）按探究的问题可分为验证性探究和释疑性探究。验证性探究就是学生通过实验对所学的理论加以验证，也就是说学生预先知道探究需要得到的结果，而去设计实验和进行实验。释疑性探究就是让学生自选探究课题，通过探究获得预先并不知道或不能确定的结论。

视频案例　　　案例简评

（2）按对探究结果的要求可分为过程性探究和结果性探究。过程性探究注重学生参与探究的过程，而不是探究的结果。结果性探究除了注重探究过程以外，还关注探究的结果，因为需要学生从探究的结果中总结和归纳出某种物理规律或物理公式。

（3）按探究活动进行的时间和空间可分为课内探究和课外探究。科学探究已不局限于过去的"学生实验"范畴，它可以发生在任何空间和任何时间。因此，我们可以将在课堂里进行的探究称为课内探究，将学生在课堂以外的家庭实验、社会调查及其他学习活动称为课外探究。其实，在课程实施中，我们会发现有些探究活动不可能仅仅靠课内或课外单一的探究来完成，往往需要将两者结合起来，即课内的探究活动延续到课外，课外的探究活动延伸到课内加以总结。

（4）按探究的内容可分为物理学科知识探究和交叉学科知识探究。课程改革倡导打破学科本位，因此探究的内容就可能超出物理学科本身的范畴，可以将明确属于物理知识范围的探究称为物理学科知识探究，将涉及其他学科知识的探究称为交叉学科知识探究。

（5）按探究的性质可分为实验性探究和调查性探究。实验性探究是指通过实验来进行的探究,需要借助实验仪器或设备,如通过实验,探究物态变化的过程。调查性探究是指通过对问题的调查、观察等方式进行的探究,如通过观察,探究自然界中的霜、雪、雨、露等天气现象。

9.2.2 物理课堂探究教学的应用原则和要点

1. 应用原则

（1）自主性原则。在探究教学中,学生是学习的主人,教师应尽量将时间和空间留给学生,让学生自主思考,积极讨论,突出学生的感悟能力,培养学生的多向思维。但探究的关键不在于探究所用时

视频案例　　　案例简评

空的数量,而在于学生自主思维的广度和深度。根据教学内容和学生的探究能力水平,通常我们可以采用教师引导学生探究和学生自主探究两种形式或两种形式相结合的方式。很多时候,教师在探究活动中既是引导者也是合作者,教师的作用就是设计、组织、协调和点拨学生自主探索与合作交流,激励学生的探究兴趣。

（2）灵活性原则。教师需要灵活地选择探究的侧重点和相对应的探究要素,开展探究式教学。我们不能将"探究"二字生搬硬套,应该根据学生的认知水平和探究能力,采取随堂探究或专题探究的形式学习不同课型的物理知识。随堂探究是指在常规物理课堂教学中渗透"科学探究"的理念,对某一个具体物理问题或学生易混淆的物理概念随堂展开探究,将问题解决即可。专题探究是指根据教学内容和学生的认知水平,对学生最困惑的或最难理解的有探究价值和探究必要性的问题(如探索性的物理知识、探索性的物理实验、新科技问题等),专门在课堂上展开深入研究,可以是一个课时或几个课时合并在一起完成的探究。

（3）渐进性原则。学生对科学探究的学习需要有一个过程,因此探究式教学的设计应遵循循序渐进的原则。教师所采用的教学方式应该是由教师调控探究逐步发展为学生自控探究;所探究的问题也宜由浅入深,由简单到复杂。

视频案例　　　案例简评

（4）多元化、多样性原则。探究式教学形式也是多样的,既可以是实验式的探究,也可以是理论式的探究。前者是指在科学探究过程中主要通过做实验来解决提出的问题,后者则是主要通过演绎、归纳等推理方法来解决提出的问题。同时,探究式教学的内容可以是课程标准要求的内容,也可以是与科学内容相关的交叉学科的内容,还可以是贴近学生生活、联系社会实际的内容等。

2. 应用要点

在探究教学中,不管是教材的设计,还是教师的设计,都必须考虑探究教学的可行性、必要性、层次性和多样性。

（1）可行性。探究教学是一种教学方式、学习方式,也是教学目标和教学内容,所以在设计时,一定要考虑是否可行,能否顺利进行,能否实现预定教学目标。一个探究教学是否可行,以下三个方面是要重点关注的:探究的时间是否充分、实验器材是否可行、学生原有知识是否够用。

① 探究的时间是否充分。一个探究教学由教师的引导、学生的思维、实验、交流与讨论

等一系列活动组成,所以探究需要时间,尤其是课堂探究教学,没有时间的保证,探究教学就会流于形式、走过场、走马观花、蜻蜓点水,收不到应有的教学效果。

**例 9-6**

　　牛顿第二定律的探究,其中要控制的变量多,需要测量的物理量也多,有小车的质量、沙桶的质量、纸带上的一系列数据,而且要多次实验,仅纸带就有 10 来条,可以说这个实验就数据处理,要在 45 min 内完成也不容易。又如,在如何判断感应电流方向的探究活动中,不同的实验条件:条形磁铁在线圈中相对运动、原副线圈的相对运动、直导线切割磁感线运动,可得到十多种符合本实验条件的结论。这个探究活动的实验现象是明显的,结论是众多的,如何将各式各样的结论统一起来,概括出普遍适用的规律,不是一件容易的事,这需要教师的引导,学生的讨论、交流,甚至是争论,这一切都要有充分的时间。

　　为确保有充分的探究时间,对一个完整的探究,建议用连堂的方式来设计探究教学;如果是部分探究,建议不要集中在一节课内完成,而是渗透到各个教学环节当中来完成。
　　② 实验器材是否可行。制订计划与设计实验是科学探究的要素之一,所以,在物理探究教学中,很多教师总希望设计相关的实验来验证某些假设,或设计实验让学生经历探究过程。但是我们必须注意到仪器的精密度是否符合要求(如光电效应的实验)、操作是否可行(如研究向心力大小与各因素的定量关系)。如果实验结论的可信度受到怀疑,将不利于探究教学的顺利开展。

**例 9-7**

　　用伏安法测电阻,有如图 9-4 两种连接方法,有些教师想让学生更好地掌握在什么条件下采用哪种连接方式,进而用实验进行探究教学,想法是非常好的,但结果是不够理想的。伏特表、电流表读数所引起的误差已超出由于连接方式所带来的误差,实验过后,学生更糊涂了。

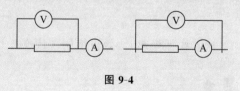

图 9-4

　　为确保探究教学的顺利开展,教师一定要事先亲手做实验,不要太迷信教材给出的实验,当发现教材所提供的实验器材不行时,可以从以下几个方面来考虑教学设计:第一,是否可以用其他仪器代替,如伏安法测电阻中的电压表、能否用毫伏表、电流表能否用灵敏电流表代替或用其他间接的方法进行。在科学研究中,如果对某些物理量的测量很困难或根本就不能进行,就转而采用间接测量的方法,这是一种很重要的思想。第二,将定量研究改为定性研究,如研究向心力大小与各要素之间的定量关系,改为定性研究:感受向心力。第三,将实验探究改为理论探究。

③ 学生原有知识是否够用。探究的整个过程，无论是假设，还是分析与论证，学生都必须调用原有知识进行。这里的原有知识包括学生的原有物理知识、数学知识、地理知识、化学知识等相关知识，还有学生的生活经验，如农村的学生对电梯、升降机、热水器、自动门等是很陌生的，而城市的学生对杆秤、犁、烧柴煮饭之类是很陌生的。所以在设计探究教学的内容时，一定要考虑能否与学生的原有知识发生作用，从学生的实际出发，不要一味地从物理知识出发，否则探究会中止，出现冷场现象，最后教师只好包办代替。当学生的原有知识不够用时，我们可以提供必要的背景资料或改探究教学为有意义接受式教学，好的接受式学习对知识的获得和理解一样是有效的。

（2）必要性。在中学物理教学中倡导探究教学，是要改变教师的教学方式和学生的学习方式，但在设计探究教学时要考虑它的必要性，不能为探究而探究。

 例9-8

在学习匀变速直线运动规律时，以节拍器为计时器，先来一个斜面实验探究（如图9-5所示），目的是想得到位移 s 和时间 t 之间有 $\frac{s}{t^2}=$ 常量。介绍伽利略将实验与逻辑思维相结合进行科学研究的思想是有必要的，但在匀变速直线运动规律前，设计这样一个实验探究是完全没有必要的。一方面，这个探究需要较多的时间和较大空间，另一方面，这个实验误差大、效果差，不利于学生形成实事求是的科学态度。其实有意义接受式学习或间接获得知识也是学生获得知识的重要途径，没有这个探究活动，也不会影响匀变速直线运动的规律的教学。从加速度的定义 $a=\frac{v_t-v_0}{t}$、平均速度的定义 $\bar{v}=\frac{s}{t}$ 和匀变速

图 9-5

直线运动的平均速度公式 $\bar{v}=\frac{v_t+v_0}{2}$ 出发推导出匀变速直线运动的规律，也是一个很好的教学方法。建议将这个实验探究放在课外进行。

探究物理规律时，是否使用现代实验手段，也要考虑它的必要性。

 例9-9

在探究牛顿第三定律时，如果一开始就设计使用力传感器和计算机联系的方式（如图9-6所示）来代替弹簧秤进行探究，效果反而不好。倒不如先利用两个弹簧秤进行实验（如图9-7所示），让学生做静态的观察，然后再利用力传感器和计算机实时采集的数据进行动态分析，可能效果更好。

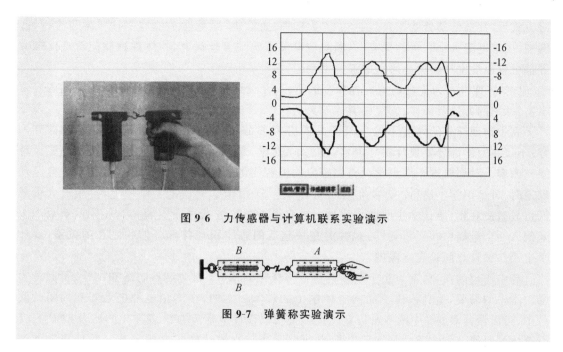

图 9-6　力传感器与计算机联系实验演示

图 9-7　弹簧称实验演示

需要指出的是,在物理教学中,能用简易器材进行实验探究的尽可能用简易器材,课程标准也倡导在课堂教学中,使用可乐瓶、易拉罐、饮料吸管、胶带等生活中常见的物品做物理实验。

(3) 层次性。从整体上来说,探究式教学还是一件新事物,所以在探究教学设计上要遵循由浅入深、循序渐进的原则,注意探究的层次性。所谓探究的层次性有以下三个方面的含义。

① 与初中相比,高中物理的探究课要在初中的基础上有所提升和拓展。例如,初中对摩擦力大小与哪些因素有关,仅做定性探究,到了高中,我们要更进一步探究摩擦力的大小与这些因素有什么样的定量关系,即由初中的定性探究过渡到高中的定量探究。又如,初中探究动能的大小与什么因素有关,高中要进一步探究,外力对物体做功与物体动能变化的定量关系;初中探究重力势能的大小与哪些因素有关,到了高中我们要进一步探究重力势能的大小与这些因素有什么样的定量关系。

② 同一个探究内容中要有一定的层次性。例如,在研究落体运动时,先探究简单的:物体下落的快慢与哪些因素有关。然后探究更深层次的:如果没有空气阻力,物体下落时是做什么性质的运动? 是匀速? 还是匀加速? 又如,在学习曲线运动时,可先设计一个曲线运动速度方向的探究实验,在这个基础上更进一步地探究物体做曲线运动的条件;在运动的合成与分解中,可先探究运动的合成与分解遵循平行四边形定则,然后更进一步地探究什么情况下合运动是直线运动、什么情况下合运动是曲线运动。

③ 整个高中物理的探究教学要有一定的层次。共同必修部分在设计上要简单些、具体一些,尽可能对探究的内容做必要的提示和帮助,包括实验目的、提供实验器材、设计数据记录的表格、数据处理的方法等。例如,探究弹簧伸长的长度与其受力的关系、运动物体加速度与物体质量和所受外力的关系、曲线运动的条件等。在学生逐步习惯并掌握这种学

习方式后,在选修部分的探究设计可以复杂些、抽象些,尽可能多地放手让学生自主探究。例如,决定电阻大小因素的探究、判断感应电流方向的实验探究、物体弹性碰撞特点的探究等都可以让学生经历更高层次的探究活动。

(4) 多样性。为提高高中物理探究的质量,在设计探究教学时,必须保证探究的内容要丰富、探究的方法要多样、探究的方式要灵活。

高中物理探究的内容不仅仅限于共同必修部分,在选修部分也要设计相应的探究内容;不仅在力学部分要设计探究内容,在电学、热学、光学、原子物理等部分的内容也要设计探究内容。对那些难于组织学生直接探究的内容要考虑渗透探究的思想,如在学习分子动理论时,可组织学生进行一些类似探究的活动:① 用碳素笔在纸上画一笔,再用放大镜或低倍显微镜观察(要让学生明白物质是由很多微小颗粒组成的);② 将体积相同的黄豆和大米倒入一个量筒中并反复翻转,观察混在一起后的总体积与各部分体积之和的关系(要让学生明白颗粒之间是有空隙的)。

高中物理的探究,在方法上要多样化。多样化的探究,能满足不同认知结构、不同能力层次学生的需要,是真正体现面向全体学生的教学。例如,在测量电源电动势和内阻的实验中,可以设计表 9-3 中的 6 种方案。类似地可以设计成探究方法多样化的还有:"研究自由落体的规律""测定重力加速度""探究外力做功与物体动能的变化关系""验证机械能守恒定律""测定水的折射率"等。

表9-3　6种设计方案

方案序号	所选器材
1	电流表、电压表、滑线变阻器
2	电流表、两个定值电阻
3	电压表、两个定值电阻
4	电压表、电阻箱
5	电流表、电阻箱
6	电压表、一个定值电阻

注:其中电池、电键、导线是6种方案都选用的器材

高中物理探究活动的方式要多样化,不仅要设计课内探究还要设计课外探究,不仅要设计实验探究还要设计理论探究,不仅要设计完整探究还要设计部分探究,文献探究、网络查询等方法均可纳入高中物理探究的范围之内。

9.3　物理课堂探究教学技能应用示例

9.3.1　物理课堂探究教学应注意的几个问题

探究教学进入课堂正在改变着教师的教学方式和学生的学习方式。在实践过程中,积累了不少好的经验,也出现了许多问题和困惑。例如,由于课堂探究活动的增加,教师的负担加重,教学任务难以完成;课堂表面看起来轰轰烈烈,学生似乎什么也没学到;在探究中,

好的学生收获颇多,差的学生稀里糊涂,两极分化严重;由于对探究教学的误解,在探究教学中存在着表面化、僵固化、形式化、教条化等一些不可忽视的问题。我们把存在的一些问题列表 9-4 如下,这些问题也是物理探究教学中力求避免的。

表 9-4　探究式教学中存在的问题

1	形式化	在教学中以僵化的模式组织指导学生进行探究,使探究表面化,没有真正体现探究的本质和内涵
2	程序化	在探究教学中严格按课标中给出的 7 个探究要素一步一步进行,连顺序都不改变一点,就像工厂里的流水作业一样
3	教条化	不分析学校、学生的实际情况,不考虑学生的变化、发展,只是生搬硬套现成的原则、概念进行探究教学,具体表现就是照本宣科
4	自由化	认为探究是学生的事,教师可以袖手旁观
5	陷阱化	在探究过程中,尤其是猜想阶段,总是把学生引导到教师预先设计好的"陷阱"中来,学生稍有偏离"陷阱",教师就会暗示学生那样不行
6	重复化	先由学生自由探究一番,最后教师再讲授一遍,即牵着学生的鼻子走一遍

下面结合中学物理教学的现状和具体实际,就探究式教学谈 4 个主要注意的问题。

(1)不要把探究式教学理解成 7 个探究要素的流程式教学。"物理课程标准"对科学探究提出了 7 个要素,提出 7 个要素是让广大教师了解科学探究的基本特征,并希望在物理教学过程中,通过研究若干课题后,所有的过程目标都能得到强化,从而使学生科学探究的整体能力得到全面提高。在教学中发现,有些教师过分拘泥于探究教学的程式,无论什么探究活动都要对 7 个要素来一遍,把探究教学理解成 7 个探究要素的流程式教学,结果弄得很生硬和别扭。在教学实践中发现,不是所有的探究都一定具有 7 个要素。

例 9-10

在讲"电磁振荡"这一节课时,教师在下课前布置了如图 9-8 所示的思考题。这个思考题给学生留有思考的余地,带着问题下课,学生课后主动复习,查阅有关资料,根据所学知识试探性地解决该问题,这就是一个很好的探究教学,学生不需要经历猜想与假设、制订计划与设计实验这几个环节,但一点也不影响学生探究的进行。

思考题:将课本中 LC 回路中两平行板电容器的电量和线圈中电流随时间变化的规律分别作在 $q\sim t$ 和 $i\sim t$ 图上。

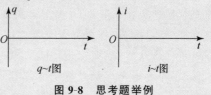

$q\sim t$ 图　　　　$i\sim t$ 图

图 9-8　思考题举例

探究教学不是呆板的、僵固的,而是灵活的,在物理探究教学中,要根据具体的教学内容,对 7 个探究要素做不同的要求和侧重。例如,关于"感应电流的方向(楞次定律)"的探究,其重点环节是探究结论的形成和表述;"单摆周期与什么因素有关"的探究是一个定性探究,控制变量很关键,所以设计实验是这个探究的重点;在探究"单摆的周期和摆长的定量关系"时,数据分析和处理是这个探究的重点。

（2）不要把探究教学理解成完全放手让学生自由活动。探究式教学是在课堂教学情境下由教师组织、参与和引导，学生从好奇心及兴趣出发，自身发现问题，通过实验、实践，用所学的知识去解决问题、验证原理，千万不要把探究教学理解成完全放手让学生自由活动。

 例 9-11

在初中有"探究串联、并联电路中的电流规律"这样一节探究课，由于教师认为探究就是让学生自由活动，于是没有事先准备好教学，在教学中也没有对学生进行必要的引导，结果学生的探究显得非常无序，很多学生在纠缠灯泡为什么不亮？为什么不能调高电压？电流表指针为什么向反方向偏？等等，一节课下来，看起来课堂气氛轰轰烈烈、热热闹闹，但学生一无所获。

 例 9-12

在高中物理的"合力与分力关系的探究实验"中，由于教师完全放手让学生自由活动，图9-9的实验记录是学生普遍存在的现象（没有记录橡皮筋伸长后的结点位置，没有用力的图示标度合力与分力的大小），从这个记录中我们可以看出，学生肯定不能顺利完成这个探究活动。

要在实验的基础上得到力的合成的平行四边形定则，不是一件容易的事。第一，本实验涉及等效替代的物理方法；第二，学生以往的实验记录都是一些数字，而这个实验记录有数字（弹簧秤读数），还有点（力的作用点）和线（力的作用方向），这种记录方法，学生不一定习惯；第三，以往的实验处理都是加减乘除的运算，这个实验却用作图来处理。所以，在"合力与分力关系的探究实验"教学中，教师要在以下几个方面对学生进行指导：① 本实验的思想方法是等效替代，替代的前提是等效。② 本实验中如何才算等效？（橡皮筋伸长的长度相等）③ 实验中要记录一些什么东西？（力的三要素，即大小、方向和作用点）④ 记录时要注意什么？（合力、分力的作用点相同，即用一个和两个弹簧秤拉橡皮筋时，要保证橡皮筋伸长的长度相同，并要在白纸上记下这个伸长点的位置）⑤ 怎样记录？

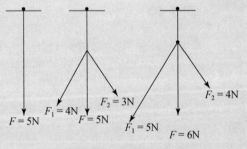

图 9-9　实验记录

（该实验是在一张白纸上画点、作线）⑥ 两个分力的代数和会等于合力的大小吗？⑦ 如何处理记录的信息？（用力的图示法画出分力、合力，以两个分力为邻边作平行四边形，并画出其对角线，将这条对角线与记录的合力进行比较）

在探究式教学中，教师管得太多，束缚学生的手脚是不好的，但什么都放手不管也不行。教师要精心安排，充分预测，在探究过程中要和学生一起享受成功与失败，并引导好学生积极参与探究过程,在感受体会中总结提高。

学生受到原有基础知识、智力和非智力等因素的影响,如果探究成为自由活动,那么基础知识差、探究能力差的学生会产生依附心理和自卑心理,参与意识淡化,最后会导致严重的两极分化,这违背了探究教学旨在提高全体学生科学素养的初衷。

可以说探究教学的成功与否与教师的积极指导是分不开的,尤其是探究教学的起始阶段。

(3)不要把探究教学与讲授教学对立起来。讲授式教学就是主要由教师用语言传授知识,学生间接地获得知识的教学过程。间接获得知识仍然是学生获得知识的重要途径。在新课程中提倡探究教学,并不是要否定讲授教学,为提高探究质量,我们不能忽视讲授教学。因为,探究的过程离不开已有知识和技能的应用;在提出问题、评价问题的价值和可探究性时需要一定的知识;在作出猜想、假设时,需要依据已有的知识和经验;设计实验时,需要掌握相关的原理和方法;只有将证据与科学知识建立联系才能得出合理的解释;检验和评价探究的结果需要原理、模型和理论。而这些知识和技能不可能都要通过直接探究获得,有的必须依赖教师的有效讲授。

探究不仅需要时间和空间,还需要探究者的顿悟,并不是所有的探究都能得到理想的结论,即使现在有现成的答案,只要我们仔细想想,就会知道不是一件容易的事。例如,在探究光的反射规律时,怎么会想到引入一条法线,在探究通电导线在磁场中受力方向时,即使是明白了这个方向有一定的规律可循,但怎么会想到用左手来判断;在探究光的折射规律时,怎么会想到用入射角和折射角的正弦比等,这些内容用讲授教学会比用探究教学更实际和有效。

教学方式是多样的,不同的教学内容可采用不同的教学方式,知识性、定义类、单位及其换算类的内容,主要采取讲授的方式进行教学,如电流强度的定义、方向、单位及其换算;凡是对那些概念性强,学生容易产生分歧的内容,一般采用讨论的方式进行教学,如功的概念、牛顿第一定律等;凡涉及应用知识的迁移能力、对待事实证据的科学态度、搜索信息能力、交流与合作能力方面的内容,一般采用探究教学。在传授知识的同时,渗透探究的思想,在探究的过程中,传授必要的知识,是一种可以借鉴的教学方式。

(4)探究教学也要有相应的作业。任何一种传统教学方式,都会给学生布置相应的作业,用以巩固知识、加深对概念和规律的理解。而探究教学的作业问题,无论是义务教育阶段还是高中阶段的课程改革实验中,都是一片空白。我国中学的教学现状仍然是大班制,师生一节课探究下来,学生有什么样的得失?是否落实了物理核心素养目标?教师在课堂上是很难了解的。布置相应的探究作业对我们的教学是很有帮助的。例如,通过分析学生原始数据的记录,可大致了解学生实验情况;分析学生对实验结果的表述,大致可以了解学生对知识要求掌握的程度;分析学生对实验过程、实验结果的进一步思考和建议,大致可了解学生的情感态度与价值观等方面的情况,并可发现学生的闪光点和创新思维。

例 9-13

下面是几名学生在学习"力的等效和替代"后向老师提的问题（由于老师没有布置相应的书面作业，权当学生的口头作业）。

学生：老师！课本上用马德堡半球这个例子来说明力的等效是不好的。

[注：课文是这样描述的：**力的等效** 1654 年，在德国的马德堡市，有人做了一个轰动一时的实验。在实验中，把两个空心铜制半球合在一起，抽去球中的空气后，用两支马队向相反的方向拉两个半球。结果，当两支马队各增加到 8 匹马时，才将它们拉开。这就是著名的马德堡半球实验（如图 9-10 所示）。

图 9-10　马德堡半球实验

如果用两头大象来代替两支马队，这两个半球也能被拉开。这表明，从力的作用效果上看，一头大象的拉力与 8 匹马的拉力是相同的。]

老师：为什么？

学生：首先，一看到马德堡半球，我们的第一反应是说明大气压很大，因为初中就是用这个实验来说明大气压很大的（注：学生的原有知识）。其次，在增加拉力时，可能增到 7 匹半马时就把球拉开，这时两头大象的力就等效成 7 匹半马的力；也有可能，当大象用其最大力的 60％时就把球拉开了，这时就相当于 0.6 头大象的力与 8 匹马的力等效。总之这个等效的特征不明显。

老师：说得很有道理，你有什么好方法吗？

学生：不是我的方法，只是借用而已。用曹冲称象或用阿基米德原理来说明力的等效比较好些。

……

学生的这份口头作业交得非常好，反映了学生思考了力的等效问题，而且有自己见解，敢于对"权威"（教材）提出批判。学生对问题的表述清楚，言之有理，不仅指出了问题所在，还提供了解决问题的方案。我们提倡探究教学，不就希望培养出一大批类似这样的学生吗？怎样了解、发现这样一批学生，并给予支持、鼓励和表扬，通过交探究作业是一个最有效的途径。

以什么样的方式交探究作业？交怎样的探究作业？这将是高中物理教学中的一个新的研究课题。探究报告，课堂原始记录，课后反思，别的方法、建议、评价等都可以成为探究作业。总之，探究作业的形式不拘，内容不限，只要能反映学生学习状况就行。布置探究作业，可促进探究教学的顺利、健康发展，相信向水中丢一块石头，肯定会激起几朵浪花。

9.3.2　物理课堂探究教学技能应用示例与评析

1. 科学探究中的教师指导

视频案例　　案例简评

例 9-14

　　在"通电螺线管的磁场"教学中,教师将"研究通电螺线管的磁场"这个大问题分解成若干个小问题,引导学生将探究逐渐深入。教师先让学生自制通电螺线管,探究其磁性的有无,根据各小组螺线管所吸的大头针不同,教师问:如何使通电螺线管所吸的大头针更多些?引导学生进一步探究影响通电螺线管磁性强弱的因素,学生发现滑动变阻器增大电流可以增强其磁性,增加电池的节数也可以增加磁性;甲同学发现长导线绕出的螺线管磁性更强;乙同学发现用长度相同的导线绕制的螺线管,细的螺线管磁性更强等。教师引导学生分析,发现影响通电螺线管磁性强弱不是连入的长度,而是绕制的匝数。在实验探究过程中,学生还发现:① 吸在通电螺线管同一端的大头针下端总是分开的,说明大头针下端的极性是相同的;② 用通电螺线管吸大头针时总是两头吸得多,中间吸不起来。根据学生的发现,教师适时引导,又引出新的探究问题:通电螺线管有无磁极?若有磁极,磁极由什么决定?学生又开始更进一步的探究……

　　评析:我们提倡开展自主探究,不是不需要教师,事实上学生更需教师的引导和帮助。对于探究中的难点,教师可以根据学生的实际重新组织学习材料,将大问题分解成若干个小问题,引导学生将探究逐渐深入。学生在探究过程中常常会遇到似乎难以逾越的障碍,教师需要为学生搭建"脚手架"——进行适当的点拨、知识铺垫,提供相关资料等,让学生利用"脚手架"翻越"障碍",继续进行探究。

例 9-15

一次公开课中观摩到的一段教学实录

　　师:液体蒸发得快慢与哪些因素有关?

　　甲生:可能与液体表面空气流动速度的快慢有关。

　　乙生:可能还与空气的湿度有关。

　　丙生:还可能与液体的温度有关。

　　师:还与其他因素有关吗?

　　(学生一时之间想不到)

　　师:同学们想不到是吧。那我们来看两段录像。(启发)

　　多媒体演示:(1)理发师用电吹风帮一个顾客吹头发;(2)一个人用拖把将地上的积水拖开。在多媒体的帮助及教师的引导下,学生终于说出:还可能与液体的表面积有关。

　　师:同学们的猜想都很好。因为时间关系,我们今天选其中的几个因素来研究。

　　……

评析：例9-15的探究过程在很多探究课中都可以见到。该教师的课备得很充分，表现在教师能够预见到学生在猜想环节中可能出现的问题，并且预设了"破解之法"，这样的课确实有其示范意义。

2. 探究教学中的猜想与假设

视频案例　　　案例简评

例9-16

下面是一位教师执教"探究串、并联电路中电流规律"的科学探究中针对"串联电路各点电流之间有什么关系"的问题引导学生猜想与假设的教学片段：

师：我们一起猜猜看，串联电路中 A、B、C 三点的电流大小有什么关系呢？

学生A：我猜想电流每通过一个灯泡，会使灯泡发光，要消耗一部分电流。因此，串联电路中，从正极到负极，电流会越来越小。

（多数同学表示同意，长时间没有其他同学发表其他观点）

师：A同学的猜想很有道理，但是否可以作其他猜想呢？请同学们回忆我们在介绍电流的方向时，曾经将电流与水流进行类比，假如在一条水渠中水流会越流越小吗？

学生B：不会，只要水渠中的水流没有开口流向别处。

师：电流在串联电路中有几条路径？

学生C：只有一条。

师：那么电流会越流越小吗？

学生A：这里电流不能和水渠中的水流类比，因为水渠中的水在流动中没有消耗，而电流流过灯泡时要使灯泡发光而消耗掉一部分。

师：让我们假设，在水渠中某两个位置装两台水力发电机，水在流动时会带动发电机转动吗？

学生A：会。

师：结果水流的一部分能量使发电机转动，但水渠中的水减少了吗？

学生A：我想不会减少。

师：类比一下，电流流过灯泡后是否会减少呢？

学生D：也应该不会吧。

师：依据我们对可能出现的这种结果，还可以提出一个怎样的猜想呢？

学生D：串联电路中电流处处相等。

评析：例9-16说明，猜想与假设不是异想天开，应该是依据一定的事实，围绕提出的问题可能出现的结果展开。教师在学生进行猜想与假设的过程中，不仅要当好"导演"，还应该当好演员的"配角"，从学生的角度去参与各种讨论。在必要的地方，充当一名优生，引导点拨学生归纳整理自己通过发散思维形成的观点；在学生思维出现定式时，充当一名学困生，去引起争议和辩论。

例9-16同时还说明，猜想与假设可以是正确的，也可以是错误的，例9-16中学生A的猜想就是一个错误的猜想。在学生进行猜想与假设的过程中，教师不要只重视正确的猜想而忽视那些错误的猜想，往往能够提出错误猜想的学生，他们的发散思维才真正得到了训练,例 9-16 中教师对提出错误猜想的学生的肯定,应该说是教师引导的高明之处。同时教师不论是充当导演去引导学生整理自己的观点,还是充当学困生去激起学生的发散思维,引起争议和辩论,都要真正保证师生之间应有的平等自由,让学生在平等自由的条件下发表见解,研讨问题。不将个人意见或集体意见强加给发表见解的同学。教师更不能在发现学生的猜想与实际不符时,将自己的观点强加给学生。

视频案例　　案例简评

3. 探究教学中的制订计划和设计实验

例 9-17

"利用打点计时器研究匀加速运动规律"实验课上,有一位教师是这样安排课程的。

一开始就把实验步骤用多媒体板书了出来,实验步骤如下:

(1) 放置长木板;

(2) 调整滑轮高度,使绳子与木板平行;

(3) 连接打点计时器和学生电源;

(4) 选择交流电 6 V;

(5) 系上纸带,穿过打点计时器;

(6) 先通电后放手。

然后他就按照这些步骤,给学生演示了实验的做法,把实验里面的注意事项都讲得清清楚楚。

评析:就以前的教学大纲来看,这位教师是成功的,能通过板书把实验步骤清晰地显示出来,亲自按实验步骤分析并操作,让学生把这个实验的研究手段和方法先记入大脑,再来自行地完成实验,并在一堂课上,把数据也处理好,可以说效率很高。但从另一个方面看,也可以说没有效率,因为在学生探究性学习能力的培养上,存在着明显的不足。

在下课的时候,听课的一位教师问身边的 5 名学生几个问题:"你知道为什么要 6 V 交流电,4 V 行不行?""为什么我们处理数据的时候不取第一个点作为计数点?""在量度计数点间距离的时候为什么不一段一段分开来量呢?"结果使他大吃一惊,虽然教师在课上都有讲过这些问题,但是除了第一题有两名学生答出来之外,其他全部给不出答案,也就是说他们没有真正去思考和参与这个实验,只是应付式地按照教师的步骤完成任务而已。可见这样的教学方法对学生主动学习的积极性是有害无益的。

要培养学生科学探究能力,就要把学习的主动权交给学生,特别在制订计划与设计实验这个重要的环节,一定要充分地利用好,把锻炼机会交给学生。

设计实验时,首先要明确实验目的,也就是设计要与猜想紧密相连,要能够验证提出的猜想;然后选择合话的研究方法,常用的探究方法有控制变量法、对比法、转化法、数据归纳法;最后制订实验方案。

4. 探究教学中的分析与论证

分析与论证是指学生在探究过程中,在获得证据的基础上将探

视频案例　　案例简评

究结果与自己原有的知识联系起来,运用分析、综合、归纳、演绎等科学研究方法,找到事件的因果关系或其他解释,形成超越学生原有知识和当前观察结果的新的理解。分析与论证的内容包括：

（1）能初步描述实验数据或有关信息。实验数据的描述应该是客观、真实的,以此为基础进行分析论证的结果才是科学的。我们不能带着对实验结果的预期来影响对实验数据的描述。

 例 9-18

在如图 9-11 所示的研究变压器原副线圈匝数与电压、电流之间的关系实验中,可得到的现象是,匝数越多的线圈,其两端的电压越大,流过的电流越小,但与精确的正、反关系有差异,即为 $U_1 I_1 < U_2 I_2$。许多时候,我们都以实验误差等理由敷衍了事。其实,为得出有关变压器原理的正反比关系,需要我们进一步探究：分析实验中已得到的实验数据,表明由于铁损、铜损、磁漏等原因,变压器的输出功率与输入功率并不相等。再如图 9-11 所

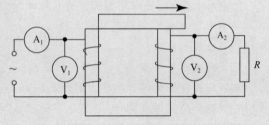

图 9-11　变压器实验演示

示：当将可拆变压器的铁芯向右移时,变压器的输出功率将变得更小。然后再用外推的思维方法归纳得到：在理想条件下有 $U_1 I_1 = U_2 I_2$。这一探究活动,无疑会使学生对理想变压器的工作原理、有关公式的适用条件等有更深刻的理解。更重要的是,这是对学生一种实事求是的严谨科学态度的教育。

对物理现象的描述,其描述标准前后要统一,并尽可能地用定量或半定量的方法描述出物理现象的特征,这是由物理学科的精确性和高度定量化特征所决定的。如在探究光的折射规律时,人们很早就发现了折射角 γ 随着入射角 i 的增大而增大这一现象,但这种仅是定性的描述,不能上升为折射定律。大约经历了 1000 多年的时间,荷兰物理学家菲涅尔通过定量的分析研究,才发现了 $\sin i$ 与 $\sin \gamma$ 之比是一个常数。

实验数据的描述可以采用文字表述,也可以采用数字表示。通过在有关坐标系中描点来描述实验数据,可以形象地呈现信息的特征。

（2）能对收集的信息进行简单的比较。对收集的信息进行简单比较,是指判断所比较的信息是相同还是不同,如果不同,其不同点是什么。

 **例 9-19**

如用图 9-12 所示的装置研究平抛运动,改变整个装置的高度做同样的实验,比较 A、B 两球,发现 A、B 两球总是同时落地,比较 1,2 两球,发现 1,2 两球总是相碰,则由任意性可推理出普遍性结论。又如,研究闭合电路内、外电压关系时,发现它们其中之一增大时,另一个量

减小,进一步比较还可发现,两者之和接近于某一定值。再如,比较放在通电螺线管周围的各个小磁针静止时的指向,发现它们是不同的,进一步比较相邻磁针的指向关系,发现它们是有联系的。

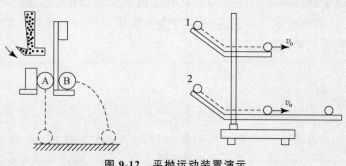

图 9-12　平抛运动装置演示

评析:尽管例 9-19 所比较的量是不同的,如时间、水平位移、电压、磁针指向等,但它们共同的特点是通过比较获得了发现。如果对所获得的发现再做进一步的分析、归纳和概括,就有可能得出科学的结论。因此,对信息进行比较是进一步分析、解释信息的基础。随着学生探究能力的提高,对信息的比较要求的内涵也应逐渐丰富发展,如要求确定数据的大致范围,寻找异常数据,确定对照组,识别不产生影响的变量、影响较小的变量、对结果有负面影响的变量等。

(3) 能进行简单的因果推理。要使学生进行因果推理,首先应该使学生认识到,作为原因和结果的两个事件是具有必然联系的:一个事件 A 的发生,将会造成另一个事件 B 的发生;另一个事件 B 的发生,将意味着事件 A 在起着作用。这样,A 就是原因,B 就是结果。

发展学生的因果推理能力是物理教学中的重要任务。简单的因果推理能力的培养,有的可以从两个关联事件发生的时间先后分析入手,时间在先的是原因,时间在后的是结果。还可以让学生从控制不同物理条件所发生现象的变化中寻找因果关系。

(4) 经历从物理现象和实验中归纳科学规律的过程。在经历了对数据的准确记录、对数据的比较和对可能的因果关系进行分析之后,离科学探究的结果仅有一步之遥,这一步就是归纳科学规律。

要归纳科学规律,就要寻找数据之间相互关系的特征。在中学物理中,这种特征通常表现为相等、之和、之差、乘积、比值等数学关系。因此在归纳时,就要通过对数据的比较,发现这些特征并归纳出结论。要归纳科学规律,还要关注物理条件改变与物理现象变化之间的联系,能尝试用不同的方式分析和解读数据,考虑对同一现象做不同的解释,并通过不同思想的撞击、沟通和补充,学生可以重审以调整自己的解释,从而完成对事物的认识。

(5) 尝试对探究结果进行描述和解释。通过探究活动,应让学生尝试用自己的语言对探究结果进行描述,描述应力求客观、准确地反映探究的结论,以发展他们运用科学、简洁、准确的语言来表达探究结果的能力。解释是借助于推理说明现象或结果产生的原因。解释实验结果,也是描述物理规律的一种方式。解释要将所观察到的现象与已有知识联系起来,并超越现有知识,更新现有的理解。

对实验数据或证据进行分析论证,对结果做出解释,回答提出的问题,分析、综合、归纳、演绎等科学研究中的基本科学方法,这些在科学探究中是必不可少的。实验数据虽然已经得到,但是它并不等于科学探究的结论,而仅仅是对实验事实的客观记录,探究的结论应该是在数据基础上通过分析论证得到的具有普遍意义的规律。在学生经历了分析论证形成探究结论之后,引导学生把分析论证前后的科学探究进行对比,将能加深对分析论证在科学探究中所起作用的正确认识。

 例9-20

在研究楞次定律时,两次向线圈中插磁铁,结果线圈中感生电流的磁场总是使线圈上端的极性与磁铁下端的极性相同,如果据此我们总结规律:"感生电流的磁场方向总是与原来磁场的方向相反"(这是学生在应用楞次定律时常出现的错误),这显然不对,因此,分析论证中缺少了对照组(磁场向上运动)的鉴定。

评析:学生探究得到某一论断一般都是有根据的,只是论证的程度不同而已。为保证分析论证的结果客观可靠,有必要让学生理解一些科学研究中的基本原则。例如:① 对照性(可比性)原则,即通过变量的选择与控制,由一组不含实验处理因素的对照组鉴定引入处理因素的效果。② 随机性原则,随机抽取样本,以抵消心理预期等非处理因素影响。③ 可重复性原则,即在相同的实验条件下,重复此项实验,应能得出相同的结果。样本愈大,重复次数愈多,结果愈为可靠真实。

 例9-21

在分子间的相互作用力教学中,教师经常会做这样一个演示实验:两块平板玻璃间的空气用水排出后,会牢牢地粘合在一起,很难把它们分开。如何解释这个现象?由于实验目的本身"定向"作用,学生探究思维的方向会明显地迎合实验目的——"分子间存在相互吸引力"这一结论,但这样的思维过程并不完备。其实,从实验原理上分析,"分子间存在相互吸引力"仅是两块玻璃粘合在一起的推测之一,推测之二是外面的大气压把两块玻璃紧紧地压在一起了,就像马德堡半球实验。为了引导学生对实验现象的本质做进一步探究,可设计如下验证方案:把玻璃片A、B用水粘好,较大的一块A在上,用木块架起来,B悬空,用玻璃罩罩住,而后用抽气机抽出罩内空气。实现现象是,玻璃罩内空气抽出后,B仍与A粘在一起。由此才可得结论:大气压把两块玻璃压在一起的推测错误。

评析:由于探究教学中的情景呈现往往有如下特征:一是在呈现前有明确的问题引导,暗示情景将起的作用;二是情景的结果往往具有验证性。由此,学生在分析论证物理规律和现象之间的因果关系时,思维过程往往并不完备,甚至会削弱对直观感觉的材料的理性分析,从而导致出现错误。

例9-22

探究目的定向性,会抑制实验过程中的"意外"的关注。如在做"验证机械能守恒定律"实验中,实验结果是重力势能的减少量总是大于动能的增加量,由于实验的目的"定式"作用,许多学生往往不能以科学的态度对待这一实验中的"意外",根本不分析其中原因,即得出守恒的结论,甚至有的不惜偷梁换柱,拼凑数据,以迎合实验目的——"守恒"这一结论。

评析:教育学生以科学的态度实事求是地对待实验中的"意外",这也许并不比让学生掌握实验内容本身次要。事实上,许多重大的科学发现,正是意外之中产生的,如 X 射线的发现、α 粒子散射实验等。

例9-23

在"水和酒精混合演示分子间有间隙"的实验,用普通试管来做实验,体积变化并不明显(缩小 3% 左右),该证据是支持分子间有空隙的,但证据是否足够? 有没有不同的解释? 如此微小的体积变化,有没有可能是因为木塞吸附液体所致? 或者是因为手指沾去了呢? 应该说,分析论证至此并未完成,但我们不可否认学生对该实验质疑的可贵价值。

评析:通过对证据的解释,证实或修正或否定假设是科学研究的一个基本环节。假设向理论转化有以下几种情况:一是证实假设,科学事实证明了假设的正确性,假设便转化为理论;或者修正假设:原假设与新的科学事实不甚吻合,需要对原假设进行修正;也可能否定假设:假设与新发现的科学事实产生矛盾,因而原假设被否定。实际上,在真实的科学探究中,大多数人的大多数时间是耗费在那些最终没能得到实验证据支持的假说上,但没有任何一位科学家会否定这种探索的价值。然而,教科书本身的局限性决定了它与科学发现的真实背景有距离,很少能反映科学家所走的弯路和所犯的错误。如果我们在教学中再照本宣科,结果很容易使学生认为,科学研究就是观察实验、收集材料以及对材料进行概括和推理等,只要正确地运用它们就能保证研究成功,一定取得预期结果。

当然,我们也不可能、也不必要在探究教学中完全重复科学家的研究过程,但我们至少要鼓励学生在分析论证中思考:现有的信息是否支持你的假设? 是否需要收集更多的数据? 是否需要指出实验中存在的缺陷? 为什么某一种证据比其他的更有说服力? 在这种反思中,可减少论证的盲目性,进而产生新的猜想并发现新的论证。

5. 探究教学的"支架"

所谓"支架",就是教师所能提供给学生、帮助学生从现有能力提高一步的支持形式。"支架"式帮助包括认知模型、提示或给予线索,帮助学生诊断错误的原因并且发展修正的策略。

尽管科学探究没有绝对固定的程序,但仍有一般的程序可循。而这个一般程序是学生做探究的必要知识,也是完成一个完整探究过程的基本环节。所以,教师在探究教学中可以给学生提供一些程序上的"脚手架",让学生学习探究。学习指导卡(见表9-5)就是一种比较好的形式。

例9-24

表9-5 "魔幻球"的实验探究学习指导卡

观察	材料质地	问题探究	探究结论
猜想	内部有些什么		
试一试	从一定高度处自由下落	小球能回到原来高处吗	
		小球的能量是如何实现转化的	
		小球出现了什么现象	
	从一定高度处用力下抛	小球能回到原来高处吗	
		小球为何能弹得比出发点高	
		小球出现了什么现象	
思考探究	小球为何会发光		
	小球发光为什么是一闪一闪的		
	小球发光的时间长短与哪些因素有关		
解剖探究	用刀打开魔幻球	内部结构中电路图是怎样的	
		这个电路中为什么要有两只小灯泡	
		为何我们看到小球发光时是闪烁的	

评析：学习指导卡又称探究工作单，既是学习记录单又是实验设计单，为学生的探究解决了程序上的障碍，有助于学生的探究活动的顺利开展。通过"支架"提供的支持是暂时的、可调整的，当不需要时就可移走。学习指导卡不是探究教学必备的工具，是否运用以及形式如何，应视学生的探究能力而定。当学生熟练地掌握了探究程序和方法，这种探究工作单就可以由学生自己设计，或者不再使用，让学生有更大的空间进行个性化的学习。

本章小结

探究教学实际上是一种综合性的教学活动，需要在前面各项教学技能的训练基础上才能得到发展，同时对教师的教学经验也提出较高的要求。

因为探究教学是一种以学生为中心的教学方式，在教学中主要是以学生的活动为主，教师的活动为辅，所以教师的教学能力主要体现在教学设计方面。另外，在集中培训的条件下，教师角色扮演和学生角色扮演的模拟课堂训练方式，对训练这项教学技能来说也不太合适。因为大量的教学活动要由扮演学生角色的师范生来承担，要模拟中学生的探究过程是很困难的。这就要求教师按照探究教学技能的要素，选取物理内容，编写微格教案。在微格教案中仍然要保持模拟真实教学的基本状况，只是学生的活动由教师自己用语言描述其设想的状态。

技能训练任务和评价

1. 设计探究教学的教案。

选定课题，设计探究教学的微格教案。

设计探究教学的微格教案时,应该注意的几点:

(1)物理课题内容的选择不宜包含过多的学习内容和探究要素,每一次侧重某几个要素进行探究性教学。

(2)确定选用探究教学的类型后,选取相应的物理内容,进行教案设计。

(3)探究教学技能并不排斥其他技能的应用,但学习内容和学习方法的选择要更多体现探究学习的特征。

2.训练探究教学技能。

(1)选择中学物理教材中一段适合探究的教学内容,进行微格教学设计。

(2)以小组的形式在微格室中进行训练,并进行视频录像。

(3)结合物理课堂探究教学技能的训练评价表(见表9-6)的要求和录像资料进行评价和反思。

(4)收集反馈意见,修改教案,反复录像与评价,直到熟练掌握。

表 9-6　物理课堂探究教学技能的训练评价表

评价指标	权重	评价等级			
		优	良	中	差
探究教学的目标明确	15				
课题的选取适合探究性学习的需要	20				
问题情境的设置适合学生的能力水平,并为学生留有适合的探究空间	20				
对学生的指导具有启发性,体现了物理学科的研究方法	20				
小组合作学习的组织管理能激发学生的学习动机,并使学生的能力在交流中得到发展	15				
发挥教师主导,学生主体作用,反馈调控及时准确	10				
学生自评					
教师点评					

 阅读资料

以科学探究为例看素养与知识的关系

我们以科学探究能力为例,对核心素养和学科知识的关系尝试进行探讨。

什么是科学探究能力?

如果一个学生能够从生活中找到值得探究的科学问题,能够形成解决问题的方案;能够实施方案,获取证据,反思和检验证据收集是否完备,方案是否需要修改;能够根据探究问题,结合收集到的证据和已有理解,形成自圆其说、有理有据的论证和解释,在这个过程中所表现出来的综合性品质,就是我们所说的科学探究能力。

这样一种理解下的科学探究能力需不需要学科知识或技能(此处是科学知识和技能)呢?试想,学生需要什么才能够从生活中找到值得探究的科学问题? 除了一般意义上的提出问题的能力,学生需要能够理解:当前的情境是什么,蕴含着什么样的问题,这个问题是否属于科学问题,该科学问题和哪些领域(知识、原理、理论)有关? 基于已有科学知识和方法,该问题是否值得以及能否开展实际的探究? 因此,从生活中提出值得探究的科学问题,需要学生具备与当前情境有关的,能够被学生用来理解和分析当前情境,明确问题性质和实质内涵的具体领域知识、观念和思维方法。从这个意义上讲,科学探究能力的形成需要以具体科学领域的知识和技能为基础。它需要的是学生自己形成的、能够用来分析情境和提出问题的、灵活的、结构化的学科知识和技能,不需要的是我们现在用机械重复操练的方法让学生"夯实"的碎片化的学科知识和技能。只有当学生具备了组织化和结构化的领域知识、概念和方法,他们才能真正深刻地理解情境,提出和解决问题,也才能促进核心素养的发展。

因此,核心素养的培养并不是不需要学科知识和技能了。恰恰相反,核心素养导向下的教学对学科知识和技能的要求反而是提高了。例如,在科学探究能力的培养中,学生需要根据当前探究的问题,制订一个具有可操作性的实施方案。试想,完成这一任务,和回答当前考试中常见的实验有什么原则、有哪几种实验方法等问题,哪种情况对学生相关知识和技能的要求高呢? 显然是前者。仅仅知道实验原理,了解实验的种类和设计程序,并不能确保学生制订出符合具体探究问题的实施方案。后者需要学生能够选择和组织相关学习知识、实验原理和探究方法,根据当前特定需求和条件审慎选择和组织,能够灵活运用和整合。类似的,在实际探究过程中,学生需要随时判断探究方案的实施情况,反思和检验所获的资料或数据的必要性和合理性,修改和调整探究方案等。之后,学生需要整合探究问题、已有假设、资料或数据结果、相关原理或理论,形成自圆其说、基于证据的论证和解释。所有这些都和当前特定的探究问题及其所涉及的相关领域知识、技能、思维方式和探究模式有着不可分割的关系。

正确理解核心素养和学科知识之间的关系,需要我们重新理解什么是学习。美国教育心理学家德伯劳科曾将学习概括为如下四个维度的整合:从事实到概念,到关系,再到结构;从事实到方法,到学科方法论,再到学科本质观;从知道到理解,到应用,再到综合;从有限迁移,到中等程度迁移,再到全面的迁移。

第一个维度是我国中小学教师最为熟悉的学科知识和技能。然而,此处的提法有两点值得反思。第一,讲到学科知识和技能,教师往往局限于学科的概念以及阐述概念和概念之间的关系的原理层面。而如前所述,核心素养的培养需要让学生形成结构化的知识和技能体系。第二,概念和原理的学习不是从教师讲解或定义的背诵开始,而是从事实入手,通过让学生与源于现实世界的真实情境互动,实质性地形成概念和掌握原理。

第二个维度即我国基础教育当前所提的学科过程与方法。值得反思的是,当前对学科方法的理解多停留在零碎的技能层面,而对深层的学科思维方法和探究模式关注不够,枉谈对学科本质的理解了。此外,学科方法的学习也不是从教师讲解开始的,依然需要从事实入手,让学生在解决情境化任务过程中潜移默化地形成方法,发展思维方式。对于学科过程和方法,这一点尤其重要。这是因为学科过程和方法属于程序性知识,是无法用语言讲解清楚的。举例来说,我们每天都用筷子吃饭。但是你是否意识到,当用筷子把菜夹起来的时候,回到什么地方,你的嘴巴开始张开? 事实上绝大多数人是不知道的。这是因为用筷子吃饭属于动作技能,是程序性知识,是自动化的。美国著名教育心理学家加涅将我们思考一个问题如何解决的技能称之为智慧技能,同样属于做事的程序性知识。学习程序性知识最好的方式就是做中学。试想,培养一个铁匠最好的方法是什么? 不是去读有关打铁的知识,而是将其直接送到铁匠铺里去做学徒,在两三年的时间里,徒弟跟着师傅天天打铁。其实,针对每一块原料,打造不同的工具,具体的打铁过程都有细微的差异。原料的材质,煅烧的温度和时间,锻打的程度,淬炼的时机和程序等,都需要结合特定情境具体分析和判断。什么时候我们给徒弟一块新的原料,他能够根据原料的特性,打造出一件符合用户要求的合格工具,我们才可以说他掌握了打铁的方法。学科过程和方法的学习也是同样的道理。学生在学习物理的时候,教师需要创设基于现实世界的真实情境,指导学生从日常经验出发,逐渐过渡到学会用物理思维方式和探究模式来分析情境和提炼问题,解释和论证问题。在这一过程中,学生会逐渐意识到物理是用怎样的方法分析现实世界中的各种现象的,明白物理概念何以形成以及为何形成,知道如何用物理的概念体系和符号系统把一个原本是生活现象的情境转化成一个物理现象或模型,采用怎样的套路,遵循怎样的原则去解释和论证问题。如果在一段时间的物理学习中,教师能够创设一系列不同的任务情境,学生就会像学习打铁一样,潜移默化地理解和掌握物理思维方式和探究模式,逐渐意识到"物理的"形成和解决问题的方法和原则。类似的,如果生物、化学等科学学科的学习都采用类似的方式,学生就在与各种各样情境的互动过程中,逐渐意识到化学和生物等领域思考和解决问题的共性,形成"科学方法论"。当学生能够掌握科学是如何思考和解决问题的,就能够深刻地理解科学(学科)的性质,意识到科学所能解决问题的范畴和边界,反思科学的价值和不足,学科本质观自然就孕育在其中了。

　　生活中存在各种各样不同复杂程度的情境。通过改变情境的结构化程度以及解决其中蕴含的任务所涉及的因素多少和关系,可以创设各种复杂程度的情境化任务。简单的、结构良好的情境可以让学生相对容易地提炼特征,形成概念。复杂的、不良结构的情境需要学生整合相关的概念、原理、理论、思维方法和探究模式才能深刻理解。因此,教师通过创设各种各样的情境,设置不同复杂程度的情境化任务,可以引导学生从情境中形成概念,学会用概念分析和理解情境,逐渐过渡到综合不同的学科知识、技能、思维方法、探究模式、价值观念,理解复杂的、开放性的现实情境,能够提炼问题,论证和解释问题。从知道如何形成概念,到能够综合各个方面分析复杂情境,体现的正是德伯劳科所讲的第三个维度。这个进程在学生探究能力上表现为能够从思考和解决有限迁移的、相似的情境化任务,到不断整合、迁移程度较远的任务,直到能够直面现实生活中的跨学科的、复杂的、陌生的、没有固定答案的任务,即所谓的全面的迁移(第四个维度)。

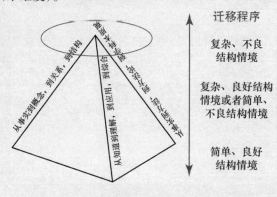

图 9-13　核心素养、情境与学科知识的关系

以图 9-13 的方式整合上述四个维度,可以形成如下对学习的理解。所谓学习,是个体在和各种各样的情境持续互动的过程中不断解决问题、创生意义的过程。在这一过程中,情境是学习发生的载体。情境通过活动,并和活动一起引发个体创生知识,发展观念。在广义上,情境即是个体存在于其中的日常生活。所谓真实情境,即个体所处的各种日常实践。当学生能够综合在不同学科(领域)中形成的结构化知识和技能、学科思维方式和探究模式,以及各(学科)领域所孕育的价值观念,去解决现实生活中复杂的、开放的、陌生的、没有固定答案的问题和任务时,我们就看到了高水平的素养表现。这种表现显然和各(学科)领域知识、技能、方法、思维、观念的学习是密切相关的。

按照这种思路,我们可以给核心素养作一个界定。核心素养是个体在面对复杂的、不确定的现实生活情境时,能够综合运用(跨)学科观念、思维模式和探究技能,结构化的(跨)学科知识和技能,世界观、人生观和价值观在内的动力系统,在分析情境、提出问题、解决问题、交流结果过程中表现出来的综合性品质。在这个意义上,核心素养是"知识和技能""过程与方法""情感态度与价值观"的"三维目标"的整合。这种整合发生在具体的、特定的任务情境中。教育或教学的功能就在于选择或创设合理的情境,通过适当的活动引发学习,促进学生核心素养的发展。

[摘自:杨向东.以科学探究为例看素养与知识的关系[J].基础教育课程,2018,(2)(上).]

第10章 物理课堂板书、板画技能

学习目标

1. 知道什么是板书板画技能,了解板书、板画的功能及板书、板画技能的构成要素。

2. 知道板书、板画的格式、类型和应用原则。

3. 会根据物理课堂不同的教学内容,选择合适的板书形式,能熟练掌握各种类型的格式特点,并应用它们设计出较为规范的板书。

4. 知道物理教学简笔画的要求,会用基本的绘画技能进行板书设计。

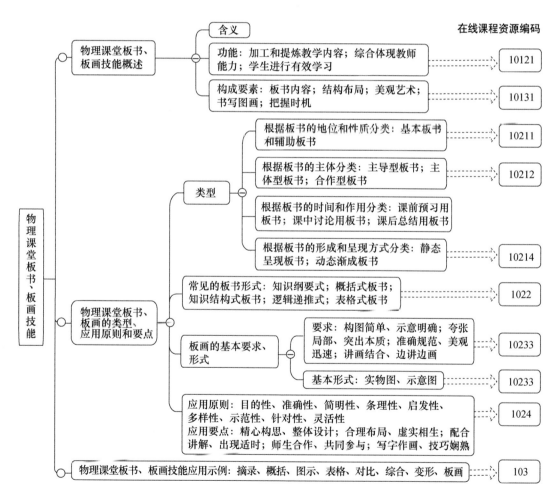

第10章思维导图

板书是教师进行课堂教学的门面,它静态地展示于黑板、感之于学生的视觉。一个设计良好的板书,可以把课堂讲授的重点按一定的形式有系统、有条理地表达出来,帮助学生获得完整清晰的知识信息,从而使学生突破难点,掌握重点,进而较好地提高课堂教学效果。否则,就会使课堂教学大为逊色。因此,板书设计是课堂教学的重要手段,是师范生必须掌握的一种基本教学技能。

10.1 物理课堂板书、板画技能概述

10.1.1 板书技能的含义

板书技能是教师运用黑板上的文字、符号和图像等,向学生呈现教学内容、思维程序,从而使知识概括化、系统化,帮助学生正确理解,增强记忆,提高教学效率的一类教学行为。简单地说是指教师在课堂教学中,利用黑板以凝练的文字语言、图表和符号等形式,传递教学信息的教学行为方式。

板书是课堂教学的重要组成部分,是教师上好课的有力助手,是教师课堂教学中向学生传递信息的一种重要手段,是教师进行教学的基本功之一。课堂上其他手段所传递的信息多是一次性的而且是短暂的,板书却能多次地、长时间地向学生传递信息。上完一节物理课,主要内容仍然保留在黑板上,会使学生产生一种完整、圆满的感觉,从而得到一种精神上的满足。物理知识中的很多内容,如公式、物理符号、物理公式的变形以及图示、图表的性质等,它们都很难用其他形式传输,而应用板书却能很好地完成这一教学任务。

教学板书一般表现为板书、板演、板画三种形式。

板书是指教师写在黑板上的文字,这是各种学科教学中普遍采用的一种板书形式。

板演是指教师在黑板上推导公式、演算例题或书写方程式等,是物理教学中常用的一种板书形式。

板画是指教师在黑板上画的各种图形、符号和表格等,也是物理教学常用的一种板书形式。

教学板书的三种形式在本质上是相同的,都是视觉的书面语言或符号信息。

10.1.2 板书技能的功能

随着科学技术的发展,许多现代化的教学手段已经走入课堂,使突破物理教学中的诸多难点成为可能。但是板书在教学中仍起着不可替代的作用。

视频案例　　案例简评

1. 教学板书是对教学内容的加工和提炼

受课堂教学的时空限制,以及学生的特点和接受能力的需要,教师在教学中不可能、不应该也不必要死搬教学内容、照本宣科。这就要求教师对教学内容进行科学而又艺术的加工和提炼,通过板书将教学内容的精华呈现在学生眼前。教学板书对教学内容的加工和提炼,主要体现在以下几个方面。

（1）理清教学内容的主要思路。板书、板画是课堂教学内容的逻辑主线,是学生记学习笔记的主要依据。这就要求教师的板书、板画应尽可能规范,使学生能将课堂上讲授的知

识按一定的时间、空间顺序记录下来,以便于以后的复习。

(2) 将教学内容结构化。有时教学内容所反映的事理存在着复杂的关系、不同的层次、多样的形式等,不利于学生认识和掌握,可以利用教学板书使其内部结构简明直观地揭示出来。

(3) 突出教学内容的重点和难点。好的板书由于具有层次清楚、主次分明、逻辑性强、各种关系表示准确等特点,可起到启发学生进行科学的思维,帮助学生记忆、分析、消化、巩固所学知识,引导学生掌握学习重点,顺利解决难点等作用,从而促进学生各方面能力的提高。教师对教学内容进行慎重筛选,确定主次,选准重点和难点,使教学板书能“好钢用到刀刃上”,以收画龙点睛之妙。

2. 教学板书是教师教学能力的综合体现

从教学板书的设计和使用的情况,可以很直观地了解教师的教学素质与能力的各个方面。精湛的板书是教师创造性劳动的结晶,它渗透着教师的学识、智慧和教艺,融合着教师的教育教学理论水平和审美素养,反映着教师的综合教学能力。教师在教学中借助教学板书可以起到如下作用。

(1) 弥补教学语言表达的不足。教学语言作为学生听觉的教学手段有许多局限性,教学板书因能引起学生的视觉注意而在另一方面给予弥补。教学语言与教学板书的结合使用,使教学信息的课堂传播多通道化。

(2) 多侧面塑造教师讲台形象。良好的板书可为学生展示教师的各方面能力,如对教材的处理能力、文字概括表达能力、文字书写能力、板画列表能力、注意分配能力、课堂组织能力等,这一切都会给学生留下难忘的印象,教师的威信可能由此产生。

(3) 有效地引导学生。良好的板书可以调整教学活动的节奏,与教学语言交替或配合使用,可使学生的学习活动劳逸结合,效率提高,使学生的学习活动紧密配合教师的教学活动。

3. 教学板书是学生有效学习的必要途径

良好的板书对学生学习效率和质量的影响是直接的,对学生身心发展的各方面都有明显的促进作用。

(1) 影响到学生的“学会”。学生通过课堂板书,能够清楚地领会教学内容的思路和结构,掌握教学内容的重点和难点,激起学习的兴趣和动机,增强对事物的观察和感知,牢固地保持对知识的记忆,保障学习的效率和质量。有关研究资料表明,在人所获得的全部信息中,其中听觉占11%,而视觉占83%,其他(触觉、嗅觉等)只占6%。因此教学过程中,虽然是学生“听课”,但不能单纯让学生听,更重要的还应充分利用视觉去感知新信息、新材料。

(2) 影响到学生的“会学”。教师在教学过程中的板书,反映了教师理解教材的思路和组织讲解的方法。学生通过板书,不仅学到了知识,也学会如何抓要点、重点、难点,如何进行归纳、总结、论证、说明等学习方法。掌握了必要的学习技巧,就为以后进一步提高学习能力奠定了基础。

(3) 影响到学生智力因素和非智力因素的发展。教师良好的板书可以培养并发展学生的感知能力、观察能力、记忆能力、思维能力、想象能力、审美能力和创造能力,同时还直接影响到学生的兴趣、动机、情感、意志、性格等非智力因素的健康发展。严谨美观的板书、板画,能给学生以赏心悦目、心旷神怡的艺术美和科学美的享受。这对于培养学生的分析、综合能力及书写和绘画能力的技巧是大有益处的。通过精心设计的板书、板画,既可以提高教学效果，又可使学生的精神得到陶冶和美学的享受，同时还能培养学生认真、求实的科学态度。

10.1.3 板书技能的构成要素

视频案例　　案例简评

板书技能由板书的设计和板书的运用（实施）两个方面构成。设计侧重于内隐的技能，运用侧重于外显的技能。设计是基础，没有好的设计，课堂上临时发挥，很难写出好的板书。这和盖房子一样，没有好的设计，盖不出好房子。和建筑不同的是，在建筑过程中，设计师负责设计，施工部门负责施工；而在教学过程中，教师既是板书的设计者，又是板书的实施者。所以，物理教师必须既会设计板书，又会运用板书。

板书设计既是科学，又是艺术，它是两者的结合。课堂的板书既要讲究科学性，体现教学内容的严密性和确定性；又要讲究艺术性，体现教学形式的形象性。板书一旦体现了逻辑性和形象性的统一，就有可能促进学生左右脑同时发展。

板书的设计和运用主要有以下几个构成要素。

1. 板书内容

课堂教学的板书内容要与讲授的内容大体一致，要详略得当、主次分明、突出重点和关键点、分散难点。板书不宜过繁或过简，因为过于详细，则使重点不够突出，不利于学生集中注意力，同时也会因教师的繁杂书写板书而影响主要内容的讲授和其他教学手段、技能的运用；过于简略，则不能起到提纲挈领、揭示新知识主要内容的作用，对学生理解、掌握物理思维方法也不利。应力求以尽可能简约的文字、符号、线条和图表反映尽可能丰富的教学内容，以提高课堂教学的效率。

2. 结构布局

结构是指板书的内容安排，包括标题的设计，板书类型的选择，板书内容出现的先后次序，以及各部分之间的呼应和联系，文字的详略大小和去留，符号的运用等。

布局是指各部分板书在黑板上的空间排列，以及与教学挂图、投影屏幕的合理配置。

有的教师喜欢把黑板分成四部分（见图 10-1），其中Ⅰ区用来写课题，Ⅱ、Ⅲ区用来写主要例题、结语等重要内容，Ⅳ区用来作副板书，安排演算和其他可以随时擦掉的内容。

| Ⅰ | Ⅱ | Ⅲ | Ⅳ |

图 10-1

教师在设计和运用板书时，不但要考虑板书的内容，而且要注意板书的结构与布局。

板书的布局总体而言有以下几点基本应用原则：① 布局合理的标准是：自上而下，从左到右。② 主体板书安排在黑板的左边或者正中，保留到下课。③ 辅助性的副板书安排在黑板的右侧，可以随时擦去。

3. 美观艺术

一幅新颖别致，富有美感的板书往往可以给学生留下难以磨灭的印象。

教师在设计板书的过程中，不但要考虑借助板书使学生理解、掌握、深化教学内容，而且要考虑板书的美观性和艺术性。教师的板书应根据学生对新异事物敏感、好奇的心理特征，做到形式多样化、内容系列化、结构整体化。

（1）图示的美。图示的功能在于它能将教材的抽象的文字变为形象的直观物，能给人以恍然大悟的美感。有些物理内容学生难以理解,用图示把它们标示、对比、陈列出来,能收到很好的效果;有些物理概念的建立,分析问题的思路,推理过程的阐述都必须借助图示。

(2)色彩的美。心理学研究证明,色彩容易使人产生联想,诱发情感。在板书的某些关键之处,点缀鲜明的色彩,能引起学生的注意,激发探求的好奇心。鲜明色彩的表示在板书中具有鹤立鸡群的地位,能产生主次分明,一目了然的美感。

(3)指示线条的美。线条有实线、虚线、曲线等,用得恰如其分,不但能收到指示明确,条理清楚的效果,而且给人一种虚实相应,变化多端的美感。

4. 书写画图

(1)文字、符号的书写。板书主要是由文字、符号和图形组成。文字的书写要规范。具体要求是:笔画清楚,笔顺正确,字体工整,无错别字,正确使用标点符号,行款格式符合要求,条目安排得当,注意整体效果。物理符号的书写更要规范,既要格式正确,又要章法匀整。

(2)黑板图的基本画法。物理图形也是物理板书的组成部分。一类图形本身就是物理知识的组成部分,如实物图、装置图、光路图、电路图、矢量图、图线。另一类是物理教学中的示意图、草图。要使学生看清楚教师的作图过程,要正确使用作图工具,图形大小要适中。

5. 把握时机

板书作为书面语言,是对教学口头语言的补充,因此,它必须与讲授统一,使有声语言与无声的"板书"配合。与其他教学活动相配合,才能充分调动学生的视觉、听觉感官,这等于利用信息传输的叠加原理,加深学生对知识的感知印象。

10.2 物理课堂板书、板画的类型、应用原则和要点

板书的目的在于激发兴趣、启发思维、强化记忆,有条有理、合乎逻辑、有层次感的板书才能起到这种作用。板书的各种形式最容易反映教师本人对教材的理解程度及讲课思路。

10.2.1 板书的类型

1. 根据教学板书的地位和性质分类

(1)基本板书。基本板书也叫中心板书、正板书或"主板书"。基本板书是体现教学目的与教学内容内在联系的重点、难点、中心和关键的板书,是能够反映教学内容的结构及其表现形式的板书。基本板书是整个课堂板书的骨架,是课堂教学的逻辑关系网,一般保留于课堂教学的全过程。主区设在从黑板左侧开始的位置,且为了书写的方便和整体的美观性,宜于分段使用。

视频案例　　案例简评

(2)辅助板书。辅助板书也叫附属板书、注释板书或副板书,是一种在教学过程中,为辅助教师讲授,随时写在黑板两侧的公式推导、补充或注解,是为了让学生听得更明白,理解得更透彻的一种辅助手段,可以在黑板上随写随擦的板书。那些学生熟悉,而又必须推导、计

视频案例　　案例简评

算的过程;提醒学生注意的公式、定理;诱导学生思维的草图;学生的板演等,都是副板书的内容。副板书通常写在黑板的最右边。副板书一般不做规范性要求但也要注意局部内容的完整性。

2. 根据板书的主体分类

（1）主导型板书。主导型板书是贯彻主导意图，由教师亲自完成的板书。主导型板书是板书的常见类型，它能充分贯彻主导意图，所以可以事先根据教学内容和课时的教学要求，通盘考虑、周密计划，进行精心设计。

视频案例　　案例简评

（2）主体型板书。主体型板书是为体现学生的主体地位，培养学生的学习能力，而由学生在教师指导下独立完成的板书。主体型板书的使用应注意因人而异，时效统一，不能成为教师偷懒或惩罚学生的手段。

视频案例　　案例简评

（3）合作型板书。合作型板书是根据课堂教学的需要，由师生讨论或由师生合作书写而成的板书。合作型板书是师生共同参与教学的板书，它可以增强师生交流、和谐师生关系，达到思维共振和情感共鸣，从而分享教学板书艺术的成功之乐。合作型板书是建立在充分调动师生两个积极性的基础之上的，它有益于师生活动的默契及其合作精神的培养。

视频案例　　案例简评

3. 根据板书的时间和作用分类

（1）课前预习用板书。课前预习用板书是教师在课前将教学意图或问题要求写在黑板上作为指导学生预习教学内容的板书。此类板书的作用在于：培养学生独立思考的习惯，训练学生的自学能力和发现问题、解决问题的能力；经过教师提示和学生预习，可以节省课堂教学时间，针对重点、难点进行有的放矢的讲授；教师事先交底，学生心中有数，利于教学活动取得预期的效果。

（2）课中讨论用板书。课中讨论用板书是教师在课中根据教学活动需要就某个问题与学生边讨论、边形成的板书。此类板书的作用在于：师生双边活动的开展，有利于调动学生的学习积极性和主动性；学生参与讨论，有利于他们对知识的理解和消化；讨论中"师启生发"，有利于培养学生的各方面能力。

（3）课后总结用板书。课后总结用板书是教师在课后引导学生重温教学内容，并概括总结其线索要点的板书。此类板书的作用在于：帮助学生理清课堂教学思路、复习巩固所学知识、形成系统完整的知识结构；养成学生良好的学习习惯和正确的学习方法，进而提高学生的学习能力；为下一次课的学习奠定必要的基础。

4. 根据板书的形成和呈现方式分类

（1）静态呈现板书。静态呈现板书是教师为了节省课堂教学时间而事先设计并书写在备用黑板上，用在课堂教学中配合讲授、适时呈现的板书。此类板书可节省时间、减少失误，但往往缺乏灵活性。使用此类板书，教师要注意呈现的最佳时机，呈现时要注意说

视频案例　　案例简评

明板书设计的意图，揭示需要关注的重点，按照逻辑顺序解释板书内容等。静态呈现板书可留在教室里较长时间，供学生课外学习之用。

（2）动态渐成板书。动态渐成板书是教师在教学中配合讲解和总结、学生的答问和讨论，边教学、边形成的板书，此类板书灵活性强，要求教师必须具备扎实的教学基本功。使用此类板书，教师要在板书程序上做多层次的设计。

视频案例

10.2.2 常见的板书形式

视频案例　　案例简评

1. 知识纲要式

知识纲要式板书是板书中最常见的一种格式,适用范围最广,几乎所有的学科都可以使用。知识纲要式板书是以讲授内容的内在逻辑关系为线索,用文字将重点知识提要按讲授顺序书写的形式。它表示的是教学信息的结构体系。这种板书的特点是层次分明,内容系统,便于学生简明扼要地掌握教材的重点、结构和脉络层次。

知识纲要式板书一般包含两种形式:

(1)一种是用完整的句子写出。

 例 10-1

> **第二节　电功率**
>
> 1. 物理意义:表示电流做功的快慢。
>
> 2. 定义:电流在单位时间内做的功。
>
> 3. 公式:$P = \dfrac{W}{t} = \dfrac{UIt}{t} = UI$
>
> 4. 单位:瓦(W)、千瓦(kW)
>
> $\qquad\quad 1\,\text{W} = 1\,\text{J/s}$
>
> $\qquad\quad 1\,\text{kW} = 1000\,\text{W}$
>
> 5. 电器的电压和功率:
>
> (1)额定电压:电器上标示的正常工作电压。
>
> (2)实际电压:电器实际工作时的电压。
>
> (3)额定功率:电器上标示的功率,也是电器在额定电压下工作时的功率。
>
> (4)实际功率:电器在实际电压下工作时的功率。

(2)第二种是标题式板书。这种是用语法上不完整的句子表达内容的本质含义,把有意义的短语、词汇、关键词以框架形式写出。

标题式板书基本要求:① 知识内容简明:所写出的板书是经过高度概括的教学内容的精髓,是经过教师自身提炼加工,明确地反映了教学信息。这种板书形式上并不符合语法结构。② 表达方法:用表达本质意思的关键词＋符号标记。

 例 10-2

> **§3-2　音调、响度、音色**
>
> 一、声音:噪音、乐音
>
> 二、乐音的特征

1. 音调：声音的高低
(1) 决定因素：频率↑↓、音调↑↓
(2) 发声频率范围
(3) 听觉频率范围
2. 响度：声音的大小
(1) 决定因素：振幅↑↓响度↑↓
(2) 与距离发声体的距离有关
3. 音色：与振动有关

知识纲要式板书设计思路。首先，教师要分析教材的内容层次，从自然段段意到逻辑段段意，最后用短语或词组来拟定一个小标题，这个步骤依赖于教师自身的教学水平，即对知识的理解程度。其次，设计讲授的内容层次及层次之间的排列形式又可分为以下几种：① 递进式：由浅入深，由现象到本质，由简单到复杂，由近及远。② 分列式：按主题内容的各个侧面排列。③ 还有比较式、推理与证明式等。最后要拟定知识标题，如例 10-2 中，有无"乐音的特征"这一标题对学生理解将产生完全不同的效果。在知识标题下设内容要点，用序号、空格、符号表示各知识的顺序及其从属关系，即逻辑关系。其序号统一格式可以为：

一
　(一)
　　　1.
　　　　　a.
　　　　　b.
　　　　　c.

注意：同类序号下的标题具有关联关系或表示同等重要；同一标题下的各知识要点与该标题有从属关系。

 例 10-3

测量石块的密度

A 教师的板书

1. 测质量：用天平。
2. 测体积：用量筒。
3. 计算公式：$\rho = \dfrac{m}{V}$，单位：kg/m。

B 教师的板书

1. 密度计算公式：$\rho = \dfrac{m}{V}$

2. 测质量 m：用天平。

3. 测体积 v：用量筒。

4. 将 m、v 值代入公式 $\rho = \dfrac{m}{V}$ 计算。

评析：从例 10-3 中比较 A、B 两位教师对同一内容的板书，表面看只有简单的文字区别，但从逻辑思路上看，B 板书教给学生的是基本的密度计算思维方法，反映了教师的思路、教学水平、理解程度。

2. 概括式板书

用符号、文字等显示概括的过程，同时也是展示概括法的一种板书形式。概括法是一种思维过程，指把若干事物的共同属性联合起来并推广到同类事物中去。它有两种形式：一是感性概括，把对直接观察或感知的共性结果作出联系并推广；二是高级概括，对抽象出来的事物的共同特征作出联结并推广。对事物本质特征的概括称为科学概括。它一般在抽象的基础上进行，包括了联合与外推的过程，概括的结果常常表现为结论、概念、法则、规律或理论等。科学概括法有一个简单的操作模式，可表示为：ABC→抽取→联合→推广→一类。

视频案例　　案例简评

例 10-4

"力是物体对物体的作用"这个结论是如何得出的？

推土机	推	土
牛	拉	犁
人	提	水
桌	压	地
带电棒	吸	纸屑
磁铁	排	磁针
物体	作用	物体

评析：例 10-4 中对若干事物的选取需带有一定典型性（机械、人、动物、一般物体），力的作用形式也不同，在此基础上方可得出结论。

3. 知识结构式板书

用文字、线条、符号等勾画出各部分知识及其之间的关系的一种板书形式。它将零散、孤立的知识点用带箭头的线条"串联"或"并联"起来，形成系统化、简约化的知识网络。这种形式的板书适用于内容比较完整、系统的知识单元、节、章。

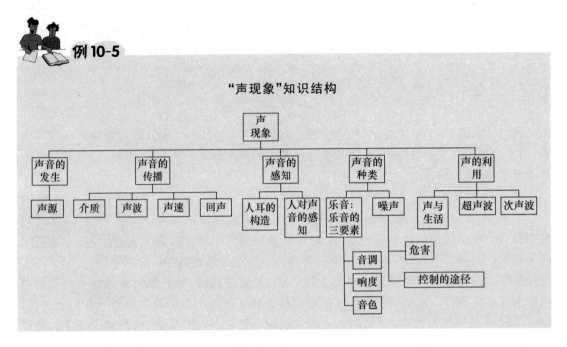

"声现象"知识结构

例 10-5 的板书把片段知识组成整体，方便学生记忆、回顾，学生回忆知识结构就能轻易把握全章的内容，这远比死记硬背各片段知识有用。

4．逻辑递推式板书

根据一系列物理量之间的逻辑联系，用文字、符号等逐步进行逻辑推理的板书形式。多用于分析问题、解答习题，可培养学生的思维逻辑性和严密性。

视频案例　　案例简评

例 10-6

$$F_{浮铁} = \rho_{水} V_{排} g \xrightarrow{\text{须求}} V_{排} = V_{铁} = m_{铁}/\rho_{铁} \longrightarrow \begin{cases} m_{铁} = G_{铁}/g \\ \rho_{铁}：查密度表 \end{cases}$$

同理

$$F_{浮铝} = \rho_{水} V_{排} g \xrightarrow{\text{须求}} V_{排} = V_{铝} = m_{铝}/\rho_{铝} \longrightarrow m_{铝} = G_{铝}/g$$

5．表格式板书

把讲授内容的要点进行分类、列成表格进行各种比较的板书形式。适用于对有关概念、物质的性质、线索、实物、实验、事件等有关联又有区别的内容进行归纳、对比。其特点是把有关知识集中在一起，类目清楚，井然有序，便于学生归类比较把握事物的本质，深刻领会教学内容。

例 10-7

表 10-1　三种电磁现象的比较

	电流的磁效应	磁场对电流的作用	电磁感应
现象	电流(直线环形螺线)可以产生磁场	通电导线在磁场中受力的作用发生移动	闭合电路的一部分切割磁力线产生电流
规律	安培定则	左手定则	右手定则
应用	电磁铁	电动机	发电机
能量	电能转化为磁能	电能转化为机械能	机械能转化为电能

10.2.3　板画的基本要求、形式

视频案例　　案例简评

1. 板画的基本要求

板画,又称简笔画,它是以简练的线条,在较短的时间内、高度概括出各种景物、事物、人物等形象的一种绘画,可用于一些物理装置、仪器的构造图、剖面图的展示。

板画不仅可将一些无法搬到课堂上的东西直观地在课堂上呈现出来,还可把复杂的事物通过合理的简化,将其基本结构、核心部分简单、突出地画出来,使学生更好地了解其原理或过程。因此从某种意义上讲,板画比实物更具有直观性、生动性。对于有些教材上已有的图,也有必要画在黑板上,以引起全体学生的共同注意,便于教师讲授。板画虽然主要是简画的示意图,但也不能信手随便画。

我们可以将板画的要求概括为:构图简单、示意明确;夸张局部、突出本质;准确规范、美观迅速;讲画结合、边讲边画。

总之,运用板画要做到"简、准、快、美",板画不在多,贵在精,务求能够表达教学的思想。

2. 板画的基本形式

(1) 实物图。讲授仪器设备的构造原理和使用方法时,往往需要绘制实物图。

(2) 示意图。仅用几根线条突出研究对象的大体轮廓和本质特征,称为示意图。

3. 板画示例

(1) 人物简笔画(如图 10-2 所示)。

图 10-2　人物简笔画组图

（2）教学仪器简笔画（如图 10-3 所示）。

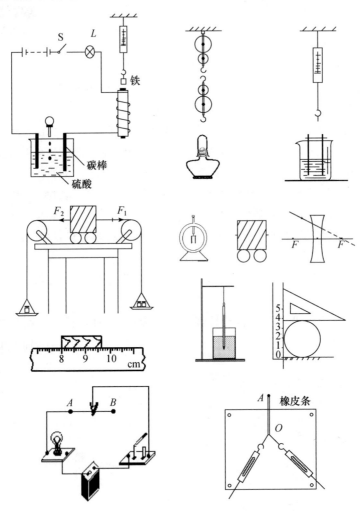

图 10-3　教学仪器简笔画

10.2.4　板书、板画技能的应用原则和要点

1. 应用原则

板书、板画是课堂教学的重要组成部分,它能将教学内容系统化、条理化、形象化,有助于突出教学重点,突破教学难点。因此,教师设计板书、板画时,既要注意形式美,还要注意以下几项原则。

(1) 目的性原则。板书、板画设计要符合总的教学目的,体现教学意图,注意教材的特点和学生的实际情况。板书、板画与讲授既要紧密结合,又必须有明确的目的性,这样才能配合讲授的需要,才能较好地完成教学任务。

(2) 准确性原则。板书、板画设计应以准确理解教材的内容思路、教师的教学思路、学生的学习思路为前提,做到用词精练、准确,做到科学性和艺术性相统一。板书、板画的内容要注意科学、严谨,必须正确地使用字、词,才能准确无误地描述所讲授的内容。例如,热学中"熔点"的"熔"与"溶"写法不同,物理含义也不同。又如,在总结导体的电阻随温度的变化规律时应强调是"一般物体……"而不能用"一切"来代替"一般"。板画也是如此,所画的图形应与所述的物理过程相符合,不能草率。

当然,强调科学性并不等于所有词语、画都要很严密。由于认识过程存在阶段性,使得有些概念、规律不可能叙述得很严密。不严密是可以的,但绝不能不科学。

(3) 简明性原则。在设计过程中,应当抓住最本质、最主要的内容,做到少而精,以少胜多,以简驭繁。这里的少,不是越少越好,而是要求以少代多,以少胜多。这样的少,才能使学生清晰地掌握知识,易于记忆和笔录。这里的精,是教师理解、钻研教材水平和程度的表现。精是展示教材精华和表达精确,这样的精,才能使学生印象鲜明,重点突出。少而精是一个效率和质量的概念,是一个互相联系的不可分割的整体。

(4) 条理性原则。物理内容系统性强,逻辑推理严密,在板书设计中要求条理清晰,思路简捷,化繁为简。条理是内容的脉络,讲述当然需要脉络清晰,有条有理。但讲述毕竟是稍纵即逝的,而板书则能在黑板上较长时间停留,而且看得见,所以板书的条理性特别重要,它是教师讲述和引导学生掌握教材的思路。

视频案例　　案例简评

(5) 启发性原则。好的板书就是要交给学生一串钥匙,使学生用它打开知识的大门,自己去发现知识,获得知识,这就要求教师在设计板书时要具有启发性,板书中的每个字、词、句都应具有启发性,能引起联想,唤起学生对知识和方法的想象和记忆,帮助学生理

视频案例　　案例简评

解知识,引起思索。富有启发性的板书有以下几个特点:① 必须暗示旧知与新知之间的内在联系,体现新知的生长点,激起学生探求新知的欲望。② 必须把特殊典型的事例置于一般规律的形式中,使典型与一般融为一体,为学生从特殊中推出一般扫除障碍。③ 必须寓抽象于具体之中,为学生透过现象看本质创造条件。

(6) 多样性原则。教学内容不同,板书形式也有所不同,就是同一内容,由于侧重点不同,在板书内容与形式上亦有不同。教学板书千篇一律、一个模式,激不起学生的学习兴趣。这就要求教师在设计板书时,打破固定模式,根据教学的实际,设计出百花齐放、活泼

多样的教学板书。

（7）示范性原则。板书是给人看的，要给人以美的享受。板书美主要包括：① 文字美。是指文字的端正美和立体美。所谓文字的立体美指文字的大小和布局要安排得与要表达的内容相吻合，形成一种立体感。② 结构美。板书结构一求匀称，二求精巧。匀称可能精巧，精巧的却不一定匀称，它可能是别出心裁的"出格"之作，可以说，结构美应体现在任何一则板书中。

（8）针对性原则。板书、板画设计要针对教学内容和学生特点，因文因人制宜，具有鲜明的针对性。凡是学生难记、难讲、难理解、难掌握及容易发生错误的地方都应设计板书、板画。具有针对性的板书有以下几个特点：① 突出重点。难理解的知识用不同的形式板书，可使学生迅速掌握。② 教给方法。一些带规律性的思路和方法要进行板书。③ 预防错误。学生易错的知识，可通过板书加以纠正，引起重视，防微杜渐。

（9）灵活性原则。板书应因势变通，具有一定的灵活性，防止"千篇一律，千人一面"。灵活性应注意：① 布局上的灵活性。教师设计板书，总是以自己常用的黑板为板面依据的。如果换了讲课地点，遇到的黑板与原设计不一致时，这时就必须进行临时变通。即

视频案例　　　案例简评

使在本班上课，也必须在板面上留有余地，以利于某些临时性的板书。② 内容上的灵活性。在课堂教学的师生双边活动中，常常会遇到原定的板书难以自然出现，不能"水到渠成"的情况。这时教师就要在不影响教学要求的前提下，适当采取应变措施，主动给学生留有余地，使他获得"填补空白"的思维机会。这样做，上起课来就灵活自然。

2. 应用要点

良好的板书、板画除了要满足上述基本原则外，在训练时还要把握好下列应用要点，才能有助于提高教学板书、板画的实效。

（1）精心构思、整体设计。自觉增强板书的设计意识，提高板书设计的水平，可以有效地克服板书的盲目性、随意性带来的低质量、低效率的弊病，达到应有的教学效果。因为教学板书设计要书之有效，就得书之有方。所谓书之有方，指的是"明要求，做到书之有用；抓重点，做到书之有据；选词语，做到书之有度；定形式，做到书之有条；排次序，做到书之有时；留余地，做到书之有择"。这样，板书设计才能达到科学、精当、醒目、规范、易记的要求，真正成为提高课堂教学效率的有效工具。

① 注意板书设计的目的性。任何一则好的板书，都是为一定的教学目的服务的。教学板书设计要根据教学的实际需要，确定是否采用板书，用何种形式，怎样运用板书等。

② 注意板书设计的整体性。板书的构思与设计，应注意从整体上反映教学内容的特点和结构，同时注意使板书自身也形成一个相对完美的整体，使构成板书的各要素（如文字、符号、线条、色彩、图像等）和谐统一在一起，共同地为教学目的服务。

③ 注意板书设计的制约性。板书的构思与设计，要受到多种因素的制约。不充分考虑到这些制约因素的影响，只凭教师主观意图设计出来的板书，往往不能收到预期效果。所以，教师在构思设计板书时要注意：学科特点的制约——板书设计应结合学科特点和课的类型、要求进行；学生发展程度的制约——板书的内容与形式，要适应学生的年龄特点和接受能力而设计，可随着学生发展程度的不断提高，逐步地由简到繁、由浅入深、由具体到抽象，使板书在适应学生特点的基础上积极地促进学生的发展；时空条件的制约——板书的

设计,不能脱离教学的时空条件的实际。比如要考虑到课堂教学的时间,黑板的容量以及书写或作图的工具等客观条件是否具备或容许。

(2)合理布局、虚实相生。板书的合理布局是指对在黑板上要书写的文字、图表、线条,做出严密周到的安排,既符合书写规范要求,又能充分利用黑板的有限空间,使整个板书紧凑、匀称、协调、完整、美观、大方。板书的合理布局有着重要的意义:可以增加内容的条理感和清晰度,避免引起学生视力过早疲劳,也有助于培养学生的审美能力等。

板书的虚实相生,就是对板书设计的内容进行艺术处理,根据教学需要,使有的内容必须在板书中体现出来,而有的内容则可不必在板书中反映出来,通过省略号或丢空的办法使之隐去。让学生自己凭借教师的讲述去领会、去思考、去联想,这样不仅可以节省教学时间、突出教学重点,还对提高学生思考问题能力,启发和调动学生积极、主动地学习,都大有裨益。

(3)配合讲解、出现适时。因为大多数板书都是在课堂上当着学生的面逐步完成的,所以板书内容出现的次序和时间也须着意考究。出现太早,学生会觉得突兀;出现太晚,学生又会觉得多余;只有当学生需要写的时候写出来,板书才能收到好的效果。按照教学需要,有的板书内容可以先讲后写,有的则要先写后讲,而有的必须边讲边写。一般来说,先讲后写的板书能起总结作用,可以加深学生对问题的理解;先写后讲的板书能起到引导作用,诱引学生去追寻教师的思路;边讲边写的板书则能起到控制作用,可以吸引学生的注意力、激发学生的学习兴趣,使内容思路、教师思路和学生思路合拍共振。

(4)师生合作、共同参与。良好的板书是师生共同创造的结果。鼓励并吸收学生参与板书的过程,有助于打破课堂板书由教师一手包办的局面,对于形成生动活泼的教学气氛、合作融洽的师生关系,发展学生的各种能力等,都有积极作用。苏联学者加里宁在一项研究中让三四年级的学生在学习教材时自编提纲,对照组则不编写提纲。实验结果表明编写提纲组的直接回忆成绩为65.3,对照组成绩为60.9。12天后的回忆成绩编写提纲的组是46.4,对照组成绩为26.0。在编写提纲过程中,学生积极思维,对教材进行了分析、综合、概括,又用简明的语言把它揭示出来,记忆效果明显提高。让学生参与板书过程,是一项可行的好办法。因此,优秀教师通常宣布,这堂课虽然是我设计的,但不是我一人的,要由我们大家来共同创造。

(5)写字作画、技巧娴熟。板书的过程,要求教师写字作画既稳且准、又快又好,若没有训练有素、娴熟灵巧的板书基本技能技巧,是做不到的。因此,教师要高度重视板书技能技巧的训练和提高。

① 文字书写的技能技巧。一手流利漂亮的粉笔字,常能赢得学生的喜爱、羡慕和模仿,更重要的是它能提高教师使用板书的质量和效率,它决不是像有些人认为的那样只是一种"无其所谓"的雕虫小技,确属一个教师必须掌握的教学基本功。良好的板书对教师文字书写技能技巧的基本要求有:

用笔。粉笔的使用与钢笔、毛笔的使用略有不同,它短小、易断、笔锋随笔身的磨损不断变化,在使用时应根据这些特点灵活使用,手指捏紧粉笔,手臂移动平稳,用力均衡,不断转动笔身,才能使写出的字流畅、自然。除常用倾斜运笔外,还可根据需要使用垂直运笔(如画某些直线、曲线和点等)、平放拖拉运笔(如教学板画中的面状处理)等。

字体。板书字体的大小直接关系到效果问题。字体太大,写不了几个字,影响板面的利用率;太小,学生看不清,失去板书的作用。一般认为,字体的大小,以后排学生能看清为标准。针对学生视力下降的现实，设计使用板书，应把保护学生视力的因素考虑进去。同时字体的使用要注意适应性。根据小、中、高、大各学段学生的特点，可分别主要采用楷、行楷、行草等字体。

字迹。教师板书的字迹，一要正确，不写错字、白字、倒笔字；二要清晰，结构明了、字距均匀、行距平行，以显整齐条理、眉目清晰；三要认真，不能开始几个字或几行字写得工整有加，而中间逐渐潦草，最后则龙飞凤舞，模糊难辨，教师认真的字迹反映的是认真的态度，可对学生起潜移默化的影响。

② 图表绘制的技能、技巧。图表示意式板书设计出来之后，还需要教师教学时在黑板上使用有关工具将它们准确、快速、美观地绘制出来，才能保证板书达到预期的目的，这就要求教师熟练掌握一定的绘图制表的技能技巧。一般说来，图表绘制得准确，有助于教师讲明问题、学生掌握知识，如果立体几何图形画得没有立体感，就会使板书图示失去其辅助教学的意义；图表绘制得快速，有助于提高课堂教学的效率，如果在课堂的黑板前面，教师忙碌了半节课还未将图表绘成，易使学生认为教师无能，课堂秩序涣散；图表绘制得美观，有助于吸引学生的注意力，激发学生的学习兴趣，培养学生的审美能力。教学图表的绘制可以借助必要的工具如直尺、圆规、量角器、三角板、多功能尺等来完成，也可以不借助其他工具，只用粉笔凭借扎实过硬的基本功来完成。

③ 板画的技能、技巧。画板画时应注意以下几点：

首先，讲画结合，边讲边画，以加强教学的生动性和直观性，便于学生更好地理解抽象的物理过程，这也是板画优于一般挂图的原因。如处于静电平衡状态的导体，其内部场强处处为零这一结论比较抽象，尽管用演示实验进行了验证，但对其平衡的过程和微观机理学生感到难以理解。为了使学生能正确形象地理解，可按导体刚进入电场和达到静电平衡前、后画出三个示意图。按时间顺序对应板画分析导体内部自由电子在电场中受电场力作用而做定向移动，使导体两端的电荷聚积而形成附加电场，并与原电场叠加，直到附加电场与原电场的场强相等时，电荷停止定向移动，达到平衡状态，此时导体内场强也正处于处处为零的状态。这样结合板画的分析，将看不见、摸不着的东西生动地展示在学生面前，可使学生更好地理解静电平衡的真正含意，便于学生记忆"处处为零"的结论。

其次，板画的画法应符合制图的基本要求。板画的种类一般有立体图、透视图、剖面图、平面图和示意图等。在黑板上虽然可同时画不同的图，但在同一图上不能包括不同类型的图。另外作图的线段应粗细得体、虚实规范。只有处理好板画的空间关系、虚实关系，才能真正起到有助于学生理解的作用。

再次，板画的画面比例应当尽量能与实物相比较，在同一图中比例尺要尽量统一。当然特殊情况除外，如人造卫星绕地球运转、原子结构等问题，一般无法满足实际比例的需要。但有些板画必须严格注意比例，以求准确地反映其物理事实。如画天平时，应尽量使天平两臂等长，两托盘相同；画变压器时，虽然原、副线圈的匝数不一定严格按比例画，但是升压还是降压应该表现出来。

最后，板画应笔画简洁、主体突出、直观明了，起到既可以说明深刻的物理问题，又能激发学生兴趣的作用。物理课的板画，主要是示意物体的形态或某一部分的结构，并不是要求把物体的各个细节都画出来，目的是要突出物理特点。对于未作统一规定的物体，需设计出简单、形象的图形来示意。如物理学中常涉及人、汽车等物体,要求表现的并不是人的表情、服装款式、汽车的型号等,而是人体的总体形象、动作特点或汽车的运动情况及所处位置,因而可以用简笔画的画法,寥寥几笔,力求形象。

另外板画还应将需要突出的细节很好地表现出来,如画一个线圈,一般需要表现的是导线的绕向,若画成的图示,导线的绕法无法判断,就达不到直观展示的目的。

那些既突出物理实质,又生动形象的简笔画,无疑对激发学生的学习兴趣、培养分析物理问题的能力都是大有益处的。值得注意的是,简笔画并不等于简单、潦草一画,应认真对待,因此要加强教师自身基本功的练习。若草率处理板画,不仅对说明问题、讲解知识不利,还会使学生养成不良的习惯。

定量画图要力求准确才有实用价值。物理板画中包括一些推导公式、探寻规律用的函数关系图像和物理图像,若不准确地画图,则会造成公式无法推导或不能总结出正确的规律等问题。例如,欧姆定律的实验中,研究 I-U 之间关系所画的函数图像,若画图不准确,则不易归纳出 $I \propto U$ 的关系。又如,推导向心加速度公式所用图中的各速度矢量,若不注意它们的大小、方向的准确性,就很难导出 $a = v^2/R$ 的公式,也就"看"不出将其称作向心加速度的原因了。如果板画画得准确,不仅容易导出 $a = v^2/R$,且其方向指向圆心也就直观可见了。

10.3　物理课堂板书、板画技能应用示例

内容决定形式,形式服务于内容,优秀的板书设计应该是内容与形式的完美统一。下面通过具体的实例说明板书、板画技能的应用。

10.3.1　摘录

摘录即按教学内容的授课顺序板书内容要点。这种方法简便、易行,但要基于教学内容自身结构的条理性、内容的明确性。在物理教学中,摘录适用于概念不多、内容十分明确、条理清晰的课题。

视频案例　　案例简评

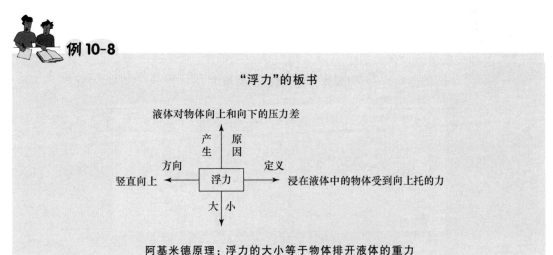

例 10-8

"浮力"的板书

液体对物体向上和向下的压力差

产生　原因

方向　　　　　定义

竖直向上　←　浮力　→　浸在液体中的物体受到向上托的力

大　小

阿基米德原理:浮力的大小等于物体排开液体的重力

10.3.2　概括

概括即简洁地归纳教学内容、形式的方法。这种方法基于教师对授课内容的研究、分析及概括能力。高度的概括能力是抽象思维的良好品质。此法对培养学生的抽象思维能力也有较好的作用。概括适用于概念不多、内容明确、条理清晰的课题。

视频案例　案例简评

例 10-9

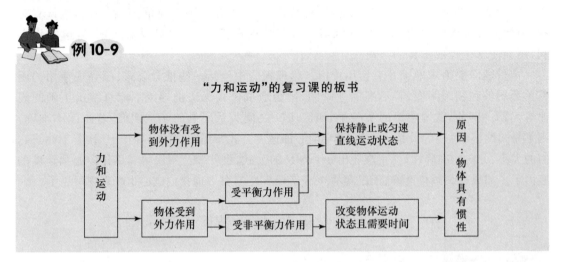
"力和运动"的复习课的板书

10.3.3　图示

图示法即用符号、线条、图形示意教学内容形式的方法。这种方法基于教师对教学内容认真的钻研、高度的概括、独到的表达，并且此法反映教师的兴趣爱好、个性特长及审美情趣。图示法适用于课题中各概念间有从属关系、并列关系或递进关系。这种方法较为形象、独特，富有一定的审美情趣。

视频案例　案例简评

例 10-10

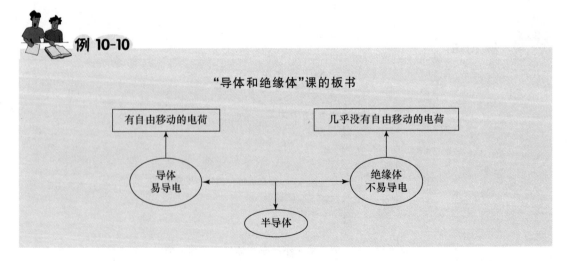
"导体和绝缘体"课的板书

10.3.4　表格

表格是常见的一种板书形式,它有整齐、对称、均匀、清晰、明了之美感。表格运用于概念较多、内容较复杂、条理不易理清的课题中。

 **例 10-11**

"力"课的副板书

物体	力的作用	物体
压路机	压	路
人	提	书包
马	拉	车
推土机	推	土

10.3.5　对比

"有比较才有鉴别",对比能形成强烈的对照,起到深化、强化的作用。对比有许多方法,如求同法、求异法、纵比法、横比法、综合法、专题法等。这些方法用在总结、复习、单元教学上效果更好。对比常运用于两个或多个比较相似的概念、规律或比较类似的仪器的构造等课题中。

视频案例　　案例简评

 例 10-12

"内燃机"复习课的板书

			汽油机	柴油机
工作过程		吸气		
		压缩		
		做功		
		排气		
	构造			
	优点			

10.3.6　综合

综合是对教材中不同内容的分类排列和组合叠加。从信息论上看,也可叫"信息的交合"。

若概念较多且相互间有依存关系,则可将它们分类排列或展示其事物发展的过程。

例 10-13

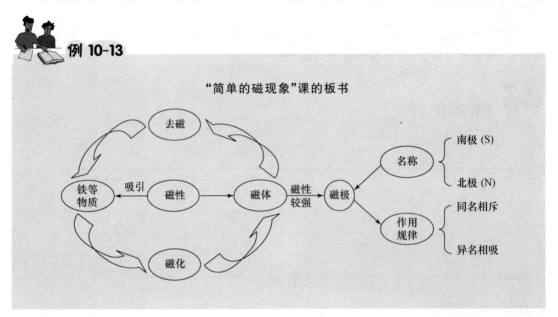

"简单的磁现象"课的板书

10.3.7 变形

变形是为了突出重点,增强趣味性和板书的表现力,运用变形夸张的方法设计的板书常用漫画的手法,根据学生的思维特点,大胆设计创意,使之有强烈的艺术感染力。若课题有一个中心、一个主题,并能给人想象的空间,则较易运用变形夸张的手法。

视频案例　　　案例简评

例 10-14

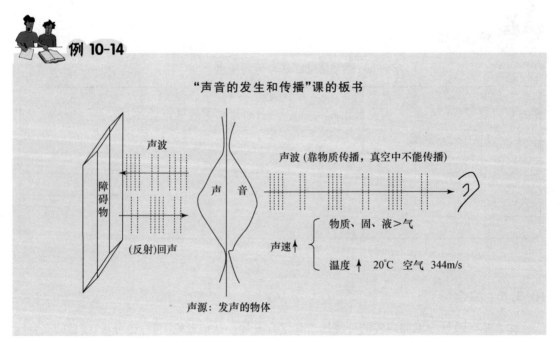

"声音的发生和传播"课的板书

10.3.8 板画

板画是一种形象化的展示板书的方法。它有激发学生学习兴趣,提高教学质量的作用。

例 10-15

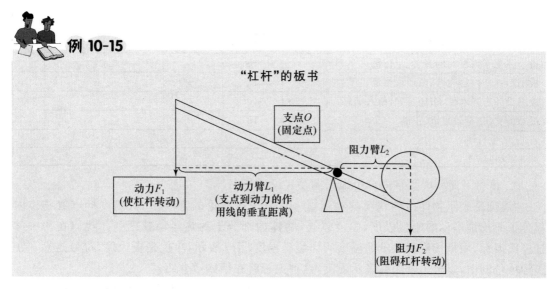

"杠杆"的板书

板书是反映教材内容的镜子,展示教学场面的屏幕;是教师教学引人入胜的导游图,学生学习中掌握真谛的显微镜;是开启学生思路的钥匙,进入知识宝库的大门;是每堂课的眼睛,读写结合的桥梁。

优秀的教师都会花大量的精力设计富有科学性、教育性、实用性和艺术性的板书,也只有这样,板书才能发挥其"几乎可以服务无限目的"的功能。

本章小结

板书是一项物理教学基本技能,要讲究启发性、条理性、简洁性;追求示范性、规范性和新颖性;教师一定要事先设计板书,切忌随意。板书也是一门综合艺术,由书法艺术、绘画艺术、粉笔书写技能、板书设计技能和板画设计技能等构成。板书设计训练是板书技能训练的重点和关键,粉笔字、板画的书写训练是应达到最基本的要求。

技能训练任务和评价

1. 选一段板书技能的录像,说出在板书过程中,教师是如何体现板书技能要素的。

2. 选择一项适宜的教学内容,选择一种或几种教学媒体的组合,设计 5～10 分钟的微格教案,对板书技能进行训练,并结合物理课堂板书、板画技能的训练评价表(见表 10-1)进行自我评价。在教学之前,应首先说明以下几个问题:

(1) 为什么选择这种或这几种教学媒体?达到什么教学目的?

(2) 说明板书的设计思想,预计板书的过程。

(3) 请注意板书的要求,按要求进行演示。

(4) 请注意板书技能的评价标准。

表 10-1　物理课堂板书、板画技能的训练评价表

评价指标	权重	评价等级			
		优	良	中	差
板书的内容是教学的重点和难点	20				
板书设计条理清楚,脉络分明	15				
板书有启发性,并指明学生观察的方向	15				
板书强化了讲授的内容,便于记忆	15				
板书形式与内容吻合,图形表格使用得当	10				
板书设计有艺术性,布局合理,给人美感	10				
板书的文字、符号规范、正确	15				
学生自评					
教师点评					

3. 请将下面一段文字内容用知识纲要式设计板书。

"温度是表示物体冷热程度的物理量。从分子运动论的观点来看,温度标志着物体内部分子无规则运动的剧烈程度,温度越高,物体内部分子的热运动越剧烈。我们在初中学过摄氏温标,用摄氏温标表示的温度叫作摄氏温度,用 t 表示,单位是摄氏度,符号是℃。在国际单位制中,以热力学温标表示温度,这种温标将在第四节介绍。"

4. 课堂练习:深夜宿舍的灯为什么比晚上七八点更亮?用逻辑递推式板书设计回答此问题。

 阅读资料

基本板画教程

一、直线段的画法

画长直线,如水平线、竖直线、倾斜线都宜用长粉笔。用大拇指与食指捏住粉笔,其余手指托住粉笔,粉笔头接触黑板。在画的过程中应注意三点:① 画直线时不仅手而且整个手臂都要作直线运动;② 粉笔的长度、方向要与所画线段的方向一致(这样有"导向作用");③ 画水平线一般由左向右,右臂肘关节应靠近身体,并使手平行于黑板的上边或下边移动,肘关节也从身体左方移向右方。

画垂直线时要从上往下画,必须使右臂肘关节从上方开始,让手随肘部一起向下移动。

二、特殊角度的画法(30°,45°,60°)

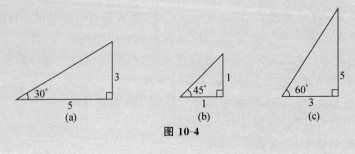

图 10-4

按两直角边的比例关系确定角的度数,如图 10-4(a)、(b)、(c)所示。图中"1,3,5"均指单位。例如"1"即为 1 个单位,可以是 1 cm,也可以是 1 m;同理"3,5"也如此。

三、画两点间的连线

将粉笔头放在始点,而眼睛注视终点,这样可把粉笔"引导"到终点。等分线段一般都凭目测直接分割,若是偶数,先二等分,然后再按需要分割,各等分点确定后用粉笔作量具,检查分段是否相等,如果不相等,再作修正。这样反复练习,以训练眼的判断力,提高目测的准确率。

四、圆的画法

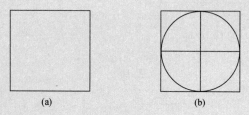

图 10-5

常用的画法是拿一条绳子作半径画圆。若要求徒手画图时,可先以圆的直径为边长轻轻地画一正方形,再画圆使之内切于正方形,如图 10-5 所示。若画大圆,可先将手臂伸直,从左向右顺时针方向画,这样,手臂即为圆锥的母线,肩关节为圆锥顶,圆锥的底即为在黑板上画的圆。若要求画直径相同的小圆,如小车的轮子、滑轮等,则可先轻轻地画两条距离为小圆直径的平行线,再在平行线中间画圆与之内切,如图 10-6 所示。

图 10-6

五、椭圆的画法

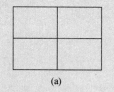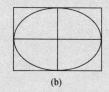

图 10-7

画椭圆可根据椭圆的长短轴画一矩形,再在矩形内作椭圆如图 10-7 所示。方法与画圆相似,但要注意椭圆的对称性,切忌画成两头尖。

六、物理学中几种常用图例的画法

(一)正弦曲线

可根据振幅和周期的大小,先打格子,然后再画曲线,如图 10-8 所示。

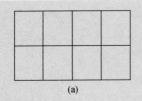
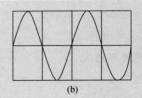

(a)　　　　　　　　　　　(b)

图 10-8

（二）线圈

方法与正弦曲线相似，也分两步画成，如图 10-9 所示。

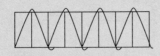
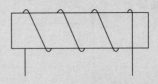

图 10-9

（三）弹簧

弹簧的画法如图 10-10 所示。

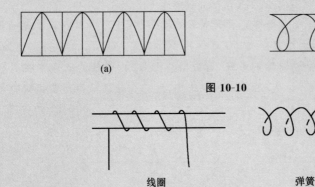

(a)　　　　　　　　　　　(b)

图 10-10

线圈　　　　　　　　　　弹簧

图 10-11

以上三种图例经过反复练习，根据各种线条的特点可一笔画成，如图 10-11 所示。但应注意，每图线条的上下顶端的连线应保持平行。画弹簧时，只需用粉笔线条的粗细（前粗后细），使之有前后之分，这样立体感强。

（四）力学中的汽车

物理教学中的黑板画，一般不宜素描。应该抓住物体的主要特征，用简笔画出。这不但画得快，节省时间，而且很简明。例如，力学中常用的汽车，就是用简笔画画的。它主要是由车厢和轮子构成的，如图 10-12 所示。

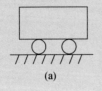
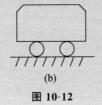

(a)　　　　　　　(b)　　　　　　　(c)

图 10-12

（五）"条形人"的画法

"条形人"是物理教学中常用的简笔画。具体画法是：先画一小圆代替人头，然后在小圆下面画一正楷"个"字，在"个"字下面加一"∧"符号，这样，一条形人就出来了，如图 10-13 所示。

图 10-13

另外，还可根据题意画出"人"的各种姿态，如图 10-14 所示。

图 10-14

［摘自：林雅中.理科教学中板画的基本画法［M］.福州：福建教育出版社，1992.］

避 重 就 轻

听说有这样一件事：一位年近花甲的哲学教授在他上的最后一节课快要结束时拿出一个大玻璃杯，又先后拿出两个布袋，一个装着核桃，另一个装着莲子，然后他对大家说："我今天给你们做一个实验，我还是年轻时看到的这个实验。实验的结果我至今仍然常常想起，并常用这个结果激励自己，我希望你们每个人也能一辈子记住这个实验，记住这个实验结果。"

在座的学生当时都很奇怪，哲学课还能做出实验吗？就用那些核桃和莲子？老教授把核桃倒进玻璃杯中，直到一个也塞不进去为止。这时候教授问："杯子满了吗？"

学过哲学的学生已经有了几分辩证法的思维。"如果装核桃的话，它已经装满了。"

教授又拿出莲子，用莲子填充核桃还留下的空间。

然后，老教授笑着问："你们能从这个实验中概括出什么哲理吗？"

学生一个个开始发言：有人说这说明世界上没有绝对的满，只有相对的满。有人说，这说明了时间像海绵里的水，只要想挤，总可以挤出来的。还有人说，这说明空间可以无限细分。大家的发言很踊跃。

最后，老教授说："你们说得很有道理，不过还没有说出来我想让大家领会的道理来。你们是不是可反过来想一想，如果我先装莲子而不是核桃。那么莲子装满后还能再装核桃吗？你们想想看，人生有时候也是如此，我们经常被许多无关紧要的小事困扰，看着人生就沉埋于这些琐碎事物之中。到了最后，却往往忽略了去做那些真正对自己重要的事情。结果白白浪费了许多宝贵的时间。所以，我希望大家能够记住这个实验，如果莲子先塞满了就装不下核桃了。"

一片静默之中,在座的学生都陷入了沉思。

的确,在现实生活中,我们常常能看到人性的一个弱点:避重就轻。虽然知道哪个更重要,但总会找到各种理由去回避它。当然结果是味淡的莲子嚼了不少,却难有机会品尝那香而略苦的核桃了。

人的生命有限,我们必须清晰地认识到自己——最重要的是什么。这样我们就不会庸俗,那么懦弱,那么难以选择。或许有一天我们终会发现:我们获得的远远大于放弃。

情 绪 污 染

有一个男孩有着很坏的脾气,于是他的父亲就给他一袋钉子并且告诉他,每当他发脾气的时候就钉一颗钉子在后院的围栏下面。

第一天,这个孩子钉了37根钉子。慢慢地每天钉下的钉子的数量减少了。他发现控制自己的脾气要比钉下那么多钉子更容易些。终于有一天这个男孩再也不会失去耐性乱发脾气了。他告诉父亲这件事,父亲告诉他,现在开始每当他能控制自己脾气的时候,就拔出一颗钉子。

一天天过去了,最后男孩告诉父亲,他终于把所有钉子都拔出来了,父亲握着他的手来到后院:"你做得很好,我的孩子,但是看看围栏上的洞,这些围栏永远不能恢复成以前的样子。你生气的时候说的话就像这些钉子一样留下了疤痕,如果你拿刀子捅别人一刀,不管你说了多少次对不起,那个伤口将永远存在。"

人与人之间常常因为一些彼此无法释怀的坚持,而造成永远的伤害,如果我们都能从自己做起,开始宽容地看待他人,相信你一定能收到意想不到的结果。其实,帮助别人开启一扇窗,也就会让自己看到更完整的天空。

第11章 物理课堂结束技能

学习目标

1. 知道结束技能的含义、作用和构成要素。

2. 知道结束技能的类型和要求,理解结束技能的应用要点。

3. 能根据教学任务、教学内容和学生的特点选择恰当的结束类型应用于教学之中。

在线课程资源编码

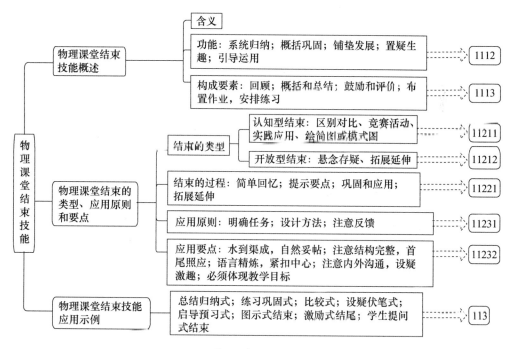

第11章思维导图

物理课堂教学的基本结构一般由导入、展开和结束三部分组成,显然,这三个部分是缺一不可的。有人曾将课堂教学全局构筑比喻为凤头、猪肚、虎尾,意思是说,开头(起始)应像凤头那样美丽动人,基本教学阶段应像猪肚那样丰硕肥大,结局应像虎尾那样横扫如风。"凤头"是很重要的,可是缺少了"虎尾",那么一堂课即使开头再好,结尾很一般,这节课也算不上十分成功的课。一堂好的课就是要有头、有尾,有始有终,尤其是结尾的设计更要精心准备,设计巧妙。如果不注意精心设计课的结尾,就等于只顾耕耘,不管收获。不仅反映出教师的教学技能虎头蛇尾,更重要的是降低了教学效果,影响了教

257

学质量。如果仅以简单的教师讲解归纳为结束或大量做练习题的方式完成课的结束,也不能起到强化和画龙点睛的作用。

11.1 物理课堂结束技能概述

一般教师在一节课教学结束前都要进行一下总结,但不同的"结束"教学活动所取得的教学效果很不相同。有的仅仅是对前面教学过程的简单回顾和重复,使这一教学环节的活动流于形式。而有的"结束"教学活动却是有目的、有意识地对学生初步获得的知识进行巩固和应用,使教学活动又进入了一个新的高潮。从这一现象中我们可以看出,要掌握结束技能首先要明确"结束"教学活动的任务和功能,从而在应用该技能时使这种教学行为成为有目的、有意识的教学活动。

11.1.1 课堂结束技能的含义

结束技能是教师完成一项教学任务时,通过归纳、总结、实践等活动使学生对所学的知识与技能、过程与方法进行及时的巩固、概括、运用的一类教学行为。结束是教师完成一个教学任务或活动采用的基本行为方式。结束技能常用于一节课的结尾。但是,课堂教学中任何相对独立的教学阶段都需要应用它,小到讲授某个概念、某个新问题的完结,大到一个单元或一章教学任务的终了。

对于任何一项活动,结束都是很重要的。"善始善终"就是告诉人们做事情既要有好的开头,又要有好的结尾。课堂教学结束是教学过程的重要环节,也是教学的基本技能,每一位教师都应给予足够的重视。

11.1.2 课堂结束技能的功能

良好的结束是一节优秀课的重要组成部分,它可以通过一系列教学活动将系统的知识、技能完整地再现于学生面前。不仅使学生头脑中留下深刻的印象,还使学生获得掌握知识而带来成功的喜悦,进一步激发学生学习的兴趣。好的结束有以下几种功能。

（1）系统归纳。如果完全按照物理知识本身的逻辑系统安排教学内容,中学生学习起来必会感到困难,因此,在教学中教师只有把物理知识的逻辑性、系统性与学生的认知和智力水平很好地结合起来,才便于学生理解、接受。为了帮助学生借助直观形式或是熟悉

视频案例　　　案例简评

的旧知识归纳、概括出一般性的法则、结论,教师除了在课堂教学中把握时机积极引导外,在课堂教学结束时更要进一步帮助学生理清思路、完成抽象概括等思维活动,使学生的知识得到提炼升华,既帮助学生顺利地掌握了知识、技能,又促进了思维能力的发展。经验表明,系统的材料便于学生理解、记忆。因而在教学结束时,系统归纳、及时抽象概括物理知识是非常必要的。

（2）概括巩固。在学习中每一节课的教学内容总是纷繁复杂的。有的物理课侧重于知识的理解和运用,有的物理课侧重于技能训练,有的课兼而有之。因而教师在课程结束时,应该通过启发学

视频案例　　　案例简评

生自觉分析概括物理的研究方法、思路、程序、步骤等,使学生把具体的练习过程、解题思路、推理方法等通过概括加深理解,还要适当地通过实际操作或是技能训练使学生所学的知识、技能得到巩固,明确读、写、算、解题、操作等活动的步骤,防止和减少学生在运用知识、技能时出现差错。此外,教师在安排新授课时,大都是按照物理知识系统纵向展开。如果我们在结束时,适当运用横向比较进行辨析,帮助学生认清知识间的区别与联系,对学生牢固掌握基础知识大有好处。

（3）铺垫发展。教学中,经常出现用几课时讲一个比较完整的知识的情况。对于这样的情况,教师不仅要考虑一节课的教学任务,还要考虑下一节、后几节的教学任务。因此,教师在设计结束活动时,一定要认真研究怎样为下一节的教学活动作铺垫。另外,发

视频案例　　案例简评

展学生的智力,培养学生的创造性思维是物理教学的重要任务,教师在各个教学环节都要重视它,结束时也是如此。所以,有相当数量的结束是为下一节教学活动作好铺垫,同时又为学生发展智力提供了有利条件。

（4）置疑生趣。学生的积极思维往往开始于"疑"。因此,教师在课堂导入教学中要创设问题情境,设置疑问来激发学生的求知欲,唤起他们的学习兴趣。在课堂结束时也要通过设置疑问,引起学生对后续学习材料产生兴趣。典型的做法是教师在结束时,安排一些用旧知识解决新问题的练习来激发学生的学习兴趣。

（5）引导运用。物理学有一个重要的特点,就是应用广泛,与生产、生活有着普遍的联系;同时由于物理学具有高度的抽象概括性,人们往往忽略物理知识与实际的联系,遇到实际问题又很难揭示其中的物理规律。因此,教师在讲授新知识时,要尽量从实际入手,当学生掌握了一些物理知识后,教师就应当引导学生从实际问题中抽取物理内容,把实际问题转化成物理问题。这样,既可以使学生加深对知识的理解,又可以培养学生运用所学知识解决实际问题的能力,进一步激发学生学习的兴趣。

11.1.3　课堂结束技能的构成要素

（1）回顾。在一节课或者一个完整的教学活动即将结束时,教师总要引导学生对所学知识、技能进行回顾。一方面,通过回顾可以使知识、技能得到"再现",便于学生复习、记忆;另一方面,教师通过回顾向学生发出学习内容发生转移的信号,可以使学生从心理

视频案例　　案例简评

上、情感上进入结束时所需要的学习状态,以保证结束活动的顺利完成。通常的做法有两种:一种是通过教师对刚学过的知识、技能进行概括、总结,帮助学生回顾;另一种是教师通过一系列的提问,引导学生回顾。

（2）概括和总结。概括和总结是结束技能必不可少的要素,没有概括和总结,学生所学的知识就不可能由感性认识上升为理性认识,就不能使知识系统化、条理化。教师在引导学生概括和总结时,既要注意知识的完整性,又要注意知识的阶段性。只有这样,才能

视频案例　　案例简评

符合学生的认知特点,才能使学生加深对知识的理解。教师在概括和总结时,还要注意培

养学生的逻辑思维能力。中学生正处于由形象思维向逻辑思维过渡的阶段,不能自觉地运用思维的方法。这就需要教师在教学中,特别是结束时,有意识地引导学生运用分析、比较、抽象、概括等逻辑思维方法。这样,不但可以使学生加深对知识的理解,而且通过学习物理知识逐步学会物理思维方法。

(3) 鼓励和评价。教师在结束时可以采取各种方法激发学生的求知欲,培养学生学习物理的兴趣。学生答得对、答得好,要及时表扬,使学生看到自己的进步,培养学生对物理的爱好;答得不准确、不完整时,既要多给予鼓励,又要引导学生意识到自己物理知识不足,渴望进一步学习。在学习结束时,还可以安排一些既有一定难度,又有一定趣味的练习,引导学生积极思考,增强学生学习的直接兴趣。另外,教师在结束时,还可以结合本节课的学习内容对学生自己"发现"规律的好方法给予足够的评价。

(4) 布置作业,安排练习。在课堂教学结束时,还有一项重要的工作,就是布置作业,安排练习。物理知识、技能都要通过练习才能得到巩固。赞可夫十分强调练习在学习中的作用。他认为教学中要抓好两件事:一是讲清基本概念;二是精心地安排练习。他主张:给学生布置作业题必须精心挑选和编排,让学生通过练习进行思考、推理,独立地探索问题的答案。精心安排作业和练习是减轻负担的根本出路。低年级一般没有家庭作业,主要是在教师指导下进行课堂练习。中、高年级也应以课堂练习为主,适当布置一些家庭作业,但要控制好时间,以免增加负担。

11.2 物理课堂结束的类型、应用原则和要点

11.2.1 物理课堂结束的类型

由于每一节课的教学任务不同,结束的形式也有所不同。课堂教学的结束通常有两种形式:一种是认知型;另一种是开放型。在实际教学中,开放型的结束用得多一些。

1. 认知型结束

认知型又称为封闭型结束。通常用于一章、一节比较完整、系统的知识教学之后,它通过归纳、总结、实际运用、转化升华等教学活动把学生所学的知识、技能系统化,使学生对所学的知识、技能加深记忆和理解。这个工作可以由学生单独完成,也可引导学生集体讨论完成。其目的是巩固学生所学到的知识,把学生的注意力集中到课程的要点上去,这种方法虽然是对问题或课程的归纳总结,对结论和要点的明确及强调,但也应该是有趣的,尽可能引出新的问题,把学生刚学到的知识应用到解决新问题中去。常用的方法有以下四种。

(1) 区别对比。为了使学生对课堂所学内容的本质特征有一个明确的认识,课到结尾处,教师可采用总结、提问、列表等方法,将新学知识的各个部分以及新知识与原有知识进行比较分析,明确它们

视频案例　　案例简评

的内在联系或相同点,找出它们各自不同的本质或不同特点,以起到更准确、深刻理解知识的作用。

(2)竞赛活动。对于一些比较枯燥无味的内容或实践性较强的内容,在结束时可以用稍长一点的时间进行有关内容的竞赛活动,变知识为初步的技能、技巧。教师可以根据教学内容组织全班或小组进行一定教学实践活动,如知识竞赛、操作比赛、小组讨论和观察

视频案例　　　　案例简评

制作,也可以通过提问、小测验、完成课堂作业等方式,使学生用口头或笔头表达形式,对所学内容进行练习,从而牢固地掌握所学知识。

(3)实践应用。用向学生提出问题的形式,也可用实践操作的形式,要求学生利用当堂所学知识解决生活、生产、社会实践中的问题,达到学以致用、活学活用的目的。

视频案例　　案例简评　　视频案例　　案例简评

(4)绘简图或模式图。在一节课结束之时,教师可依据教学的主要内容及其相互联系,事先制成图表,在课堂教学结尾时,展示图表,引导学生讨论小结。这种结尾方式,对知识的温故知新,密切知识的联系,使知识系统化都有着重要的意义。

视频案例　　　　案例简评

2. 开放型结束

开放型结束。开放型结束通常用于某一系统知识或一章、一节教学活动的中间,下节课的教学内容是这节课的继续和延伸。结束时教师既要组织学生对本节课学习的知识、技能进行巩固、总结、归纳,又要为下节所学的知识做好铺垫,鼓励学生积极探索,激发学生继续学习的积极性。常见的方法有如下两种。

(1)悬念存疑。物理教学中上下章节之间的联系有时非常密切,在前一部分完成时可以把下一内容的重点或学生感兴趣的内容提示出来,教师可模仿中国古典章回小

视频案例　　案例简评　　视频案例　　案例简评

说:"欲知后事如何,且听下回分解"的结尾,在课终时,结合教学内容设置一些必要的悬念,留下一些富有启发性的问题,让学生课后去思考,使他们对教学产生"言犹尽而意无穷"的感觉,以激发学生对进一步获取新知识的欲望,架起新旧知识的桥梁,密切知识之间的联系。

(2)拓展延伸。为了使学生将课堂所学知识与其他学科知识和现实生活紧密联系起来,学会初步运用知识于实践的能力,教师在讲授将要结束时,可以在总结归纳所学知识

视频案例　　案例简评　　视频案例　　案例简评

的基础上,将所学知识向其他方面延伸,拓宽学生的知识面,并用所学知识来分析现实生活现象,引起学生更浓厚的探求兴趣,培养学生探究问题的精神。

结束的方法除了对一节课归纳总结、引申拓宽、与后续课承上启下外,还有其他方法。在实际教学中具体采用什么方法,要根据教学内容的性质和要求来决定。但教师本人要非

常清楚地知道这节课的要点是什么，怎样进行归纳总结，最后要把学生引导到什么方向，才能对结束技能进行设计。

11.2.2 结束技能的过程

在结束一个课题的时候，大体需要经过以下几个阶段。

视频案例　　案例简评

（1）简单回忆。对整个教学内容进行简单回顾，整理认识的思路。

（2）提示要点。指出内容的重点、关键是什么，必要时可做进一步的具体说明，进行巩固和强化。

（3）巩固和应用。把所学知道应用到新的情境中去，解决新的问题，在应用中巩固知识，并进一步激发思维。

（4）拓展延伸。有时为了开拓学生的思维或把前后知识联系起来，形成系统，而把课题内容扩展开来。

11.2.3 结束技能的应用原则和要点

1. 应用原则

（1）明确任务。师范生在训练中往往容易将结束技能的理论和技能行为模式放在一边，而按自己原有模式去设计教学；或者只注意模仿技能中的行为成分而不注意技能的基本功能和所依据的心

视频案例　　案例简评

理学理论。所以强调结束技能的基本任务是重要的。这样可以防止"结束"的教学活动流于形式，而从教学效果这一本质的方面考虑"做什么"的问题。

对于结束技能来说，一般应完成"明确知识结论""将新知识与原有认知结构建立联系"和"将新知识深化拓展"这三项任务，但对于具体的教学内容，在这些任务中应有所侧重。明确知识结论是对前段教学所取得的认识结果进行必要的说明和讨论。由于在班级教学中，学生的认识有快有慢，认识的深度也不相同，在初步取得知识结论后，强调知识结论中的本质内涵是巩固认识成果的关键。强调结论不等于就是重复知识结论的定义，这只能算是粗加工的识记。强调结论还需从正反两方面对知识的内涵进行讨论，这种讨论与获得知识结论的教学活动相比应该是简洁的，但不是简单的重复。因为在初步取得知识结论的概括活动中，通常在部分学生中还潜在地存在着人为地增加或减少事物的本质特征，从而扩大或缩小概念的外延错误认识，而这些仅靠反复强调定义是不能解决的。例如，通过实验归纳得到了牛顿第二定律的表达式 $F=ma$ 后，学生往往会认为 ma 就是力，因为它等于力 F。所以在明确知识结论的讨论中，需要使学生明确所得结论的物理意义，即 ma 不是力（在惯性系下）而只是在数量上与 F 相等。

将新知识与原有认知结构的相应知识建立联系是将新知识纳入认知结构的过程。在知识的保持中同化过程仍在进行，只有将新知识与原有知识建立网络式的联系，与相似的知识进行区别才能使知识得以保持。深化拓展是将新知识的结论推广到同类事物中去，或对反例进行判断。在课堂教学中表现为教师进一步举例分析和课堂练习，这是对所学知识进行精细加工的另一种方式，即应用或概念知识的具体化。只有通过一定量的对正例、反

例和变式的分析综合才能真正地掌握知识。当然"结束"教学活动的时间有限,学生的认识也需要一个循序渐进的过程,所以课堂练习往往是初步的应用。

(2)设计方法。在技能训练中明确了"做什么"之后就要回答"怎么做"的问题。在微格教学中应强调师范生根据物理教学内容的特点有效地应用教学技能中的技能行为要素和类型,同时应注意在理解有关的教育心理学理论的基础上灵活地将技能要素应用到具体的教学过程中去,注意避免将实践活动与理论知识的学习和技能知识的学习割裂开来的倾向,使技能训练真正做到理论联系实际。

(3)注意反馈。在结束的教学活动中,应随时注意来自学生方面的反馈,以证实事先对学生容易出现的问题的假设是否准确和及时发现自己事先未预料到的问题。避免使"结束"的教学活动成为纯粹的教师单边活动。因为这一阶段的教学活动不仅仅是在形式上使教学有一个完美的结局,而是要真正地解决建立新的认知结构的问题。

结束技能涉及认知结构的机制和构建的心理学问题。所以在结束技能的教学应用中还应注意不断积累经验,尤其总结在物理教学中学生对知识的保持和融会贯通过程中的问题和规律,使结束技能不断地得到发展和完善。

2. 应用要点

一般地说,要充分发挥课堂教学结束技能的作用,圆满地完成课堂教学结束的任务,使之体现其科学加艺术的特点,搞好课堂教学的结束工作,必须遵循以下应用要点。

(1)结束要做到水到渠成,自然妥帖。课堂教学结束是一堂课发展的必然结果,它既反映了课堂教学内容的客观要求,又是课堂教学自身科学忄生的必然体现。因而,教师在课堂教学时,要严格按照课前设计的教学计划,由前而后地顺利进行,力求做到有目的地

视频案例　　案例简评

调节课堂教学的节奏,有意识地照顾到课堂教学的结束,使课堂教学的结束做到水到渠成,自然妥帖。为此,教师在讲授时要注意避免出现两种极端:

一是课堂教学节奏过快,较早地讲授了课堂教学的主要内容,实施了课堂教学的主要环节,给结束留的时间过多,结果学生无事可做,教师只好胡讲乱扯一通,布置一些不必要的作业,搪塞过去,严重影响课堂教学结构的完整性,妨碍了课堂教学精彩结束应发挥的作用。

二是课堂讲授"拖堂"。有的教师讲课爱"拖堂",下课铃响了,还在不停地讲。其主观愿望是想使学生多学一点,但客观效果却适得其反。最后只好三言两语仓促结束课程,学生既无法总结课堂所学知识,更无法消化理解。不仅如此,讲授"拖堂",还势必加重学生大脑的负担,影响良好思维效能的发挥和下节课的学习效果。

总之,不论是提前结束课,还是讲课"拖堂",都是违反课堂教学结束基本要求的不正确做法。善于按照事先制订的教学计划,准时讲课,是一个教师所应具备的基本功,也是一门艺术。为此,每一个教师都应充分备课,周密安排课堂教学活动,适时调节课时容量,善于根据课堂教学的客观实际改变教学过程,避免出现前紧后松和前松后紧以及"超负荷"的现象。

（2）结束要注意结构完整，首尾照应。依据教学的客观规律，课堂教学应是由几个相互联系的环节组成的一个完整的统一体。课堂教学结束作为其中一个不可缺少的重要环节，应充分考虑并发挥自身的地位与作用，使课堂教学成为完成一定教学目标的结构完整

视频案例　　案例简评

的有机统一体。为此，教师在设计课堂教学结束活动时，首先要考虑为实现一定的教学目标服务。在这个统一目标下，加强前后联系，保证课堂教学结构的完整性，以防止孤立地就课堂教学的结束来安排其结尾。其次，结课时要适当照应开头，使结语好似一条金线，能使学生将零散的知识串联起来，形成完整的知识结构，做到首尾相连，前呼后应，切忌有头无尾，或"头"大"尾"小，或"头"小"尾"大，以及互不相连的现象发生。

（3）结束要做到语言精练，紧扣中心。课堂教学结束的语言一定要少而精，紧扣本堂课教学的中心，梳理知识，总结要点，形成知识网络结构，干净利落地结束全课，使之做到总结全课，首尾呼应，突出重点，深化主题，让学生的认识产生一个飞跃。有句格言说得

视频案例　　案例简评

好："没有结束语的结尾贫乏无力，可是没完没了的结尾则令人生畏"。课堂教学的结束语不可冗长，更不可拖泥带水，应是高度浓缩，画龙点睛，一语破的。总之，教师应在结束前的几分钟的短暂时间内，画龙点睛，以精练的语言使讲课的主题得以提炼升华，使学生对课堂所学知识有一个既清晰完整又主题鲜明的认识。

（4）结束要注意内外沟通，设疑激趣。在学校教学中，课堂教学只是教学的基本形式，而不是唯一的组织形式。为了充分发挥各种教学组织形式在培养学生中的协同作

视频案例　　案例简评　　视频案例　　案例简评

用，课堂教学结束时，不能只局限于课堂本身，要注意课内与课外的沟通，学科课程与活动课程的沟通，本学科课程与其他学科课程的沟通，有助于学生拓宽知识面，掌握完全的知识。教学是一个不断置疑、释疑、再设疑的过程。为了立疑激趣，引导学生不断思考，在课堂教学结束时，教师要注意给学生留有思考的余地，以激发学生的积极思维，培养学生的创造性思维能力。

（5）结束设计，必须注意体现教学目标。结束一节课可以采取概括归纳，或提示引导，或布置作业练习，或组织学生讨论，或提问答疑，或总结讲评等形式和方法。无论是总结知识、培养能力的活动，还是发展智力、进行审美教育和思想品德教育的活动，都要为完

视频案例　　案例简评

成本节课的教学目的服务。同时，还要采取适宜的方法和形式，突出教学内容重点，加深学生对课堂教学内容的理解、记忆和思考，从而有效、圆满地完成教学任务。

11.3　物理课堂结束技能应用示例

物理课堂教学中，不应忽视每一分钟的作用，坚持最后一分钟总结的做法，可以培养学生归纳总结能力，从而达到强化课堂教学效果的作用。

11.3.1　课堂结束的一般形式

课堂结束的一般形式及设计方法可用以下几句话来概括：

> 新课教学中侧重知识要点总结；
>
> 实验课教学中注意操作程序总结；
>
> 习题教学中着力思路和方法总结；
>
> 章节复习课中强调知识结构总结；
>
> 测试讲评课中强调题型归类总结；
>
> 总复习课中突出与相关知识联系的总结。

（1）总结归纳式。为了帮助学生理清所学知识的层次结构，掌握其外在的形式和

视频案例　　案例简评　　视频案例　　案例简评　　视频案例　　案例简评

内在联系，形成知识系列及一定的结构框架，在课堂结束时教师应该利用简洁准确的语言、文字、表格或图示将一堂课（或包括前几堂课）所学的主要内容、知识结构进行总结归纳。这种小结繁简得当、目的明确，从而有助于学生掌握知识的重点和知识的系统性。这种方式的结束，一般用于新知识密度人的课型或某一单元教学的最后一次新授课。采用总结归纳式的结束方法，开始可由教师引导学生共同完成，随着学生知识的增长，归纳总结能力的提高，可逐渐过渡到学生自己或小组合作总结，教师帮助修改完善。

例 11-1

学完"浮力"这一节后，教师及时引导学生总结计算浮力的方法：

1. 称重法：$F_{(浮)}=G_{(物)}-F_{(示数)}$；

2. 浮体法：$F_{(浮)}=G_{(物)}$（漂浮、悬浮）；

3. 压力差法：$F_{(浮)}=F_{(向上)}-F_{(向下)}$；

4. 公式法：$F_{(浮)}=G_{(排)}=\rho g V_{(排)}$（阿基米德原理）。

通过例 11-1 这样的小结，学生既知道了这节课的主要目标，又为以后浮力的计算埋下"伏笔"。

（2）练习巩固式。教学实践中发现，有些章节的教学对引出概念，得出规律并非难事，而要让学生全面、正确地理解、掌握并能灵活运用却非易事。练习巩固式结束就是针对这

视频案例　　案例简评　　视频案例　　案例简评

种情况设计的。通常是针对学生理解物理概念、规律时易出现的问题精心设计相应的典型练习题，在课堂结束时，用几分钟时间，通过提问、板演、讨论或小测验等手段实施，从而完善学生对概念、规律的理解和掌握。

一般这种形式的结束适用于学生由于种种原因容易对某些概念、规律发生误解的情况。

例 11-2

在讲了"摩擦力"之后，教师出示一系列是非题，让学生判断，也可以集体举红白色牌子表示是非，教师只要巡视每位学生举牌的颜色，就可以知道学生掌握知识的情况。判断题如下：

(1) 摩擦力的大小总是等于摩擦因数和重力的乘积。

(2) 摩擦力大小与正压力成正比。

(3) 物体的重力越大，它受到摩擦力也越大。

(4) 摩擦力的方向可能与物体运动方向相同。

(5) 摩擦力的方向总是与物体运动方向相反。

(6) 摩擦力一定小于静摩擦力。

(7) 只要物体间接触面是粗糙的，则它们之间一定有摩擦力的作用。

(8) 物体在运动时才受到摩擦力。

(9) 滑动摩擦因数只跟相互接触的两个物体的材料有关，与其他条件无关。

 例 11-3

关于摩擦力的教学，当通过实验得出 $f=\mu N$ 后，学生一看公式如此简单，且马上要下课了，所以容易产生松懈情绪。若教师仍用总结归纳式结尾的方法，单纯强调公式的重要性及各量的物理意义，则不易被学生很好地接受。此时需要把强调的内容巧妙地化为富有思考性的问题，如可通过对斜面上物体的受力分析，弄清物体对斜面的压力 N 与斜面倾角的关系，这样可有效地防止学生将物体的重力和物体对斜面的压力混为一谈的现象发生，从而加深对 $f=\mu N$ 中 N 的理解。又如教师将黑板擦按在竖直黑板上，问学生："设板擦重为 0.2 N，手对板擦的垂直压力为 5 N，板擦与黑板间的滑动摩擦因数为 $\mu=0.5$，则此时黑板对板擦的摩擦力 f 为多大？"由于学生对 $f=\mu N$ 的适用范围认识不清，所以不少学生会很快算出 $f=0.5\times5=2.5$ N 等错误答案。通过教师正确地引导分析，则可使学生在盲从中顿悟，在倦怠中再次振作，在"吃一堑，长一智"中加深对 $f=\mu N$ 的消化和理解。

（3）比较式。比较式结束就是将本节课讲授的不同概念规律或新知识与具有可比性的旧知识采用叙述、列表等方法加以对比，以此帮助学生加深对新知识的理解和记忆，开拓思路，使新旧知识融会贯通，提高知识的迁移能力。

视频案例　　案例简评

这种方式的结束，一般用于表达形式非常相近、知识结构十分相似或学生常易混淆的概念、规律。

 例 11-4

学完右手定则，我们将它与左手定则进行比较（见表 11-1）。

表 11-1　右手定则与左手定则比较

	右手定则	左手定则
作用	判断感应电流的方向	判断通电导体所受磁场力方向
已知条件	已知运动方向和磁场方向	已知电流方向和磁场方向
图例	(因)　*v*　　*B*　⊕　(果)　*I*	*B*　⊕ *I*　(因)　(果) *F*
因果关系	运动→电流	电流→运动
应用实例	发电机	电动机

例 11-5

在初中物理"简单的磁现象"教学结束时,教师引导学生将磁现象和原来学的电现象作一比较、列出表格,强调两者的共性和个性、联系和区别(见表 11-2):

表 11-2　电现象与磁现象比较

	电现象	磁现象
1	物体具有吸引轻小物体的性质叫带电	物体具有吸引铁、钴、镍等物质的性质叫磁性
2	带电的物体叫带电体	具有磁性的物体叫磁体
3	电荷可分正电荷和负电荷	磁体上有 N、S 两个磁极
4	同种电荷相斥,异种电荷相吸	同名磁极相斥,异名磁极相吸
5	一般带电体无指向性	磁体有指向性

例 11-6

在讲了"气体、液体和固体的分子结构",教师通过表格从气体分子运动论的观点说明了三态的性质差异(见表 11-3):

表 11-3　物质三态的性质比较

物质状态	分子间的距离	分子间的作用	分子运动情况	特性
固态	很小	很大	在平衡位置附近做无规则振动(晶体分子排列有规则)	有一定体积和形状(晶体外形有规则)
液态	较小	较大	在平衡位置附近做无规则振动,且分子不断移动	有一定体积、无一定形状,具有流动性
气态	很大	很小	无规则运动	无一定体积和形状,具有流动性

有些物理概念深奥难懂,我们可以进行多重比较,例如,在讲授磁感应强度定义时,一方面可将它和生活常识中的货物单价相比,我们可以用货物单价与购买的数量无关,与是否购买无关来说明磁感应强度与磁场中的电流元的电流大小、电流元的长度无关,与电流元是否放在磁场中无关;另一方面可把它和学过的电场强度在方向和大小上的定义作比较,磁感应强度在大小和方向的判定上远要比电场强度复杂。这种结束能有效地帮助学生搞清不同概念、不同规律间的区别与联系,及时把新知识纳入学生自己的认知结构之中。

用类似的方法,还可以比较电容与电阻串并联的特点,重量与质量,功与能,万有引力定律与库仑定律等。如此结束,同中求异使和谐的物理规律显示出奇异;异中求同,使奇异的物理现象达到更高层次上的和谐。

（4）设疑伏笔式。在一节课即将结束之时,教师或提出有一定难度的问题供学生课后自行探讨,或诱发一个或几个与以后学习内容有关的悬念,在学生感到言而未尽之时收住话题。让他们带着疑问和如何解决这些问题的强烈愿望结束一堂课的学习,从而活跃学生的思维,激发他们进一步探究、学习的兴趣。

视频案例

案例简评

视频案例

案例简评

例 11-7

在"卢瑟福原子的核式结构模型"的课题结束时,可以提出:卢瑟福原子的核式结构模型非常完美地解释了 α 粒子散射实验,可是,原子核外的电子从外层圆轨道至里层圆轨道运行过程中,电子的速率逐渐变大,电子周期运动辐射的电磁波的频率逐渐增高,原子发光的光谱应该是连续谱;但科学实验的事实与理论想象恰恰相悖,这是为什么? 通过悬念创设,紧紧抓住学生的好奇心理,诱导学生继续把问题探究下去,为下一节课"玻尔的原子模型"的研究作好铺垫。

（5）启导预习式。每节物理课虽可自成"体系",但作为一堂课所讲授的知识仅是整个物理学中极小的一部分。因此每节课的教学只不过是整个教学活动的一个片段,它与前后章节都有着内在的联系,有的关系甚密,不易分割。因此在设计结束时要通盘考虑,在让学生掌握本节所学知识的同时,对新课的预习给予必要的指导。启导预习式结束的设计应根据下次课教材的重点、难点编拟预习提纲,交给学生。使他们预习时能够抓住重点,有的放矢地学习,以避免走弯路,做无用功。

视频案例

案例简评

例 11-8

教完"电阻定律、电阻率"一节,介绍了超导体的形成和实际应用情况,学生意犹未尽,于是可以简要地谈一谈磁悬浮列车,最后说:"高速磁悬浮列车在上海已营业运行,将磁悬浮技术这项发明转化为世界第一条示范运营线,它是我国交通发展史上的一次辉煌创举。现在有待大家探讨的问题是:在高速磁悬浮列车的工作原理中,有哪些是我们学过的物理学原理?请大家课后在互联网上查阅有关资料,或亲自去浦东了解其实际运行的情况给出回答。"

(6)图示式结束。图示式结束能化繁杂的物理内容为简单明了的图示,在头脑中建立鲜明的物理知识表象,反过来促进思维能力的发展。

视频案例　　案例简评

 例 11-9

在"玻尔的原子模型"课题教学结束时,我们可用多媒体或挂出两块小黑板,一块画了大大小小的同心圆圈,另一块画了一条一条的水平线。教师要求学生通过记忆和理解,在圆圈和水平线上分别填上玻尔原子轨道的能级及不同轨道不同能级间的跃迁线,再要求他们根据这些跃迁线在黑板上画出对应的光谱分布图。这种结束设计,不但能帮助学生掌握玻尔的原子理论的要点,深刻理解原子光谱的成因,而且通过师生共同绘制图形的活动可大大增加物理课堂教学的情趣。

(7)激励式结尾。课堂结尾时,教师运用准确精练的语言,对知识的精要之处进行揭示,可以对学生进行生动的思想教育和方法论的教育。

视频案例　　案例简评

 例 11-10

在讲完"行星的运动"时可以这样结束:

"进军宇宙是人类共同的理想,人类总有一天会走出自己的摇篮,我国'神舟'五号载人飞船载人试验发射成功,标志着中国人在征服宇宙的进程中又迈出坚实的一步。'可上九天揽月,可下五洋捉鳖。'毛主席的诗句展望的理想正在变为现实。我们要继承和发扬中华民族在与自然、社会、命运抗争时所体现出的不屈不挠的精神,期望大家能在将来投身到这一前景灿烂的事业中去!"

这种结束可以极大地升华学生为民族复兴、为科学献身的思想情感。

(8)学生提问式结束。在进行一堂新课后,学生头脑中的新旧知识间总存在着种种冲突,学生在消化过程中自己提出的问题,更接近他们的思维习惯,教师在此基础上的指点,也更具有针对性。

视频案例　　案例简评

例 11-11

> 在讲完"牛顿第三定律"一课以后追问：生活中还有哪些作用力和反作用力的实例需要讨论或加以解释的？展开讨论，学生会纷纷说出自己的想法。比如，有同学会提出马拉车的问题：既然马与车之间的力是大小相等、方向相反的作用力与反作用力，为什么马会拉车前进而不是车拉马后退？有同学还会提出"斗鸡蛋"的问题：既然相撞的鸡蛋之间的力是一对作用力与反作用力，为什么被撞的鸡蛋容易坏，而主动攻击的鸡蛋不容易坏？教师要紧紧围绕"牛顿第三定律"一课的中心，巧妙地避开学生提问中出现的与本堂课不太相关的问题，组织学生讨论，让学生自我领悟，道理通过学生自己说出，教师略作阐发。

例 11-11 中这种结束设计，看似随意，其实精心，在结束教学中教师鼓励学生发问，努力创设一种促使学生独立探索、发散求异的教学情景，鼓励学生自由发表独创见解，这正是培养创造性人才所需要的。

11.3.2　课堂结束应注意的问题

（1）要以突出重点加深理解，强化记忆为中心设计课堂教学的结束。无论以哪种方式设计课堂教学的结尾，都应牢牢把握住本节课的重点，设法通过设计把学生的注意力集中到重点问题的探索、研究和讨论上，从而获得深刻的印象，达到加深理解、强化记忆的目的。

（2）注意发挥学生的主体作用。在教学活动中，教师是主导，学生是主体。因此，无论采用何种方式结尾都应努力把着眼点放在引导学生进入"角色"上，只有想方设法让学生多观察、多思考、多分析、多讨论，充分发挥其主观能动性，才能发挥课堂结尾的作用，达到预期的效果。

（3）要注意因材施教。设计课堂结束时，既要考虑到教材内容、教学要求和课堂类型，又要照顾到学生的知识结构、智力水平、年龄特点、心理特征的差异，千方百计、精心设计，力求调动每个学生的学习积极性，使他们都能有效地利用每堂课的最后几分钟。

总之，教学是一门科学，又是一门艺术，而这种艺术的表现手法没有固定的公式可循。物理课堂教学的结束也是如此，其方式远不止上述几种。这就要求我们教师既要知常，又要晓变，用自己的智慧设计出具有特色、富于实效的结束方式。

11.3.3　结束技能运用中存在的问题

在教学中，结束技能运用中存在的问题，具体表现概括起来有五个字：无、残、浅、散、拖。

"无"：有的课堂教学没有结束环节。

"残"：有的课堂教学，有结束环节，但结束的内容抓不住重点，击不中要害。

"浅"：有的课堂教学有结束环节，但很肤浅，缺乏深度，平平淡淡。

"散"：有的课堂教学，有结束环节，但内容不集中，支离破碎，没有形成知识的系统结构和有效的知识网络。

"拖"：有的教师很重视结束，但内容安排得过多，时间过紧，造成拖堂。

本章小结

　　记忆是一个不断巩固的过程，由瞬间记忆到短期记忆再到长期记忆，有一个转化过程，实现这个转化最基本的手段就是及时小结。结束技能简单地说就是指教师完成一个教学任务或活动时，为巩固、拓展学生的学习所采用的特定行为方式。重视学生在初步获得知识结论后的教学活动，不仅仅意味着教学是否有结束环节，而是指在这一教学环节中如何有效地促进学生对知识的掌握。所以在进行结束技能的学习和训练中，师范生应明确结束技能的基本任务，了解结束类型和方法，并将结束技能有效地应用于课堂教学中。

技能训练任务和评价

　　1. 观摩一节优秀教师的授课过程，注意结束方式和技巧的运用，并根据物理课堂结束的要求作出分析和评价。

　　2. 如果某节课的内容是功率，你可以采用哪些方法结束本节课？并分别比较各种方法的效果。

　　3. 物理课堂教学结束时要用到讲授、提问、练习等技能。请你结合教学实际说明它们在结束时的作用。

　　4. 选择一段合适的教材进行结束技能的微格训练，并结合物理课堂结束技能的训练评价表（见表 11-4）进行自我评价。

表 11-4　物理课堂结束技能的训练评价表

评价指标	权重	评价等级			
		优	良	中	差
结束的目的明确	10				
结束的形式恰当，活动合理，符合学生特点	20				
结束的内容概括与教学目的联系紧密	20				
注意调动学生积极性，激发学生兴趣	20				
注意对学生行为进行评价和反馈	10				
作业和练习明确、适当，全体学生能记下来	10				
时间掌握得好，不拖堂	10				
学生自评					
教师点评					

阅读资料

新时代中小学教师职业行为十项准则

教师是人类灵魂的工程师,是人类文明的传承者。长期以来,广大教师贯彻党的教育方针,教书育人,呕心沥血,默默奉献,为国家发展和民族振兴做出了重大贡献。新时代对广大教师落实立德树人根本任务提出新的更高要求,为进一步增强教师的责任感、使命感、荣誉感,规范职业行为,明确师德底线,引导广大教师努力成为有理想信念、有道德情操、有扎实学识、有仁爱之心的好老师,着力培养德智体美劳全面发展的社会主义建设者和接班人,特制定以下准则。

一、坚定政治方向。坚持以习近平新时代中国特色社会主义思想为指导,拥护中国共产党的领导,贯彻党的教育方针;不得在教育教学活动中及其他场合有损害党中央权威、违背党的路线方针政策的言行。

二、自觉爱国守法。忠于祖国,忠于人民,恪守宪法原则,遵守法律法规,依法履行教师职责;不得损害国家利益、社会公共利益,或违背社会公序良俗。

三、传播优秀文化。带头践行社会主义核心价值观,弘扬真善美,传递正能量;不得通过课堂、论坛、讲座、信息网络及其他渠道发表、转发错误观点,或编造散布虚假信息、不良信息。

四、潜心教书育人。落实立德树人根本任务,遵循教育规律和学生成长规律,因材施教,教学相长;不得违反教学纪律,敷衍教学,或擅自从事影响教育教学本职工作的兼职兼薪行为。

五、关心爱护学生。严慈相济,诲人不倦,真心关爱学生,严格要求学生,做学生良师益友;不得歧视、侮辱学生,严禁虐待、伤害学生。

六、加强安全防范。增强安全意识,加强安全教育,保护学生安全,防范事故风险;不得在教育教学活动中遇突发事件、面临危险时,不顾学生安危,擅离职守,自行逃离。

七、坚持言行雅正。为人师表,以身作则,举止文明,作风正派,自重自爱;不得与学生发生任何不正当关系,严禁任何形式的猥亵、性骚扰行为。

八、秉持公平诚信。坚持原则,处事公道,光明磊落,为人正直;不得在招生、考试、推优、保送及绩效考核、岗位聘用、职称评聘、评优评奖等工作中徇私舞弊、弄虚作假。

九、坚守廉洁自律。严于律己,清廉从教;不得索要、收受学生及家长财物或参加由学生及家长付费的宴请、旅游、娱乐休闲等活动,不得向学生推销图书报刊、教辅材料、社会保险或利用家长资源谋取私利。

十、规范从教行为。勤勉敬业,乐于奉献,自觉抵制不良风气;不得组织、参与有偿补课,或为校外培训机构和他人介绍生源、提供相关信息。

[摘自:中华人民共和国教育部.新时代中小学教师职业行为十项准则[S].2018.]

教育学视角里的镜子

1. 三棱镜　三棱镜的光学特性是具有"色散"现象。一束白光通过三棱镜后被分解成七色的光。党和国家制定了宏观的教育方针,教师应当像三棱镜一样把教育方针这束白光分解成符合学生实际情况和个性的七色光,促进每个学生朝着符合自己个性特点的方向发展成长,成为符合我们社会主义建设需要的各有专长的特色人才。

2. 多棱镜　教育领域涉及的范围广,维度极多,好像一面多棱镜,可以折射出多种不同的光来。如果仅从某一个角度来看待教育,捕捉住某一光束,可以看到的仅仅是教育的一个侧面。要形成对教育的总体把握,教师就要具备一面"多棱镜",在理解教育这种多维度特性的基础上,学会从各个角度来看待教育,对教育做全面的、动态的、深层的剖析。

3. **放大镜和缩小镜** 在转化后进生时,教师要用放大镜来看待他们的优点,不吝表扬,鼓励差生提高对学习的自信;对优秀的学生,教师用放大镜去看他们的缺点,提出严格的要求,使他们保持谦虚谨慎的态度,百尺竿头,更进一步。缩小镜可与放大镜配套使用,教师不能老盯着后进生身上存在的缺点,想着好学生身上的优点,这样在心理上就不会因产生"晕轮效应"而对优生爱屋及乌、对后进生嗤之以鼻了。

4. **望远镜** 在宏观层次上,教师不能短视,要能高瞻远瞩地把握教育。目前教育改革正在逐步推进,改革的过程中肯定会遇到一些阻力和困难。这时教师更要拿望远镜朝"前"看一看国家、社会的发展,看教育的发展,看教育改革的未来,坚定教育改革信念。在微观层次上,教师还要用发展的眼光看待每一个学生的成长,要用望远镜看他们的未来。

5. **显微镜** 教师在教育教学工作中要有使用显微镜时的心态,细心观察、了解和掌握学生各种外显和内隐的生理、心理活动,这样才能有针对性地开展教育教学工作。有了使用显微镜的心态就能避免教育教学中的"蝴蝶效应"(即因微小的因素造成严重的影响)。

6. **透视镜** 如果每个教师都有一面透视镜,并能学会用透视镜去看待教育现象和教育问题,在此基础上开展教育科学研究,那么每一位教师都有可能成为教育家。教师只有学会使用透视镜去看待教育现象和教育问题,才能实现自己的专业发展,实现从"教书匠"向教育家的转变,从而真正在教育岗位上实现自己的人生价值。

7. **平面镜** 教师的工作具有极强的示范性。教师的仪表风度、思想道德和精神面貌往往决定着学生的仪表风度、思想道德和精神面貌。教师要成为学生的镜子,首先应当经常检点自己的仪表和言行,能经常对着平面镜审视自己。教师只有常常对着平面镜"正衣冠""正己行",才能成为学生明得失之"鉴"。

[摘自:王健.教育学视角里的镜子[J].教育艺术,2004(4).]

后　记

　　微格教学（Microteaching）又称微型教学，是 20 世纪 60 年代开始发展起来的一种运用教育技术手段来培训师范生和在职教师教学技能的方法。实践证明，微格教学比较好地解决了教师教育中教学技能只能意会、不能言传的困难，使师范生可以从反馈系统中像一名观众那样来评价自己在教学中的行为，反复训练、纠正自己的行为，从而熟练地掌握教学活动中的各种技能。

　　华南师范大学物理与电信工程学院从 20 世纪 80 年代末期就开始采用微格教学对师范生进行教学技能训练，在实践中积累了丰富的教学经验，并取得了较好的教学效果。在基础教育物理课程改革的背景下，为了提高师范生以现代科学教育理念开展中学物理课堂教学的能力，适应中学物理课程改革对教师教学技能的新要求，近年来我们对中学物理教学技能训练课程在训练内容、训练方式、指导方式、考查方式等方面做了较大的改革。如在内容上增加了课堂探究教学技能，同时将计算机辅助教学课程由过去单纯的课件制作，转变为与中学物理教学技能训练课程内容整合，增加了训练专题"多媒体应用技能"等；在训练方式上采用小组合作的方式，增加了训练的次数，同时，根据基础教育物理课程改革的要求，对传统的教学技能赋予新的含义；在训练方式上突出了微格教学在训练教学技能方面的优势，采用理论学习、提供示范、微格教学设计、角色扮演、评估反馈、修改教案等方式；在指导方式上，采用教师现场点评、小组集体观摩、个人自评、小组互评、个人反思等方式；在考查方式上，突出各种技能的综合考察。本书就是我们在多年实践和研究的基础上，结合我们对新一轮中学物理课程改革的理解和认识编撰而成。

　　本书在编写过程中，为了便于师范生和在职教师学习和掌握，力求做到每项技能具有实践性和可操作性，力求通过物理课程改革实践中的典型教学案例，引导师范生把握每项教学技能的概念、功能、构成要素、各项技能训练要求等，使之更具有实用性和先进性。希望本书的出版，能有利于促进我国职前物理教师教育的改革和在职教师继续教育的开展。本书既可以作为高等师范院校物理师范专业教学技能训练的教材，也可作为新教师教学技能培训的继续教育教材，还可以作为物理教育研究工作者研究物理课堂教学的参考书。

　　本书在编写过程中，自始至终得到了华南师范大学物理与电信工程学院领导的大力支持和指导，书中引用了部分专家和同仁的研究成果，在此一并表示感谢。

　　本书是集体创作的结晶。各章编写分工如下：绪论、第 1 章、第 2 章、第 9 章，张军朋；第 3 章、第 8 章、第 10 章、第 11 章，王恬；第 4 章、第 5 章、第 6 章、第 7 章，詹伟琴。最后由张军朋统稿、修改定稿。

　　限于时间和作者水平，书中肯定存在许多缺漏和不足，敬请广大读者批评指正。

张军朋
2009 年 6 月

参 考 文 献

1. 中华人民共和国教育部. 普通高中物理课程标准(实验)[S]. 北京:人民教育出版社,2003.

2. 中华人民共和国教育部. 普通高中物理课程标准(2017 年版)[S]. 北京:人民教育出版社,2018.

3. 廖伯琴. 普通高中物理课程标准(2017 年版)解读[M]. 北京:高等教育出版社,2018.

4. 孙立仁. 中学物理微格教学教程[M]. 北京:科学出版社,1999.

5. 刘炳升,仲扣庄. 中学物理教师专业技能训练[M]. 北京:高等教育出版社,2004.

6. 李新乡,张军朋. 物理教学论[M]. 2 版. 北京:科学出版社,2009.

7. 张军朋. 物理教学与学业评价[M]. 广州:广东教育出版社,2005.

8. 张军朋. 初中物理校本培训指导手册[M]. 广州:广东高等教育出版社,2008.

9. 林崇德,申继亮,辛涛. 教师素质的构成及其培养途径[J]. 中国教育学刊,1996(6).

10. 陈庆朋. 语言技能与科学课程学习[J]. 课程·教材·教法,2007(1).

11. 杨向东. 以科学探究为例看素养与知识的关系[J]. 基础教育课程,2018(3).

北京大学出版社
教育出版中心 精品图书

特殊儿童的游戏治疗　周念丽
特殊儿童的美术治疗　孙霞
特殊儿童的音乐治疗　胡世红
特殊儿童的心理治疗（第三版）　杨广学
特殊教育的辅具与康复　蒋建荣
特殊儿童的感觉统合训练（第二版）　王和平
孤独症儿童课程与教学设计　王梅

21世纪特殊教育创新教材·融合教育系列

融合教育本土化实践与发展　邓猛等
融合教育理论反思与本土化探索　邓猛
融合教育实践指南　邓猛
融合教育理论指南　邓猛
融合教育导论（第二版）　雷江华
学前融合教育（第二版）　雷江华　刘慧丽
小学融合教育概论　雷江华　袁维

21世纪特殊教育创新教材（第二辑）

特殊儿童心理与教育（第二版）　杨广学　张巧明　王芳
教育康复学导论　杜晓新　黄昭明
特殊儿童病理学　王和平　杨长江
特殊学校教师教育技能　昝飞　马红英

自闭谱系障碍儿童早期干预丛书

如何发展自闭谱系障碍儿童的沟通能力　朱晓晨　苏雪云
如何理解自闭谱系障碍和早期干预　苏雪云
如何发展自闭谱系障碍儿童的社会交往能力　吕梦　杨广学
如何发展自闭谱系障碍儿童的自我照料能力　倪萍萍　周波
如何在游戏中干预自闭谱系障碍儿童　朱瑞　周念丽
如何发展自闭谱系障碍儿童的感知和运动能力　韩文娟　徐芳　王和平
如何发展自闭谱系障碍儿童的认知能力　潘前前　杨福义
自闭症谱系障碍儿童的发展与教育　周念丽
如何通过音乐干预自闭谱系障碍儿童　张正琴
如何通过画画干预自闭谱系障碍儿童　张正琴
如何运用ACC促进自闭谱系障碍儿童的发展　苏雪云
孤独症儿童的关键性技能训练法　李丹
自闭症儿童家长辅导手册　雷江华
孤独症儿童课程与教学设计　王梅
融合教育理论反思与本土化探索　邓猛
自闭症谱系障碍儿童家庭支持系统　孙玉梅
自闭症谱系障碍儿童团体社交游戏干预　李芳
孤独症儿童的教育与发展　王梅　梁松梅

特殊学校教育·康复·职业训练丛书 （黄建行　雷江华　主编）

信息技术在特殊教育中的应用

智障学生职业教育模式
特殊教育学校学生康复与训练
特殊教育学校校本课程开发
特殊教育学校特奥运动项目建设

21世纪学前教育专业规划教材

学前教育概论　李生兰
学前教育管理学（第二版）　王雯
幼儿园课程新论　李生兰
幼儿园歌曲钢琴伴奏教程　果旭伟
幼儿园舞蹈教学活动设计与指导（第二版）　董丽
实用乐理与视唱（第二版）　代苗
学前儿童美术教育　冯婉贞
学前儿童科学教育　洪秀敏
学前儿童游戏　范明丽
学前教育研究方法　郑福明
学前教育史　郭法奇
外国学前教育史　郭法奇
学前教育政策与法规　魏真
学前心理学　涂艳国　蔡艳
学前教育理论与实践教程　王维　王维娅　孙岩
学前儿童数学教育与活动设计　赵振国
学前融合教育（第二版）　雷江华　刘慧丽
幼儿园教育质量评价导论　吴钢
幼儿园绘本教学活动设计　赵娟
幼儿学习与教育心理学　张莉
学前教育管理　虞永平
国外学前教育学本文献讲读　姜勇

大学之道丛书精装版

美国高等教育通史　［美］亚瑟·科恩
知识社会中的大学　［英］杰勒德·德兰迪
大学之用（第五版）　［美］克拉克·克尔
营利性大学的崛起　［美］理查德·鲁克
学术部落与学术领地：知识探索与学科文化　［英］托尼·比彻　保罗·特罗勒尔
美国现代大学的崛起　［美］劳伦斯·维赛
教育的终结——大学何以放弃了对人生意义的追求　［美］安东尼·T.克龙曼
世界一流大学的管理之道——大学管理研究导论　程星
后现代大学来临？　［英］安东尼·史密斯　弗兰克·韦伯斯特

大学之道丛书

以学生为中心：当代本科教育改革之道　赵炬明
市场化的底限　［美］大卫·科伯
大学的理念　［英］亨利·纽曼
哈佛：谁说了算　［美］理查德·布瑞德利
麻省理工学院如何追求卓越　［美］查尔斯·维斯特

博雅教学服务进校园

教辅申请说明

尊敬的老师：

　　您好！如果您需要北京大学出版社所出版教材的教辅课件资源，请抽出宝贵的时间完成下方信息表的填写。我们希望能通过这张小小的表格和您建立起联系，方便今后更多地开展交流。

教师姓名		学校名称			院系名称		
所属教研室		性别		职务		职称	
QQ				微信			
手机(必填)				E-mail(必填)			
目前主要教学专业、科研领域方向							
希望我社提供何种教材的课件							
书　号		书　　名			教材用量(学期人数)		
978-7-301-							
您对北大社图书的意见和建议							

填表说明：

　　(1)填表信息直接关系课件申请，请您按实际情况**详尽**、**准确**、**字迹清晰**地填写。

　　(2)请您填好表格后，将表格内容拍照发到此邮箱：pupjfzx@163.com。咨询电话：010-62752864。咨询微信：北大社教服中心客服专号(微信号：pupjfzxkf,可直接扫描下方左侧二维码添加好友)。

　　(3)如您想了解更多北大版教材信息，可登录北京大学出版社网站：www.pup.cn,或关注北京大学出版社教学服务中心的官方微信公众号"北大博雅教研"(微信号：pupjfzx,可直接扫描下方右侧二维码关注公众号)。

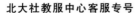

北大社教服中心客服专号

"北大博雅教研"微信公众号